致我亲爱的车主朋友：

30 年来，对技术的热爱驱动着比亚迪向前，比亚迪的工程师们求解难题、寻找答案的过程，都凝聚在这本书中，“技术为王，创新为本”的理念从未改变。

很幸运，我们这份坚持得到了大家的肯定，车主大家庭不断壮大，遍布全球。每一位车主，都是比亚迪成长的参与者、见证者，我们共同谱写着中国汽车波澜壮阔的故事。

因此，这本书不仅属于比亚迪，也属于所有车主朋友们，希望每个人都能从中获得前行的力量。

感谢你们信任并选择比亚迪，我们将继续努力为大家提供更好的产品、更好的服务。让我们一起探索更广阔的世界，拥抱更美好的生活。

——王传福

工程师之魂

比亚迪 三十而立

1994/2024

秦朔 熊玥伽 著

车主尊享版

中信出版集团 | 北京

图书在版编目（CIP）数据

工程师之魂：比亚迪三十而立：1994-2024：车主尊享版 / 秦朔，熊玥伽著 . -- 北京：中信出版社，2024. 11. -- ISBN 978-7-5217-7022-3

Ⅰ . F426.471

中国国家版本馆 CIP 数据核字第 2024MN3341 号

工程师之魂——比亚迪三十而立：1994—2024（车主尊享版）

著者：　　秦　朔　熊玥伽

出版发行：中信出版集团股份有限公司

（北京市朝阳区东三环北路 27 号嘉铭中心　邮编　100020）

承印者：　湖南天闻新华印务有限公司

开本：787mm×1092mm　1/16　　印张：26.25　　字数：391 千字

版次：2024 年 11 月第 1 版　　印次：2024 年 11 月第 1 次印刷

书号：ISBN 978-7-5217-7022-3

定价：88.00 元

版权所有 · 侵权必究

如有印刷、装订问题，本公司负责调换。

服务热线：400-600-8099

投稿邮箱：author@citicpub.com

目录

03

第三部分

终日乾乾

（2010—2019）

技术积累期

04

第四部分
飞龙在天

(2020—2024)
全面爆发期

引子

一个“中国时刻”的开启

这是从一个人开始的故事，但远远不是一个人的故事。这是一个时代以及这个时代所塑造的创新群体的故事。

——题记

今天我
寒夜里看雪飘过
怀着冷却了的心窝漂远方
风雨里追赶
雾里分不清影踪
天空海阔你与我
……

2023 年 8 月 9 日晚。比亚迪深圳总部。比亚迪第 500 万辆新能源汽车下线。

在比亚迪人演唱的《海阔天空》的歌声中，一段段历史在大屏幕上闪现：

1994 年，比亚迪在深圳布吉诞生，20 人开始逐梦之旅；

2003 年，比亚迪收购西安秦川汽车进入汽车行业；

2004 年，比亚迪携三款新能源概念车参加北京车展；

2008 年，比亚迪发布全球首款量产的插电式双模电动车 F3DM；

……

梦想只要做到，世界就能看到。

这一晚，忆往昔，王传福心情难抑，几次哽咽。

“2003 年我们带着新能源的梦想进入汽车行业。一个做电池的怎么敢做汽车？当时各种疑问和嘲笑扑面而来。

“我清楚地记得，在 2017—2019 年，比亚迪连续三年利润大幅下滑，尤其是 2019 年的净利润只有 16 亿元，但是在研发上，我们还是咬紧牙关投了 84 亿元。

“许多人在笑我，这是在烧钱。但我们深知，要把车做好，要想发展新能源汽车，没有核心技术是不行的。

“2019 年是比亚迪最艰难的一年，当时比亚迪只有一个目标，就是活下去。”

从 2008 年的 F3DM 到 2021 年第 100 万辆新能源汽车下线，比亚迪用了 13 年。从第 100 万辆到第 200 万辆，用了 1 年；从第 200 万辆到第 300 万辆，用了半年；从第 300 万辆到第 400 万辆，用了 5 个月；从第 400 万辆到第 500 万辆，用了 4 个月。

“我相信属于中国汽车的时代已经到来，中国汽车必将诞生一批世界级的品牌，我们都有机会成为令人尊敬的世界级品牌！”王传福充满了坚定。

时间来到 2024 年 5 月 28 日晚，在古城西安，比亚迪举行了第五代 DM（dual mode，双模）技术发布暨秦 L DM-i、海豹 06 DM-i 发布会。西安是比亚迪汽车的启航地，也是全球第一辆插电式混动汽车的诞生地。这一次，王传福没有泪，微笑中，露出了酒窝。

“世界最先进的插混技术在中国！”“中国品牌在全球插混市场的占比超过了 70%，全球插混已经进入中国时刻！”

一个多月后，7 月 4 日，比亚迪在泰国罗勇府举行泰国工厂竣工暨第 800 万辆新能源汽车下线仪式。

2024 年 11 月 18 日，在比亚迪 30 周年暨第 1000 万辆新能源汽车下线仪式上，比亚迪成为全球首家生产了 1000 万辆新能源汽车的车企。

让中国品牌在全球耀眼夺目，比亚迪正以崭新的姿态，昂首阔步向前！

时间的故事

1966 年 2 月 15 日，王传福出生于安徽省无为市王家咀村一个农民家庭。他是那一年全国出生的 2000 多万婴儿中的一个。根据国家统计局数据，当年全国有人口 7.45 亿，1.33 亿在城镇，6.12 亿在农村。[①]

安徽是农业省，但粮食曾经长期不能自给自足。王传福说：“凡是经历过那样日子的人，最初的奋斗动力都是改善生活，要奋斗，要解困。”

1966 年，全国生产了收音机 83.7 万部[②]，自行车 205.3 万辆，啤酒 9 万吨，家用电冰箱 5400 台，电视机 5100 台，照相机 2.79 万架。[③]这些家用工业品基本供应给城市。

至于汽车这一现代文明的重要标志，1966 年中国生产了 5.59 万辆[④]，美国生产了 890 万辆[⑤]，联邦德国生产了 283 万辆[⑥]，日本生产了

---

① 参见：国家统计局，https://data.stats.gov.cn/search.htm?s=1966%E5%B9%B4%E4%BA%BA%E5%8F%A3。

② 国家统计局工业交通物资统计司 . 中国工业经济统计资料（1949—1984）[M]. 北京：中国统计出版社，1985：47.

③ 国家统计局国民经济综合统计司 . 新中国 50 年统计资料汇编 [M]. 北京：中国统计出版社，1999：40.

④ 颜光明，钱蕾，王从军 . 中国汽车四十年 [M]. 上海：上海交通大学出版社，2018.

⑤ 该数据根据维基百科整理，参见：https://en.m.wikipedia.org/wiki/U.S._Automobile_Production_Figures。

⑥ 参见：https://www.vda.de/de/aktuelles/zahlen-und-daten/jahreszahlen/automobilproduktion。

228 万辆[1]。

1966 年也是日本家用轿车普及的元年。理由有二：一是 1965 年，连接名古屋、神户的日本第一条高速公路"名神高速"通车，高速公路时代的来临让汽车进入家庭的速度大大加快；二是 1966 年 11 月，丰田汽车公司发布了"国民车"卡罗拉（COROLLA）第一代，它很快就成为家用轿车销售之王，经久不衰。基础设施与企业供给同步跃进，共同开启了一个新的时代。

历史犹如江河，总会澎湃向前。

1977 年 10 月，北京。国务院批转教育部《关于一九七七年高等学校招生工作的意见》，570 万考生很快走进全国各地的考场，虽然最后仅有大约 27 万人被录取。[2]

1978 年 12 月，安徽凤阳县小岗村。18 位村民在一张烟盒纸上依次签下了分田到户的"生死状"，农村改革的帷幕悄然拉开。

1979 年 7 月，深圳市蛇口南水村。开山破土的一声炮响，宣告了中国第一个对外开放的工业园区——招商局蛇口工业区诞生。

到处都在破冰启航。歌声从农村到城市自由荡漾。福建诗人舒婷在 1979 年的一首诗里写道：

风跟踪而来
震动了每一片杨树
发出潮水般的喧响
我们也去吧
去争夺天空
或者做一片小叶子
回应森林的歌唱

---

① 参见：https://global.honda/en/heritage/episodes/1967n360.html#:~:text=Japan's%20automobile%20production%20volume%20reached,in%201967%20at%203.15%20million。

② 国家统计局，https://data.stats.gov.cn/easyquery.htm?cn=C01。

和每一块土地一样，江淮大地从不缺乏渴望天空的翱翔者。1983年，王传福考入湖南长沙的中南矿冶学院（现中南大学）。和他同一年，枞阳县万桥村的农家子弟方洪波考入上海的华东师范大学。比王传福早3年，巢县（现巢湖市）余岗村的农家子弟尹同跃考入安徽工学院（现合肥工业大学）。

他们从农村走向大学。若干年后，作为比亚迪、美的集团、奇瑞汽车的领导者，他们又推动了中国产业的变革与发展。

逝者如斯夫。1994年11月18日在深圳创立的比亚迪，如今已经跨入“而立之年”。

如同20世纪70年代末世界看到了中国改革的走向，却怎么也想不到中国能走多远，对于比亚迪，人们早就知道它想干什么，却怎么也想不到它的梦想真能实现。

无论是在动力电池上对磷酸铁锂技术路线的坚持，还是在16年时间里以五代DM技术让插电式混动汽车从“非主流”变成“主流”，比亚迪都经历了长期孤独，几乎是以一己之力苦苦支撑。

在这个过程中，质疑乃至嘲笑如影随形。

2011年，埃隆·马斯克接受彭博社采访，听到主持人说比亚迪是特斯拉的竞争对手时，他哈哈大笑：“我认为他们的重点应该是确保能在中国活下来。”

2024年1月25日，在特斯拉2023年四季度及全年业绩电话会上，马斯克说，中国的车企是世界上最有竞争力的，在中国以外的地区也会取得非凡的成就，“如果没有贸易壁垒，中国车企能干掉其他世界上大部分车企”。

在马斯克参加电话会的时候，满载比亚迪汽车的滚装船“开拓者1号”正在茫茫大海上开往德国的不来梅港和荷兰的弗利辛恩港。这艘199.9米长的船上装着5000多辆电动汽车，如同一座庞大的移动车库。在未来两年，还会有7艘专用滚装船陆续投入运营，满载时单船可装载7000辆电动汽车。这支“出海舰队”让人想起从1405年到1433年的郑和下西洋，不同的是，600多年前的出海展示的是皇家实力，而这一次展示的是市场化、国际化、现代化的民间产业力量。

在汽车之外，比亚迪还有电子、新能源、轨道交通等多项业务。所有业务都围绕着“用技术创新，满足人们对美好生活的向往”的使命展开。这些美好生活的场景包括：

> 白天，太阳能电站像植物一样捕捉阳光的能量；
> 夜晚，储能系统将白天储存的能量平稳地输送到千家万户。
> 穿梭在大街小巷的电动车，矗立于绿化带上的云轨云巴，
> 以零排放、零污染的运行方式，成为城市的交通血脉……

全球对新能源的需求从未像今天这样迫切。从能源的获取、存储再到应用，比亚迪已经全方位构建起了新能源整体解决方案，助力实现人类的绿色梦想。

工程师之魂

王传福从不掩饰他的雄心。2007年，在深圳坪山基地落成典礼上，他脱稿说出“2015年做到‘中国第一’的汽车生产企业，2025年成为‘全球第一’的汽车生产企业”，当时台下鸦雀无声，连员工也不敢相信。

很快，他为此做了解释。“比亚迪总共有1万名工程师，强大的技术研发能力形成了公司的核心竞争力，而其余的12万名普通工人又能很好地将这些技术转化为产品。这种以‘人’为基础形成的核心竞争力是比亚迪实现‘两个第一’的基础。”

他的口号可能喊大、喊早了一些，但并非无本之木。

本在于人，在于工程师的团队与文化。

在创业之初做镍电池时，王传福就发明了“人+夹具=机器人”的模式，以解决买不起自动化生产线的问题。管理学教授曾鸣将这种做法称为“低成本创新”，他说：“它最大的特点是在资本不足的劣势下，

利用流程改造，把电池制造这一资本密集的产业变成了劳动密集型产业，最大限度地将技术与中国的比较优势——劳动力结合，获得了外国竞争对手难以企及的成本优势，迅速赢得市场份额。”

虽然“人 + 夹具”的方式早已向着自动化、柔性化、智能化的方式迭代，但以人为本，把人才作为创新之源的理念，在比亚迪已牢牢生根。

2009 年 6 月 5 日，王传福在比亚迪 2008 年度股东大会上说：“公司最大的价值不是在财务报表上，真正的资产是会计师和报表上看不到的，真正的资产是我们 1.2 万名工程师团队所开发的技术和各种商业模式，特别是人类急需的新能源和保护地球的技术，这才是公司真正的价值。你们看到的是公司能赚多少钱，其实真正的推手是人，是技术，这是公司成长真正的动力。”

2017 年，王传福参加央视《开讲啦》节目，主持人撒贝宁问他如何认定自己的角色。他回答道：“我首先是一个工程师，然后才是一个企业家。”当时比亚迪有 2 万多名工程师。

2024 年 1 月 16 日，当王传福带领 10 位“工程师天团”代表，在比亚迪“梦想日”活动上集体亮相、宣布整车智能战略时，他们背后的工程师队伍已经超过 10 万人，从整车技术到上游电池、电机、电控等核心零部件实现了全覆盖，并在更上游的车规级半导体、新材料等领域从事前沿开发。他们平均每个工作日申请专利 32 项，获得专利授权 15 项。

工程师是技术专才，是把创新想法落地为现实应用的“造物者”，是以问题为导向、以结果为验证、探索更好的解决方案的实践者。

在西方，19 世纪初，英国伦敦民用工程师协会将“civil engineer”（民用工程师）的职能描述为“驾驭自然界的力量之源，以供给人类应用与便利之术”。学者迈克尔·戴维斯在《像工程师那样思考》一书中提出，工程师的工作是将遇到的问题进行数学解析建构，利用自然科学知识提出解决方案，再将每个解决方案整理成一份设计、一套有用的说明或者指令。美籍华裔物理学家欧阳莹之在《工程学——无尽的前沿》一书中说，自然科学家发现前所未知的东西，工程师创造前所未有的东西。

在中国，《中国工程师史》主编吴启迪说，科学家认识世界，工程师才能改造世界。工程师要有一定的专业基础，在需要的时候做出正确的工程判断；工程师要有一定的组织能力，因为很多工程项目都是团队合作；工程师要有想象力，要有动手能力。如果把这些合为一体，即“专业判断 + 团队合作 + 想象力 + 动手”，是不是就是一个科技制造企业的雏形？

我们将“工程师之魂”作为理解比亚迪奇迹的钥匙。工程师之魂，就是用工程科技造福人类、创造未来的精神。在比亚迪，它具体表现为六个方面：用技术去解决重大的社会问题；敢字当头，勇于创新；尊重科学规律，凡事追根究底；坚持不懈，百折不挠，精益求精；通过“垂直整合”和“集成创新”，把中国制造的优势发挥到极致；充分发挥中国的人才优势，形成技术创新的“鱼池效应”。

比比亚迪工程师规模庞大数倍的，是工人队伍。有时，两者的边界也是打通的。工程师不仅要画数模图，还要开模、做实验、做工装，和工人并无二致。而当一个熟练工人能把模具零件的加工精度做到 0.005 毫米，相当于一根头发丝的 1/20 时，他就是令人惊叹的工匠。

这些工程师和工人，把一个能源属性的产业变成了制造属性的产业。不管什么产业，一旦被纳入制造业的轨道，最终都会按中国人擅长的节奏运行，建立起品质、成本、效率三位一体的强大竞争力。2023 年，比亚迪销售了 302.4 万辆新能源汽车，巩固了全球新能源汽车销量第一的地位。也是在这一年，中国以 491 万辆的出口超越日本的 442 万辆，成为世界汽车出口第一大国。

比规模更重要的是，刀片电池、DM-i 超级混动、e 平台[①]、CTB 电池车身一体化[②]、云辇智能车身控制、易四方、易三方、璇玑智能化架

① 比亚迪的 e 平台是一种先进的电动驱动模块化平台，以高度集成和高标准化为特点，该平台可以理解为电动汽车电池技术的一站式解决方案。——编者注

② CTB（cell to body）技术，即电池车身一体化技术，顾名思义，就是将电池直接与车身结构相融合，形成一个整体，这一创新设计不仅简化了车身结构和生产工艺，还显著提升了车辆的整体性能和安全性。——编者注

构……这些将新能源汽车和燃油汽车区别开来的技术，全部来自比亚迪的自主创新。技术是根，制造是干，产品是果实。

综观世界各国经济史，一个大国的产业命运，在很大程度上是由其工业能力尤其是制造业能力决定的。而这种能力的形成，必须依靠一批具有主体意识和创新精神的企业作为依托。有这样的企业，工业强国就有了脊梁。

在比亚迪“梦想日”的宣传片里，有这样一段话：

> 每一个改变世界的瞬间，都有一群默默前进的工程师。在无人抵达的深空，他们论证着梦想，解析着梦想，实现着梦想。

“为了争一口气”

2024年，比亚迪的员工人数接近100万。从就业看，比亚迪是中国雇员人数最多的民营制造业企业之一，也是全球汽车行业人数最多的企业。①

他们是一个如此朴素的群体，却用独树一帜的“垂直整合，集成创新”的方法，在全球新能源汽车领域开启了“中国时刻”。2023年，全球每销售3台新能源汽车，就约有2台中国造；全国每销售3台新能源汽车，就有1台比亚迪造。

“中国人不笨又不懒，很勤奋也很聪明，我们的尊严要靠自己争取，我们这一代人的骨子里是骨气，我们就是为了争一口气。”王传福多次说。

“中国想成为科技大国，如果没有自己的民族汽车工业，就是名不副实的。作为中国民族汽车工业的一员，如果不能改变目前落后的民族汽车工业现状，我们将羞愧难当。”比亚迪所争的，就是这口气。

---

①《财富》世界500强雇员数量榜发布：比亚迪雇员总数超70万，在上榜中国企业中排名第四[OL].[2024-08-05].https://baijiahao.baidu.com/s?id=1806533351691940784&wfr=spider&for=pc. 该数据仅作排名参考。

2010年，沃伦·巴菲特、查理·芒格、比尔·盖茨在访问中国前，接受了福克斯电视记者的采访。记者问比尔·盖茨，在研究巴菲特对比亚迪的投资时，是什么引起了他的注意。他回答："这是一家拥有伟大发明文化的公司，它有很多工程师，行动非常迅速。"[①]

2023年10月29日，99岁的芒格在接受播客平台Acquired专访时又一次谈到了他心爱的比亚迪。他说，那个家伙（王传福）是个天才，他看一眼其他公司的零部件，就知道怎么制造；他是天生的工程师，并且擅长执行和解决问题；他是一个狂热的人，痴迷于亲手制造产品，所以他更靠近一线。[②]此前芒格一直评价王传福是爱迪生和韦尔奇的结合体。

"人生天地间，各自有禀赋。为一大事来，做一大事去。"此诗为安徽籍先贤陶行知所写，用以自勉。在百余年前的中国，他这样表述自己的责任和壮志："我是一个中国人，要为中国做出一些贡献来。""欲吾同学就早切磋，蔚为国器……使中华放大光明于世界。"

山河一脉，追寻一生。星辰总是闪耀，精神代代传承。

从历史到今天，比亚迪走过的路，是一段在改革开放年代，一个具有工程师气质和企业家精神的引领者，带着一批又一批务实、进取、创新的奋斗者，在自己选定的关切人类绿色命运、富有前瞻性的重大机会方向上长期坚持、坚持、再坚持，为了把机会变成消费者喜爱的好产品、好服务，追根究底地深入、深入、再深入，为了在激烈的竞争中生存与发展，创新、创新、再创新的历程。

他们立足中国市场，依托中国红利，实现了自己的梦想，也是中国产业界的梦想。

---

① 视频资料请参见：https://www.bilibili.com/video/BV1qm421g7TU/?buvid=XY38E6C3263862B5F84FB2C5D39E515DDD08A&from_spmid=search.search-result.0.0&is_story_h5=false&mid=jPhXTobOGTl8%2Bw%2FCtDwdWg%3D%3D&p=1&plat_id=114&share_from=ugc&share_medium=android&share_plat=android&share_session_id=ad22268b-8b7f-48fc-ab70-bc192f75fc02&share_source=WEIXIN&share_tag=s_i&spmid=united.player-video-detail.0.0&timestamp=1727364611&unique_k=R6hTwUl&up_id=7823885&wxfid=o7omF0W_0zVfD1RHjwNjzOUy9fco&share_times=1。

② 视频资料请参见：https://www.acquired.fm/episodes/charlie-munger。

他们让中国制造从全球供应链的一个节点，成为全球新能源产业的一股创新源泉。

这是一个时代以及这个时代所塑造的创新群体的故事。它仍在进行中。

而未来已来。那是一个更大的未来。

第一部分

如日之升

（1994—2002）创业初期

1994 年	比亚迪在深圳布吉镇诞生
1996 年	开始研发车用大容量镍电池
1997 年	成为中国第一家量产锂离子电池的企业
2000 年	建成第一个自有工业园——葵涌工业园
2000 年	成为摩托罗拉第一个中国锂离子电池供应商
2000 年	启动太阳能电池研发
2002 年	开始制造手机外壳，进入手机零部件业务
2002 年	半导体业务起步
2002 年	启动磷酸铁锂电池研发
2002 年	成为诺基亚第一个中国锂离子电池供应商
2002 年	以 54 只 H 股中最高的发行价在香港主板上市（01211.HK）

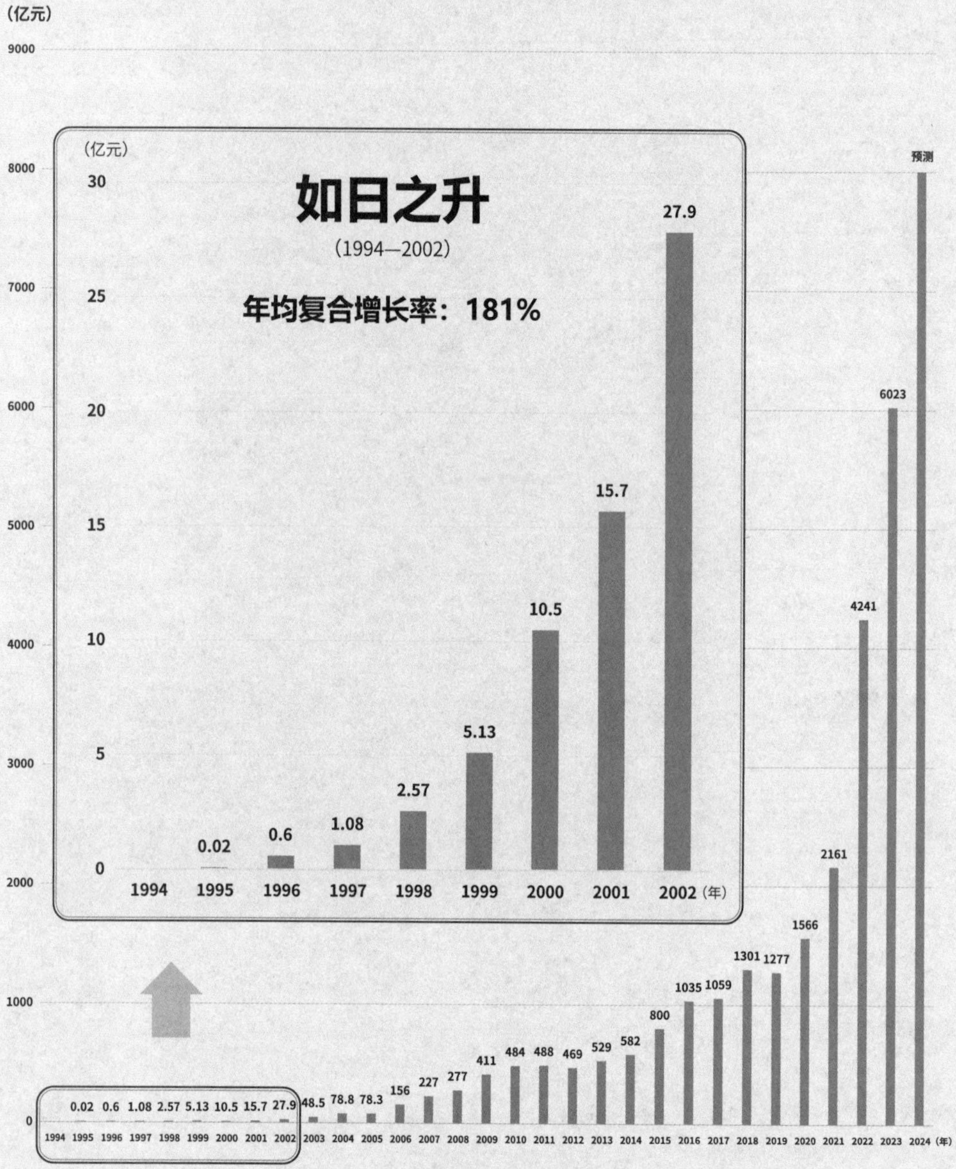

1994—2024年比亚迪营业收入

*以上数据和正文相关数据根据比亚迪年报等公开资料整理。

第一章

铸造命运

因为没人可以去问，只能靠自己去找答案。

“我出生在安徽，安徽是一个农业省，当时比较穷。但穷反而磨炼人的意志，因为他要用双手去摆脱贫困。由于家庭困难，家里人就我哥哥上到初中，姐姐们都没能上很多学。父亲在我13岁的时候去世了。上中学时，母亲又去世了。要改变命运，唯一的出路就是上大学。”

这样的环境与家庭，深刻地影响了王传福的选择。

高考填志愿，自己定；读大学，遇到不懂的难题，自己泡图书馆；创业后，做电池缺生产设备，摸索着自己造；造车之初，买不到零部件，就内部自制。如果说年少时，独立是王传福被动的选择，那么当一个个难题被踩在脚下时，独立就变成了一种习惯和气质。

因为从小没有依赖，日后也就没有对失去依赖的恐惧。

在不少合资企业，中方总觉得离不开外方的技术。王传福则说：“技术壁垒都是给后来者营造的一种恐惧，逼你放弃。一旦真正打死了一只老虎，剩下的老虎就会都变成纸老虎。”

独立自主是他的性格，也铸就了比亚迪的命运。

只有读书才是唯一的出路

王传福的出生地无为，历史上因“思天下安于无事，无为而治”而得名。改革开放后，无为是著名的“劳务之乡”。这个有着 100 多万户籍人口的地方，常年有 30 万人外出打工，可以说相当“有为”。

王传福是家里最小的孩子，排行老八，他有六个姐姐和一个哥哥。

王家咀村以王姓居多，人均耕地面积不到一亩。为了生计，村民每年要种三茬地，除了早稻和晚稻，冬季还要种些油菜、小麦。这里民风淳朴，百姓勤勉。王传福家也不例外，唯家境比一般村民稍好，因其父除了种地，还有另一个重要身份——木匠。这是王家祖传的技艺。

王传福的父亲手艺过硬，能盖房子，能建祠堂庙宇。在村里，他辈分高，为人严谨，处事公平，有很好的人缘。他虽然个头不高，身形清瘦，却很有气势，性格刚强倔强。母亲则是普通农家妇女，为人善良厚道，从不与人起争执。她是家中事务的主力，挑水、做饭都是一把好手。一家人住在土墙草房里，虽然没有电灯，门外的土路一下雨就满是泥泞，却和和睦睦、其乐融融。

但王传福 5 岁时，噩耗从天而降。父亲被确诊患了胃癌，做了一次大手术后元气大伤，不能再做木工，去了附近的榨油厂工作。1979 年，父亲病情加重，终离人世。

因为尚且年幼，王传福对父亲的记忆没有那么清晰，但父亲生前常说的两条做人做事原则，他都记住了：一是不让别人吃亏，二是要有自己的风骨。

哥哥王传方比王传福大 5 岁。他读书时成绩不错，但父亲去世后，为了养家，只能辍学，顶替父亲的岗位进了榨油厂。工作一年多后，为了挣更多钱，他出来做木工。因为从小耳濡目染，又师从父亲的徒弟，所以学了一身本领。做一整天的工，能挣两块六毛钱。

然而祸不单行，父亲去世三年后，母亲也离世了，家里再失顶梁柱。

王传福当时 16 岁，正在参加中考，他想考个中专，早点参加工作，便对哥哥说：“我可以出去干活，为家里出一份力。”

王传方回答："你这么小，出去干什么活？只有读书才是唯一的出路。"

哥哥姐姐们约定好，一起供他读书。无论生活多拮据，大家都尽力而为凑齐学费、生活费。每次都是大姐牵头，步行几十里路，一家一家地去收钱。有一次，大姐夫把刚借来准备买化肥的钱全给了他。大嫂曾为了凑 10 元钱挨家挨户地去借。每逢寒暑假，王传福会去姐姐们的家里轮流住几天。

在哥嫂和姐姐们的支持下，王传福考入县里的无为二中读了高中。那时候，他经常拿着一台堂兄王传旭送给他的收音机，拆开再装上，装上再拆开。他觉得收音机挺神奇的，没有线竟然也可以收到声音，特别想弄清楚其中的奥秘。他的高中班主任评价他"独立思考、动手能力强"。

带着对收音机的好奇心，1983 年高考时，他自行选择填报的第一志愿是合肥工业大学的无线电专业，后被长沙的中南矿冶学院录取，专业是他未曾设想过的冶金物理化学。

工程师的两个特质

作为村里当年唯一的大学生，王传福第一次离家远行。

王传方不放心，决定送他。出发前，乡亲们送来了鸡蛋，还放了爆竹庆祝。兄弟俩先从芜湖坐船到武汉，再坐火车到长沙。中南矿冶学院坐落在湘江西岸的岳麓山下，它创立于 1952 年，由武汉大学、中山大学、北京工业学院等六所院校的矿冶类学科合组而成，是中国矿冶学科领域人才培养和学术研究的重要基地，后来还被称为中国新能源行业的"黄埔军校"，2000 年与湖南医科大学、长沙铁道学院合组为中南大学。

待王传福办完报到手续，住进宿舍后，王传方启程回乡，临走前他把自己结婚时买的上海牌手表给了弟弟。读大学时，王传福每个月有十几元的助学金，不够的部分，哥哥姐姐们按每学期每家 30~50 元均摊给他。他宿舍里有来自北京、广东的同学，经济条件好很多。假日里，别的同学去张家界等地旅游，他就在图书馆学习。大学期间，王传福的成绩一直名列前茅。

但王传福不是书呆子。他非常活跃，大学一年级就当上了学生干部，还当过系团总支书记。农村来的孩子一般比较胆小，但在同学们的印象中，王传福是个例外。他兴趣广泛，充满自信，对学习和生活中新的事物充满好奇并且敢于尝试。他生活中唯一不太习惯的是湖南菜比较辣，他怕吃辣。

在大学结识的朋友中，有两个人在十年后成为王传福的创业伙伴，一个是王念强，一个是杨龙忠。王念强读的是化学系，老家是铜陵市枞阳县，与无为县相邻。两人入学报到时相识，又都在学生会团总支任职，关系越发要好。杨龙忠是江西人，父母都在德兴铜矿工作。他和王传福同班，曾一起到株洲冶炼厂、湘潭钢铁厂实习。

大学二年级时，王传方一家来到长沙，在距离中南矿冶学院几公里外的溁湾镇安顿下来。他开了一家无为板鸭店。他的到来，显然也是为了更好地照顾弟弟。从此，王传福周末有了新去处。有时他也会约上王念强、杨龙忠等人，他们吃板鸭、喝啤酒，一片欢声笑语。

对于冶金物理化学专业，王传福以前并不十分了解。所谓物理化学，并非简单的“物理 + 化学”，通俗地讲就是“用物理的方法研究化学问题”，像动力学、热力学、量子力学等，就属于物理化学的研究范畴，电池产业的电化学当然也在内。

王传福很快进入了状态。一个重要原因是他喜欢做实验。经过一个个严谨的实验步骤，那些“奇奇怪怪”的现象都能用一些基础原理来解释，他对此充满了惊喜。

比亚迪深圳总部礼宾楼餐厅有一个 V33 房间，墙上挂着一个镜框，写了一段“福气硬币”的故事。那是 2021 年 2 月 4 日小年夜，食堂准备了两盘饺子，每盘饺子里都包了一枚硬币作为彩头。第一盘荤馅饺子，大家请王传福先夹，他第一口就吃到了硬币。第二盘是素馅饺子，王传福让大家先夹，看谁能中第二份彩头。轮流夹了一圈，没人吃到，等王传福夹起最后一个饺子，咬了一半，一枚硬币赫然在目！大家拍手惊叹：王总好运气！

不过，接下来发生的事情才是真正的王传福风格。他提问："两盘饺子，一盘 12 个，第一盘第一个吃到硬币，第二盘最后一个吃到硬币，这样的概率是多少？"说完就在现场算了起来。

生活不断出题，人生不断解题。如果说食堂餐厅也是公司文化的折射，比亚迪的文化就深藏在礼宾楼 V33 房间的镜框里。每当撞到一个意外现象，比亚迪人的本能反应不是将其归结为运气，而是试图找出其背后的逻辑和规律，而且最好能用公式计算出来。

王传福说，工程师有两个特质：一是喜欢研究事物之间是如何联系的，二是努力找出事物联系背后的原理。他最强调逻辑关系和底层机理，即解决任何问题，都要回到最根本的原理，都要经过数据分析和科学验证。

初试技术产业化

大学四年美好而又短暂。最后一个学期，写毕业论文，杨龙忠和王传福同组，要做一个冰铜冶炼的实验课题。杨龙忠说："做实验不仅要找各种材料，还要自己动手装炉子，将铜精矿冶炼成冰铜，再对冰铜进行化学分析。王传福不但学习能力强，动手能力也极强，从实验到报告都是由他来主导的，我们出色地完成了毕业论文。"

大学毕业，王传福选择了读研。他顺利考入北京有色金属研究总院（现为中国有研科技集团有限公司，以下简称"有色金属总院"或"总院"）研究生部。

有色金属总院创立于 1952 年，是全国有色金属领域规模最大的综合性研究机构。王传福的导师李国勋是有色冶金技术专家，在难熔金属熔盐电解、火法冶金反应机理、无机材料合成和化学二次电源等领域造诣颇深，而且非常重视根据原理和规律来改进生产工艺。王传福读研的第一年，有些基础课是请清华大学、北京大学、北京钢铁学院的老师到总院来上的。有的课因为人太少，他们就并入老师在北京大学开的课堂一起上。因此他对北京大学很熟悉，日后创业不久就到北京大学化学系招聘人才。

读研第二年，进入研究阶段，每个人按自己的专业方向做课题。在李国勋的带领下，王传福参与完成了“熔盐电解铝新型惰性阳极”的课题。这是国家“八五”计划的重点项目之一。他的勤奋好学和创新思维受到老师们的好评。临近毕业，“留学风”正盛，他也有机会公派留学，哥哥还为他准备了 1200 元经费。但李国勋建议并推荐他留院做研究。于是，他进入了总院 301 室。

读本科时，王传福就开始接触电池，读研时的课题也是电池。到 301 室工作不久，他参与主持了“碱性二次充电镍电池”课题，突破了电池电极利用效率和电池容量的技术瓶颈。随后，他发表了两篇学术报告，题目分别是《稀土钕电解惰性阳极研究》（1992）和《添加 Y_2O_3 对含铜金属陶瓷结构的影响》（1993）。

1992 年，王传福 26 岁，因完成了重要课题、成果丰硕，被提拔为 301 室副主任，成为总院最年轻的处级干部。但内心里，他最想做的是把科技成果产业化，把技术转化为产品，为社会做贡献。

1993 年，总院与包头钢铁集团合作了一个镍电池项目，要在深圳成立一家生产制造公司——深圳市比格镍氢电池有限公司（以下简称“比格”）。这正是王传福擅长的领域。他被派往深圳筹建公司，并担任总经理。

下海创业

“如果当初不是到深圳办企业，你会是什么情况？”

王传福笑了笑说：“那可能就没有比亚迪了。”

1993 年的深圳，“天地间荡起滚滚春潮，征途上扬起浩浩风帆”。一位从黑龙江到深圳闯荡的作家，路过银行时，经常看到有人用黑塑料袋把 10 万元、20 万元的现金装了就走，“一下子就感到深圳到处是钱”。

这种“聚起座座金山”的亲身体验让他文思泉涌，写就了《春天的故事》的歌词，他就是蒋开儒。

深圳的商贸气氛特别浓，天南海北的商人都有，港商、台商很多，“大哥大”（手提电话）、传呼机等电子通信产品开始流行。

王传福看到了巨大的市场机会。当时，一部“大哥大”的价格动辄三四万元，一块二次充电电池要卖数百元，一台设备配一块镍电池，还要备用一两块。镍电池已然供不应求。随着人们对电子产品需求的提升，二次充电电池的需求量迅速增加。当时全球镍电池的供应商主要是三洋、松下等日本企业，国内企业刚刚起步。王传福认为，虽然国外巨头实力强大，但市场竞争并不充分，小企业如能进入，并突破技术难关，就有赢的机会。

当时国内已有一些镍电池企业，但它们没有核心技术，最重要的部件电芯都是外购的，然后再组装。王传福本就是电池专家，在比格已经做出过镍电池，但他发觉比格的机制很难适应快节奏的市场，于是萌生了下海自己干的念头。

王传方听说弟弟要创业，打了好几个电话劝阻：“你好不容易有个铁饭碗，千万不能放弃。”“你搞研究可以，但你连吆喝都不会，哪是做生意的料？”

王传福说：“放心，我肯定会做好。”

王传福的坚定来源于他早已打算好，他要办的不是贸易型、中介型的“皮包公司”，而是要办真刀真枪生产产品、能在国际上有竞争力的公司。招人、建厂房、买材料、买设备，都急需资金。他在电池行业小有名气，找银行贷款时，却一次次碰壁。他曾联系到一家投资机构，提出出让 30% 的股权以获得 50 万美元的投资，但因项目太小被投委会否决了。

筹不到资金，王传福想到了表哥吕向阳。吕向阳比王传福大 4 岁，两个人的母亲是亲姐妹。王传福和吕向阳很小就兄弟情深。据吕向阳讲述，在亲戚圈里，孩子很多，年龄都差不多大，但是只有吕向阳和王传福两个人最喜欢在一起交流。王传福读小学、初中和高中时，一有空就和吕向阳在一起。

基于从小彼此的了解和相似的性格，吕向阳对王传福的品德、品格，还有做事的态度和能力深信不疑。当王传福要放弃铁饭碗选择下海的时候，吕向阳也与其他人不一样，是非常支持的。“他说要下海了，我更高兴了，证明我们的想法是一样的。”吕向阳说。

事实上，在王传福下海之前，吕向阳就放弃了安逸的体制内工作，选择了下海经商。吕向阳认为，从发展的角度来讲，他和王传福内心都希望在自己的人生中能够做一些事，“需要一些开拓性、创造性的东西”。

“他需要资金，那我倾其所有。只要是他需要的、我有的，我都愿意拿出来。”吕向阳毫不犹豫地表示愿意筹集 250 万元支持王传福创业。

解决资金问题的同时，创业团队也基本搭建完成。核心成员之一是杨龙忠。他毕业后在江西德兴铜矿当技术员，生活按部就班。有一次，他吃了同学从海南带来的八宝粥，味道不错，同学说这一罐八宝粥要五六元，杨龙忠算了算，自己当时的月工资还不够每天喝一罐八宝粥，听同学介绍海南特区的情况后，巨大的经济差异让杨龙忠决定停薪留职，到沿海特区去闯一闯。他先到海南，后辗转广东。1993 年 5 月，杨龙忠应王传福之邀，加入比格负责市场销售。后来王传福要辞职创业，他毫不犹豫地加入了。

王传福还想到了大学好友、毕业后在铜陵有色金属公司研究院工作的王念强。1994 年 10 月，王念强交接好铜陵那个优越的工作，拖家带口赶来深圳，带着自己的一身技术参与了这个新企业的诞生。

杨龙忠向王传福介绍了自己的邻居和童年玩伴孙一藻。当时，孙一藻在江西铜业旗下的贵溪冶炼厂工作。杨龙忠喊他来深圳玩儿，顺便看看他们的新企业。这一来，便走不了了。孙一藻熟悉设备制造和安装等工作，正是新企业急需的人才。

在龙岗区布吉镇罗岗工业区，王传福租下了总共 800 平方米的一、二、三层楼（见图 1–1）。1994 年 11 月 18 日，一支 20 人左右的团队组建完成了。

图 1-1　1994 年 11 月 18 日，比亚迪在深圳龙岗区布吉镇建厂成立

1995 年 2 月 10 日，深圳市比亚迪实业有限公司注册成立，主要生产销售镍电池，注册资本为 450 万元，由深圳冶金矿山联合公司、广州天新科贸实业有限公司、深圳市丽达斯贸易有限公司共同持股。王传福担任深圳市比亚迪实业有限公司总经理，并于 1995 年 4 月 8 日成为法定代表人。

作为当时的大股东之一，吕向阳也推荐了一些人才加入比亚迪，还把自己的好友夏佐全介绍给王传福相识。

1995 年，王传福、吕向阳、夏佐全三个人在深圳罗湖区的竹园宾馆见了第一面。

交流中，王传福直言“我肯定是要做到世界第一的”。

王传福细细地给他们梳理，从国际环境的变化到产业发展的机会，从订单哪里来到市场需求怎么样，从技术如何掌控到生产如何规划，从公司发展有何优势到团队如何组建……

三个人连续两天聊到凌晨三四点，聊比亚迪未来的发展，却没感觉到丝毫疲乏，甚至还在深夜唱起了歌。“我见过很多创业者，但从来没有见过像王总这样的人，他身上的那种激情、抱负、坚定、自信深深地感染了我。”这是夏佐全对王传福的第一印象。

这次见面后，夏佐全希望投资比亚迪。

后来，深圳冶金矿山联合公司基于投资策略的调整和自身业务的发展，决定退出比亚迪，将其持有的深圳市比亚迪实业有限公司的股权转让给吕向阳创办的广州融捷投资管理集团有限公司、王传福和夏佐全。这次股权转让完成后，夏佐全成为比亚迪股东。

1997 年，深圳市比亚迪实业有限公司和一批高管共同出资组建深圳市里比电池有限公司（2001 年 6 月 6 日更名为深圳市比亚迪锂电池有限公司），开展锂离子电池的研发和生产。

2002 年，深圳市比亚迪锂电池有限公司与深圳市比亚迪实业有限公司股权合并，整体改制为比亚迪股份有限公司。股权结构为：王传福占股 38.505%，吕向阳占股 16.142%，广州融捷投资管理集团有限公司占股 11.487%，夏佐全占股 8.433%，其他公司管理层个人股东占股 25.433%。

第二章

电池之道

哪怕只有 1% 的可能，也要付出 100% 的努力。

自动化的生产线忙碌不歇，少数几个工人盯着机器进行配料、涂布、辊压、分切、烘烤、卷绕、注液、封口……一块块镍电池就这样在日本工厂诞生了。

一个工人把正极片、隔膜纸、负极片放在一起，用手卷起，夹具一夹，脚下踏板一踩，一个电芯就卷成了。卷电芯的材料来自上一个手工搅拌的工人，而卷好的电芯将运给下一个手工注液的工人……一块块镍电池就这样在中国比亚迪诞生了。

20 世纪 90 年代，日本电池企业凭借全自动生产带来的规模化和高品质，几乎垄断了全球镍电池市场。

已有多年研究和生产经验的王传福，非常清楚如何造好电池，但囿于资金，如果想将日本的生产模式引入初生的比亚迪，简直是天方夜谭。

通向“罗马”的道路一定不止自动化这一条，王传福想到了人。中国人不笨也不懒，劳动年龄人口充足，利用人口红利，可以走出一条与众不同的发展道路。

基于此，掌握着电池核心技术的比亚迪，一方面不断引入人才，加大研发投入，从原材料到技术对电池进行全面创新；另一方面改造电池生产线，用熟练的人工赶上机器的节拍，用可控的夹具控制生产的变量，用能买到的用具改造工序标准。他们以中国工程师的智慧和工人的勤劳，制造出品质达标且极具性价比的二次充电电池，填补了国内技术空白。可以说，比亚迪就是当时中国制造业“低成本创新”的一个缩影。

技术为王，创新为本

走进比亚迪任何一地的展厅，“技术为王，创新为本”一定会出现在最显眼的地方。这八个字是比亚迪的发展理念，从建立之初，贯彻至今。

人才是最宝贵的财富

比亚迪的技术第一人是王传福，其创始团队也都是技术出身。突破日本的技术垄断，必须依靠技术人才。1997 年，比亚迪招聘了 13 名硕士研究生和 6 名博士生。当时，比亚迪的管理人员还不足 50 名，硕博比例约占 50%，对一个初创企业来说，这个比例相当惊人。根据《1997 年全国教育事业发展统计公报》，当年全国毕业研究生的人数为 4.65 万人，[①] 硕博人才可谓“天之骄子”，比亚迪对人才的尊重与渴求、对技术的重视与追求可见一斑。1997 年 3 月，比亚迪中央研究部（以下简称“中研部”，2005 年 4 月更名为中央研究院）成立，聚焦镍电池、锂离子电池等项目研发（见图 2–1）。

1998 年，王传福专门聘请了 1959 年毕业于苏联莫斯科有色金属与黄金学院，后在有色金属总院工作的董俊卿教授加入公司，带领研发团队共克技术难关。为了对标国际先进技术，王传福经常邀请国内著名的电化学专家到比亚迪授课培训，他自己也参加讨论学习。董俊卿的一本工作日记记录了当时讨论的技术细节，也留下了王传福的寄语：把中研部“办成一个国际水平的开发机构”，希望能给“中国人争口气”（见图 2–2）！

---

① 1997 年全国教育事业发展统计公报 [OL].[2010–08–25].https://www.cnsaes.org.cn/homepage/html/resource/res21/843.html.

图 2-1　1998 年 6 月 9 日，比亚迪中研部研发代表至厦门大学做技术交流

注：从左至右依次为：

第一排：何志奇、王明强、柯国平、刘伟华

第二排：吴丛笑、刘焕明、张国庆、王传福、王念强、李维、周志才、刘卫平

第三排：渠冰、宋永红、刘忠文、王向晖、蒋锐、李永胜、刘伏明、吕海港

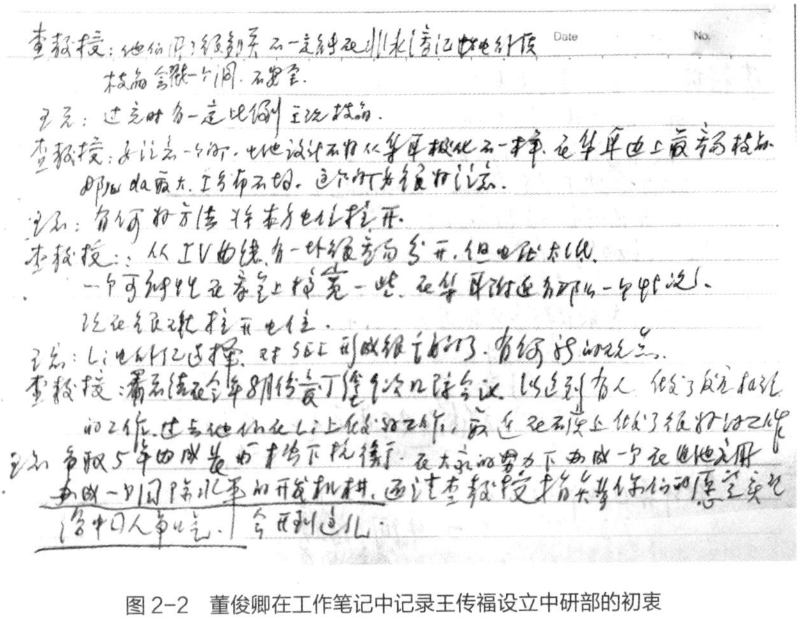

图 2-2　董俊卿在工作笔记中记录王传福设立中研部的初衷

同年，王传福带队到包括北京大学、清华大学在内的众多全国知名高校招收应届毕业生，其中的许多优秀人才之后在公司担任了高管。比如，中国科学院长春应用化学研究所的硕士生何志奇（现任比亚迪集团执行副总裁）；北京大学化学系物理化学专业的本科毕业生陈刚（现任比亚迪集团副总裁）；北京大学物理化学专业硕士生刘伟华（现任第十二事业部总经理）；北京大学光华管理学院主修财务会计的本科毕业生夏治冰（曾任比亚迪集团副总裁）；广东外语外贸大学主修西班牙语的王珍（现任人力资源处总经理）；中南大学冶金物理化学专业的本科毕业生黄志学（现任中东非洲汽车销售事业部总经理）；中南大学冶金物理化学专业的本科毕业生毕国忠（现任第十八事业部总经理）；南京大学化学系本科毕业生万秋阳（曾任第十一事业部总经理）；重庆大学机械电子专业的本科毕业生王海涛（曾任第二事业本部网络能源事业部总经理）；中南大学冶金物理化学专业的本科毕业生王海全（曾任第二事业本部锂电池深圳事业部总经理）；等等。从此，比亚迪开启了应届生招聘模式。1998 年，比亚迪已有博士生、硕士生、高级工程师和工程师 70 多人。

1999 年，王传福告诉负责人力资源的刘焕明（现任比亚迪集团副总裁），“今年要加大招聘力度”。

刘焕明问：“大概招多少？”

“能招多少就招多少，没有上限。”

那一年，132 名大学毕业生加入比亚迪，其中包括：北京大学化学系硕士生何龙（现任比亚迪集团高级副总裁）；北京大学化学系本科毕业生赵俭平（现任比亚迪集团副总裁）；江西财经大学国际会计专业的周亚琳（现任比亚迪集团高级副总裁）；清华大学化学工程与工艺专业本科毕业生舒酉星（现任欧洲汽车销售事业部总经理）；复旦大学应用化学专业本科毕业生江向荣（现任电子事业群首席运营官）；中国科学技术大学电子工程系专业的田春龙（现任商用车事业部总经理）和同校机械电子工程专业的王平（现任第十五事业部研究院院长）；等等。

这些青年才俊，日后在比亚迪电池、电子、电动汽车等核心产业中起到了中流砥柱的作用。

一家初创企业能够聚合这么多专业人才，当时十分鲜见。深圳作为改革开放的桥头堡，对人才的吸引力极强。王传福求贤若渴，他向应届生描绘了充电电池将在便携式手机时代大放异彩的前景，展示了他远大的技术抱负和产业梦想，并为他们提供尽可能好的工作生活环境，令很多应届生心生向往。还有一个背景是，国家人事部在1996年颁布了《国家不包分配大专以上毕业生择业暂行办法》，提出“毕业生通过人才市场在多种所有制范围内自主择业”，这让众多优秀人才齐聚比亚迪。

何志奇在1998年硕士毕业时，听在比亚迪工作的师兄说公司要招人，可以推荐他来。家里人认为他应该读博士，工作不是“正道”，母亲为此哭了好几次，但他觉得“博士随时都能读，如果闯得不好再回去读书也可以”。

到了公司后，何志奇惊讶地发现，这家小企业里竟卧虎藏龙，有不少名校、高学历的牛人。那时，他们入职后，会先到车间学习，再被分到不同的课题组和研究室，主要围绕充电电池做研究。王传福亲自定课题，要求每个人都要做实验。

何志奇学过燃料电池，但对镍电池、锂离子电池不了解。毫无准备地进组后，他发现自己有很多知识都不懂。每次开研发会，他都发不上言，看到有的同事很快出研究成果了，他很着急，决定奋起直追。1999年春节，他没有回安徽老家，而是从公司专利室借了大量专利文档，并复印了很多电池专业的论文，用一周时间全“扫”了一遍。由于日本在电池方面技术最强，王传福对中研部人员的一个基本要求就是学习日文。他说：“我不要求你们说一口流利的日语，但日本文献中本来就夹杂着不少汉字，要求你们看得懂材料不算很难吧。”

何志奇就在这样的要求下刻苦自学了日语，阅读速度很快。春节过后，他提交了一份关于电池安全性的总结报告。王传福奖励了他1万元，他高兴坏了。

王传福喜欢与研发人员交流，经常带着他们去车间，边走边讨论技术。他也经常请研发人员吃饭，不是到大排档随便炒几个菜，而是去安静优雅的酒店包厢，边吃边让每个人谈技术、谈问题。他每次出差回来，第一件事就是问各个研发项目的进度。

王传福这种专业交流、定课题、引导方向、及时奖励的管理方式，让研发人员觉得他像一个大学导师，和他的距离很近。不少人说："我们像是从一个校门出来，走进了一个新的校门，而且更贴近实战，很有成就感。"

做研发，挫折和失败在所难免，一旦成功，带来的效益就可能是无限的。王传福自己就是研发人员，十分清楚这一点，所以对研发宽容度很高。研发部门，在比亚迪其他部门眼中属于"特区"。早期，比亚迪专门在龙岗龙东租了一个单独的院子供研发人员工作（见图 2-3）。虽然

图 2-3　早期比亚迪龙岗龙东中央研究部

条件算不上最好，但科研氛围十分浓厚，课题组之间互相交流也暗自较劲。一想到自己的技术研究能马上产业化应用，研发人员就感到动力十足，各种创意便喷薄而出。

重视技术投入

企业创立之初，每一分钱都要花在刀刃上。比亚迪的厂房是租的，地面是最简单的水磨石，办公室耗材都是在满足使用的基础上选最便宜的。王传福个人也非常节俭，外出工作时，午餐基本就是一碗面。

但在研发投入上，王传福十分舍得。公司赚到钱后，没有马上用来改善生活，而是持续投入研发。比亚迪很早就引进了国内外相当先进的材料分析、产品检测等研发设备。很多知名高校的毕业生发现，这里的一些测试设备比自己学校里的还要好。

稍加梳理就可以看到：1997 年，比亚迪以 118.8 万元购入扫描电镜 + 配套能谱仪。1998 年 3 月，以 83 万元购入电感耦合等离子体发射光谱仪。1999 年 6 月，以 373.5 万元购入 X 射线光电子能谱仪（见图 2–4）。为此还专门邀请了清华大学的教授来比亚迪讲解如何使用设备。

20 世纪 90 年代，中国企业普遍依靠技术引进，对科技研发的投入不足，对研发的重视程度也不足，配备研发设备的企业是少数。比亚迪宁愿在其他方面省一点，也要集中资金购买研发设备。据王念强回忆，当时全国只有两台 X 射线光电子能谱仪。单单这一台设备的价格就高于比亚迪成立时的启动资金了，但比亚迪毫不吝啬，坚定投入。

当时，比亚迪的市场人员打车去办事，要写半页纸说明为什么不坐公交车，经王传福的批准才可以。而研发人员的项目申请，一页纸解释研究课题、研究目的，不管需要多少投入，只要有研究价值，王传福眼都不眨就签字。

慢慢地，在比亚迪，大家都接受了一个理念：如果公司只有一个部门可以存在“冗余”，如果只有一个部门无须用财务指标来考核，如果只有一个部门长期霸榜“总裁奖”，大家还都欣然接受，那就是研发部。

如果没有“技术为王”的共识，不深刻理解技术创新需要长期投

图 2-4 早期使用的 X 射线光电子能谱仪

入的规律性，不给研发一定的“冗余”，比亚迪断无可能建立起王传福引以为傲的“技术鱼池”——养很多条技术大鱼，不急着用，等市场需要了，拎出来一条即可。

基于研发人才和设备方面的投入，比亚迪很快掌握了电池的技术原理，解开了“电池为什么这样做”的各种谜题，因此能够通过工艺创新优化品质，控制成本。以材料研究为例，生产镍电池需要大量镍原料，当时镍价一度高达 14 万元 / 吨，如何控制镍原料成本成为重要课题。1997 年，比亚迪攻破了钢带拉浆技术，将电池负极原料由发泡镍改为镀镍的穿孔钢带。由于减少了镍原料用量，一支大电池可降低成本近一元，相当于降本 12%，同时导电性还有所增强。到 1999 年，研发人员成功将正极材料的发泡镍也变成了镀镍的穿孔钢带，又节约了大量成本。

电池的盖帽会用到镍片，如果使用纯镍片，镍含量高，成本就高；如果能使用镀镍片，减少镍含量，虽能大幅降低成本，但会影响品质。比亚迪通过改造电池溶液的化学成分，使镀镍片不易被腐蚀，保证了品质，同时镍原料的月消耗也从五六百万元降至数十万元。通过研发降成本，是比亚迪竞争力的一个关键来源。

“中国第一大镍电池厂”

对人才和技术的全力投入，让比亚迪在初创期就形成了“面对问题时，用研发去破解”的独特气质。他们成功研发出了镍电池，迅速在市场上占有一席之地。因为有技术和技术带来的竞争优势，比亚迪电池的创业生存期和快速发展期几乎是同步的，一出生就风华正茂，一上路就驶上了快车道。

人 + 夹具 = 机器人

在研发人员研究清楚了镍电池的原理后，生产问题的解决更多依靠的是工程师的智慧。

一开始，比亚迪想引进日本的镍电池自动化生产线。但一条生产线要花数千万元，根本买不起。根据毛德和回忆，即使买得起，日本出于技术保护的考虑也不允许企业外售设备。

怎么办？王传福想到了用“人 + 夹具 = 机器人”的办法对生产线进行改造，把日本整套的全自动化生产线分解为每个环节，看哪些环节可以用人工完成，然后在人工操作的工位上，装上用以固定加工对象的夹具（又叫卡具）。他认为，用机器加工当然精确，但成本太高；用人操作则存在变量，有的零件放得准，有的放不准。所以要用夹具先固定好位置，帮助人精准地卷绕、点焊、贴片等，尽可能消除变量。

为了改造生产线，工程师们时常讨论，其他行业的某个机器能不能用到电池生产线上？有人看到面包店的搅拌机就想，能不能用来搅拌镍电池的原料？这个办法不错，但原料在搅拌过程中随着电机功率的加大会升温，影响品质。工程师进而想到，可以增加水冷装置，给搅拌机降温。问题在一次次头脑风暴中迎刃而解。通过集思广益，加上工程师强大的改装能力，很多新设备应运而生。

由于工程师的深度介入和摸索出的创新诀窍，比亚迪只花了100多万元就建成了一条日产4000支镍电池的生产线，其固定投资成本只相当于日本企业的1/15~1/10（见图2-5）。需要注意的是，如果没有真正弄懂原理，断不能这么做，做了也只会失败。

图2-5　比亚迪早期电池生产线

当时不少企业也跃跃欲试要做镍电池，但缺乏研发能力；有的机构懂研发，但没有进行产业化。而比亚迪既能做工艺研发，还能制造设备。时任总工程师的王念强说："我们做镍电池是研发先行，研究透原理后，就觉得日本电池企业的壁垒也没有那么高。"

"人+夹具"简单有效，成本可控，但人工操作的变量始终存在。为了保证品质，同时减轻员工的操作强度和压力，比亚迪逐步提升设备自动化水平。

1996年，毛德和加入比亚迪。他曾在一家航空航天工业部所属企业从事设备和技术工作，是一位设备专家。王传福在比格时，和毛德和的工作地点很近，两个人相识结缘。进入比亚迪后，毛德和牵头成立了设计室，负责设备设计和开发。

他先着手开发封口工序的自动化设备，因为这道工序用手工操作的安全性比较低。之前的人工封口，最快每分钟做 40 支电池；采用封口机后，每分钟能做 120~140 支，提高了效率，也保障了员工安全。毛德和获得了 4000 元奖金，他的荣誉奖状在表彰墙上张贴了很久。

从封口机开始，比亚迪自主开发了一系列自动化设备。这种模式有一个好处，即设备开发能力和工艺诀窍都凝聚在自己身上。很多通过自主研发形成的隐性知识和技能，通过在生产现场的交流、学习和借鉴，逐步扩散到整个组织，慢慢积淀成一种和人高度相关的生产文化，包括设想与设计、设备制造和调试、精益与改善、互助协同去解决问题等。这种文化其实是制造业真正的护城河。

出于对产品一致性、稳定性的更高要求，比亚迪一直努力加大对设备自动化的投入，持续精进。不过，他们并不是简单外购，也不是设备越高级越好，直到今天，他们也不认为完全无人化、黑灯工厂等做法是最优选择，因为那样成本太高。制造的精髓和迷人之处不在于表面的好看，而在于成本、品质和效率之间的最佳平衡。

抓机会，扩市场

有了人、技术、设备和工艺，生产不是问题了，销售就摆上了重要日程。如果光靠几个刚招的业务员在外面跑，订单会很不稳定，有一搭没一搭，比亚迪希望最好能找到稳定的渠道。

比亚迪历史上的第一个电池订单，是 1994 年 11 月由杨龙忠拿到的。香港贸易商裕力集团有限公司（CitiPower）把销往土耳其的 5 万支镍电池交给比亚迪代工生产，总金额有几十万元。王传福、王念强、孙一藻和员工一起包电池，干劲十足，日产量达到 3000 支。20 多天后，订单成功交付。

1995 年，在深圳西丽通信展上，比亚迪第一次参加行业展。他们没有正式摊位，于是搭了一个小台子，铺上一层布，摆几块电池样品，宣传单上写着“中国第一大镍电池厂”的字样。

这一天，当时在《亚洲资源》(*Asian Sources*) 杂志做广告销售的李柯也来到展会现场。她刚走到大门口，就碰到了一个发传单的比亚迪员工，他叫苏海。看到传单上“中国第一大镍电池厂”的宣传语，李柯随口问道:“你们的摊位在哪儿?”苏海回答:“没摊位。”

“没摊位”还是“中国第一大镍电池厂”? 带着好奇，李柯联系到杨龙忠，约好去参观比亚迪。到了罗岗工业区的一个大院，首先映入她眼帘的是一栋旧楼房。走进去，办公区分三个部分，都是两室一厅：一个是总经理办公室，一个是财务办公室，一个是销售、行政的办公室。

眼前所见，让李柯非常质疑“中国第一大镍电池厂”的说法。但见到王传福后，她的看法转变了。王传福滔滔不绝地讲技术，说比亚迪的电池很好，公司一定会成为中国第一大电池厂，极具感染力。更令她吃惊的是，王传福热情洋溢地提出带她去看工厂，这是她到其他企业销售广告时没有过的经历：她走进这个外表简陋的工厂，竟然还要先脱鞋子。李柯回忆道:“我当时穿着裙子，高跟鞋上系了很多带子，就在门外哼哧哼哧地解带子。但进去之后非常吃惊，工厂里面铺了红毯，非常干净。”

李柯推荐王传福在杂志上做一页彩色广告，但王传福说要做就做两页，而且连登半年。他要向海外采购商展示，比亚迪是规模最大、最有实力的中国电池企业。当时，一些比比亚迪更大的企业都只做黑白单页广告。李柯强烈地感受到王传福的雄心壮志和势在必得。她说:“第一次见面就感受到王总的视野。要么不做，要做就要向海外展示最好的一面。”

不久，《亚洲资源》杂志上出现了一则广告，上写:“比亚迪是中国第一大镍电池厂”。

“听王总讲梦想是会被感染的，虽然不知道未来是什么，但觉得未来有太多空间。”李柯说。受邀加入比亚迪时，已经是《亚洲资源》数一数二的销售经理的她欣然答应，决定“冒一次险”。李柯任比亚迪市场推广经理后，并没有马上去跑业务，而是按王传福的要求，用了两个月时间培训销售人员，建立起比亚迪的业务员管理、客户管理、收账管理等一系列制度。至此，比亚迪的销售体系开始朝着规范化、专业化的方向发展。

王传福热爱研发，对市场也很敏感。在一次展会上，他发现无绳电话这一新产品很受欢迎。无绳电话充放电的电流很小，每次打完，把话筒放回原位，就可继续充电。它对电池的性能要求不是很高，正适合起步期的比亚迪。他当即决定，主攻无绳电话电池市场。

当时，深圳国威电子有限公司（以下简称“国威”）在为美国南方贝尔公司代工无绳电话，比亚迪很快与国威达成合作，打开了无绳电话电池市场。1995 年下半年，比亚迪取代三洋，成为台湾地区最大的无绳电话制造商“大霸”的电池供应商。之后几年，无绳电话市场爆发，几乎成为城市家庭的标配。比亚迪乘势而上，与伟易达、小霸王、步步高等无绳电话厂商都达成了合作。

在无绳电话后，电动工具又进入了王传福的视野。比亚迪用做无绳电话小电池的材料，突破性地做出了用于电动工具的大电池，与星特浩、创科实业、博世等企业达成合作。

杨龙忠经常和王传福一起跑市场，他发现王传福不仅市场判断力强，而且工程师出身的他在与对方沟通技术构想、产品理解和趋势判断时，说的话有理有据，专业而真诚，很容易得到信任。到 2000 年，比亚迪镍电池在无绳电话、电动工具和应急灯三大领域都占据了较大的全球市场份额，尤其在无绳电话领域做到了全球第一，占有约 70% 的市场份额。

中国第一家量产锂离子电池企业

成功打开镍电池市场后，王传福决定将锂离子电池产业化提上日程。相比镍电池，锂离子电池具有工作电压高、体积小、质量轻、无记忆效应、自放电小、循环寿命长等特点，优势十分明显。更为关键的是，锂离子电池技术门槛高，中国还未能实现产业化，存在技术空白。而有技术空白的地方，就是比亚迪有可能依靠研发力量率先突破的地方。

这一战略决策让比亚迪踏进了更大的市场，也成为中国第一家量产锂离子电池的企业。

产业先锋

锂离子电池技术、产业链和市场的掌控者仍然是日本企业。1973 年，松下公司开始量产以氟化石墨为正极材料的金属锂原电池。1983 年，旭化成公司研究员吉野彰用筑波大学名誉教授白川英树发现的导电性高分子聚合物聚乙炔作为负极，用美国固体物理学家约翰·古迪纳夫发现的钴酸锂作为正极，组装出第一个可充电电池的原型。1991 年，索尼公司采用吉野彰的技术推出了消费级锂离子电池。此后，松下、三洋、东芝、日立等企业纷纷进入，市场不断扩大。1996 年，当比亚迪决定进入时，全世界 90% 的锂离子电池都产自日本。

1997 年四五月间，王传福、毛德和等人先到日本参观调研。他们看了一家锂离子电池企业的自动化生产线，接着去参观设备厂家。

锂离子电池设备在当时被日本保护，中国人有钱都买不到，要想购买日本的锂离子电池设备，需要经过日本设备商审核。他们审查购买者有能力使用设备才会考虑卖，让人感觉连尊严都没有了。

王传福、毛德和等人通过中间人介绍才联系上设备商。设备商很警觉，不让他们进入车间，他们只能隔着玻璃远远看上几眼。

在洽谈中，设备商表示，购买卷绕的自动化设备要四五百万元，整条生产线报价为六七千万元。返程中，王传福无奈地对毛德和说："我们只有 300 万元预算，买一台机器都不够。"

回国后，王传福决定，像生产镍电池那样，自己动手，自主研发工艺和设备。中研部的刘卫平，毕业于中国科学院化工冶金研究所，负责锂离子电池的研发；毛德和则负责相关设备的设计和开发。

比亚迪做镍电池时，技术已比较成熟；做锂离子电池时，技术几乎从零开始。没有可借鉴的模板，资金又有限，要求的时间也很短。

工程师厉害的地方在于，哪怕前路茫茫，他们也能找到路径。"首先要把原理搞清楚。锂离子电池制造就是制片、卷绕、封口、注液、化成这几大工序。把电池拆开，研究内部结构，大致就知道怎么做了。然后再和设备人员讨论怎么做设备，一步步地精进。”王念强说。他、王传福和中研部的研发人员个个都是拆电池的高手，办公桌上长期放着斜口钳和各种工具，以便随时拆开电池看内部结构。那时候，从外面能找到一些可参考的锂离子废电池和不良品，简直是所有研发人员的宝贝。

研发组的第一个任务是在三个月内做出有电压的锂离子电池。由于买不到原材料，刘卫平就买了点化学试剂，用高氯酸锂配成电解液，用无纺布做成隔膜；没有实验设备，他就用喷枪把碳粉喷到铜箔上做成极片。他们终于按时做出了第一支拥有 3V（伏）电压的锂离子电池。

之后，研发人员不断探索如何改进产品，同时设备研发也在摸索中前进。基于镍电池的设备研发，毛德和开始研究锂离子电池的单机自动化设备。和镍电池类似，锂离子电池的生产也是分为配料、涂布（拉浆）、卷绕/叠片、注液、封口等环节，每个环节下又有若干工序，涉及的设备有卷绕机、注液机和拉浆机等。

经过一两个月的努力，设备团队做出了一台仅有 20 厘米宽的小型拉浆机，交给中研部使用验证。又过了一两个月，他们做出了适用于生产的单面连续拉浆机，这和当时日本设备的能力已经相当。王传福看了很高兴。团队再接再厉，又陆续做出了卷绕机、注液机、激光焊接机等设备。比亚迪由此创造了世界上第一条手工锂离子电池生产线。

刚研发出来的锂离子电池品质还不稳定，王传福很冷静地说：“我们会做电池了，但还不是真懂电池。”因为机理研究不足，虽然把产品做出来了，但为什么这样做的性能好，换一种方法就不好，他们很多时候并不知道确切的原因。

为此，王传福要求研究人员必须做机理报告：自放电是什么原因造成的？循环寿命短是什么原因？电解液对电池性能到底有什么影响？隔膜纸短路究竟是什么原因？隔膜纸的配方为什么会影响使用寿命？他把一个个问题变成一个个课题，交给研发人员，让他们去找根本原因。

如何检验大家是否真的掌握机理？王传福的方法非常特别。每次开品质讨论会，他第一句话会问：“找到根本原因了吗？”如果回答找到了，他就接着问：“那能不能做到重现？如果有一个不合格产品，找到原因后，你再做 100 个一模一样的不合格产品，做到了重现，才算弄懂了机理。”

机理研究成为比亚迪的一个基础方法论。真正搞懂并找到原因后，大家就不会再拿“设备不行”“操作时不小心出错”等当借口了。

从 5000 支到 10 万支

随着 2G 网络的普及，移动电话快速发展。1996 年年底，世界上的移动电话用户不到 1.5 亿，1998 年年底则猛增到 2.7 亿，[①] 中国的移动电话用户也在翻倍增长。锂离子电池市场随之快速扩张。

1997 年，比亚迪实现了锂离子电池量产。当时锂离子电池市场火爆，国际市场上锂离子电池价格为 8~10 美元，比亚迪一出手就把锂离子电池的价格拉到了 3 美元，性能还有保障，充分显示了“低成本创新”的价值。

第一个订单来自贸易商黄碧春，他预交了 50 万元定金，现款现货。那时恰逢国内手机企业的业务欣欣向荣，带来了大量订单。

1997 年下半年，亚洲金融危机爆发，全球电池的价格下跌了 20%~40%，使用自动化生产线的日系厂商处于亏损边缘，而比亚迪却因“用创新方式做出了低成本”，拿到了更多订单。

为了满足市场需求，比亚迪开始扩建锂离子电池生产线。1998 年 3 月 25 日，比亚迪在龙岗新生村成立二分厂，日产 5000 支锂离子电池。1998 年 6 月 9 日，比亚迪建立了专门从事锂离子电池研发和生产的部门。

此前，因为日本电池售价高，有人通过走私渠道购买日本的残次品电池。1998 年 7 月，全国打击走私工作会议召开，严禁走私。日本的残次品电池无法再进入中国，留出了大片市场。

比亚迪决定在龙岗同乐派出所旁边建设三分厂，继续扩产。王传福让毛德和测算一下，日产 10 万支锂离子电池需要多少投资。毛德和在生产线建设的费用申请单上写道：“10 万支 / 日，215 万元。”王传福立

---

① 何霞 . 智能电话走过来 [J]. 互联网周刊 , 2000, (07): 26.

即掏出插在工衣左上方口袋里的钢笔，签了“同意”二字。

建三分厂时，由于设备无法用起重机吊装进厂房，需要把几台16吨位压力的设备拆分，众人一起抬上楼，最重的机框有一吨多重。看见新设备的那种新奇、兴奋和喜悦，让大伙都感觉不到苦和累，争抢着把设备抬上了楼。三分厂很快建成，1999年，锂离子电池部门整体迁入。2000年，锂离子电池日产量达到10万支。

生产非常火热，市场供不应求。做财务的夏治冰当时有一项日常工作，就是押着半车锂离子电池，穿过尘土飞扬、“摩的”满街跑的深圳街道，送至华强北经销商的门店，再拎着两口袋现金回厂。也有客户每天一大早驱车差不多100公里，从东莞赶来，把货款付了，然后排队等货。有的老比亚迪人回忆时说，那真是激情燃烧的岁月，空气里好像都有钱的味道。

开拓海外

不管是镍电池还是锂离子电池，比亚迪都以海外订单居多。一开始，比亚迪是通过香港贸易商进行转口贸易，或者通过参加国际展会获得订单。为了更接近国际市场，比亚迪在香港九龙设立了办事处。他们在一栋鸽子笼一样的楼里租了个小房间，一桌、一床、一柜，既是办公室，又是深圳员工出差时的宿舍。有了办事处，既能更好地与香港贸易商合作，也有了一个近距离接触海外的桥头堡。

但王传福的雄心远不止香港。1995年起，他的办公室里就摆了一个地球仪，之后比亚迪多次搬家，而地球仪相伴至今。

逢展必参

比亚迪第一次参加的海外展会是1997年1月在美国拉斯维加斯的CES（国际消费类电子产品展览会）。王传福在会上接触了很多国际客户，有了不一样的感受。此后，比亚迪逢展必参，先后参加了莫斯科国际通信展、柏林国际消费电子展（见图2-6）等。王传福基本每次都去，和他同行的除了负责海外市场推广的李柯，通常还有一个中间商和一个翻译。

图 2-6　1997 年 8 月，比亚迪参加柏林国际消费电子展

一次，王传福和李柯在机场用小推车运电池，结果小推车掉了个轮子，两个人只好一人一箱电池，一路扛到值机柜台。有时候，行李超重了，为了节约费用，他们就拿出一些电池，自己扛上飞机。他们通常还要带两个折叠式的展柜，到展会现场后可以直接打开，再租一张桌子、一把椅子，摊位就支起来了。那时去海外参展的中国公司很少。参加莫斯科国际通信展时，中国只有比亚迪和华为两家公司。因经常被误认为是日本或韩国公司，比亚迪就在展位插上了五星红旗。

比亚迪经常出国参展，但从不当“坐商”，等待客户来展位。参展期间，李柯总是主动出击，带着产品目录去“扫摊”，到其他摊位做自我介绍。展会通常持续一个星期，她不停地走，一个展会走废一两双高跟鞋是常有的事。李柯那时英语还不好，但她逼着自己不停地说，特别是关于比亚迪的介绍，她可以一字不差地背下来。王传福和客户交流时，她也时常负责翻译。

有的欧洲人把“BYD”听成了“BAD”，所以有人听完介绍之后会问：“So you' re bad company ?”（“所以，你们是一家破公司吗?”）李柯连忙解释："We are good company,not bad company."（"我们是一家优秀的公司，不是破公司。"）接着她会说："我们在中国排名第一。"而对方回答："啊，你已经是第五个到我这来说你是中国最大的电池厂的人了。"很多时候，别人完全不理睬他们的介绍，直接拒绝。

1999年，在德国汉诺威国际信息及通信技术博览会上，比亚迪的展台在很小的一个角落里。李柯平均每天走访27个展厅，推广比亚迪，收集客户信息。和她一起参展的李竺杭说："我们在展会上不停地走，腿都跑细了。"李竺杭1990年毕业于哈尔滨工程大学船舶工程学院，专业是机械制造工艺与设备。他曾在船舶建造行业工作了8年，项目经验丰富。1998年，他加入比亚迪，一直致力于推动比亚迪的出口业务。

除了在展会内"扫摊"，李柯还必去当地的电子市场、超市"逛街"。她不是购物，而是找客户。因为国际航班飞机票很贵，她觉得一定要多找几个客户，把差旅费"赚回来"。在市场里，但凡发现要用到电池的产品，她都会把包装上印的厂家信息抄下来。那时手机漫游费很贵，她舍不得用手机，所以都是回酒店后再挨个打电话。

就这样，比亚迪每次参展都能找到客户。在不断参展中，比亚迪的眼界变得更开阔了。

建立海外分公司

几次在欧洲参展后，王传福和李柯发现，在欧洲一个小城市里，比亚迪就有两家贸易额达到200多万美元的大客户。既然欧洲市场很大，不如在这里建一家分公司。说干就干，李柯先去欧洲做市场调查，然后给各个国家在广州的领事馆打电话，说要到当地建分公司。荷兰领事馆第一个回复，所以他们选定荷兰作为登陆欧洲的第一站。

1998年年底，王传福给了李柯一货柜电池和3万美元，告诉她："如果能把电池卖出去，公司能盈亏平衡，就继续办；如果没成功，公司也就亏这3万美元和一货柜电池。"李柯领下任务，带了工程师祝卫健和会讲德语、英语的刘宇做翻译，来到荷兰鹿特丹，筹建比亚迪第一个海外分公司。

去了之后他们才发现，当地人都讲荷兰语，英语交流起来很困难，连生活都受到了影响。

1999 年 1 月 1 日，分公司正式开业。他们本以为新年第一天是个好日子，没想到天降大雪，连去公司都成了问题。打车很贵，李柯只能走路。但风雪太大了，耳边的风呼呼地吹，她走三步退两步，又冻又累，一边走，一边不断把眼泪憋回去。此时她只有一个念头：“说了开业，就一定要开业！”

分公司张罗起来了，比风雪天更大的问题摆在了眼前：3 万美元只够 4 个月的开支，没有进账就只能关门大吉，他们必须赶快行动，把电池卖出去。团队就三个人，大家戏称李柯是销售员，刘宇是秘书，祝卫健是工人。他们白天根据行业杂志上的信息给潜在客户打电话，如果有订单，晚上就一起包电池膜组装，第二天开叉车去送货。三个人练就了一身包电池的好手艺，李柯觉得自己可以跟公司的女工比手艺了。

一到周末，他们就去“跳蚤市场”找机会。一次，市场里有五六个批发商都说，他们是从同一个经销商那里购入的电池。李柯立即与那个经销商取得联系，说：“我们是中国最大的电池厂，你们需要的电池我们都能做。”双方沟通了品种、规格等信息，开始展开合作。第一次交货时，他们就像秘密接头一样，抱着一箱电池过去，对方点好数量，然后付了一堆现金，他们就在现场数钱。

参加展会依然是获得客户的重要渠道。欧洲所有电池行业的展会，李柯都带队参加，在现场“扫摊”。他们经常坐火车辗转于各国的展会，不止一次，同车厢的欧洲人看到他们都好奇地问：“你们是日本人吗？”

“不是，我们是中国来的。”

“哦，你们从台湾来？”

“不是。”

“那是香港？”

“不是，我们是中国大陆的。”

“那你们在哪家餐馆工作？”

李柯说，这就是当时的情况。“没人相信我们是从中国大陆来的，我们要解释再三，说是来做电池生意的。”

就这样过了半年，欧洲分公司活了下来，走上了正轨（见图 2–7）。那些日子，有一件让李柯奇怪的事：自己住所楼下的超市似乎永远不开门。后来她才知道，超市每天关门早，周日也休息，她早出晚归，没有周末，当然碰不上开门。

图 2–7　王传福（左）、吕向阳（中）、夏佐全（右）在比亚迪欧洲分公司

在欧洲立足后，王传福又给了李柯 3 万美元和一个货柜的电池，让她再次带领一个三人团队去美国建分公司。1999 年 11 月，她在芝加哥建立了美国分公司。他们拿着电池行业协会的名录，从 A 字母的公司开始打电话，一直打到 Z 字母的公司，自我介绍，寻找机会，同时参展、发传真、见客户、交货。虽然和欧洲的市场有所不同，但经验可以相通。在面对北美市场时，李柯的信心强了很多。

随着海外市场的发展，比亚迪对国内外市场进行了区分，建立了国内营销本部和海外商务部。前者由杨龙忠牵头，后者由李柯搭建。

为了扩大业务，提升竞争力，比亚迪也开始为客户提供更多服务。以百家丽（Beghelli）为例，1999 年比亚迪在电池产品的基础上，为百家丽提供了应急灯的开发设计和生产，除了外壳，全部由比亚迪制造。这让比亚迪人看到了一个新的前景，就是自己可以进入更多制造业务领域。

让员工没有后顾之忧

1994 年，比亚迪在布吉镇罗岗工业区创业之初，条件很简陋，说是厂房，但其实更像简单的作坊。这里按生产流程分为辅助、制片、卷绕、化成、装配、检测、包装 7 个车间。一楼外面有个小厨房，大家自己做饭，餐厅就是一楼厂房和厨房之间的狭窄走廊，因放不下座椅，员工常常蹲着吃饭。厂房旁边是一栋 7 层高的宿舍楼，房间里没有热水，员工每日要到楼下取热水。宿舍里，大家在铁架子上铺上床垫，一字排开。睡觉时，身材高一点的人脚会挨着地。虽然条件艰苦，但年轻人并不挑剔，相信跟着这个同样年轻的公司，一定会奔向越来越好的日子。

1995—1998 年，比亚迪营业额分别为 200 万元、6000 万元、1.08 亿元、2.57 亿元。随着公司发展壮大，比亚迪的员工福利待遇也越来越好。

当时，手机还是个稀罕物，王传福就给科长、主任等配了手机，他还亲自买回三星、摩托罗拉、诺基亚等不同品牌的手机，让大家自己选。后来他又鼓励经理买车，对于 25 万元以内的车，最高可以补贴 60% 的购车费用。员工相当于 10 万元就能买到一辆售价 25 万元的车。一批骨干员工早早就开上了本田、别克等品牌的高级车。最令员工感动的是，王传福随时都想着他们。他去国外出差，总会带些礼物回来，有时候是派克笔，有时候是国外的硬币，回来分装好，给每人送一小袋做纪念。

对于在工作上取得突破的人，王传福总是及时嘉奖。刘焕明在 1997 年入职时，曾提出希望工资“多一点”，王传福没有立即答应。但入职后，刘焕明领头突破了镍电池的负极拉浆技术，表现出色，不到一年，月薪就已过万元。1998 年入职的王海涛，因锂电池激光设备的贡献获得当年技术一等奖，王传福亲自给他发了 10 万元大奖。1999 年入职的何龙用半年时间研究出了一种正极极片的新工艺，王传福奖励他 2 万元。那年，何龙坐飞机回了老家，觉得加入比亚迪真是个不错的选择。

纪晓萍于 1997 年加入比亚迪，担任副总办商务秘书。1998 年临近农历新年的一天，王传福来到副总办公室，往她的桌子上放了一个信封就出去了。纪晓萍疑惑地打开一看，里面装了一叠现金。来比亚迪不到一年的时间，就拿到可观的年终奖，她觉得王传福是一个乐于分享业绩成果的老板。第二年，因为出色的工作表现，她的月薪翻了一番。

月永冬是 20 世纪 90 年代从内陆到广东的数千万打工者中的一员。1995 年秋，24 岁的他从江西赣州到深圳，成为比亚迪的工人。他觉得在比亚迪工作有一个特别好的地方，就是从不拖欠工资。起初，他每个月能挣五六百元，已和深圳日资企业的工人收入相当。他参加了很多培训学习，获得了更多成长；同事关系融洽，周末大家总会相约去溜冰，领了工资就一起去买炒粉、喝啤酒，感觉很快乐、很知足。他刚到深圳时的梦想是攒到五六千元就买一辆摩托车，回老家跑“摩的”。后来他买了摩托车，但再也没有离开比亚迪。

1998 年，比亚迪已有 4000 多人。这一年 11 月 8 日临近厂庆时，比亚迪外租了一个运动场举办了第一届运动会（见图 2-8）。时已入冬，天

图 2-8　1998 年 11 月 8 日，比亚迪租借龙岗中学运动场举办首届厂庆运动会

还没亮，虽处南方，深圳也有丝丝凉意。大家在规定的位置上静静等待，操场上十分静谧。王传福宣布运动会开幕。顷刻间掌声如雷，所有人发自内心地热烈鼓掌。

1998年年底，比亚迪办了一场晚会。因场地有限，员工就把同乐厂房一楼门口的卸货台当作舞台。卸货台大概10米长，3米宽，1米高。王传福见完客户回公司，看到员工在小台子上又唱又跳，挤得站不下，既感动又惭愧，心想："给我们的员工修一个自己的运动场、自己的舞台，在自己的运动场上去唱歌跳舞，那是多好的一件事！"1999年，王传福就立即着手寻找适合建设比亚迪工业园的地块。

2000年，属于比亚迪自己的第一个工业园在葵涌建成，占地面积26万平方米，离海边很近（见图2-9）。新园区建成后，有了新体育场，可以办运动会（见图2-10）。新的文体中心给员工提供了足够的舞台（见图2-11）。新的办公楼呈V字形，外部采用玻璃幕墙，展示着全新形象。

在建设葵涌新园区时，比亚迪还在附近购置了14万平方米土地，建造亚迪村，以解决大批员工的居住问题（见图2-12）。当时在深圳，能拥有一套房是很多人梦寐以求的事，但买得起房的人是少数。而在比

图2-9 1999年，比亚迪管理层在延安中路（比亚迪葵涌工业园原址）考察地块

注：从左至右依次为：王传方、毛德和、吴经胜、王传福、杨龙忠

图 2–10　比亚迪第一个自己的工业园——葵涌工业园区

图 2–11　葵涌比亚迪文体中心

图 2-12　比亚迪福利商品房——亚迪村

亚迪，普通员工也能拥有一套房，这是在许多大企业都不敢想的待遇。

孟文君是 2001 年从合肥工业大学会计专业毕业的应届生。刚加入比亚迪时，大学生每人都有一套一室一厅的宿舍，40 多平方米，厨房、阳台、洗手间都有。她最惊喜的是，进公司当年就有机会买亚迪村的新房。

根据深圳统计年鉴，2000 年深圳市房价为每平方米 5000 元左右，很偏僻的区也在 3000 元以上，[①] 葵涌一带就是这个水平。而比亚迪给员工定的房价是每平方米 1000 多元，还允许零首付贷款购房。孟文君算了一下，如果买一套三室一厅 130 平方米的房，每个月只需用一半月薪来还贷，于是决定购买。

亚迪村建成后，大家非常满意。小区楼房南北通透，绿化率高，共有 10 栋楼房，每栋 11 层，一楼有花园，顶楼是复式。小区内还有游泳

---

① 张思平 . 高房价是把"双刃剑"，从九方面影响深圳 [N]. 第一财经日报，2019-02-26（A11）.

池、会所等配套设施。最超前的是，亚迪村共534户，配置了677个车位。2000年，中国刚鼓励家庭购买轿车，很多小区都没有车位。即便是今天，亚迪村也称得上是科学规划、精致建造的样板。员工们陆续住进亚迪村，王传福也搬了进去，一直住到现在。

后来，比亚迪还分别在惠州大亚湾和深圳坪山建造了亚迪二村和亚迪三村，并且以极低的成本价卖给员工。“开门见山”“推窗见海”是住在亚迪村的比亚迪人对自己房子最普遍的描述。

有一阵，一些年轻员工离职，王传福就询问其中的原因。有人说，小孩在同乐或葵涌读书都不方便，只能去其他地方。他听后决定建亚迪学校，由比亚迪出资，委托深圳中学负责教学管理。在学校建好之后的较长时间里，比亚迪职工子女入校免学费，员工子女教育问题也得到了解决。亚迪学校的办学质量、教学质量、科技创新和特色教育在深圳出类拔萃，曾创下五年三状元的奇迹，一批员工的子女在这里成长成才（见图2–13）。

图2–13　深圳中学亚迪学校

如此，“在比亚迪工作、嫁/娶比亚迪老公/老婆、开比亚迪车、住亚迪村、上亚迪学校”，一应俱全。这让比亚迪员工感到加入比亚迪不只是有了一份工作，而是和一群人共赴未来。

第三章

比肩世界

你的合作伙伴和竞争对手，代表着你的能力和水准。

1999年，比亚迪的营业额达到5.13亿元人民币，员工已有7000多人。在1994年创业之初，王传福曾提出，要将比亚迪发展成有1000多人、几亿元销售额的规模化大型公司。没想到这个目标这么快就实现了。

比亚迪能在电池行业脱颖而出，一方面是因为王传福懂电池，抓住了二次充电电池的风口，这说明专业判断的重要性；另一方面，比亚迪以低成本构建起了包括设计、设备、工艺、材料、生产、检测、营销、服务等在内的比较完善的自主能力体系。和外企相比，比亚迪成本优势明显；和周围那些一拥而上的中小电池企业相比，比亚迪的体系更完善，质量更可靠。

把电池做出来并成功交付客户，是结果，因为比亚迪从一开始就重视研发能力和产业化能力的构建。不过，这些能力要再提高，也需要新契机。与国际顶尖客户合作，经受倒逼和洗礼有助于让自己与世界先进水平同步。

为此，比亚迪大胆出击，相继赢得了摩托罗拉、诺基亚两大客户的支持。在业务扩大的同时，其前期自发形成的能力体系也迈上了规范化、系统化和国际化的新台阶。

客户至上

在拓展镍电池市场时，王传福就立志将比亚迪做到世界第一。他制定了大客户战略：选择合适的市场，瞄准前五大客户，并在该领域做到最大。

大客户和小客户的要求完全不一样。小客户的逻辑是算账逻辑，只要能赚钱，就算品质差一点也没关系，只要产品能退换就行了。而大客户是信誉逻辑和品牌逻辑，不能容忍供应商的产品质量有瑕疵，因为这会影响到自己的品牌。

面对大客户的严苛要求，很多供应商感到畏惧，甚至连想都不敢想。王传福不同，他希望以大客户的要求来驱动自己进步。当时手机市场的巨头摩托罗拉，就成为比亚迪一定要拿下的目标客户。

通过摩托罗拉的审核

2000 年，机遇降临，摩托罗拉计划开发一家新的电池供应商。这年 3 月，时任摩托罗拉中国公司采购经理的王渤来到比亚迪，考察其是否有潜力成为供应商。之前，他考察过日本多家锂离子电池供应商，并与索尼、日立等企业有过合作。他发现，与日企的自动化生产线相比，比亚迪的工厂里满是工人，技术上有很大差距。他给公司提交了一份很长的报告，结论为：让比亚迪成为摩托罗拉的供应商，还需要 5 年时间。

7 月，摩托罗拉总部又专门派人到访比亚迪。总部要亲自来看的原因有二：一是摩托罗拉急需新的供应商，制衡日企；二是比亚迪的报价极具诱惑力，一支 560mAh~650mAh（毫安时）的锂离子电池，日本供应商的报价是 6 美元，比亚迪第一次报价是 2 美元多。

此外还有一个原因，那就是在芝加哥的李柯的积极争取。摩托罗拉公司总部在芝加哥，电池业务总部在亚特兰大。美国一家知名财经媒体曾这样描述当年的细节：摩托罗拉前高管迈克尔·奥斯汀说，有一天李柯突然出现在他的亚特兰大办公室，要求与公司的采购团队会面。奥斯汀对比亚迪依靠工人而不是机器的生产方法感到震惊，并担心可能存在质量问题。李柯通过解释公司如何实施完善的流程来剔除缺陷说服了他。“她很进取，非常有说服力，她成功了。”

2000 年前后，许多跨国公司都希望在中国挖掘一些物美价廉的供应商，这其实就发出了一个重要信号：它们所主导的全球价值链需要中国制造的加入。这是确定性的机遇，只是看哪些企业能够抓住。

摩托罗拉总部人员的考察结束后，王渤被留在了比亚迪。他的新任务是：立即组织团队开发比亚迪，以最快速度让其成为摩托罗拉的供应商。

时任比亚迪品质部经理的何志奇也接到了任务：通过摩托罗拉的审核。

摩托罗拉的审核与采购团队，一行六人，在比亚迪驻扎了接近半年。他们都是供应商质量工程师（SQE），实打实地帮助比亚迪建立品质体系和测试体系，不仅做培训，而且手把手地教。

王传福对此极为重视，他每天都会召集会议，讨论怎么达标、怎么提质。摩托罗拉交给比亚迪一本关于质量体系要求（QSR）的书，王传福让研发人员连夜翻译出来，给品质管理的人员看。这本书里就包含了摩托罗拉最重要的质量管理体系——六西格玛[①]。

比亚迪全面引入六西格玛。摩托罗拉团队则知无不言、言无不尽，解答比亚迪团队提出的各种问题。比亚迪公司 E 级以上的人员，包括王传福自己，都要学六西格玛。从统计学、概率论学起，为了强化学习意

---

① 六西格玛（Six Sigma），最早由摩托罗拉工程师比尔·史密斯提出。作为一种管理方法和质量改进体系，六西格玛旨在识别和消除造成质量问题和业务低效的根本原因，减少组织过程中的变异性，提高业务绩效，并实现客户满意度的持续提升。之后，通用电气公司也采用了这一体系。它的方法论可以概括为 DMAIC，即定义（define）、测量（measure）、分析（analyze）、改进（improve）和控制（control）。它还有帮助团队识别问题根本原因、分析数据，并制定改进措施的很多具体工具，如直方图、散点图、因果图、流程图、统计分析等。

识，比亚迪把六西格玛的等级[①]与晋升挂钩，要想成为事业部总经理必须至少是绿带等级。何志奇、何龙、陈刚等一大批总经理都参加过六西格玛黑带培训，都是在做摩托罗拉的项目中拼出来的、经过这种文化的洗礼成长起来的。

何志奇回忆说："老师白天培训我们，晚上我就现学现卖，再去培训我们的技术人员、品质人员、生产人员。"而摩托罗拉方面评价说："这个年轻团队的提升非常快。我们从最基础的东西开始教，但后来他们研究得比我们还深、用得比我们还好。"

起初，摩托罗拉团队认为，比亚迪以手工生产线为主，存在很多变量，于是向总部汇报：很难认证。总部答复：只要能保证产品符合摩托罗拉的品质要求，不管是手工还是机器自动化都行。而比亚迪能在艰苦环境中保证高品质，是因为吃透了原理。

每天，摩托罗拉团队都会测试比亚迪的产品，并进行分析。他们也会提供样品，让比亚迪去测试、对比，研究优化的办法。例如，同样是150℃测试，样品能耐过1个小时，但有一段时间比亚迪的产品只能做到40分钟，甚至更短。研发人员就从原材料、工艺等各种角度研究，把变量找出来，想办法从机理层面消除。

随着深入了解，摩托罗拉团队发现，比亚迪看似原始的做法自有其道理。比如电池极片的制作，他们过去接触的日本电池厂的生产流程是先压片，后切片，但切的时候会产生毛刺。毛刺有可能导致电池自放电高、短路、爆炸等问题。比亚迪的做法是先切片，后压片，毛刺经过压片工序就变得平整了。

后来在审核时，摩托罗拉的一位黑带大师负责这道工序。他先审核设备，检验合格；接着他把一片电池极片揉成一团，再按比亚迪的方法去压片，极片立即变得光滑平整起来。他很吃惊，拿着电池仔细端详，

---

① 按从低到高的顺序，六西格玛分为黄带、绿带、黑带、黑带大师四个段位。黄带是基础级别，参与者需要掌握六西格玛的基本知识和技能；绿带参与者负责特定领域的六西格玛项目工作，须具备一定的专业知识；黑带是六西格玛团队的核心成员，他们在技术和项目管理方面具有丰富的经验，能够带领关键项目；黑带大师在六西格玛管理和培训方面扮演重要角色，他们不仅是技术专家，还擅长管理工作。

最后说:“比亚迪通过了!”

随着一个个问题的解决，一次次审核的过关，2000 年 9 月 20 日到 22 日，比亚迪终于逐项通过了摩托罗拉的认证，2001 年年初开始批量生产。王传福非常感慨:“1999 年之前我们就一直在跟摩托罗拉接触。摩托罗拉通过了对我们的审核，下了订单，也在自己的网站上公布了。摩托罗拉手机是全球顶尖的，被它承认，相当于有了跟其他国际大品牌合作的通行证。”

通过审核工作，王渤对比亚迪有了深入了解。不久后，在考虑新的职业方向时，他加入了比亚迪，负责美国东海岸市场的销售，后成为比亚迪采购处总经理。

品质管理体系化

通过审核，只是起点，不是终点。之后两年时间里，摩托罗拉一直有团队在比亚迪驻场，进行品质把控。严苛的要求，让“草根”比亚迪学会了如何建立起自己的品质体系和生产架构，也重塑了其产品与商务体系。

当时在锂离子电池车间负责生产管理的田春龙说:“我们每次出问题，摩托罗拉就会让我们写一份 8D① 报告，而且会问很多为什么，完全不可能糊弄过去。报告里从来不允许写‘加强员工训练’，因为人是变量。他们要求必须通过改进工艺、配方、设备等方法来提高品质。”

摩托罗拉要求所有报告都用数据说话，而且必须给出时间节点。王海全曾参加过六西格玛黑带培训，至今记得当年的那些数字——在发现问题的 24 小时内给出临时处理方案，48 小时内给出改善措施，72 小时内提交包含问题发生原因分析的初步 8D 报告，5 天内给出正式 8D 报告；要在改善措施执行后的 7 个工作日或前三批出货中验证效果；在

① 8D（eight disciplines）是六西格玛体系的管理工具之一，指解决问题的 8 个步骤与原则，最早由福特汽车公司提出，它们分别为：议题小组成立（D1）、问题描述（D2）、临时对策（D3）、原因分析（D4）、长期对策（D5）、预防再发生（D6）、效果确认及标准化（D7）、小组庆祝（D8）。

分析原因时，要从人（men）、机器（machine）、方法（method）、测量（measurement）、材料（material）、环境（environment）等方面，一步一步详细说明。

黄志学在美国负责摩托罗拉项目的技术支持，每两周就从芝加哥飞到亚特兰大，与手机电池部门的技术团队对接，做测试与认证。在他眼中，摩托罗拉人做事很细致，对数字特别讲究。常有人对他说：“你不用讲产品好还是不好，请用数字说话。如果你说自己好，那就和别人对比，或者用重复测试来证明。”

在不断学习与改进中，比亚迪的产品良率一路攀升，品质管理体系也越来越完善。

回眸历史，20 世纪 90 年代和 21 世纪初，中国已有一批本土企业建立起很强的市场竞争力，但在管理上，它们更多的还是依靠企业家和少数“牛人”“高手”的力量，缺乏系统性、体系化的扎实的管理基础。

比亚迪也不例外。王传福是总裁，也相当于“总工程师”和“首席销售员”，在公司规模不大时，他甚至连一个螺丝钉放在哪里都知道。哪里出现问题，他就出现在哪里，和工程师一起排忧解难。但随着公司的壮大，他日渐感到，品质管理必须导入行之有效的工具，而不是光靠个人能力、自觉性和灵活反应。

早在 1996 年 2 月，比亚迪就通过了 ISO9002 认证，1998 年通过了 ISO9001 认证，2000 年通过 ISO14001 认证。但 ISO（国际标准化组织）标准与摩托罗拉实行的六西格玛管理体系在目的、方法等方面都有所不同。

FMEA（故障模式与影响分析）是六西格玛体系的管理工具之一。其要求是，企业要在产品的设计阶段和过程的设计阶段，就对构成产品的子系统、零部件，以及构成过程的各个工序逐一分析，找出所有潜在的故障模式，并分析其可能的后果，从而预先采取必要的措施，以提高产品的质量和可靠性。可以理解为，FMEA 的作用就是提前预防，把问题扼杀在萌芽阶段。

按照摩托罗拉的要求，比亚迪围绕整个流程，从五个方面梳理出了十几个故障模式。比如，关于装配壳盖、焊接烘烤，有一个故障模式是

“夹具清洁度”，其潜在故障后果是“上、下窄面划伤”，潜在故障起因/机理是“焊接夹具粉尘、杂物”，现行设计控制措施是“定期清洁夹具，1次/班”，现行过程控制探测是“停机目视”，建议措施是“增加电芯与夹具的间隙”。

找出所有故障模式后，再根据严重度、发生频度和探测度的评级，三者相乘，就得出了一个风险系数。摩托罗拉只要看到这个系数，大致就会明白供应商的质量管控水平。

比计算系数更重要的是，在导入FMEA等质量管理工具的过程中，品质文化开始在比亚迪生根发芽。直到今天，王传福仍在不断地讲FMEA，不仅技术工作要求做FMEA分析，管理工作也要做FMEA分析，任何事情都要考虑未来风险，提前做好策略和措施。

对国际客户的一次次拥抱，也是现代管理的一次次洗礼。王传福曾说：“我们的品质是从六西格玛管理、FMEA、SPC（统计过程控制）等各种品质工具里走出来的。在把产品打造成国际一流品牌的过程中，我们把各种参差不齐的变量，通过聪明的设计、聪明的控制，通过‘小米+步枪’的设备，加以克服，最后做出一致性的产品。我们不仅理解什么叫品质，更懂什么是品质的敌人。”

“最佳供应商”

让顾客百分之百地满意，除了品质保障，还要有快速响应能力。后者直接关系着客户对服务态度的评价。

每天早上，王传福一到办公室就会问跟单员：产品交付怎么样？有没有送到客户那里？有没有投诉？一有问题，他就立即打电话追问。一次，为了把200个样品送给客户检测，他派人连夜坐飞机送达，一刻也不耽误。

王传福这种想客户之所想、急客户之所急的风格，奠定了比亚迪的服务基础。

在比亚迪，不能对客户的要求说“不”，而是要想尽办法满足所有要求，客户要什么就给什么，而且对客户的承诺都是优先级。

“产品行不行，客户说了算。”比亚迪成立了客户服务一部、二部，其定位是站在客户立场，替客户发声，作为客户和比亚迪之间的桥梁。陈刚负责二部，在客户和公司的出发点不同的时候，他要不断沟通，把双方的不理解、不一致变为理解和一致，把“不”变成“可以”、变成“好”。

陈刚经常白天与国内客户开电话会，下午接欧洲客户的电话；凌晨一两点，美国客户上班，又接上了。电话里聊的全是需要解决的关键点。他沟通细节不断协调，始终保持耐心。有客户对他说：“你的脾气太好了，那么多问题要协调，大家没有争吵，问题能迅速解决，说明比亚迪有信心、有方法。”

在海外，比亚迪也配置了相同职能的客户服务人员。舒西星、黄志学等人被派往美国分公司做客户支持，进行专业的工程技术指导，帮助摩托罗拉更好地应用电池。摩托罗拉对他们的就近上门服务十分满意。

为了第一时间掌握客户对产品的反馈，王传福把检测部安排在自己办公室的对面。一旦客户反馈有问题，他就立即开会，看检测报告，和大家一起研究原因，拿出解决办法。

一位在摩托罗拉工作过的新加坡人曾说，自己第一次到比亚迪审核的时候，就被其工作效率和改进速度惊呆了。第一天白天审核出问题，第二天发现临时的解决措施、临时的夹具都做好了。摩托罗拉总部的人得知后也非常震惊，因为日本、韩国的供应商没有这么快、这么强的反馈机制。

比亚迪对客户有最好的响应，固然有责任意识、服务意识在起作用，但根本上还是因为如果交货不及时，就会造成客户生产线停产。“绝对不能影响客户生产”，成了比亚迪人的本能反应。

面对问题不遮掩，也是与客户建立信任关系的基础。

一个问题被隐藏，可能导致无穷尽的后续问题。因此，不管客户对产品的要求多高，或者对产品有任何不满，客户服务部都要定期如实向王传福报告。同时，他要求获得最真实的产品测试结果，如果产品有待改进，也会毫不遮掩地告诉客户。

有一次，摩托罗拉研发新款手机。这款手机比较小巧，空间有限，所以要求电池又薄又小，对设计制造提出了新挑战。快要量产时，陈刚测试时认为，产品的低温寿命不好，便将问题报告给王传福。当晚，王传福就决定将问题如实告知客户，提出了解决方案，并申请项目增加验证，主动进行改善。比亚迪的诚恳态度得到了客户的理解。最终，团队在最短时间里解决了问题，项目得以顺利验证，并满足所有标准。这种不遮掩的坦荡让摩托罗拉对比亚迪更加信任。

成本有优势、品质有保障、服务有质量，比亚迪不仅达到了大客户的要求，而且往往表现得超预期，完全不输三洋、索尼。2002 年 9 月 11 日，在获得摩托罗拉认证的两年后，比亚迪就获得了摩托罗拉授予的“最佳供应商”奖，成为其重要的战略合作伙伴（见图 3-1）。

图 3-1　时任摩托罗拉董事长兼首席执行官克里斯托弗 · 高尔文（左）授予比亚迪王传福（右）“最佳供应商”奖

牵手诺基亚

在摩托罗拉之后，比亚迪要“攻克”的，是在手机领域后来居上、超过摩托罗拉的诺基亚。

比亚迪与诺基亚相识于展会。1999 年，李柯在巴黎参加了一场电池大会（Batteries 1999）。听完演讲，她发现嘉宾都在讲欧美和日本市场，没有人谈到中国。会后，她在参会调查表上写道：中国会成为世界最大的电池市场，希望下次来自中国的比亚迪能够上台演讲。就是这样一条意见，让比亚迪获得了在 2000 年电池大会上演讲的机会，而且是第一天在主会场演讲中第一个发言的参展企业。用英语在国际展会上演讲，李柯既高兴又紧张。王传福听到这个消息后说："没问题，我来做 PPT（演示文稿）。"

王传福有他的一套计算逻辑：首先，中国人口总量大，即使一个最低的市场渗透率乘以人口也不少；其次，市场渗透的规律是前慢后快，这从家电产品（如电视、冰箱、洗衣机）在中国的渗透就可以看出；最后，中国经济正在快速增长，随着财富的积累，人们对手机的需求会日益增加。他用翔实的数据和推理证明，未来的中国一定会成为世界上最大的手机市场，也一定会产生世界最大的电池生产厂。

在大约 30 分钟的演讲里，李柯以"The Development of Chinese Rechargeable Battery Products"（"中国二次充电电池产品的发展"）为题，将王传福的想法一一道出。现场多数人是第一次听到来自中国市场的声音，倍感震撼。演讲一结束，诺基亚、西门子、爱立信、阿尔卡特等都来到比亚迪展台，光诺基亚就来了七八个人。因展位不够，比亚迪还向相邻的企业借了块地方，仍然被围得水泄不通。王传福站在中间讲中国电池市场的未来，讲比亚迪，李柯在一旁翻译。

这次展会后，比亚迪的电池就被送到了诺基亚进行测试。结果显示，日本厂家的电池循环寿命是 300 次，比亚迪能达到 1000 次。诺基亚感到既意外又兴奋。

2000 年 12 月，诺基亚团队到访比亚迪，看到了许多"新奇"的事情：电池加料，是用勺子从浆料里舀出来拉浆；很多女工踩着缝纫机一样的机器做卷绕。访客们皱起了眉头，怀疑品质造假："这怎么能生产出有品质保证的产品呢？"

他们亲自抽了20支样品，因担心比亚迪人员悄悄更换，所以一直自己拿着。回到诺基亚后，他们再试，循环寿命还是1000次。虽然还是怀疑比亚迪生产线有问题，但在测试结果之下，认证工作得以启动。这时，摩托罗拉对比亚迪电池的认证也刚刚结束。

2001年春节期间，王传福、李柯和何志奇等人来到芬兰奥卢省的诺基亚萨洛工厂，想深入了解诺基亚对认证的要求。对方安排了一位中国籍员工接待，但只有1个小时时间，他只对着资料大致讲一遍。

这样的介绍显然不够。见天色渐晚，他们就到附近的中餐馆等，希望有运气能等来这位员工。果然，等到了。一回生两回熟，他们聊了两三个小时，获得了更多的认证信息，包括如何做准备、怎么测试等。

之后，李柯几乎每个月都要去芬兰赫尔辛基的诺基亚总部汇报一次，送样品去检测。冬天的赫尔辛基，白天的时间只有5个小时，李柯一次次从诺基亚两手空空出来，一个人在黑暗中驾着车，在空旷寂寥的路上奔驰，不知道何时才是尽头。

经过一年多时间，2002年5月，比亚迪拿到诺基亚的第一个订单——5000支BLC-2锂离子电池，比亚迪也成为诺基亚在中国的第一个锂离子电池供应商。

与此同时，比亚迪还在争取诺基亚手机外壳的供应商资格。这是2001年9月王传福带队参加诺基亚的电池供应商大会时发现的新项目机会。那次大会上，比亚迪是唯一的中国大陆厂商。2002年和2003年，时任诺基亚高级副总裁兼首席流程官（CPO）的让-弗朗索瓦·巴里尔，两次带队到访比亚迪。

第二次来的时候，王传福带他们参观了葵涌基地新建的测试中心，以显示比亚迪对品质的重视。没想到，巴里尔更感兴趣和称道的是比亚迪对员工的责任和关怀。在他两次来访期间，亚迪村、亚迪学校相继建成。他说："我小孩读的是赫尔辛基最好的私立学校，都没有亚迪学校设施这么完善，建得这么漂亮……看比亚迪不能用照相机，对于这种快速发展的公司，要用摄像机去看它的历史。看比亚迪的未来，我们也要通过历史来看。"在看到葵涌基地的食堂、学校后，诺基亚团队很震撼，没想到比亚迪能投入这么大，给员工解决这么多问题。他们因此认为，这是一个值得合作的伙伴。

用实力保护属于自己的东西

2002 年 7 月 31 日，比亚迪在香港主板上市，股票代码为 01211.HK（见图 3-2）。上市对于谋求更大发展的比亚迪来说似乎水到渠成，没想到随后而来的却是更大的风浪——全球巨头三洋、索尼接连对比亚迪提起专利侵权的诉讼。

图 3-2　2002 年，比亚迪在香港证券交易所上市（股票代码：01211.HK）

注：从左至右依次为：李维、夏佐全、王念强、毛德和、王传福、杨龙忠、吴经胜、邓国锐

狭路相逢

问："未来谁是你的竞争对手？"

答："中国的比亚迪。"

这是日本基金经理小川将与一位三洋公司高管在 2000 年的对话。当时关于比亚迪的信息很少，小川将也是第一次听说这家公司。两年后，比亚迪在香港上市前，到新加坡做上市路演，小川将到了现场。他兴奋地说："终于等到比亚迪上市了，我要买很多股票。"

2002 年 7 月 11 日至 25 日，在保荐人巴黎百富勤公司的支持下，王传福带队进行环球路演。除了新加坡，他们还去了香港、米兰、伦敦等 10 多个城市。王传福见了约 600 位基金经理，最多一天有 9 场会议，从早到晚，连吃饭都在和基金经理开会。

路演并非都很顺利。在多数投资者眼里，比亚迪只是一家成立 8 年的年轻公司。大家对它的过去、现在和未来都不了解，甚至充满怀疑。有一次，一位美国华裔投资者一进门就质问说："你们的技术是从哪里偷来的?"王传福回答，比亚迪没有偷谁的技术。对方接着问："那你们从哪里偷的人才?"王传福说是公司自己培养的，并解释："比亚迪采用'人 + 夹具 = 机器人'的生产模式，与别的企业截然不同。"

后来那位投资者提出要认购比亚迪上千万股股份。自尊心受到打击的比亚迪投资团队和时任百富勤亚洲投行联席主管蔡洪平等人说"不给"，但王传福说："可以卖给他。我们要证明给他看，中国公司崛起了。"这位投资者此后成为比亚迪的"铁粉"。

2002 年，受互联网泡沫破灭的影响，全球股市处于低迷状态，投资者信心不足。但比亚迪不仅完成了募集 16 亿港元的目标，而且创下多个纪录：规模最大的非国有公司 H 股发行纪录，上市当天 54 只 H 股最高发行价纪录，百富勤保荐企业中路演最短的纪录，等等。

比亚迪的逆势上扬，与其业务高速发展息息相关。2002 年，比亚迪已是中国的电池大王，镍电池产品的市场占有率位居世界前列；在锂离子电池领域也高歌猛进，排到世界前列，直逼三洋和索尼。三洋每支锂离子电池的生产成本为 4.9 美元，比亚迪只需 2 美元，而且在安全性、循环寿命等方面占优。比亚迪展现出的强大竞争力，引发了三洋和索尼的恐慌。

20 世纪 90 年代初，二次充电电池市场几乎是日本厂商的天下，三洋、索尼、东芝、松下等制造商占据着全球近90%的市场，比亚迪的崛起打破了原有的行业格局。

比亚迪约60%的电池产品出口，最大的海外市场是欧美和日本，因此，必然与三洋、索尼展开激烈的正面竞争。

日系厂商维护其市场优势地位，首选专利武器。两家日本公司先后高度默契地举起专利大棒向比亚迪狠狠打来。

2002年9月23日，三洋向美国南加州地方法院起诉了比亚迪及其美国公司，指控其侵害了该公司的专利。诉讼的主要对象是面向手机和笔记本电脑的锂离子充电电池，涉及的专利包括“锂二次电池”及“确保保护性电路可靠性的电芯”两项专利，诉讼要求禁止比亚迪向美国出口及在美国销售比亚迪公司的锂离子充电电池，并索赔1亿美元。

2003年7月8日，索尼向东京地方法院——日本东京地方裁判所递交起诉状，指控比亚迪在2001年、2002年日本CEATEC展览会上展出的两款锂离子电池（LP053450A和LP063048A），侵犯其两项日本锂离子充电电池专利（特许第2646657号、特许第2701347号）。索尼请求禁止比亚迪向日本出口、销售最主要的6种型号的锂离子充电电池。

两场国际专利官司接踵而至，摩托罗拉和诺基亚要求比亚迪写保证书：如果因为官司造成损失，要全额赔付。

三洋求和

这并不是比亚迪第一次遇上专利纠纷。1997年，王传福在美国参加CES时，接到国内打来的电话，广东江门三捷电池厂（以下简称“江门三捷”）起诉比亚迪镍电池专利侵权。这家公司位于深圳100公里之外，当时的规模比比亚迪大。事发后，比亚迪一度陷入工厂被查封、银行账户被冻结的风险，命悬一线。后经研究，两家企业制造镍电池所使用的“发泡镍”不同，不构成侵权。不仅如此，比亚迪还提起反诉，经国家知识产权局审查，法院对“江门三捷”发明专利的核心权利要求判定为无效。

经此一役，比亚迪认识到，技术研发离不开知识产权的保驾护航。

1997 年，比亚迪就正式成立了专利办公室。北京大学国际法专业法学硕士毕业的黄章辉后来任比亚迪知识产权及法律部经理。他认为，在反诉“江门三捷”专利无效的过程中，比亚迪对专利本身的解读、一系列材料的准备，以及在国家相关鉴定机构进行的鉴定工作中，都表现出了专业水准，为之后很多专利工作提供了很好的借鉴。

1999 年 4 月 5 日，比亚迪递交了第一件发明专利申请。到 2002 年，申请专利已超 100 件。

这是比亚迪首次遭到日本公司以专利侵权为手段的打压，而且是几乎同时遭遇最大的两个竞争对手的专利诉讼，局势之危，压力之大，如雷电突袭。但比亚迪毫不畏惧，没有退缩。

李柯在美国应战三洋。她说：“我们一定要奋战到底，倾家荡产也要打赢这场官司。”2002 年 10 月 3 日，比亚迪发布公告称，将积极抗辩。

三洋是依据它在美国注册的知识产权来起诉进口商的，如果比亚迪产品侵犯美国的知识产权，有关产品就会被禁止进入美国。主要表现在两个方面：美国国际贸易委员会会发出排除令，不允许侵权产品进入美国；还可以发布禁止令，规定已经进口到美国的产品不能销售。三洋正是试图通过这一工具阻止比亚迪的产品进入美国市场。

美国对于知识产权保护非常重视。作为国际化公司，三洋在美国提起诉讼对自己最有利，而中国企业要在美国打一场专利案却相当不易。

三洋在专利选取方面也相当用心。他们指控比亚迪侵权的一项专利是关于电池连接片问题，另一项是关于电池负极材料石墨的结构问题。因为涉及一些参数，比亚迪对材料进行优选，做样品送到美国测试，结果和三洋专利参数较为接近，这对比亚迪产品材料的不侵权抗辩提出了挑战。

比亚迪准备的不侵权抗辩未获成功后，马上调整了对策，即申请对三洋进行反索偿。这种做法在中国业界相当超前，以至找不到任何案例可供参考和学习。为了收集专利文献、工艺生产标准等资料，比亚迪知识产权及法务团队做了大量工作，连放假时间都在加班收集材料。

由于对美国当地的法院制度了解甚少，比亚迪产生了不少困惑。之前，他们基本是根据中国的基本法来思考这个案子。万幸的是，专利法的国际化程度相对较高，并没有给他们造成太大困扰。但英美法系与大陆法系的明显差异仍让诉讼的战线拉得很长，耗费较大，费用十分昂贵。同时，整个案件的审理、取证过程非常复杂，原告会设计很多问题攻击被告辩护人员，在回答问题时只要有矛盾之处，对方辩护律师就认为被告不够诚信，提供的证据也就不可靠。在此期间，包括王传福在内的比亚迪高层都亲自去美国接受取证，相关员工也在香港多次接受取证。除此以外还有语言问题，由于比亚迪的很多工程师并不太熟悉英文，在整个案件受理过程中也遇到了很多阻碍。

通过不断调研，比亚迪发现国外已公布了相关的材料数据，在取证过程中也发现三洋对于材料的管理有漏洞，三洋专利报告的图有作假成分，存在专利撒谎的嫌疑。在美国南加州地方法院的辩诉中，比亚迪律师团提供的 24 件证据和 8 篇专利对比文献所构成的证据链，显示了令人信服的辩驳力，推翻了三洋向法院提交的对比亚迪的指控，迫使三洋主动请求和解。

2005 年 2 月，比亚迪进行了长达两年半应诉及反诉后，打破了三洋试图阻止比亚迪拓展美国市场的设想。2 月 16 日，比亚迪股份在香港联交所发布公告：比亚迪与三洋就三洋于 2002 年 9 月在美国对比亚迪及比亚迪美国公司专利侵权提起诉讼一案达成和解。三洋同意撤销专利诉讼，比亚迪亦同意撤销向三洋提出的反索偿。双方最终握手言和。

黄章辉说，知识产权诉讼的标的都很大，这往往是考验一个市场新来者能否站稳脚跟的方法。由于花费大、时间长，很多公司在开始的时候可能还会积极应对，最后就会承受不了而放弃。还有一点值得注意，在中国，大家一般认为原告很有道理才会起诉，而在美国，当一个公司提起诉讼时，并不一定基于对胜诉有很大把握，而是当作一个商业机会，甚至是一种商业赌博。如果原告在诉讼中发觉自己并没有多大把握打赢这场官司，那么案件以和解结束就是有利之举了。

战胜索尼

比亚迪与索尼之间也对抗了两年。刘学亮是时任比亚迪驻日总代表，他在加入公司的第一天就站在了被告席上。

索尼起诉比亚迪，不单单有主场之利。因为其第 2646657 号专利是经过近 9 年的审查，于 1997 年 5 月 9 日被授权的。该专利被授权后，自 1998 年 2 月 20 日起，汤浅集团株式会社、新神户电机株式会社、日立 Maxcell 株式会社三家日本公司曾提出异议，试图请求法院宣告该专利无效。但最终也只是迫使索尼于 2000 年 4 月 13 日修改了自己主张的权利要求，并于 2000 年 6 月 6 日获得了日本特许厅的认可，维持了该专利继续有效。本土几家大公司费了九牛二虎之力都无功而返，何况外来的比亚迪呢？索尼打好了如意算盘，但没有想到，这个被他们藐视的对手已经做好了对抗准备。

面对索尼、三洋形成的东西夹击之势，腹背受敌的比亚迪表现得非常冷静和执着。在做了充分的关注和研究之后，反击开始了。2003 年 10 月 8 日，比亚迪组成了由黄章辉带头的四人组律师团，向东京地方法院递交答辩书及相关证据 38 份，否认侵犯索尼的专利权。

黄章辉回顾说："当时我们经过慎重讨论，决定再起用一个办法，就是把索尼的专利判定为无效，这是日本《专利法》中规定的一个程序，如果可以把它的专利判定为无效，自然也就谈不上侵权问题了。"比亚迪的战术很明确，首先，积极应诉，证实自己没有侵犯索尼专利；其次，从根本上将其专利无效化，使其不攻自破，对其釜底抽薪。

2004 年 3 月 19 日，日本特许厅受理了比亚迪提起的宣告索尼第 2646657 号和第 2701347 号专利无效的请求。

比亚迪如此执着地进行诉讼，被普遍视为是一着险棋，甚至有舆论称，"比亚迪是在玩火"。日立、新神户等日本本土公司曾经出击索尼，最后都败诉了，如果这次比亚迪失败了，将为此付出巨额资金和人力成本代价，而且其电池产品还将受到市场诚信的巨大考验，现有客户有可能失去信心而改选其他厂商。索尼利用了这一点，他们认为，一个中国本土企业不会冒如此巨大的风险，敢拿自己的前途开玩笑。

“如果我们不去应诉，日本公司就会认为中国公司好欺负。”黄章辉当时在接受媒体采访时说，“比亚迪要给世界树立这样一个印象：中国公司会认真应对诉讼，并不软弱可欺！”

比亚迪向日本特许厅提起宣告索尼专利无效的请求后，东京地方法院做出了暂时中止本案的审理，待特许厅对索尼的专利权做出是否无效的决定后再行审理的裁定。此刻的比亚迪意识到，在这段宝贵的时间里，必须把证据掌握得更加充分。

索尼诉比亚迪侵犯的专利是在1997年5月9日向日本特许厅申请的。比亚迪能否在这场官司中胜出，就看能否取到在索尼的电池专利申请日之前，有相同或相近的产品在市场上或公开出版物上销售或公开刊登的证据。

为了寻找1997年5月9日前与索尼所申请的电池专利产品相同或相近的产品，比亚迪律师团无数次地查找线索，寻找相关资料。他们在国内外来回奔波，一听说有线索和资料，就动身前往。2004年年初的一天，律师团到香港办理业务，得知某公司8年前采购的电池已经达到索尼第2646657号专利的标准。他们迫不及待地前去了解情况。当销售人员确认该公司在8年前就销售过索尼申请专利范围内的系列产品时，一行人一阵激动，马上向对方说明来意，请求支持。终于，他们从成千上万张产品发票中找到了一张淡蓝色的发票，上面写着产品名称，数量1200支，销售日期：1997年1月5日。这个时间比索尼申请专利早了4个月零4天。这足以证明，索尼申请的设计专利，在申请日前已在市场上公开销售。

律师团通过不懈努力，前后共收集到有效的证据材料124份，为最后的决战准备好了充裕的“武器弹药”。

在整个取证和调研过程中，比亚迪律师团队经常就索尼申请专利的公告文本，与行业专家商谈和研究其专利产品的结构与技术特征。从产品的发明技术特征来看，行业专家认为索尼的发明专利应属公开技术，因为20世纪90年代的电池市场上已有索尼专利技术特征的产品在广泛使用。

依据专家提供的线索，律师团继续南征北战。为了取得这部分的有力证据资料，律师团与专利界的十几个工作人员在原中国专利局的专利文献馆内一泡就是10多天。他们检索了索尼专利和其他国家的几千项相同领域的发明专利，从中调出600余项专利文献，又通过对比和筛选，将范围缩小到了60余项。经专家鉴定，他们选了其中时间在1997年5月9日之前，在创造性上足以宣告索尼发明专利无效的6篇对比文献。

之后，律师团和专家还进行了多场模拟辩论，为最终在法庭上争锋做好准备，避免漏掉任何一个细节。律师团围绕200余份辩论文件和证据材料所构成的证据链，以精彩的辩语和观点以及不争的事实和证据，使索尼一方无言以对。

2005年1月25日，日本特许厅做出裁定，宣告索尼第2646657号专利无效。这是三家日本本土公司此前想做却没能做成的事情。它们没有推翻的专利，在比亚迪这里被宣告无效了。

2005年3月2日，索尼不服日本特许厅对第2646657号专利做出的无效裁决，向日本知识产权高等法院提起上诉，请求撤销日本特许厅的裁决，维持第2646657号专利有效。然而在比亚迪搜集的有力证据和事实面前，索尼再也无法翻身。2005年11月7日，针对索尼第2646657号专利上诉案，日本知识产权高等法院做出判决，驳回索尼的上诉请求，维持日本特许厅做出的宣告索尼第2646657号专利无效的裁定，且“诉讼费用由原告（索尼）承担”。

2005年12月2日，索尼撤回了对比亚迪的所有起诉，比亚迪全面获胜。这是中国企业首次在境外赢得针对跨国公司提出的专利无效案件，该案也因此入选“2005年中国知识产权十大案件”。

王传福在接受媒体采访时说：“比亚迪与索尼战斗到底的行为更加重要，其意义甚至超越了胜利本身。我希望比亚迪的胜利可以给中国制造企业一些启示，要有战斗到底的勇气和信心。我们眼中没有所谓业界巨头，更没有畏惧，我们要用实力去保护属于自己的东西。”

在接受三洋和索尼的挑战之前，可能很多人会问，比亚迪怎么敢？当时，国外企业常用知识产权侵权来抑制中国的竞争对手。许多中国企业缺乏知识产权保护意识，面对高昂的诉讼费用，加上对国际法律诉讼程序的不了解，常常不战而败。比亚迪有底气和信心战胜索尼和三洋，原因在于对专利和技术创新的早早重视及布局。这是硬实力。

截至2005年，比亚迪申请专利超2000件。截至2024年10月，比亚迪申请专利已近5万件，授权专利已超3万件。比亚迪以“技术为王，创新为本”的发展理念积极参与市场竞争，它前进的每一步，都有自主创新和知识产权保护作为坚强的支撑。

在两场官司结束两年后，比亚迪已是世界上最大的电池生产商。[①]

电子领域的黑马

比亚迪于1999年成立零件分厂；2001年成立LCD项目部；2003年进入光电子领域；2004年进入FPC（柔性电路板）、微电子领域；2006进入EMS[②]、充电器领域；2007年进入手机ODM[③]领域；2009年进入笔记本电脑ODM领域。

当“多样化”“产业整合”等被认为是企业战略大忌的时候，比亚迪坚定地走自己的路，果断发展IT（信息技术）垂直整合战略，为摩托罗拉、诺基亚、西门子等国际顶级手机厂商提供一站式供应服务（见图3-3）。

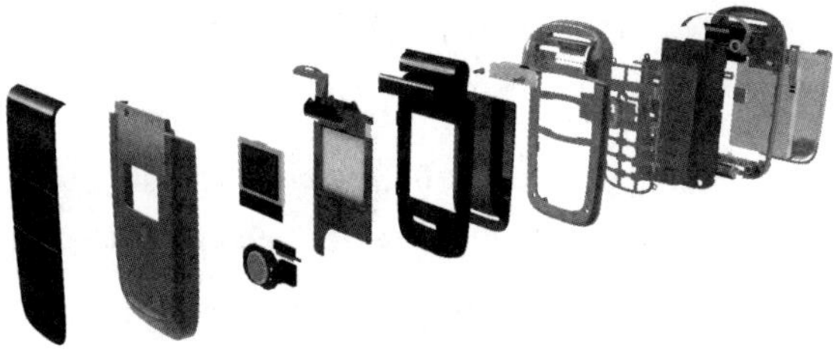

图3-3 比亚迪电子为客户提供一站式服务

① 张煦.王传福忆比亚迪发展：创业充满艰辛，有几次快急哭了[OL].[2018-09-14].http://www.eeo.com.cn/2018/0914/337008.shtml.

② EMS（electronic manufacturing services）指电子专业制造服务。EMS公司可提供PCB（printed circuit board，印制电路板）制造、元器件采购、SMT（surface mounted technology，表面安装技术）、测试、维修等一系列电子制造服务。

③ ODM（original design manufacture），为原厂委托设计。ODM公司可提供从研发、设计到生产，再到后期维护的全部服务。

继电池业务之后，比亚迪在电子产业大放异彩。

成长为 VI[①] 供应商

比亚迪成立后，在电池领域越做越强。然而，在和电池技术关联的机械结构方面，比亚迪碰到了供应商不配合的困难。于是，1999 年，比亚迪成立了零件分厂。它的成立使比亚迪的成本优势如虎添翼。零件分厂最初的主要产品是电池壳产品、连接片、冲孔钢带和密封圈等简易产品，客户群体仅为比亚迪内部的两个事业部。

在香港上市后，比亚迪手握充足资金，希望进一步拓展 IT 产业的发展。当时国内的手机等通信产品市场发展非常迅速。2002 年国庆节前，比亚迪在调查手机外壳业务市场时发现：当时主要是中国的台港澳地区以及美国、欧洲等地的企业在生产手机外壳，而中国大陆几乎没有相关企业，这就意味着比亚迪有很大的机会进军手机外壳业务！

2002 年 12 月，零件分厂正式命名为第三事业部，由之前向内部供应外壳、镍带、小五金件等产品拓展为向外部市场供货，开始寻求与国内手机厂家合作。

2003 年，第三事业部第一款手机外壳项目“联想梁山项目”导入，成功打开精密结构件的未来市场。同年，比亚迪凭借在手机外壳方面的优势顺利导入海尔、TCL 等国内一流手机品牌制造商，并成为其重要合作伙伴。

经过两年的经验积累、产品结构整合和市场调研，比亚迪的精密结构件业务在工艺发展方向上找到了更宽更广的空间，业务领域不断扩展，初步形成了一站式服务垂直整合的方向。比亚迪的快速成长也给国际知名品牌客户带来了惊喜。

经过 2003 年与国内客户的深入合作，比亚迪精密结构件业务快速成长。鉴于国内市场竞争压力越来越大，利润空间越来越小，为了确保业务健康发展，比亚迪又将目光投向了国际客户群体。

---

① VI（vertical integration），指垂直整合。

2004 年，比亚迪成功导入西门子，应客户需求成立了项目组，启动了公司手机业务第一个一站式服务项目 Adonis（见图 3-4）。

图 3-4　2005 年，比亚迪接待西门子客户

比亚迪与西门子合作的模式是一站式服务，它要求比亚迪向上游延伸到设计，向下游延伸到 EMS。这种上下游整合，使比亚迪的垂直整合不断深入，并在后来形成了比亚迪电子产业的核心竞争力。

西门子是比亚迪开展精密结构件业务以来合作的第一家国际知名公司，对比亚迪精密结构件的发展具有重大影响，也为后来与诺基亚、摩托罗拉、三星、京瓷等的相关合作积累了经验，奠定了基础。

2004 年 11 月，比亚迪正式启动第一款诺基亚手机项目 Penny。该项目的成功开发，对比亚迪具有划时代的意义，也直接促进了比亚迪的高速发展。

诺基亚对供应商有一份要求清单（NSR），这份清单包括公司愿景、价值观、组织架构、生产管理等内容，根据清单对比亚迪从头到脚进行审核。审核团队有十余人，每三个月到比亚迪一次，每次审核需要 2~3 天。审核人员在提出意见的同时，也会告诉比亚迪如何整改。下次审核时，再把观察项、不符项过一遍，有时过一项就要花两三个小时。负责这一项目的时任第三事业部总经理孙一藻说：“诺基亚教给我们最重要的是‘做你所说的，说你所做的’。”诺基亚给比亚迪相关人员培训产品开发流程，全英文教学。一两年后，大家把全部内容都背了下来。

2004 年，比亚迪精密结构件主要业务范围已有 Housing（精密塑胶结构件）、Keypad（输入模组）、Metal（金属零部件）等，诺基亚终于决定与比亚迪在手机外壳领域展开合作。但诺基亚的人员来到上海看模具生产线时，发现比亚迪连注塑成型时间是多少都不懂；测试还发现，他们注塑成型需要用时 40 秒，根本不达标。那时，比亚迪的模具生产线刚建成，仅有 4 台加工中心、6 台电火花机和 6 台快走丝电火花线切割机床，约 50 名员工；采用的是很传统的制造模式，模具开发要听从“钳工大师傅”的指挥，模具品质则取决于钳工自身的技能与经验。

诺基亚顿时心生不安。做手机外壳业务，要投资成千上万台注塑机，诺基亚认为比亚迪还不具备做手机外壳的能力。经过争取，诺基亚决定让比亚迪先尝试做一个 60 万部的 Penny 手机外壳项目。

虽然这是一个相对较小的项目，但完成得也不容易。在出货前，产品要做多项测试，尤以跌落测试最为关键。按诺基亚的要求，手机外壳要在洗衣机滚筒里翻转几百次，不能有任何开裂。有一片外壳不合格，都算不通过。测试当天，诺基亚方面来了 20 多个人，大家满怀期待，还准备了香槟等待庆祝。但遗憾的是，测试未通过。诺基亚人说：“如果明天重测还不行，就取消合作。”比亚迪研发人员不愿服输，顶着压力连夜改方案、改模具，第二天顺利通过了测试。12 天后，比亚迪第一批手机外壳的模具顺利交货给诺基亚，注塑成型时间达到 9 秒，优于其他供应商的 14 秒，一举拿下了该项目。

2005 年 9 月，精密结构件业务通过诺基亚清单审核。同年 10 月，诺基亚和比亚迪手机结构件的合作协议正式签订（见图 3–5）。在 Penny 系列产品成功开发的同时，诺基亚设立了北京办事处。比亚迪的 JRD（联合设计）项目逐步成长，得到了诺基亚设计团队的一致认可。随着诺基亚将更多项目陆续交给比亚迪，比亚迪在诺基亚精密机构件的份额大幅提升。最后，Penny 项目发展到 6000 万部，开启了双方在结构件领域的大规模合作。

图 3-5　2005 年 10 月 14 日，比亚迪与诺基亚的手机结构件合作签约

在长期合作中，诺基亚对比亚迪的品质管理体系、客户服务体系，甚至企业管理等方面都产生了极大影响。孙一藻说，诺基亚不一定会参与解决具体问题，但能引导比亚迪少犯错，提高对问题的判断力。王传福常对大家说，做诺基亚项目就是一次最好的学习，因为能让人学到很多系统的知识。

2006 年，比亚迪凭借极大的价格优势、出色的技术表现和灵活的交货模式，赢得了越来越多国际大品牌客户的信任。比亚迪的客户层次发生了质的飞跃。2 月，比亚迪进入三星的业务；5 月，与诺基亚之间的第一个 JRD 项目实现量产，这标志着比亚迪开始全面进入诺基亚 JRD 市场领域，大幅度提升了精密机构件在诺基亚内部的知名度和影响力；年中，拿下摩托罗拉精密结构件业务。至此，比亚迪成为当时全球三大手机巨头的重要合作伙伴。为了加快发展，比亚迪投资建设了惠州手机零部件生产基地。

2007年，一方面为了快速应对客户的需求，另一方面为了扩大业务在海外市场的占有率，比亚迪相继在印度、匈牙利等地建厂。IT海外工厂的成功建立，为后续比亚迪汽车产业探索国际化生产模式做了最早的铺垫。

2007年5月，比亚迪手机键盘的月销售额首次突破亿元大关。在镁铝合金和五金件方面，比亚迪也在大力推进。12月20日，比亚迪电子（国际）有限公司（股票代码：00285.HK）在香港主板成功上市（见图3-6）。

图3-6　2007年12月，比亚迪电子分拆上市

2008年，比亚迪成为诺基亚三家VI合作供应商之一。此时，比亚迪占诺基亚的市场份额增长至30%左右，占摩托罗拉的份额升至17%，占三星的份额升至8%。2008年，比亚迪手机部件和模组全年销售额增至约47亿元人民币。

2009年，在低迷的市场环境下，比亚迪增势不减：产品线再次扩张，拓展了金属屏蔽罩、天线、Lens（镜头）等新产品业务，导入了苹果、戴尔、索尼爱立信、亚马逊等新客户。这一年，惠州三星电子授予比亚迪手机零部件业务“2009年度最佳纳期金奖”的荣誉。2009年，比亚迪手机部件和模组销售额超62亿元人民币，再次实现跨越式增长。

2008年、2009年连续两年，比亚迪的手机按键全球出货量、手机充电器出货量、手机外壳出货量均居世界前列，成为全球领先的ODM供应商以及一站式手机零部件供应商。

独特的垂直整合能力

从踏入电子制造业的大门开始，比亚迪就不再只是一家电池企业。

事实表明，从电池到电子制造是一次非常成功的战略选择。2003年，比亚迪的电子制造业务收入为1.67亿元，占总营收的不足5%；到2006年，电子制造收入已增至51.34亿元，占总营收的40%。随着竞争力的提高，就连曾经与比亚迪有过诉讼纠纷的索尼公司，也在2008年开始和比亚迪合作。到2022年，比亚迪电子已经在全球EMS企业排名中名列前茅。从趋势看，比亚迪电子还将继续向上。

在众多电子代工企业中，比亚迪至少在三个方面与众不同。

一是有研发。例如，在成为摩托罗拉和诺基亚的锂离子电池供应商之后，比亚迪并不满足，因为电池中的核心部分——锂电保护芯片、MOSFET（金属－氧化物－半导体场效应晶体管）等中国企业都不掌握。电池的安全问题至关紧要，为了做好过流过压过程的保护，需要一颗半导体芯片。当时只有几家日本企业能提供这种芯片，不仅价格高昂，还供不应求。

2002年1月，比亚迪成立了一个IC（集成电路）设计四人小团队，由罗如忠带队从零开始自主研发锂电保护芯片技术。团队从软件、硬件、功能、工艺、流程等方面全面学习和钻研，透彻了解产品工作原理，将原理图转换为自己设计的板图，首次流片即符合预期。2003年5月，第一款单节电池保护芯片研发成功。之后，通过生产工艺的升级换代和设计的不断优化，这款芯片实现了完备的系列化扩充和品质提升，2005年成功通过了诺基亚认证。由于比亚迪的突破，日系电池保护芯片价格降幅超 70%。直到今天，比亚迪第六事业部的锂电保护芯片每年仍然保持超亿颗出货量，已成为电池保护领域的标杆产品。

二是有设计，即不是简单做 OEM（原厂委托制造）组装，而是可以根据客户需要，提供包括设计和研发在内的整体服务，做 ODM。

三是有零部件自制能力。在外界看来，比亚迪什么都能造。比如锂电保护芯片，它既是研发的成果，也是核心零部件的成果。

当这些能力集成在一起后，比亚迪就不再是传统的代工厂商，而是一种新型的产品解决方案提供商。时间越长，客户对比亚迪的依赖就越深。通过为世界一流品牌客户提供服务——请注意，它们的要求不仅是成本与品质，还有创新——在它们严格的打磨下，比亚迪的精益生产、良率提升、材料革新、设备研制、工艺优化、模具创制、生产自动化和标准化、现场管理等能力都在成长。经过漫长过程中的努力，比亚迪赋予了“代工”与一般人的想象完全不同的含义：这里有大量工程师、能工巧匠和工人的创新，流的不仅是汗水，更有智慧蕴含其中，由此为客户带来完整的、全新的和一体化的价值。

这种独特的垂直整合能力形成之后，不仅让比亚迪可以为客户做更多的事，在未来发展上，也让其拥有更多的底气和选择空间。

第二部分

独辟蹊径

（2003—2009）进入汽车产业期

2003 年	收购西安秦川汽车，正式进入汽车行业
2004 年	打造出四轮独立驱动的电动概念车 ET
2004 年	成立汽车产业群
2005 年	首款自主研发车型 F3 下线
2006 年	成立电动汽车研究所
2006 年	搭载“铁电池”ET-POWER 的纯电动车 F3e 问世
2007 年	坪山工业园落成，提出“两个第一”目标
2007 年	比亚迪电子（国际）有限公司在香港主板上市（00285.HK）
2008 年	全球首款不依赖专业充电站的插电式混合动力汽车 F3DM 上市
2008 年	提出“三大绿色梦想”
2008 年	沃伦·巴菲特入股比亚迪
2008 年	收购宁波中纬，完成新能源汽车核心产业链布局
2008 年	比亚迪太阳能电池项目在商洛开工
2009 年	进入新能源客车行业

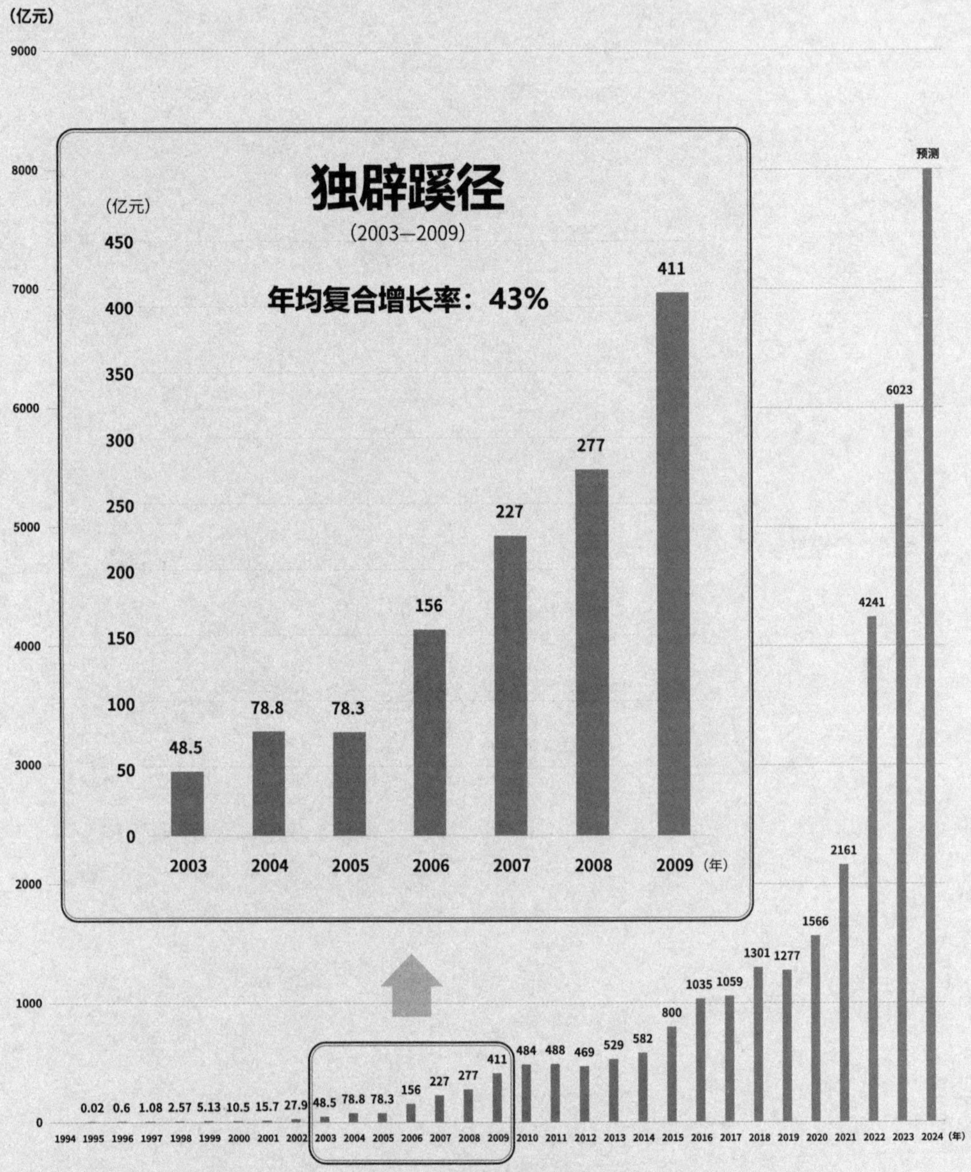

1994—2024年比亚迪营业收入

*以上数据和正文相关数据根据比亚迪年报等公开资料整理。

第四章

关键选择

不久的将来，比亚迪汽车将傲视中国汽车市场，在世界汽车市场上大放光彩。

2002年7月，比亚迪在H股上市时，《比亚迪股份有限公司招股说明书》提出，“约人民币9000万元供电动汽车及电动自行车用动力电池的研究、开发及制造”，“本集团计划设立试生产线，以生产镍氢动力电池及生产镍氢及锂离子HEV（混合动力汽车）动力电池，并于2004年逐步开始产业化生产”。

企业家的雄心是商业世界里最奇妙的元素之一，它驱动企业驶向充满无限可能的新天地。比亚迪在招股说明书里，只讲到了要投资动力电池，但没过多久，王传福这位神奇的“赛车手”就开出了预定的轨道。

2003年，比亚迪决定进军汽车产业，在当时这是一个备受争议和充满反对声的“冒险者游戏”。因此，比亚迪开始书写另一部坚忍图成、穿越漫长时间隧道的更大传奇。

选择更大的赛道

当比亚迪在电池行业做到世界领先时，王传福开始思考更远的未来。

“消费类电池只是个百亿产业，不够大，很快就会碰到天花板，所以比亚迪要进入更大的产业领域。但又希望，那是一个和电池相关的行业。”

在香港上市融资后，业务可选项很多。房地产市场机会多、利润大，大量资本都在进入，也有一些制造型企业去做金融投资，但这些不符合比亚迪的发展方向。

在做战略决策时，王传福首先分析的是技术。他始终认为，技术可以让企业家变得更聪明，让企业家的眼光变得更长远。对技术的前瞻性判断能让企业走上更广阔、更长远的航道。从技术出发，他把目光投向了芯片和汽车。

两次收购芯片厂的尝试

很少有人知道，进入汽车产业前，比亚迪差一点就进入了芯片制造领域。

20 世纪 90 年代，英特尔凭借 CPU（中央处理器）成为个人计算机时代的幕后引领者；1999 年，高通决定专注于专利授权和半导体芯片两大业务；英伟达则在这一年发明了 GPU（图形处理器），重新定义了现代计算机图形技术。这些科技公司都坚信，芯片技术对未来科技发展具有决定性作用。

几乎和国际巨头同步，王传福在 21 世纪初关注到了芯片产业。因为比亚迪在做电子产业，很清楚芯片的价值，他找来一些关于芯片技术原理的论文，想弄清楚它是怎么造出来的。他认为，芯片是手机里极为重要的零部件，技术门槛高，价值高，市场空间大，且中国没什么企业能做，是个不错的产业选择。

2001 年 9 月 11 日，王传福出现在西班牙马德里，有意收购一家当地的 6 英寸芯片厂。在机场取行李时，他听到大家都在讨论“9·11”恐怖袭击事件。一时间，人心惶惶，收购行程也因此被迫中断。

2002 年，比亚迪美国分公司的舒西星接到任务，公司让他在美国看看能不能收购一家芯片制造厂。那时正逢美国互联网泡沫破裂，半导体行业需求不足，处于危机之中。

美国大多数半导体公司都在亚利桑那州、硅谷，以及西雅图、波特兰等城市。舒西星去这些地方筛选一轮后发现，ADT（美国安保公司）在硅谷的一个半导体晶圆厂比较合适。他向公司汇报后，开始在硅谷租房、买车，准备推动后续事宜。

在深圳的夏治冰、罗如忠也被派到了美国。整个团队由李柯带队，他们天天去硅谷，和对方的两三个代表谈判。房子租好了，炒菜的锅碗瓢盆也买好了，准备扎营大干一场。

遗憾的是，由于美国出台了一项新的行业政策，收购未果。

试想一下，如果 21 世纪初比亚迪对芯片厂的两次收购尝试，哪怕成功一次，现在比亚迪也许就是顶级芯片制造公司之一了，那又是怎样一番光景呢？但那样我们可能会错过一家锐意进取的新能源汽车公司。

汽车产业的机会

王传福想得更多的，是汽车。

汽车是制造业的高峰。一个国家的汽车发展史，就是工业能力的进化史。汽车的产业规模太大了，产业链太长了，对交通、城市、居家、生活方式等方方面面的带动性太强了。在中国前赴后继推动现代化的进程中，汽车也是令每一代人都魂牵梦绕、与国家命运关联在一起的产业。

2001 年 3 月，第九届全国人民代表大会第四次会议批准了《中华人民共和国国民经济和社会发展第十个五年计划纲要》，在第六篇“人民生活”中提出，要“拓宽消费领域”“鼓励轿车进入家庭”。

5 月，国家计委[①]发布公告，决定放开国产轿车价格，“国产轿车生产经营企业根据市场供求情况自主确定价格”，以促进国产轿车市场竞争和国产轿车消费。

12 月 11 日，中国加入世界贸易组织，承诺从 2002 年 1 月 1 日起，将进口汽车关税逐年递减，到 2006 年 7 月 1 日降至 25%。

---

① 中华人民共和国国家计划委员会，简称“国家计委”，曾是主管国民经济规划和市场宏观管理的国务院原有组成部门之一。2003 年 3 月，国家计委将原国务院体改办和国家经贸委部分职能并入，改组为国家发展和改革委员会。——编者注

中国汽车工业的市场主体也在发生深刻变化，过去的市场主体以国家定点的央企、国企及其与外资的合资企业为主导，再加上一些以各种方式挤进来的“地方军”。政府主管部门对于汽车生产资质的数量限制、身份限制都很严。但到 2001 年，情况有了明显变化。

2001 年 11 月 9 日，当时的国家经贸委[①]增发了一批汽车新车生产许可证，“吉利 JL6360”榜上有名。吉利由此成为中国首家获得轿车生产资质的民营企业。

当民营企业有机会进入一个产业，它们往往是旧格局的搅动者和新格局的开拓者。

王传福看到了汽车产业的机会，不过他真正想做的不是燃油车，而是电动汽车。在那个燃油车尚未普及的年代想造电动汽车，似乎过于超前，但这并非空谈空想，在他之前，已经有人看到了电动汽车对于中国汽车的价值。

上海交通大学徐汇校区的钱学森图书馆内，一份写在两张信笺上的建议安卧在历史中，但却闪耀着智慧的光芒。

那是 1992 年 8 月 22 日，81 岁的中国科学家钱学森给时任国务院副总理邹家华的一封亲笔信。信中建议：“我国汽车工业应跳过用汽油柴油阶段，直接进入减少环境污染的新能源阶段。”“我们决不应再等待，要立即制订蓄电池能源的汽车计划，迎头赶上，力争后来居上！”“中国有能力跳过一个台阶，直接进入汽车的新时代！”

两个感叹号，一个显示了老人的迫切，一个显示了老人的信心。

早在 1987 年，76 岁的钱学森以中国科学技术协会主席的身份访问英国和当时的联邦德国时，看着川流不息的汽车，便开始思考中国是否一定要走汽油柴油的传统汽车产业发展道路。他预计几十年后中国每年需要上千万辆的汽车，能源问题和环境污染不可避免。

1992 年 9 月 3 日，邹家华给钱学森复信，非常赞成和同意他的想法，

---

① 中华人民共和国国家经济贸易委员会，简称“国家经贸委”，是负责调节近期国民经济运行的中华人民共和国国务院原组成部门。2003 年 3 月，根据《国务院机构改革方案》，不再保留国家经济贸易委员会。——编者注

表示国家已经制定了“电动汽车研究计划”，并在“八五”（1991—1995年）国家重点科技攻关计划中安排了“电动汽车关键技术研究”攻关项目。该项目由中国汽车工业总公司负责组织，成立了以清华大学为主，二汽（第二汽车制造厂，现东风汽车）及有关单位专家参加的总体组。

“九五”（1996—2000年）期间，科学技术部将“电动汽车重大科技产业工程项目”列入国家重点科技攻关计划。广东省是该项目主要承担单位之一，分项的任务是开发电动汽车改装车，建设运行电动汽车试验示范区。

1996年1月，广东省电动汽车项目协调小组成立。1996年11月，广东《电动汽车实施方案》通过国家级专家审定，正式进入“九五”计划。作为电池制造的代表，比亚迪从1996年开始研究适用于电动助力车的大容量镍电池，与电动汽车结缘。

电动汽车探索

正是在研究电动汽车动力电池的过程中，王传福对电动汽车本身的了解越来越深入，萌生了强烈的汽车梦。

确立课题，招兵买马

1996年12月6日至12日，’96北京国际电动汽车及代用燃料汽车技术交流、研讨会暨展览会[①]在中国国际贸易中心展览厅举行。来自美国、日本、德国、法国、意大利、斯洛文尼亚和中国的百余家企业、研究机构的1000多名代表参加了这次展览会。展览会展示了70余部全新的概念电动车、代用燃料车以及车用电池和零部件。

比亚迪也是参展商之一。比亚迪研究的是适用于电动助力车的大容量镍电池。

① 北京国际电动汽车及代用燃料汽车技术交流、研讨会暨展览会，后更名为“北京国际清洁汽车技术研讨会”“清洁汽车技术创新发展论坛”“国际节能与新能源汽车创新发展论坛”，由科技部牵头举办。——编者注

1996 年 12 月 30 日，深圳市科学技术局、深圳市计划局联合发布《深圳市工程技术研究开发中心暂行管理办法》，鼓励企业参与深圳市“工程技术研究开发中心”建设。比亚迪决定申请建立“深圳市电池及电池材料工程技术研究开发中心”（以下简称“深圳电池中心”，见图 4–1）。1997 年 3 月，比亚迪中研部成立了“助力车电池要求的高能量密度（1000Wh/L[①]）的锂离子新材料研究”“电动汽车高能量密度、成本最优的电池材料新型锂氧化物的研究”等多个课题组。4 月，比亚迪主持的镍氢蓄电池项目成为广东省重点攻关项目——电动汽车项目的重要组成部分（见图 4–2）。

图 4–1 1997 年，比亚迪申请建立深圳市工程技术研究开发中心（SERC）

为了加速推进相关课题研究，比亚迪大量招聘博士生、博士后。在一次会议上，王传福见到了北京大学化学系教授、物理化学学科的专家蔡生民，恳请他帮忙推荐人选。1997 年 5 月的一天，在天津电报大楼，南开大学新能源材料化学研究所博士后张国庆和王传福通电话，讨论如

① Wh/L（瓦时 / 升），是电池的体积能量密度单位，表示每升体积内物质所能储存的瓦时数。——编者注

图 4-2　1997 年，全国电动助力车技术交流会认定比亚迪研发的新型镍电池是推动绿色助力车产业的最佳驱动能源

何做电动汽车电池。张国庆就是蔡教授推荐的人才之一。1997 年 7 月，他加入比亚迪，被委以重任，担任汽车电池组组长和镍氢电池组组长。

据张国庆回忆，吴丛笑、刘忠文、宋永红等博士也在蔡教授的推荐下加入了比亚迪，大大充实了比亚迪的研发力量。比亚迪中央研究部很快建成由 200 多名教授、博士生、硕士生等专家组成的研发队伍，配备有 XPS（X 射线光电子能谱技术）、ICP（电感耦合系离子体技术）、SEM（扫描电子显微镜）、XRD（X 射线衍射）、Particle Size Analyzer（激光粒度分析仪）等先进技术和仪器设备，致力于新能源研究。

第一辆改装车

1997 年 11 月，深圳市政府以比亚迪为依托单位，设立了深圳电池中心。该中心的一项任务就是做高能量密度的电动汽车动力电池。

为了做电池实验，比亚迪计划进口电动汽车。王传福去北京试驾了一辆红色的北京牌汽车，型号为 BJ6490D，车身印有“电动小客车”字样。王传福花 15 万元购买了那辆车。车到比亚迪后，张国庆等工程师跟着司机郑华练车，测试续驶里程、动力性能等数据。后来，比亚迪用自己生产的镍电池替换了原车的铅酸电池，将其改装成第一辆由镍电池驱动的电动汽车。

比亚迪的工作引起了相关部门的重视。1998 年 2 月，广东省电动汽车项目协调小组办公室给比亚迪发来一份会议通知。通知如下：“王传福教授：定于 3 月在广州召开广东省电动汽车技术总体组扩大会议，讨论电动汽车项目事宜，请准时出席为盼。”王传福带着张国庆到广州参加了该会议的讨论，深度参与电动汽车项目。

1998 年 6 月，位于广东省汕头市的中国第一个电动汽车示范区——国家电动汽车运行试验示范区建成并投入运行。该示范区当时约有 20 台运行车辆，包括丰田 RAV4 EV、通用 EV1、粤海 EV6460N、云山 EV6600 等，在汕头市区和南澳县之间开展公交车、出租车、公务车的示范运营。

1999 年，广东省将电动汽车电池的研制作为重点科技攻关项目下达给比亚迪，要求它提供可装车的高性能镍动力电池。适配车辆即为粤海 EV6460N，该车在初次研发样车成功后需多轮改进，并在汕头进行试验。

比亚迪中研部开发电动汽车用圆柱体镍电池，工程部、零件分厂等制造汽车电池生产配套工装设备、汽车电池检测柜等，在深圳研发制造电池，用 BJ6490D 测试验证后送往汕头的试验基地，安装至 EV6460N 上。

2000 年 11 月 28 日，比亚迪 80Ah 圆柱体全密封镍电池组通过验收。据广东省电动汽车项目协调小组办公室常务副主任温宗孔的文章记述，比亚迪研制的电动汽车用 80Ah 镍电池在 2000 年用于 EV6460N 上，取得了成功。“EV6460N……其技术指标为 110 公里 / 小时的速度和 130 公里的续驶里程；0~40 公里 / 小时的加速时间为 8.5 秒，基本达到国外同类型电动汽车的技术水平。这些成果通过了国家验收，而且取得科技部的成果登记。”[①]

---

① 温宗孔 . 广东省发展电动汽车产业之浅见 [J]. 科技管理研究 , 2002, 22(01): 38–40.

2001 年 7 月 10 日，比亚迪在广州参加由广东省科学技术厅组织召开的电动汽车产业发展专家座谈会。会议讨论了《广东省“十五”期间发展电动汽车产业的意见（草案）》，对广东省电动汽车的发展进行了回顾与总结，对比亚迪汽车电池给予了很高评价。

“中国有能力跳过一个台阶”

2001 年 9 月，“十五”国家 863 计划“电动汽车重大科技专项”正式启动。国家财政直接投入研发资金 8.8 亿元，加上地方和企业配套资金，希望在纯电动汽车、混合动力汽车和燃料电池汽车技术上有所突破，并以这三类电动汽车为“三纵”，以多能源动力总成控制、驱动电机、动力蓄电池为“三横”，建立起“三纵三横”的开发布局。这为电动汽车制造指出了更清晰的技术研究方向。比亚迪瞄准方向，准备就镍氢 HEV 用高功率型动力电池的开发提出课题申请。当时，比亚迪镍氢电池产量已排名世界前列。王传福亲自担任课题组组长，王念强负责中试，董俊卿负责极片，王胜亚负责工艺开发，实验、项目实施的主要人员为褚纯军和程军。

电动汽车在 19 世纪 30 年代就已诞生，但动力电池一直无法实现商业化量产，成为电动汽车发展的瓶颈。王传福对攻克动力电池技术难题很有信心。他曾风趣地说：“我们原来做手机电池，现在要做的是一个大一点的电池，装到汽车上。”有人问：“通用汽车都放弃了 EV1，电动汽车还有前景吗?”他回答：“通用放弃了，是因为他们没有想到锂电池发展这么快。我相信未来的电动汽车电池就是锂电池。”

2002 年 10 月，比亚迪启动了开发车用锂离子电池的课题。课题组不仅要做设计、做实验，还要和设备团队沟通，考虑结构设计的实现问题。

动力电池和普通电池在容量、尺寸、能量密度、充放电等方面有着天壤之别。课题组要把电池做大，与电机匹配，还要考虑在车上的位置与空间。按王传福的要求，研发人员先以 200~300 公里的续驶里程为目标，把电池的基本框架确定下来，再从结构、电化学材料等方向分头研究。

后来成为比亚迪电池业务带头人的何龙那时还没有加入课题组，但课题组的一些做法让他印象深刻。“他们用 100 瓦的白炽灯做放电测试，找了一块木板，在上面装了很多个灯泡。你难以想象，就这么几个人，要用土办法研究世界难题。”

课题组每天都在折腾。一开始，他们也不知道用的方法对不对，但他们敢于尝试，也乐在其中。为了形成高压，他们把很多电池连在一起，但一旦短路，车上的钢板就会被瞬间击穿。在实验过程中，发生过很多次小爆炸。他们会分析每次爆炸的原因，研究电池如何防护，电池和车之间怎么绝缘，再调整，直到产品过关。

当时，美国通用纯电动汽车采用的是铅酸蓄电池，一次充电行驶距离为 80 公里。日本丰田纯电动汽车采用镍氢电池，一次充电行驶距离为 160 公里。比亚迪攻关纯电汽车，一开始就采用了锂离子电池，一次充电可行驶 250 公里以上。

2002 年，王传福于 1997 年买的那辆电动小客车仍在使用。比亚迪的研发人员给它装上了锂离子电池，在庞大的厂区内试车。最初的红色车身现在被涂成了绿色，当初的车牌 BJ6490D 也换成了“锂电动力汽车 BYD–001（试）”的字样，进气格栅则写着大大的“BYD”。这部驰骋在路上的电动汽车在一定程度上证明了钱学森的预判：“中国有能力跳过一个台阶，直接进入汽车的新时代！”

入主秦川

“万花明曲水，车马动秦川。”当王传福带着动力电池技术以及电池、电子产业的制造能力，审时度势，准备叩响汽车产业之门时，他没有想到，这扇门是遥远的古城西安为他打开的。

两条腿走路

2002 年 6 月的一天，比亚迪上海生产基地的厂门口停了一辆小赛欧。王传福把时任第二事业部总经理的毛德和叫到车前，把车头盖打开，对着一堆汽车零部件细细询问："汽车的变速箱依靠什么原理？"毛德和懂机械制造，但对汽车的了解并不深，只能谈些基本原理。

这样的场景在五年前就出现过。1997 年，王传福去日本出差，在飞机上突然问旁边的毛德和："毛工，你接触过汽车没有？"毛德和表示，自己以前做过面包车，并讲了一些对汽车的理解。多年后忆及此事，毛德和说："可能他早就有造车的想法了。2000 年建设亚迪村，500 多户配了 600 多个停车位，也说明他对汽车走进家庭有很强的预判。"

2002 年下半年，王传福出差的次数变多了，尤其是到北京。一到周末，他就走访汽车模具厂、汽车设计院、汽车发动机厂等，和专业人士交流，有时一聊就到半夜。比亚迪北京办事处的纪晓萍说："他对汽车技术痴迷不已，谈起车来，两眼冒光。"

除了和专业人士交流，王传福每次到北京，必去新华书店买与汽车相关的书。他还到过西安、山西、潍坊等地，调研工厂、汽车变速箱、齿轮制造等情况。

有了一些了解后，他说："我一开始觉得造车很难，后来发现也没那么神秘。汽车行业比较传统，它有成套的设备供应商，有专门的设计院。整车设计可以请国外的公司，一般设计可以请国内的公司。设备厂商会提供成套设备，汽车厂抓一下主要工程就行了。只做拼装的话，非常简单。"他认为，制造业的实质就是成本和品质。比亚迪连摩托罗拉、诺基亚的严苛要求都能满足，达到六西格玛的水平，造车也不是问题。

王传福还去美国、日本的汽车厂参观。当发现日本模具厂的生产线上几乎都是工人，只有一段工序使用设备制造时，他信心大涨："一辆汽车有一万多个零部件，这需要多少图纸、模具？这都是工程师做出来的。如果日本、德国、中国的工程师做一样的东西，中国肯定有优势。"他算了一笔账：制造 1 吨模具，日本要 8 万元，中国只需 2 万元，成本是日本的 1/4，中国的模具制造有 400% 的成本优势。

王传福分析：做电池，比亚迪仅用 30% 的成本优势就战胜了索尼和三洋；做汽车，比亚迪有 400% 的成本优势，只要能掌握核心技术，这个产业就会因比亚迪而重新洗牌。中国的家电、服装、玩具企业都是这样走过来的。比亚迪做汽车，肯定也能行。

基于做电子制造的经验，王传福深知模具的重要性。当时开发一辆整车，开发费就要 5 亿元，如果没有自己的模具厂，就要外发给几个模具厂加工，在设计过程中很难做到与模具厂实时沟通。而且，模具厂往往向规模不大的车企收取很高的费用，开发一套模具经常要数百万、上千万元。2002 年 7 月 15 日，王传福在考察北京吉驰汽车模具有限公司后，当即决定收购，为整车制造做准备。2003 年，这项收购顺利完成。

王传福也清醒地看到，电动汽车的技术、市场目前尚不成熟，要生存下去，就得"两条腿走路"。"一条腿"是做燃油车，作为过渡，借此摸清汽车产业链的情况。新能源车和燃油车都是车，和车相关的一些零部件是相通甚至相同的。比亚迪借此可以在零部件配套、整车开发制造、品牌销售等方面积累能力，为将来制造电动汽车打下基础。"另一条腿"是同步着手电动汽车的开发，培养研发队伍，掌握开发制造的核心技术，推动市场成熟。

完成收购

2002 年 10 月 7 日，王传福认识了时任秦川机械厂的厂长李永钊，他得知王传福有意造车，便介绍了秦川机械厂和陕投集团[①]共同持股的秦川汽车的情况，并邀请他到西安考察。

10 天后，王传福带着时任比亚迪财务总监的吴经胜、采购负责人方芳一行三人来到西安，李永钊带着他们到秦川汽车进行了现场考察和介绍，并见到了时任秦川汽车董事长的杨有庄。在聊起收购事宜时，杨有庄觉得非常突然，虽然秦川汽车这几年与奔驰、菲亚特、铃木等国际著名企业谈过合作，也与国内的华晨、海马等汽车企业有过深入接触，但他从来没有想过在汽车行业名不见经传的比亚迪会来谈收购。杨有庄不

---

① 陕投集团前身为陕西电力建设投资开发公司，后经几次改制和重组，2018 年更名为陕西投资集团有限公司，参见：https://www.sxigc.com/list-9-1.html。

知道如何应答，只是笑着说：“小年轻，我干了很长时间汽车了，干汽车要有新技术，要有大投入，不好干啊。”王传福说：“干汽车，我能干到80岁，给我几十年，一定能干出名堂！要是干不好，是我真没本事。”

第二天，王传福去拜会了秦川汽车的大股东方——时任陕投集团董事长的冯煦初。冯煦初说：“秦川汽车要找一个有实力、有基础、有条件的‘婆家’。”

第三天，王传福与冯煦初再次见面，双方聊了一小时，冯煦初答应到比亚迪考察后尽快向省政府汇报。

没过多久，王传福又多次赴西安了解情况。在秦川汽车的工厂里，他绕来绕去，看得仔仔细细。时任秦川汽车公司总经理的刘振宇已经接待过很多来谈收购的人，“假的、真的、二道贩子，什么都有”，结果发现，没有造车经历的王传福来工厂的次数最多，最爱问汽车本身的问题。刘振宇见其诚恳，便和他交了心，他还告诉王传福：秦川汽车有一些债务，但没有呆坏账，2002年净利润70多万元；拥有年产5万辆轿车的综合生产能力；2000年年底完成了“四大工艺”生产线建设，拥有德国杜尔（DÜRR）设计制造的涂装生产线、西班牙法格（FAGOR）公司的全数控冲压生产线、日本荻原模具厂设计制造的车身冲压模具和焊装生产线，以及日本万岁公司的汽车整车检验线；有近千名员工，含近百名中级或以上的工程师及技术员，很多人参与过福莱尔的开发，而且福莱尔是秦川汽车自己设计的，没有用别人的车型。王传福对这种不受制于人的做法非常认同。

2002年11月初，冯煦初带领陕投集团高层到深圳比亚迪考察。比亚迪的规模和实力，加上王传福真诚的态度、对汽车产业的理解和对行业发展趋势的判断，以及比亚迪井井有条的管理方式、充满朝气的氛围，尤其是比亚迪在技术创新上的执着追求，得到了考察团的一致肯定，他们相信和比亚迪合作会让秦川汽车发展得更好。

2003年1月22日，比亚迪分别与陕投集团和秦川机械厂签订收购协议，组建比亚迪汽车（见图4–3）。签约后，比亚迪立即依约支付了2.695亿元投资款。

图 4-3 2003 年，比亚迪收购西安秦川汽车签字仪式

从双方接触到完成收购，只用了三个月。王传福坦诚以待，对秦川汽车的发展有清晰的规划，赢得了秦川汽车方面的信任，大大推动了谈判进程。收购后，秦川汽车的员工队伍不变，刘振宇留任总经理，李永钊后来在比亚迪担任了多年独立监事，并在 2023 年被选举为第八届监事会主席。他回忆说："在当时的股东眼里，秦川汽车就是个烫手山芋，但谁都没想到，他（王传福）能干得这么好。"

"我下半辈子就干汽车了"

"我觉得风险很大。当时，我们在电池领域可以单挑任何一家日本企业，能与诺基亚、摩托罗拉这些世界级的企业平起平坐做生意，已经很满足了。进入汽车这样一个全新的行业，前面又有欧、美、日、韩那么多优秀的对手，心里有一种莫名的恐惧。"夏治冰说。

就在签字之前双方会面时，夏治冰还在劝王传福："要不要价格再砍 2000 万元？"他盘点过秦川汽车的资产，认为收购价高了。日后他反思："要是我做决定，就干不了汽车了。王总很清楚，我们买的是进门资质，是‘门票’，不能仅仅用资产来计算。”

2003 年 1 月 23 日，比亚迪股份发布了关于收购秦川汽车的公告。在收购原因的第一条写明：本集团有意发展电动汽车电池，以扩大收入基础。由于石油资源有限，环境保护的意识又日益提高，董事会认为，市场对其他替代能源驱动的汽车的需求将与日俱增。电动汽车能够有效地降低燃料消耗量，所以无论是电动汽车、混合电动车还是驱动电池，都有增长潜力。

但在很多外界人士看来，比亚迪造车是天方夜谭，电池产业发展得很好，为什么要去冒险呢？难以置信，绝不可能干成。

吕向阳、夏佐全则对王传福深信不疑，相信他的决策一定经过了深思熟虑。夏佐全说：“电池产业太小，他要转到一个规模更大、技术含量更高的产业。我们非常理解、支持转型。”

内部的声音可以快速统一，外部的激烈反对却让人措手不及。收购公告发出后，投资者在第一时间把比亚迪的电话打爆了。

“一个做电池的，怎么敢做汽车？”“电池和汽车市场根本是两回事，涉及的人才、风险、技术和资本要求完全不同，不能偷换概念，说两者有协同效应。”“全球汽车厂都在合并，中国车厂都在寻找外资合作，比亚迪管理层没有接触过汽车产业，凭什么认为自己有优势？请务必给出有说服力的理由。”“比亚迪造手机电池行，造电动车是忽悠。”甚至有基金经理放出狠话：“如果比亚迪坚持收购，我们就抛售股票，直到抛死为止！”这些声音不仅尖锐、咄咄逼人，而且满是嘲讽。

王传福极力向投资者解释。他表示，秦川汽车的有形资产净值约 4.013 亿元，比亚迪用 2.695 亿元收购其 77% 的股权，只溢价了 6.4%，这笔买卖十分划算。但基金经理认为，秦川汽车 2002 年的利润只有 72.6 万元，比亚迪收购后占有利润 56 万元，和收购价相比，收购市盈率为 482 倍，大大超过常规收购底线。而且，秦川汽车的设备使用率只有 34%，还有 3.4 亿元债务和 4000 多万元关联企业贷款担保，营运效益实在不高。

1 月 24 日，香港股市一开盘，机构、基金疯狂抛售，比亚迪股票应声下跌。股价从 18 港元一度急跌至 14.45 港元，最终收盘时，公司市值一天内蒸发了5.3亿港元。这一天，王传福作为秦川汽车新任董事长第一次登台亮相，在西安参加经销商会议。但他来不及讲太多，很快就回到酒店应对多路电话热线上的投资者拷问。他一整天没时间吃饭，匆忙中让酒店送来一碗面充饥。

他告诉基金经理："这次收购，现在付出很少，未来将得到很多。""购入车厂主要是买技术平台，吸收生产小型汽车的经验，加快电动汽车电池的开发及生产；如果不买，比亚迪的发展会慢很多。而且比亚迪手头有12亿元现金，不需动用上市集资的款项。秦川车厂还有3900万元现金，比亚迪无须为它投入大额资本开支。"

但基金经理态度强势，不愿妥协。两天内，比亚迪市值蒸发近27亿港元。面对基金"洗仓"和各界质疑，王传福背负着很大的压力，但毫不退缩，他说："我下半辈子就干汽车了！"

同时，他反复说明收购的理由：一是轿车目录（轿车生产资质）是稀缺资源，用2亿多元收购一家汽车企业绝对值得；二是汽车市场非常大，中国有几千万摩托车用户，有4亿自行车用户，5~10年后，这些人也许就是汽车用户；三是今后汽车发展的方向是节能、清洁，比亚迪一直有生产电动汽车的打算，这是电池产品的一种延伸，收购可为将来的增长提供后备力量。他还讲到比亚迪的电池、电子业务得到了诺基亚、摩托罗拉等公司的大额订单，完全能够保障公司发展。

最后，王传福诚恳地表示："此次收购经验不足，很抱歉，以后在这方面的处理会更有经验。"他也坚定不移地告诉大家，未来三年将斥资9000万元发展电动汽车业务。从1月30日起，不少基金开始释放好的信号，比亚迪的股票也逐渐回涨到之前的水平。

"中国人在每个行业都能够做得很好，为什么在汽车行业就做不好？我们比亚迪不相信！"在王传福看来，中国本土汽车工业落后的一个重要原因就是缺乏自主品牌的发展。20世纪80年代，许多中国百姓都希望有电视机、冰箱等家电，但购买一台彩色电视机相当费劲，不仅要节衣缩食，彩色电视机销售还有指标管控。90年代初，长虹添加了许多条生产线，年产量率先突破百万台大关，同时长虹宣布降价，将外国彩色电视机高高在上的局面完全打破了。正是随着长虹、海尔这样的企业不断发展壮大，家电才走进了寻常百姓家，广大老百姓才真真切切地感受到国家发展了、生活更好了。

“我们已经认准了的，就肯定要干。现在对我们来说，不是干不干的问题，而是怎么干的问题。”比亚迪要做的，是一道证明题。

1 月 25 日，收购秦川汽车第四天，比亚迪与上海同济同捷科技有限公司（以下简称“同济同捷”）签订了《福莱尔轿车系统变形车设计开发合同》。双方商定在福莱尔轿车基础上设计 4 款车，代号分别为 216、316、416、516，对应车型为加宽两厢轿车、三厢轿车、小型 MPV① 和小型 SUV（运动型多功能汽车）。

据时任项目经理的任林介绍，秦川汽车作为国内较早启动自主车型开发的汽车企业，在福莱尔车型开发过程中积累了一定的经验，但福莱尔是基于原有奥拓平台和零部件体系的，秦川汽车对整车开发体系、流程的掌握并不全面。秦川汽车原有的 46 人研发队伍中，有一半的人主要负责生产线布局和工艺改进，福莱尔车型如何保持产品的新鲜度、吸引用户目光，以及丰富和扩展产品线，成为研发团队面临的首要问题。

在确定收购秦川汽车的意向之后，王传福就将比亚迪一年、两年后要出什么产品，是自主研发还是寻求合作等问题提上了议事日程。受限于自身汽车技术基础薄弱、西安地区汽车人才及配套设施不足等因素，比亚迪首先将汽车研发中心放在了上海，因为那里是中国汽车重镇，周边的产业链配套齐全，拥有众多掌握最新汽车技术和管理经验的人才。

虽是汽车行业的门外汉，但比亚迪入主秦川汽车后，显得很有章法。除了加快对福莱尔产品的改型和扩大销量，比亚迪将开发能力建设作为重点，加大人才的引进、选拔和培养，并且引进六西格玛管理和 QS9000 系列管理体系，全力改造秦川汽车。整个产业的布局都在密集进行着。

时任 IC 团队经理的罗如忠回忆，2003 年 2 月的一个晚上，在比亚

① MPV，多功能汽车，这是一种集轿车、旅行车和货车功能于一身的车型，通常有三排座椅，能容纳 5~8 人。

迪深圳葵涌办公楼，王传福召集IC团队开会，说："我们收购秦川了，你们开始了解变速箱吧。"然后讲了一串变速器的名字，AT是自动液力变速器，CVT是机械无级变速器，AMT是机械式自动变速器，他希望IC团队通过对变速箱的了解，结合微电子技术，将福莱尔的手动变速箱替代成自动变速箱。IC团队留下了部分人继续做锂电保护芯片，其余人员改建为汽车电子团队。

很快，比亚迪买了一辆搭载AMT的奔驰车，放在办公楼前，供大家拆解学习。大家动了没几下，就停下来——由于没有摸清楚特殊的安装构造，对零部件只能硬拆，如果这样做，一辆崭新的汽车就再也不能复原了，大家舍不得拆。眼见大家愣着，王传福拿起一把钥匙在车身上用力划了几道说："这下你们就敢拆了！拆下来做研究，反复拆几次不就会了吗？"工程师拆完后，王传福让他们把零部件再装回去，看谁装了以后剩的零部件最少。他就是通过这样的方法，让大家摸索、学习。他还说，就算一辆车价值100万元，只要在拆的过程中能学会一项技术，这100万元就赚回来了。

5月，秦川汽车正式更名为比亚迪汽车公司，王传福任董事长。

8月，比亚迪与西安高新技术产业开发区、陕投集团签订组建比亚迪电动汽车生产线的合同，在高新区征地1500亩，建设轿车、电动汽车研发和生产基地，项目投资20亿元，年产汽车20万辆。

砍掉"316"

廉玉波是同济同捷的主要创始人之一。2002年，王传福在寻找整车设计的合作伙伴时与他相识，并很快把他从乙方变成了甲方。2004年，40岁的廉玉波加入比亚迪，他说："像做了一场人生的'赌博'，把下半辈子赌给王总，结果赌对了。"

廉玉波是南京人，1987年毕业于南京航空航天大学。他曾在中国汽车技术研究中心工作过四年多，多年担任上汽仪征汽车公司副总工程师，多次到意大利汽车设计公司进修，2000年和同济大学几位老师创办了同济同捷，而同济同捷是中国最早为自主品牌汽车提供设计服务的民营公司。

2003 年，廉玉波在中国汽车界已经颇有名气。国内汽车厂要做自主品牌，设计是最重要的一环，他成了抢手的香饽饽，很多民营企业负责人都亲自找过他，邀请他加盟。

2003 年年末，王传福飞赴上海，约见廉玉波。

两个人第一次见面时，廉玉波问："王总，你懂汽车吗？"王传福那时还不会开车，诚恳地回答说："我看了很多书。"他不是汽车行家，但他以制造业行家的眼光分析认为，中国人绝对能把汽车做起来。汽车固然是一个综合了多个学科知识的产品，但经过 100 多年的发展，大部分技术都已十分成熟，并非遥不可及。

此后数月，两个人在上海浦东金茂大厦 86 层的咖啡吧见了三次面，从夜晚到清晨，聊了三个通宵。廉玉波发现，王传福对知识的渴求、对技术的钻研精神是惊人的。"我跟他讲一些知识，第一次讲到一，下次他就会问到二，再下一次就问到了三，等再下一次，我可能就回答不上来了。"

廉玉波回忆："第一次跟他到北京出差，他第一件事是先到王府井新华书店买汽车专业的书，包括我上大学、上研究生时的所有教材，他都买回去学习。他对汽车太向往、太有热情了，有时聊天，他滔滔不绝，我都没有说话的时间。别的民企老板来挖我，先谈待遇，不谈汽车，他和我谈了这么多次，只谈汽车，没有一次说过你来了以后一个月给你多少钱。"2004 年 1 月 30 日，廉玉波加入了比亚迪。

经过约一年的设计开发，2004 年 1 月，"316"终于成型。比亚迪迫不及待地想要将这款车投入市场，拓展销售，帮助经销商转亏为盈，重拾信心。更重要的是，在无数的质疑声中，比亚迪终于做出了第一款产品。

"316"定位是一辆 4.2 米长、1.6L（升）排气量的家用小排量轿车。车身在福莱尔车的基础上加宽，再在后面加一个后备箱。发动机是三菱的，底盘系统则是哈飞赛马和捷达的融合。

虽然"316"由同济同捷负责设计，但廉玉波对其并不满意。"因为这款车只是基于福莱尔改了比例，各方面都不正规。像煮了一锅夹生饭，第一次没搞好，又煮了好几回，肯定不好吃。或者说像盖房子，第一次装修没做好，后面怎么改也改不好。”在他的建议下，王传福决定邀请一些秦川汽车的经销商测评新车，预判市场前景。

那时招商很困难，经销商都争着做奥迪、大众，根本不知道比亚迪，甚至名字都读不顺，叫迪比亚、亚比迪的都有。刚从财务转岗到汽车销售不久的夏治冰费了好大劲才请了一批经销商来看车。

2004 年 2 月 29 日上午，上海的气温不到 3℃，阴雨蒙蒙，寒风刺骨。经销商们围着样车，仔细地看了又看，起初都没出声，好一会儿才有人说：“这款车太丑了！”比亚迪给他们发了一张调查问卷，结果无论是外观、内饰还是动力，都被他们画上了“×”。现场所有造车人的心情一下子降到了冰点。7 个经销商走了 6 个。这是比亚迪第一次造车，对汽车的很多规律和个中奥妙都不懂，造型评审时觉得没问题，等车做出来，才发现比较丑。

怎么办？如果不生产这个车型，再推出一款新车，可能又要花费几亿元的模具费用以及至少一两年的时间。当时，已经有一些在“造车热”的背景下和比亚迪前后脚进入汽车领域的企业，出于种种原因退出了，比亚迪还能扛多久？

王传福清楚，一个没有特点的产品进入市场后，如果卖不好，将造成更大损失。“好比你一开始投了 2 个亿，现在砍掉，损失 2 个亿；不砍掉，继续产，继续卖，造成经销商积压，可能损失 3 个亿；加上对品牌的损害，可能是 4 个亿。”他花了一个晚上思考：继续做？停掉？重新开发？第二天早上他做出了决定：砍掉“316”！

在“316”对经销商展出的那天，其实旁边还有一辆车，代号“624”，也一起被砍掉了。

别人不做就自己做

出师未捷，王传福一宿无眠：不做“316”，比亚迪没车可做，未来何去何从？第二天白天，他征求了很多人的意见，包括负责供应链的经理。廉玉波被约到王传福的办公室时已是半夜。

“我们要赶紧策划一款新车，一年时间就要做出来。”

“时间太短了，这在汽车历史上是不可能的。而且我们以前没做过，没经验，人也很少。”

王传福斩钉截铁地说：“我们就是要干汽车历史上不可能的事。”于是，“神车”F3开始萌芽。

打破行业传统

“316”的教训让比亚迪人开始真正思考怎样造车：中国消费者对汽车的理解和选择是怎样的？如何打造一款让市场接受、消费者满意、价格合适的车？车型该怎样定位？他们进行了大量市场调研，也去欧美进行了考察。廉玉波则用了一周时间全方位思考，然后给了王传福一个答案：做一款家用轿车。

当时，桑塔纳和捷达在中国很流行，奇瑞推出的家用轿车“旗云”也卖得不错。这些车型针对的人群广泛，老少皆宜，车型大小适中，不管是家用还是商用都合适，而且价格在10万元以内，符合大众消费水平。廉玉波建议就做这一类的车，并提出了可对标车型——丰田卡罗拉。这款车后来在中国叫“花冠”，全球一年能卖出100多万辆，是A级的三厢车里最畅销的车型之一，而且当时在中国还没有开售。

公司当即买了两辆花冠，并对工程师团队提出要求：第一，把买来的花冠全部拆了，再组装还原，一边拆一边学；第二，新车型不能有专利侵权。这是典型的逆向研发的做法。将大量的非专利技术任务分派给不同的小组攻关；极少数绕不过去的专利，比如外观专利，就创造性地去改。比亚迪认为，逆向开发是必经之路，对非专利技术的组合集成也存在创新机会。专利技术有效期一般为从申请日起20年，汽车有百年历史，现有技术大部分已成非专利技术。他说，日、韩汽车企业造车，一开始也是模仿，接下来做局部改变，积累到一定阶段，才开始做全面设计，最后都取得了成功。比亚迪也要借鉴这些经验。

“316”下马，王传福没有指责研发团队，而是自己承担了所有责任。

他的宽容与信任让研发团队感到温暖，自信心也得到了保护。在廉玉波的建议下，比亚迪对已规划的车型全部重新梳理，确立了以 F3 为最优先发展车型的开发计划。

2004 年 4 月，F3 项目正式立项，这是面对巨大压力的背水一战。F3 能否成功，直接影响着比亚迪汽车未来的命运。

F3 的定位已经确定，但具体怎么开发和制造还有很多道坎儿。由于“316”失利，之前的合作伙伴不愿意再次合作，而其他的零部件开发商要么不答应合作，要么报出一个天价。

作为行业新军，比亚迪一开始也是希望找外部供应商做配套。但国内的配套商基本都不是独立的，比如日系有日系专供的供应链，韩系有韩系专供的供应链，美系和德系也有各自专供的供应链，它们有富余产能的时候才会给自主品牌的车企供应，没产能的时候，自主品牌就只能干等。虽然少数几家并非主流的供应商愿意与比亚迪合作，但由于对技术和行业了解不深，比亚迪在与它们交流时也产生了许多障碍，甚至不能就产品准确提出要求，导致商务谈判很难开展。比亚迪往往是在不了解行情的情况下就发布招标，然后同时与几家供应商谈判，再进行比较，选定较为满意的做进一步谈判。这种操作效率低下，浪费了大量时间，而比亚迪没有多少时间可以浪费，如果长此以往，不但会把比亚迪电池的利润全部耗光，整个产业都可能会被拖垮。并且，这里还存在一种风险：就算找到了供应商，万一它们生产的零部件没有达到要求，将消耗大量时间与资金，甚至有可能把比亚迪逼上绝路。

外援不得，唯有自求。此前，比亚迪已有自己做零部件、垂直整合的经验，触类旁通，王传福对汽车产业的垂直整合也很有信心。他决定打破行业里整车厂只做四大工艺的常规，对汽车生产进行全面布局，增加发动机、变速器、内饰、底盘和汽车电子等零部件产业。由此，比亚迪汽车开启了自主化的垂直整合之路。

高唱《真心英雄》

上海松江基地的一块场地上摆满了从车上拆下来的零部件，天窗、升降器、车架、座椅、空调、仪表……什么都有。只见零部件制造的组长们，一个接一个空手入场，每人抱一个零部件出来。谁拿走了什么，就负责把什么做出来。比亚迪的供应链问题，瞬间全被领走了。

这些组长及他们手下的团队，大多是从电池厂、电子厂划过来的，也没干过汽车。有人懂些机械，有人懂些工程，但凡和汽车沾边的，都划过来造车了。比如以前做结构件注塑的，就把前后保险杠领走了。王传福买过一本博世的汽车工程手册，里面对零部件讲得很清楚，他就给管理者每个人发了一本学习。

“比亚迪人动起来还是挺厉害的。大家都在抢零部件，感觉在打一场汽车大仗。”杨海珊说。她 1997 年从西安工业学院（2006 年更名为西安工业大学）应用电子专业毕业，在毛德和手下做设计，2002 年从电池产业转到汽车，2003 年开始和秦川汽车的工程师一起研究零部件。在 F3 之前，她负责的汽车内后视镜已装在了福莱尔和“316”车型上。这一次，她抢走了 F3 多媒体系统零部件的任务，成为多媒体项目组组长。

罗红斌则抢走了仪表和空调。他曾在沈阳电力工程技术研究所工作，2003 年加入比亚迪，开始做汽车。他在软件控制方面颇有经验，但没有接触过仪表、空调这类产品，很多东西要新学。在他的带领下，F3 的仪表、空调都选择了业内先进的技术。以空调为例，业内大多采用活塞式压缩机，而他们一开始就选择了更高水平的涡旋压缩机，做出了制冷效果好、能效高的产品。除了压缩机，空调的管路、蒸发器、冷凝器等零部件也都自己做，成本可控，垂直整合的优势尽显。如今，罗红斌是比亚迪集团高级副总裁、第十四事业部总经理，是发动机、电机、电控关键技术的领头人。他在比亚迪获奖无数，但印象最深的还是当年因空调项目获得了“F3 项目个人突出贡献奖”。

比亚迪干得如火如荼，而汽车行业和政府机构的不少人则捏了一把汗，他们都在劝：比亚迪，回头吧！这个摊子铺得太大了，专业人才又不够，在这种情况下，如果产业规模上不去，成本就降不下来。专门的零部件厂一年可以生产几十万、上百万个零件，比亚迪一年就算能卖出几万辆车，也肯定亏本，还是回头吧！

比亚迪并没有回头。

2004年7月31日，比亚迪成立汽车产业群（见图4–4、图4–5）。当天，汽车产业群业务工作会在比亚迪上海分公司召开，会上决定先后成立5个生产型事业部、2个研发部门、1个检测中心和相关职能部门。当晚，王传福宴请了汽车产业群的各位经理，他们激动地合唱了《真心英雄》和《同一首歌》。

图4–4　2004年7月，比亚迪汽车产业群成立，汽车产业高层参观造型间

图4–5　2004年11月18日，比亚迪汽车初创高层代表合影

汽车产业群下设汽车产业办公室，其一大职责就是让垂直整合体系

运行顺畅。严琛任该办公室主任。她毕业于北京航空航天大学电气工程及自动化专业，2000 年加入比亚迪。她用“大平台、大资源、大协调、大合作”来概括汽车产业办公室的职责，因为“汽车产业是高度整合的，大家一定要统筹协调。产业群各部门总经理之间的沟通一定要顺畅，才能真正形成合力”。

汽车产业群既有正式的会议沟通，也有非正式沟通。有时，解决某个问题涉及两个事业部，双方都认为对方的方案有问题，不愿改自己的方案。开会的时候，工程师各执一词，互不让步。等会后大家聚到饭桌上，一顿饭的工夫就沟通好了，很快确定了修改方案。在紧张的工作中，聚餐是一种很好的调剂，打破了人与人之间的壁垒，让压力得到释放，也让目标更加明确。

如此，比亚迪汽车的垂直整合体系度过了磨合期，开始积蓄发展能量。每个自制零部件都经历了从无到有的过程，每天都在解决新问题。虽然很磨人，但大家咬紧牙关，都有一种“时不我待、我必事成”的精神。而当他们专注于解决问题时，困难就不再是困难。

从立项到下线仅用 12 个月

汽车产业群正式成立后，比亚迪从其 IT 产业群（现电子事业群）抽调了一批精兵强将，给每个汽车事业部配备了带头人，确定了研发方向和工作目标。廉玉波（现任比亚迪集团首席科学家）被任命为汽车产业群总工程师，随他一起加入比亚迪的段伟担任 F3 项目经理（后任第十一事业部总经理，直至 2019 年）。

2003—2005 年，一批机械相关专业的高校毕业生进入比亚迪，包括东北大学硕士毕业的杨冬生（现任比亚迪集团高级副总裁、汽车新技术研究院院长）、大连理工大学硕士毕业的罗忠良（现任比亚迪集团副总裁、第十五事业部总经理）、中南大学毕业的吴衡（现任第十一事业部总经理）、大连理工大学毕业的杨峰（现任汽车工程研究院副院长）、武汉理工大学毕业的赵炳根（现任汽车工程研究院副院长）等。这些人虽是机械专业背景，但那时候全国开设车辆工程、机械汽车专业的高校并不多，他们有的学过汽车专业知识，但多数人没有。比亚迪大胆使用新人，在上海集聚了3000多名汽车技术人才，进行汽车技术研究与创新。

当然，比亚迪也试图招聘有经验的汽车行业人才，但很多人不愿意来，有的来了几天就走了。上海有汽车人才的优势，但比亚迪在规模、待遇、品牌上的竞争力并不强。

因此，F3项目里有机械专业的人才，也有材料、电子等专业的人才。这支年轻的“混成旅”，每天连轴转，先把车拼出来，再对一个个技术细节进行攻坚。汽车零部件太多了，分解到下一层则更多，经常是一个问题牵出更多问题。团队白天干活，晚上10点开会总结，十一二点结束，第二天继续如此，周而复始。

段伟也承受着巨大的压力，他在回忆时说：“面对这种情况的不止我一个。当时团队每个人都在给自己加压，即便是刚来的新人也很清楚，只有把车做出来，比亚迪汽车才有未来。”

由于上海基地正在修建，整个项目团队是在一个没有墙壁、完全通透的近3000平方米的大厂房里工作的。产品的创意、开发、制造同时进行，设计、技术、采购、开发等各方面的人员都集中在一起，随时沟通。一旦出现问题，相关部门的负责人就在现场一起开会，不把原因搞清楚，会就不结束。会后立即出解决方案，立马落实。如果不是这种“同步工作法”，比亚迪根本不可能在一年时间里完成F3的开发。

最初，比亚迪只是针对部分零部件自行开发设计，却有了一个意外的发现：自主开发零部件不仅学到了技术、培养了人才，更重要的是，还大大缩短了开发周期，提升了效率。由于内部沟通交流十分畅通，一张设计图纸刚出炉就会传到生产部门进行开发生产。生产过程中发现不足，也能及时更改设计。

2004年，西安高新区整车生产基地土建项目完成，时任第十六事业部总经理的毛德和带领大家，开始着手四大工艺——焊接、夹具、涂装、总装生产线的布局建设。与外部专业团队相比，比亚迪当时的专业化程度并不高，但团队凭着一股“少年壮志不言愁”的冲劲，硬是在一年时间内完成了生产线的安装调试工作。毛德和说："那么多的夹具、抱具，即使摆满整个车间也要花费很长时间，更何况我们需要按照生产要求，一一组装调试并满足生产。大家'天不怕地不怕'的工作激情，为公司赢得发展时机做出了很大的贡献。"

按照惯例，一个新车型开发周期至少三年，但F3从立项到车型下线仅用了12个月。段伟说："F3项目的成功取决于团队的集体奋斗。虽然时间紧，任务重，技术能力有限，但我们把所有压力转化成了无尽的动力。每次遇到困难，看到王总坚毅的眼神，我们没有退缩的理由。我们也和王总发过小脾气，但如果没有他的宽容，就很难建立无障碍的沟通，那么很多事情肯定会堵在那里，做不成了。"

2005年4月16日，比亚迪汽车F3新车下线暨新厂落成庆典在西安比亚迪高新区新型工业园举行。F3拥有50余项自主知识产权，是比亚迪自主打造的第一款正式向社会亮相的汽车，肩负着比亚迪汽车开拓市场和塑造品牌的双重重任。

王传福在庆典上激昂致辞：

> 2003年1月22日，我满怀一腔产业报国之决心，满怀打造民族汽车品牌之信念，带领比亚迪进入汽车行业，肩负着振兴民族汽车工业和保护人类居住环境的责任……经过一年多的建设，目前，完成了总装生产线、焊接生产线、冲压生产线、整车检测线、动力能源设施及生活配套设施等的建设，新增年产10万辆轿车的一期工程现已完成，实现了在新厂区批量生产比亚迪轿车的工作目标；以建设汽车涂装线、汽车零部件生产线、办公楼及部分职工生活设施为目标的项目二期工程也将陆续开工。
>
> 我们在建设庞大的生产能力、完善的品质控制体系和素质优良的比亚迪人团队的同时，正以完备的产品研发体系、以科技创新生活为目标，致力于燃油汽车、电动汽车和混合动力汽车的研发，构筑比亚迪汽车的未来。我们依托企业强大的技术和资金实力，充分发挥中国制造业要素资源优势，全面整合汽车制造业的生产链；

同时以不断的科技创新为手段，大量吸收国际汽车制造业先进的非专利技术，坚持自主研发的路线，产品线由原来单一的“福莱尔”微型轿车迅速扩充，构建起比亚迪汽车的产品序列。被誉为“兼收乃发、动静有致”的精英车型F3的下线，正是我们汽车研发团队艰苦努力的结果。

……作为一个有责任的企业家，（我们）背负历史、面向未来，为中国汽车的发展，为中国经济的发展负起应有的责任和使命。一定会打拼出中国民族汽车的新天地！

在第十一届上海国际汽车工业展览会（以下简称“上海车展”）上，F3从参展的30余款新车中脱颖而出，2004年5月，获得组委会颁发的新车大奖。此次新车大奖评选由23万名网民参与网络投票，这给比亚迪带来了极大的信心。

2005年6月初，F3在天津汽车检测中心进行检测。检测数据表明：F3的乘员头部危险指数为231，国家危险值标准指数为1000；F3腿部危险值为1.4，国家危险值标准指数为10。国家汽车检测中心专家分析认为，F3在碰撞实验的数据表明，该车的安全系数高于国家标准，已经达到国际水准。F3可谓一“撞”惊人。

F3一炮而红

“上下同欲者胜。”在垂直整合体系支撑下，比亚迪汽车全体人员团结一致，心往一处想，劲往一处使，高效完成了F3的开发，为自主品牌书写了一段传奇篇章。

“分时分站”，营销创新

在等待F3的过程中，比亚迪汽车的销售团队最着急，他们迫切需要一款新车来“炸响”市场。

但销售团队也有自身的难题。秦川汽车原有20家汽车售卖店和100

多家销售代理。比亚迪接手后，提出增加售后服务区、扩大店面等要求，一些秦川汽车经销商不接受，选择退出。因此，开发新的销售网点，刻不容缓。

负责销售的夏治冰一个人开着一辆福莱尔在全国跑了一圈，到过东北的哈尔滨、漠河，也到过广东的茂名、新疆的霍尔果斯。每到一地，他就去门店做陌生拜访。合资品牌的门店看不上比亚迪，他就找汽车维修站和小车行，到了就问："卖不卖比亚迪的车?"答复多数是"不了解""不知道""不愿意"。

2004 年，比亚迪新招了一批销售员，在全国分区建渠道。刚从湖南大学市场营销专业毕业的张卓，去了广州、南宁、成都等城市。他拿着公司的宣传资料，坐公交车到距离各个汽车城或汽贸中心两站的地方下车，然后打车过去。因为打车代表有实力，能让汽车城里的经销商高看一眼。到了目的地后，一组人就开始"扫街"，从第一家店走到最后一家店。张卓吃了很多闭门羹，有人不让他们进店；有时候进去了，介绍完，水都喝不上一口。

高子开也有同样经历。他不是应届生，1994 年从西安公路学院（现长安大学）汽车运用工程专业毕业后，做过汽车修理工、电工、车工，也管过生产经营。有一次坐火车，他邻座恰好是比亚迪的一位工程师，介绍他到比亚迪工作，他就干起了销售。"我一个西安人，在西安街头的各个汽车店里介绍一家西安的汽车厂，听到最多的话却是'算了，算了，我们忙着呢'。"高子开的心经常被沮丧缠绕。

在这种情况下，比亚迪引入的经销商有修车的，有做服装生意的，有开饭店的，只要愿意卖车就行。陈荣义是汽车修理厂厂长出身，潮汕人，1991 年到深圳打拼。2003 年时，他经营的龙南汽贸公司已是一家二级汽车代理商。当年 10 月，他了解到比亚迪汽车正在招商，主动找上门递资料。夏治冰给他讲了比亚迪的未来规划。他觉得，比亚迪做电池这么专注，做汽车应该也可以，就交了 50 万元保证金，成为比亚迪一级经销商。2004 年，深圳实行"禁摩"政策，陈荣义通过用二手摩托车置换汽车的方式做促销，卖出 180 台福莱尔，在比亚迪全网排名前列，也赚了些钱。但他还是觉得不太乐观，因为如果不是政策机遇加持，不可能卖这么多，但如果继续只卖福莱尔，开拓市场会越来越难。

F3 在西安成功下线时，被邀请到现场看车的经销商都点头看好（见图 4–6）。陈荣义是带着 7 岁的儿子去的，看着展出的 5 辆车，感觉和一年多前看“316”时完全不一样。

图 4–6 比亚迪 F3

新车亮相让人振奋。但比亚迪的生产能力、营销力量有限，无法像别的品牌那样搞全国同步上市。F3 从下线到设计销售方案，耗时 5 个多月，直至“分时分站”这个充满创新的销售方案出现时才被通过。它打破了多数厂家上市的常规，也成为本土汽车营销的经典案例。

比亚迪的“分时分站”策略，颇有点“田忌赛马”的味道：首先在某个中等城市试水，选择竞争对手力量薄弱但又具有消费潜力，且在比亚迪的生产基地半径辐射范围内、物流成本可控的地方。把有限的资源集中起来，五指成拳，只打一个点，就能形成强大的爆发力。

2005年9月22日，山东济南成为F3上市的第一站。当时负责山东大区销售的是路天，他2003年从北京理工大学市场营销专业毕业，加入比亚迪。他道出了选择济南的四点理由：第一，山东没有大牌主机厂，竞争相对没那么激烈；第二，山东人口众多，经济向好，有消费潜力；第三，山东的高速道路设施完善，道路通畅，利于车辆物流运输、市场辐射；第四，比亚迪在山东地区的销售网络能够承担营销推广的任务。

捷报传来，F3在济南上市当天晚上的销售量加上订单量超过了2000辆。F3一上市就成为车市中的重磅炸弹，从众多竞争车型中脱颖而出，掀起了一波又一波抢购热潮。2005年，F3勇夺"2005中国年度汽车总评榜"中含金量最高的"最佳性价比车型"大奖。

随着F3在全国各地铺货，2006年一季度，F3夺得"三冠王"：全国产量增幅冠军、销量增幅冠军、国内单一车型中级家庭轿车的销量冠军（11213辆），而且单一车型销量冠军的成绩创造了自主品牌轿车发展的新纪录。2006年获得"新势力·2005时代中国盛典"年度自主品牌车型；2007年，F3单月销量突破10000辆，这是中国品牌以单一车型首次跨入"万辆俱乐部"，F3与伊兰特、凯越、福美来并列成为中型轿车市场的"四大金刚"。

F3从2006年5月基本完成全国上市，到2007年6月18日第10万辆车下线，用了14个月的时间。F3是比亚迪进入汽车产业的里程碑和新起点，标志着比亚迪汽车产业布局和体系的正式建立，并开始进入高效、有序运转的阶段。

燃油车出口

比亚迪在2003年就开始了汽车出口业务。熊甜波在2003年大学毕业后进入比亚迪，成为比亚迪汽车外贸科的第一个员工。她一人担任多职，既是跟单员、销售员，又是售后服务员，信用证制单、审单都自己做。当时的出口模式很简单，主要是通过车展等方式找到代理商，谈好价格，把车运出去。她见的好多客户都是某个国家的富豪，因为只有这些人才有实力做代理。工作第一年，熊甜波做成了比亚迪第一笔汽车出口订单——10 辆福莱尔，卖到阿尔及利亚。

2005 年 F3 上市后，因物美价廉，受到国外客户的喜欢。2006 年，比亚迪成立汽车产业群出口贸易事业部，李竺杭任总经理。出口贸易事业部以拓展发展中国家市场为主，通常一人负责一个区域市场，联络代理商。由于中国自主品牌在海外市场发展已有时日，国外消费者对中国汽车也比较认可，所以代理商也会主动找上门。

2008 年，伊拉克代理商购入 200 辆 F3，第二年又签订了 2000 辆的订单，到 2012 年，比亚迪汽车在伊拉克年销量已达到 1.5 万辆，在多个城市设有 10 多个经销网点，以及售后直属维修和配件中心。凭借 F3 的硬实力，比亚迪汽车还打开了马来西亚、阿尔及利亚、埃及、哥伦比亚等亚非拉国家的市场。

出口时，贸易壁垒是一大阻碍因素。李竺杭回忆，不少国家政府为了保护当地汽车市场，设置的整车关税高达 30%~32%，部件只有 10%~12%，并以低关税鼓励企业在当地建组装厂。因此，比亚迪 KD（散件组装）项目应运而生。第一个 CKD（全散件组装）工厂建在埃及。2009 年 12 月，比亚迪与埃及阿迈勒汽车制造厂合产的第一批车下线，车型为 F3。此后，比亚迪在多个国家的 KD 工厂也陆续建成。

从拓展代理商网络到建立 KD 工厂，比亚迪汽车开始在一些海外市场中有了知名度。在埃及开罗，1/3 的出租车都是比亚迪品牌，以 F3 车型居多。伊拉克首都巴格达的大街上，随处都能看到比亚迪的车。比亚迪也在不少国家搭建起常驻团队，为当地经销商、消费者提供更好的服务。在俄罗斯，比亚迪团队发现因为这里气温太低，导致蓄电池启动电流过低，F3 出现过无法启动的问题。他们经过市场调研后，向公司提出开发一款适合严寒地带的蓄电池。很快，比亚迪推出耐寒版 F3 车型，受到了更多客户的喜欢。

经过前期的汽车出口，比亚迪汽车培养了一支懂汽车、了解海外市场的人才队伍，积累了宝贵的汽车出口经验。

“两个第一”

F3一战成名，比亚迪乘势而上。2006年2月14日，在比亚迪车型模具任务三年规划会议上，公司系统梳理了未来燃油车型的发展方向，规划了包括F1（上市时改为F0）、F3-HRV、F3-T、F6、F9、M3、M6、S6等多款车型，基本上形成了以F、M、S三大系列，3、6、9三个档次的“三纵三横”的整体规划方案，涵盖了轿车、MPV、SUV三大系列及低、中、高三个档次。这次会议为比亚迪进一步优化汽车产业布局、实现更大规模发展奠定了产品基础。

随着规模不断扩大，比亚迪已有的产业布局和生产基地显得捉襟见肘。当时，汽车研发在上海，生产在西安，销售和决策在深圳，沟通效率受到一定影响，因而需要打造一个集研发、生产、决策中心、销售于一体的产业基地。深圳作为比亚迪的发源地，成为新产业基地的不二之选。

2006年，比亚迪开始筹备深圳基地的建设，并着手整体规划深圳汽车项目。当年9月，深圳坪山基地开始建设（见图4-7）。在仅仅11个月、329天里，比亚迪削平30多座山头，填平120多个鱼塘，挖出750万立方米土石方，建成各类建筑物112万平方米，建设自有发电厂和16栋生产厂房；启用汽车冲压设备360项，调试汽车焊接设备825项，安装汽车涂装设备656项，整合汽车总装设备412项——这些设备都是自主研发的。同时，比亚迪也引进了上百台（套）世界领先的整车制造和检测设备。至此，比亚迪基本具备了年产10万辆整车的能力。

负责工程建设的王传方说：“比亚迪速度就是这么快，一天可以挖掉一座山。”

2007年8月9日，比亚迪深圳坪山基地落成。同日，比亚迪首款中高级轿车F6下线。在比亚迪F6下线暨坪山基地落成庆祝仪式上，王传福在致辞中总结了成绩，并对接下来的发展做了目标规划（见图4-8）。

图 4-7　2006 年 7 月 22 日，考察建设中的比亚迪总部坪山园区的公司高层

注：从左至右依次为：

第一排：严琛、方芳、朱爱云、何志奇、赵俭平、罗如忠、夏佐全、李柯、万秋阳

第二排：刘焕明、何龙、郝福春、王传方、廉玉波、毛德和、王传福、吴经胜、王念强、张金涛、吴昌会、夏治冰、孙一藻、刘会权、陪同考察人员

第三排：罗红斌、冯卫、刘振宇、王克勤、李高林、舒酉星、柳相军、刘卫平

图 4-8　2007 年 8 月 9 日，在比亚迪 F6 下线暨坪山基地落成仪式上，王传福提出“两个第一”

坪山基地建成以后，将按每年推出3款车的效率高速发展，计划2008年推出国内首款可以充电的混合动力汽车，并于2009年在坪山推出首款纯电动商品车——e6。该款车使用了比亚迪最核心的铁电池技术，在动力性、环保性、经济性上处于绝对的国际领先水平，是一款颠覆性的产品，可以改变世界。

“创造第一”是比亚迪一贯的追求，过去比亚迪人曾创造了无数的世界第一。

今天我们将宣布比亚迪新的汽车产业的目标：比亚迪计划在2015年成为中国第一的汽车生产企业，在2025年成为全球第一的汽车生产企业！我们有信心，我们会克服一切困难，我们用“世界第一”回报我们的政府，回报我们的人民！

……

比亚迪总是承载着梦想前进，总能将一个个梦想变成现实，这种追逐梦想并付诸现实的动力就是创新并掌握核心竞争力。“技术为王，创新为本”的战略在比亚迪汽车产业上已经初见成效，在汽车动力、汽车模具、汽车电子、动力电池、汽车安全技术等方面都取得了重大的突破。比亚迪的BIVT（可变进气系统）的发动机在技术含量和动力性能上已经达到了先进水平。在模具领域，比亚迪开始为越来越多的世界顶级汽车制造模具。向着专业化、规模化的方向发展，我们的成本优势将进一步凸显出来。在核心技术领域的不断积累，使比亚迪汽车有能力研发出更多的高品质、高性能的产品。

王传福要做中国第一、世界第一的“狂言”迅速被媒体传播开来。同行摇头不信，很多媒体也讽刺嘲笑，但他自己非常肯定，中国的市场资源、人才资源，以及勤劳的精神将助力比亚迪超越哪怕再强大的对手，而且这已经在电池产业、IT产业得到了印证。他更坚信，电动车是属于中国的机遇，“比亚迪自己能搞定全部的电动车技术，不会受制于人”。

那个时候的王传福，与其说是一个老板，不如说是一个长期沉浸在自己的世界里，在不断的发明创造中所向披靡的企业家型的工程师和工程师型的企业家。他很少和媒体打交道，没有受过任何公关训练，他的语言质朴，同时力量强大，包含着自己实践出来的逻辑，而且他真就是这么想的。他也知道，在 2015 年成为中国第一、2025 年成为世界第一的说法，肯定会让他成为人们年年对照的“靶子”，但想都不敢想，又怎么能做到呢？

“比亚迪曾一度被人们质疑，但这没有阻挡比亚迪锐意进取的脚步。”在坪山基地的致辞一开始，王传福就这样说。

第五章

绿色梦想

我们的梦想很简单，就是要真的让人类、让环境、让社会可持续、更环保。

“能否介绍一下公司未来的发展战略规划？”

王传福说：“比亚迪去年（2008年）已有三大战略规划，除了汽车、手机电池战略，还有两个有潜力的技术：储能电站和太阳能电站。储能电站主要用铁电池，太阳能电站主要用硅材料。铁和硅在全球的储量都很大，二者大规模应用可以实现人类能源战略的彻底改变。只要把沙漠中太阳能的1%用于发电，就可以满足全人类的电力需求。不过，这是一个远期梦想。”

2009年6月5日上午，深圳坪山比亚迪总部，比亚迪2008年度股东大会在此召开。股东大会各个环节的任务完成后，利用计票间隙，王传福请股东们提问。

最后有人问：“公司能否成为伟大的企业？公司如何在高速扩张中保持企业产品的质量？如何保证公司的发展活力？”

王传福不假思索地答道：“公司能否伟大要看我们的国家是否伟大、

市场是否巨大。21世纪有可能是中国人的世纪。13亿人，特别是追求富裕的13亿人，这个庞大的市场会造就很多伟大的企业。美国有通用，德国有西门子，我相信我们强有力的政府、稳定的秩序，加上庞大的消费群体，未来一定会推动中国成为全球最大的市场……这样一个市场一定会造就一批企业，而且是全球顶级的企业。我相信比亚迪会把握住这样一个机会。”

乘着国运，比亚迪走在绿色梦想的道路上。

向电动汽车产业迈进

当鼓励“轿车进入家庭”被写进“十五”计划纲要之后，受政策刺激，2002年中国轿车产销量“井喷”。王传福算了一笔账：按一个家庭三口人计算，中国约有4亿个家庭。以我国GDP（国内生产总值）的稳定增速来看的话，轿车进入家庭只是时间问题，但这么多车，油从哪里来？尾气排到哪里去？

王传福认为，不管是从化石能源可持续还是从环境保护来讲，汽车的未来必然要进行一场能源方式的革命，电动汽车是中国汽车工业的最佳选择。

但真正要实现电动汽车的商业化，谈何容易？

电动汽车历史其实比燃油汽车更悠久。1886年1月29日，德国人卡尔·本茨凭借搭载汽油发动机的汽车获得了DRP 37435号专利，这一天成为“汽车”诞生日，更准确地说，是燃油汽车诞生日。事实上，由铅酸电池供电、直流电机驱动的电动汽车，在19世纪30年代已被发明出来。至于第一辆电动汽车首先是由苏格兰人、美国人、匈牙利人还是荷兰人发明的，则存有争议。

从1990年通用汽车在洛杉矶车展上展出的Impact纯电动概念轿车和1996年推出的EV1，到日产汽车在1995年第31届东京车展上面世的装载锂离子电池的Prairie Joy EV，美、欧、日多家车企都推出过电动汽车，但都没有获得市场成功。

2003年，通用汽车还回收了部分EV1汽车，将其送入废车场销毁。当年7月24日，洛杉矶好莱坞永恒公墓举行了一场告别电动汽车的葬礼，来自各地的发烧友、工程师、影视明星为EV1献上悼词、鲜花，还有眼泪。他们怀念电动汽车，还拍了一部纪录片，名叫《谁消灭了电动汽车》。

坚定投入“三电”

王传福很清楚，发展电动汽车的关键还是要靠技术。他说：“技术，它一就是一，二就是二；有就有，没有就没有；行就行，不行就不行。”

电动汽车和燃油汽车使用的能源不同，前者靠电力驱动，后者靠燃油驱动，所以能量传递、能量储存和驱动方式都不同，核心技术也不同。燃油汽车最重要的“老三样”技术是发动机、变速箱和底盘，而电动汽车的“新三样”技术是电池、电机和电控。

电池负责储存和释放电能，为电机提供能量，直接关系到车辆的续航能力和安全性，其成本约占整车的40%。

电机则负责将电能转化为机械能，代替传统发动机，为车辆提供驱动力。同时，电机具有恒扭矩、恒功率的特性，在没有变速箱的情况下，也能达到与燃油汽车一样的性能，因此燃油汽车的变速箱就被取代了。

电控是汽车电子控制系统，由软硬件构成，主要包括MCU（电机控制系统）、BMS（电池管理系统）和VCU（整车控制器）。电池、电机决定了电动汽车能不能跑起来、能跑多快、跑多远，电控则决定了跑的状态，能不能收放自如。电动汽车的一切动作，大到电池充放电、电机输出功率，小到空调温度调节、音响声音控制，都要靠电控系统发出指令来操作。虽然燃油汽车也有电控系统，但电动汽车的电控系统更复杂，能力要求更高。

王传福经常举一个例子：“一辆车发生车祸时，决定生死的反应时间大概为600毫秒，传统汽车的机械反应时间一般是200毫秒，而电动汽车的反应时间仅为20毫秒。也就是说，电动汽车在600毫秒的反应时间内有 30 次调整机会，这就能有效降低事故的发生概率。”要把这种响应能力淋漓尽致又安全可靠地表达出来，电控是关键。

国家“电动汽车重大科技专项”提出的“三横”部署，指的就是“三电”技术。谁能在“三电”技术上取得突破，谁就能占领新能源汽车的技术制高点。那么，比亚迪在入场时，技术发展的情况是怎样的呢？

电池是电动汽车最核心的技术，也是比亚迪最有可能突破的技术。1997 年 5 月，王传福在一次政府接待中透露：“我们在电动汽车研究上面花了不少钱，这个项目大约会在 5 年以后产生很大的效应。”据时任储能与动力电池工厂厂长、研究锂离子电池的沈晞回忆，2002 年 10 月，王传福在深圳葵涌召集会议，正式布置了车用磷酸铁锂电池开发的课题。在课题组，沈晞负责做设计，他有两位实验助手，同时和设备团队沟通结构设计等问题。

锂离子电池在绿色环保、动力性、循环寿命等方面都更有优势，且我国锂资源充足，可以满足全国 3 亿多辆汽车全面电动化的需求。动力电池的正极材料极为关键，对成本和性能的影响最大。从正极材料看，锂离子电池主要有两种路径，即磷酸铁锂电池和三元锂电池。磷酸铁锂电池的正极材料是磷酸、铁和锂，铁和锂在我国都比较丰富，成本低，易获取。三元锂电池的正极材料则是镍、钴和锰。中国的钴储量仅占全球的 1%，镍储量仅占全球的 3%，两者都价高且稀缺。因此，磷酸铁锂电池的材料在供应链上更有保障。

磷酸铁锂用作动力电池时，能量密度低，在续驶里程、动力性方面表现较弱。但因为没有镍、钴这些活跃元素，磷酸铁锂具有较高的化学稳定性和热稳定性。

王传福安排课题组对磷酸铁锂的技术路线进行研究，没过多久，沈晞向王传福汇报研究成果时，王传福当即做出决定：“就是它了！”沈晞说：“王总不仅对技术方向的把握非常敏锐，而且能考虑到一项技术涉及的材料、成本、安全等方方面面。他一旦想清楚了，就特别坚定，不会动摇。”

王传福其实早就判断好了，他的依据很简单，就是不能从燃油汽车时代被石油“卡脖子”，变为在电动汽车时代被金属钴和镍“卡脖子”。同时，安全是汽车制造的第一要义。2002年，比亚迪确定了磷酸铁锂电池的技术路线。在动力电池的研发道路上，比亚迪一直朝着高安全、高能量密度、创新降本的方向探索前进。

在电机、电控技术上，比亚迪也坚定投入。2004年，比亚迪成立电机电控研究室，从零开始，自主研发相关技术。

过去，电机通常用在工业产品上，转速不高，体积较大，重量较重。电动汽车的电机要实现高效率，就要做到高转速、轻量化，而且可靠性高，能适应高低温环境，以及水路、山路、爬坡路等不同环境，长久耐用。通过对各种电机进行比较分析，比亚迪选择了永磁同步电机技术路线。

但永磁同步电机的技术长期由西方工业强国把控，中国企业在这方面的研发，从材料到零部件，从设计到生产，几乎是一片空白。比亚迪四顾茫然，找不到供应商。好不容易联系到一家电机厂，对方开出了数千万元的开发费。比亚迪的工程师听到这个数字后说：“我们自己用这些钱也能开发出来。”

此前，永磁同步电机没在电动汽车上使用过，现在，工程师们一用就发现存在很多前所未有的问题，例如很难提高电机转速。起初，比亚迪做出的电机转速每分钟只有6000转，后来提升到1万转以上。这时他们又发现，转速越高，制造的难度越大。使用品质高的永磁材料和零部件可以提升电机性能，但光是材料好也不行，还要做很多匹配、测试，才能找到最佳方案。选择电机材料、零部件就像炒菜，不同原料炒出来的味道就是不一样，只有不断测试、调整，才可能找到最佳配方，炒出最佳风味。这些问题没有标准答案，全靠工程师开创性地解决。

大家越深入研究越发现，从永磁同步电机的磁路结构和线圈排布，到转子和定子的结构、永磁材料的磁化处理、零部件的加工设备与加工工艺，再到绕制线圈、润滑技术等方方面面，任何一个方面的能力都不能落后。而且高性能电机有不少关键材料、零部件要靠产业链支撑，非比亚迪一家能够完成。后来，随着国家对新能源汽车产业的大力支持，更多企业加入进来，众人拾柴，不断填补关键材料、关键工艺、关键部件的空白，才促进了中国的永磁同步电机行业的发展。

中国新能源汽车产业的很多技术空白，就是这样在无畏的垦荒中突破的。

电动汽车里有个核心部件叫 IGBT（insulated gate bipolar transistor，绝缘栅双极型晶体管）。IGBT 被业内称为新能源汽车核心技术的“珠穆朗玛峰”。一个 IGBT 模块虽然只有巴掌大小，却是驾驭一台庞大装备的命脉。电池的能量必须经过 IGBT 的转换，才能变成可控的能源，用来驱动电机，带动汽车跑起来，对整车加速性能起决定性作用。电动汽车离不开 IGBT。一辆电动汽车上通常需要几十个 IGBT 芯片，它是电控系统的核心部件。

但 20 年前，国内并没有可以匹配比亚迪新能源汽车的 IGBT，放眼全球也寥寥无几，想买都买不到。比亚迪要发展新能源汽车，这是道跨不过去的坎儿，怎么办？

IGBT 芯片在汽车应用中要承受高电压和大电流，属功率类芯片，对可靠性的要求极高，设计与制造工艺需紧密结合；而当时也没有通用代工平台可用。摆在比亚迪面前的路只有两条：一是找代工厂深度合作，一是自己建厂。

比亚迪曾找过全球代工的头部企业谈合作，人家说：“欢迎啊，我们调研调研再回复您。”这一调研就是几个月，还是定不下来，归根结底是信心不足。在当时的环境下，并没有几个人能看清电动汽车的未来。

代工合作行不通，就只能自己干了。

2005 年，比亚迪决定成立团队，自主研发专用于电动汽车的 IGBT 模块。2006 年年底，团队完成第一版电动汽车用 IGBT 模块的设计及结构件的开模和打样。为了完成量产生产线筹建，团队主动出击，广泛沟通，完全自主摸索工艺、原材料资源、设备要求等，并先后解决了铝线、芯片、硅胶等材料的来源问题。2007 年年底，首批 IGBT 模块样品在上海比亚迪的电动汽车研究所通过整车测试，性能表现优异。

2008 年，中纬积体电路（宁波）有限公司（以下简称“宁波中纬”）进入了王传福的视野。该公司成立于 2002 年，主要生产 6 英寸 CMOS 芯片[①]。其前身是台积电刚成立时建立的一个工厂，年代已久。台积电有了新发展后，把老厂设备整体转出，几经辗转，最后在宁波落地。宁波中纬因流动资金不足，连年亏损，濒临倒闭，正寻求转让。

王传福实地考察宁波中纬后果断决定收购。当时陪同考察的原第六事业部总经理冯卫问：“不再调研一下吗？”王传福回答：“再调研就晚了，可能被别人买去了。”

2008 年 10 月 6 日，比亚迪正式宣布收购宁波中纬。消息一出，引来诸多质疑。且不说芯片制造的难度多大，单就宁波中纬连年亏损的问题就令人担忧。而且宁波中纬原有设备不具备制造 IGBT 的能力，收购后还要花大笔钱去改造；原有团队也没有 IGBT 制造经验。在外界看来，这个“烂尾工程”不值得买入。“比亚迪至少得亏 20 亿”“王传福 2 亿杀入销金窟”等言论不绝于耳。

但也有一些媒体看得比较深。《第一财经日报》2008 年 12 月 16 日刊登的一篇报道，对比亚迪收购宁波中纬的目的做了比较清楚的分析。文章认为，比亚迪不是要进军全球半导体代工产业，而是将这一制造项目纳入电动汽车产业链中，借助半导体制造能力，打通电动汽车产业链。这一动作是比亚迪整合汽车产业链、实现电动汽车商业化的重要步骤。

“用我们的汗水把中国的电动车行业推向更广大的市场”

在钻研“三电”技术时，电动汽车的车型开发工作也在同步进行。由于技术不同，电动汽车和燃油汽车在车型开发上也有很大不同。

相比燃油汽车，电动汽车结构简单，零部件少很多。例如传动部分，燃油汽车很复杂，电动汽车就靠电线和电机。但结构简单并不代表技术

① CMOS（complementary metal oxide semiconductor），互补金属氧化物半导体。CMOS 芯片是将光子转换为电子进行数字处理，把图像信号转换为数字信号的芯片，包括微透镜、光电二极管、处理芯片以及 I/O（输入 / 输出）接口，是摄像头的关键部件。——编者注

容易。如何做到续驶里程长、动力强、行驶更安全、成本更低……这些问题已经困扰了电动汽车行业百年之久。电池、电机、电控怎么放，放多少，没有人定义过，全靠比亚迪正向设计，自己摸索。

2003 年年初，比亚迪电动汽车项目部成立，包括工程师、实验员在内有二三十人。他们采用外购的动力系统，由自制的镍电池供电；通过外购的控制器，驱动直流有刷电机组装电动汽车，初步实现了车辆行驶功能。

2003 年 4 月，单电机前置福莱尔 BEV 纯电动汽车研发成功，车身底板安装了 100Ah 的锂离子电池包；11 月，搭载比亚迪自研的 20kW（千瓦）水冷直流无刷电动机和控制器的福莱尔纯电动汽车研制成功，它有 80 节 120Ah 锂离子电池，一次充电行驶里程 250 公里，最高时速 89 公里。同年，另一款基于“316”车型开发的 EF 电动汽车也研制成功。EF 的续驶里程曾达到 507 公里，最高时速达到 120 公里。但从外形看，这辆车的电池包突出于底盘，设计显得“简单粗暴”。

2004 年，比亚迪推出 ET 概念车。这款车的前脸形似子弹头，识别度较高。车上搭载了四个轮边电机，控制系统集成了多种先进算法，可以独立控制四轮扭矩。也就是说，它的四个车轮都能独立控制，实现原地掉头。这是非常超前的技术。

为了让 ET 概念车按时在 6 月举行的北京国际汽车展览会（以下简称“北京车展”）上亮相，王传福亲自抓项目。研发团队分成两组，一组上夜班，一组上白班，轮流在厂房装车。因设备不完善，车子全靠手工打造。直到车展前一天，ET 终于可以喷漆了，大家才松了口气。晚上 9 点左右，项目组工程师下班，喷漆的同事接着赶工。但到第二天，大家看到车时，集体傻眼——油漆喷错了！原计划喷成绿色，结果喷成了蓝色。车展即将开始，改漆已无可能，这辆蓝色的 ET 概念车就这样上场了（见图 5-1）。

北京车展上，比亚迪共展出了 6 款车，其中 3 款是新能源汽车。与其他展台全是燃油汽车比，比亚迪是唯一的“另类”，但无人在意。

2006 年 1 月 20 日，为了加快电动汽车研发，比亚迪成立电动汽车研

图 5-1　北京车展上亮相的比亚迪 ET 概念车

究所。王传福表示：“用我们的汗水把中国的电动车行业推向更广大的市场！”这一年 6 月，全球第一款搭载“铁电池”（磷酸铁锂电池）的电动车 F3e 研制成功。它的问世标志着比亚迪的电动汽车核心技术有了突破性进展。

经过多年在“三电”技术、零部件研制、车型开发等方面的能力积累，比亚迪的电动车标准平台呼之欲出。

从 2003 年起，比亚迪就在按照平台化思路设计电动汽车。所谓平台化，是指多个车型在生产时共用一个基础框架。若要开发不同级别的车型，只需要对轴距、轮距等参数进行调整，不用全部重新设计。这样有利于成本控制，并缩短新车开发周期和生产时间。

但实现平台化的挑战很大。开发团队需要充分理解电动汽车技术，知道其运行逻辑，才能对繁杂、分立的零部件进行标准化、集成化设计。经过数年摸索，2010 年，e 平台 1.0 问世，在高电压架构、双向逆变充放电、驱动电机控制器、高转速大功率电机等单个零部件方面均有突破，实现了“三电”关键部件平台化。

廉玉波评价说："我们打造了 e 平台 1.0，将发动机改为电机，液压制动改为电动制动。利用燃油汽车架构的好处是技术方案简单，把发动机、变速箱、驱动桥换成电机、电池等零部件就行了。但在燃油汽车架构里，电动汽车的优势发挥不出来。电动汽车应该有自己的动力能源系统、驱动系统、转向系统等，所以 1.0 只是平台化的第一步，我们要继续研究属于电动汽车的架构。"

e 平台启程后，每隔几年就会升级一次，蜕变一次。比亚迪逐步脱离了燃油汽车架构，站到电动汽车角度进行思考。从结构到功能，从机械到电子电气架构，都重新设计，推动平台从分散式向集成化发展。

2007 年 6 月 11 日，作为 e 平台 1.0 首搭车型的比亚迪 e6 纯电动汽车项目正式立项。2009 年 6 月 9 日，e6 第一次在上海进行碰撞试验，试验结果达到并优于国家相关规定标准。这是比亚迪有史以来整车总质量最大的一次碰撞试验，也是纯电动汽车开发过程中的又一个里程碑。

求索"双模"路径

在研发电动汽车时，王传福还在思考另一个问题：什么样的产品更容易被市场接受。电动汽车是新生事物，配套设备建设没那么快，何况消费者的接受也有一个过程。燃油汽车在中国尚未普及，想从燃油汽车一步走到纯电动汽车不切实际。从燃油汽车到电动汽车，是否存在中间路线？答案是有的，即插电式混合动力汽车。它既能当电动汽车用，又不依赖充电，可油可电，接受度会更高。

王传福相信，在新能源汽车之路上，插电式混合动力汽车应该是大多数中国家庭的第一台车。在布局电动汽车时，他就想好了，可进入插电式混合动力汽车市场，等待电动汽车的市场崛起。

2003 年，王传福提出比亚迪要做插电式混合动力汽车。这种混动汽车能通过外接插口来充电。由于名字有点绕口，他又取了一个更便于用户理解的新名字——双模混合动力汽车（以下简称"双模混动汽车"或"插电式混动汽车"）。"双模"是指汽车拥有纯电动和混合动力两种模式。

走一条中间路线

在中央电视台播出的纪念改革开放30周年系列片《蓝海精英》中，王传福介绍了他的构想："普通汽油车，加一次油可以跑四五百公里。如果用纯电动车跑400公里，电池就要做很大，价格就很高，而且没有那么多充电站，开在路上突然没电了，很不方便。充电站也不可能一时间就健全。比亚迪就想搞一个折中方案，在100公里的活动半径里，用电动模式，出远门的时候用油，没有充电站也不至于趴下。"

王传福懂技术，但在做战略判断时，他并不是简单从技术出发，而是从用户愿不愿意用、好不好用的角度出发。或许这可以被称为技术实用主义。在他看来，插电式混动汽车能满足大多数人的需求，既环保、省油，也没有里程焦虑，而且还需要使用发动机，更容易被现有的产业接受，不会引发过大抵触，从而以更温和的姿态实现变革。插电式混动汽车还可以从容应对充电设施落后、建设慢等问题，不要求一步到位，发展起来会更容易。

他还认为，不能只是把双模混动汽车当作一种过渡性产品，要看到，它是符合消费需求的产品，有长期、独立的存在价值。

要造一款能量产的双模混动汽车并不容易。它既要有传统汽车的发动机、变速器，又要有电动汽车的"三电"技术，结构更复杂，集成难度更大。比亚迪必须自主设计和创造一套混动系统。

廉玉波说："我们利用基础的机械原理，研究了发动机、电机等部件之间如何连接，如何驱动车辆，讨论了多种技术方案，目的就是做一种可油可电的车。"就这样，比亚迪以福莱尔轿车底盘为基础，研制出混动汽车Hybrid-S。这是全球第一款锂离子电池混动汽车，但不是插电式。在2004年的北京车展上，Hybrid-S和ET概念车、EF3共同展出。

2006年11月，比亚迪启动F3BP车型开发，采用的动力总成方案为BHS3，即由1个发动机、2个永磁同步电机——发电机（MG1）和电动机（MG2），以及1个变速箱组成。在最初设计时，研发团队就着眼于动力总成系统的轻量化，将两个电机集成一体，尽最大可能缩短轴向尺寸，从整体结构上压缩空间。同时在工艺上充分考虑两个电机的一致性，为批量生产创造最大的可行性。

2007年上半年，研发团队在F3BP的基础上形成了F3DM项目。9月8日，比亚迪将BHS3动力总成方案正式命名为“DM”系统，搭载该系统的混动车为“DM”车。

2007—2008年，比亚迪还开展了多项863计划课题研究，包括“纯电动汽车及其快速充电系统研究开发”“深圳市电动汽车试验示范运行技术考核研究”等，为电动汽车在中国的前沿性研究尽心出力。

突破发动机技术

在探索DM系统架构时，混动动力总成的核心部件——发动机也在开发中。2004年，比亚迪开始自研发动机。当时，没有技术、没有设备、没有专家，也没有中国自主品牌干成过，比亚迪踏上了发动机垂直整合之路。时任第十七事业部总经理的王克勤率领发动机项目团队现场拆解发动机，深入研究机理。

2004年2月，BYD483QA发动机计划书被批准，代表比亚迪动力总成步入研发阶段。2006年12月26日，比亚迪在西安生产出首台BYD483QB发动机（以下简称“483发动机”），排量为2.0L。2007年1月，483发动机正式通线，2008年6月全面达产，日产量达200台。

2008年8月，483发动机的IQS（新车质量调查）第一次正式出炉，为2.07，而当时已供货两年左右的外购发动机的IQS为2.93（全年平均为2.98）。通常，业内以IQS指标来衡量汽车质量，即新车销售三个月内，平均100辆车的问题数，数值越低，质量越好。数据一出，所有研发人员都非常诧异：难道我们自主研制的首款发动机，品质就能超越年产数十万台的品牌产品吗？事实就是如此，在随后几个月及更长的时间里，比亚迪多款机型的IQS均优于同期外购动力总成水平。

BYD473Q系列发动机（以下简称“473发动机”）在2005年3月开始设计研发，三年后技术逐渐成熟（见图5-2）。按计划，473发动机将用于F3这一主力车型，但决策前，不少人犹豫：F3销量如此火爆，如

图 5-2　2005 年 11 月 29 日，BYD473QA 第一次点火成功

果更换核心零部件，会不会造成销量下滑的严重后果?

最后让王传福下定决心的原因是，必须把主动权掌握在自己手里。

根据时任第十七事业部总经理张金涛回忆："2008 年前后那几年，每年年末，王总带队去供应商处谈价格、要数量、争资源，比亚迪始终处于被动位置，交付也不能保证。为了保证比亚迪汽车的高速发展，真正掌握核心技术，王总决定上'473'项目。"

研发团队迎难而上，又用了半年时间解决了缸体、缸盖等技术问题。最终，这款发动机排量为 1.5L，机体采用压铸铝缸体，重量轻，耐磨，压铸工艺好，成本低，可靠性高，动力更强劲。2009 年 6 月，473 发动机通线，打破了外部供应商认为自己"五年内不可替代"的预判。

BYD371QA 发动机（以下简称"371 发动机"）的研发始于 2006 年 3 月，排量为 1.0L。这是比亚迪第一款全铝发动机，重量轻，成本低，性能先进且排放低。2006 年，10 万台 BYD371Q 系列发动机生产线开始建线。2008 年，比亚迪用 3 个月完成了从通产到达产的过程，而当时业内普遍要几年才能做到。

与发动机相匹配，比亚迪还成功开发了手动变速箱，形成BYD371QA+5T09（1.0L 发动机 +5 速手动变速箱）、BYD473QB/QE+5T14（1.5L 发动机 +5 速手动变速箱）、BYD483Q+5T19（2.0L 发动机 +5 速手动变速箱）三个系列的动力总成，分别搭载到 F0、F3 和 F6 车型上。

比亚迪能高效开发动力总成，“垂直整合”功不可没。

以 483 发动机为例，建线之初，一些供应商认为比亚迪根本没有自主生产能力，不愿提供毛坯和零部件。特别是毛坯供应商，经常不响应比亚迪的诉求，供货慢，甚至拒绝供货，质量也无法保证。为此，比亚迪不断加强与供应商沟通，寻求支持，同时取消与不达标的供应商的合作，毛坯转由自己做，以保障开发速度和产品品质。获益于垂直整合带来的创新能力，比亚迪还成功研制出了当时国际先进的铝缸体。

比亚迪在电池、电子制造领域积累的工艺、技术和装备能力，此时发挥了巨大作用。很多企业能把发动机设计出来，但生产不了，而比亚迪在代工领域经验丰富，具备高精度加工工艺、高精度加工设备开发制造以及工艺设计能力。当这些能力迁移到动力总成研制时，从高精复杂的工业母机制造，到各种机加工夹具 / 检具、辅助设备的生产，以及加工中心用自动夹具和发动机装配线设备等等，比亚迪均可完成。动力总成的各种部件，不管是缸体、缸盖，还是毛坯、曲轴、凸轮轴、同步器等，比亚迪都自主生产。这在行业里是独一份儿的。

过去，比亚迪需要派专人驻守在供应商的厂区，还很难保证它们及时响应；采取垂直整合的方法后，比亚迪摆脱了生产设备和零部件供应的外部制约，更重要的是，保证了动力总成的品质，并有效控制了成本。凡是供应商不能供应或存在高技术瓶颈的项目，比亚迪都将之纳入动力总成垂直整合的范围内。

“犯其至难而图其至远。”在早期发动机开发过程中，比亚迪透彻研究技术原理，掌握基础工艺技术，锻炼了设计和制造能力，为开发第一代 DM 动力总成系统做好了准备，也推动了 F3DM 的成功开发。

F3DM，全球首款上市销售的插电式混合动力汽车

经过数年研究，2008 年，比亚迪终于推出了第一款量产上市的新能源汽车，也是全球首款上市销售的插电式混合动力汽车——F3DM。2008 年 3 月，F3DM 在日内瓦国际车展首次亮相。

比亚迪将其定位为全球首款不依赖专业充电站的插电式混合动力汽车。“不依赖专业充电站”是指用户不用去专门的充电站，在 220V 的电源插座上就能充电。

在电池方面，F3DM 采用磷酸铁锂电池，具有低成本、高容量、高安全性、循环充电寿命长、高温性能优等优势。车辆底盘安装了 100 片电池，在纯电模式、满电情况下可以行驶 100 公里。在专业充电站快充 10 分钟可充满 50%。

F3DM 搭载了比亚迪 DM1.0 系统，采用双电机（P1+P3[①]）串并联结构，搭载“371 发动机”，最大功率为 125kW，相当于 3.0L 发动机的动力性能。在满油满电、混动模式下，F3DM 的续驶里程超过 500 公里。按 0.6 元 /kW · h 的电费标准计算，F3DM 纯电模式行驶 100 公里仅需要 9.6 元，远低于燃油汽车费用，使用成本优势明显。

DM1.0 的成功开发，除了得益于发动机技术的突破，电机、电控等技术发展也发挥了很大作用。比亚迪将控制技术和电机设计技术接轨，做到以电机驱动为主、发动机驱动为辅，而且后续车型都采用自研的电机和电控技术。负责这两大技术研发的是罗红斌。在一年多的时间里，他带领团队每三四个月就更新一套电机和电控系统，做了许多方案。用单电机还是双电机，如何把电机功率做大、体积变小，电机电磁干扰怎么解决……关关难过关关过，所有问题都靠自己研究解决，完全正向设计。

和 e 平台 1.0 一样，DM1.0 只是一个开始。王传福评价说：“我们在

① P0—P4 数字前面的 P 即英文单词 position，顾名思义就是位置的意思，P 与数字的组合则代表了电机在动力系统中所处的位置。——编者注

开发第一代 DM 的时候，没有自动变速箱的技术，没有很好的发动机技术。虽然有一定的电机技术，有好的电池技术，但远没有达到完美。”之后，比亚迪在“三电”技术和混动专用发动机领域持续自研，以十余年之力，方日臻完善。

2008 年 10 月 9 日，F3DM 顺利通过国家碰撞试验，安全性获得权威评测部门认可。第一次碰撞测试时，检测机构担心出问题，比亚迪就先进行测试，结果很好，检测机构最后的检测结果也很好。

2008 年 12 月 15 日，就在特斯拉第一款纯电动汽车 Roadster 发布一个月后，F3DM 在深圳上市（见图 5-3）。

图 5-3　2008 年 12 月，比亚迪双模混动汽车 F3DM 正式上市

在上市仪式上，王传福抚摸着 F3DM 对台下的来宾说，以后睡觉前别忘了做两件事：给自己的手机充电，给自己的汽车充电。F3DM 销售价格最终定为 14.98 万元。

“中国力量领跑世界”，这是 F3DM 打出的营销口号，因为它是中国车企第一次在汽车技术领域里扮演领跑者角色，“就像电子表对机械表的冲击一样”。自然，也有一些媒体视之为“诳语”。

F3DM上市第五天，比亚迪在北京举办“双模电动车研发成果研讨会”，王传福邀请到国家发展和改革委员会、财政部、工业和信息化部、环境保护部、国家税务总局、广东省发展和改革委员会等相关部门的领导参会，并试乘试驾F3DM。通过技术交流、产业探讨、市场分析和新车体验，双模混动汽车的影响力迅速提高。

根据工信部批文，F3DM获许在深圳、西安、北京、上海等14个城市销售。2009年6月12日，首批10辆F3DM交付，订单来自香港特区政府和深圳市政府。9月起，F3DM对个人用户销售。2010年3月，搭载全球首创车顶太阳能电池充电系统的F3DM低碳版上市，并接受团购，同时面向个人销售，月销最高超过百辆。这便是中国电动汽车私人消费之始。

F3DM是比亚迪新能源汽车路上一座重要的里程碑。但到2010年年底，其累计销量仅417辆。王传福预见了这一点，他认为，今后通过大批量生产，加上税收优惠等政策支持，零售价格会不断下降。如果售价降至10.98万元，达到普通消费者能接受的程度，产品就会很有竞争力。

事实上，F3DM更像一台播种机，在中国播下了新能源汽车的种子。此后一两年，对于新能源汽车，业内从做不做的问题，变成了怎么做、何时做的问题。王传福则更加坚信，“F3DM这样的双模车型，将成为未来十年电动汽车的主要力量”。

2008年，比亚迪携F3DM第一次参加北美车展，展位在负一楼，和汽车零部件企业一起。王传福在展厅里试驾F3DM，车内载有一位美国记者。一番体验后，这位记者写了一篇题为《中国车载我绕地球走了一圈》的博客。2009年，比亚迪在北美车展的展台转移至楼上，获得了更多关注，外界不再问一些跟汽车不相关的问题，而是咨询新能源汽车何时上市、公司总部在哪里等问题。2010年，比亚迪继续携F3DM、F6DM、e6等新能源汽车参展。虽然彼时比亚迪的展台和国际大品牌富丽堂皇的展台相比，显得小且简陋，但China BYD的名字和电动汽车之间开始形成强关联。十多年之后，当比亚迪大举出海时，两个毋庸置疑的标签是：在全球新能源汽车领域，过去它是起步最早的企业之一，现在则是规模最大的企业，没有之一。

2024 年 5 月 28 日，比亚迪第五代 DM 发布会上，播放了一位 F3DM 车主在去往珠穆朗玛峰的路上拍摄的短视频。他叫刘永泉，是会计师事务所合伙人，热爱户外运动。越亲近大自然，他就越强烈意识到绿色环保的重要性。2009 年，F3DM 对个人用户一开放销售，刘永泉就订了一辆，F3DM 让他与新能源汽车结下了不解之缘。截至目前，他已累计购买 6 辆比亚迪新能源汽车，分别为 F3DM、秦、唐、全新一代唐、汉 EV、仰望 U8。

"我还记得 2009 年的广州车展，F3DM 在台上特别不起眼，但我却留意到它竟然只用电就可以开 100 公里，还能做到零排放。所以一开放预订我就订了一台……后来三年 17 万公里更证明了我的选择虽然大胆，却让我找到了同行路上最令人放心的伙伴。15 年 6 台车，我们作为用户曾经提出的很多设想，在每一代车型上都得到了呈现……在遇见你之前，我没有想过，一个普通人的梦想，也会有企业在意，用技术实现。一个民族工业的崛起，也会有我的一份力量。"

2024 年 9 月 24 日，刘永泉从东莞驾驶着那辆 14 年前购买的 F3DM 到了比亚迪六角大楼，他将这台车永久赠予了比亚迪历史博物馆。

三大绿色梦想

谋划造电动汽车时，王传福也在思考"产品观"之外的"公司观"：比亚迪作为一家公司，存在的意义是什么？未来要做什么？"当比亚迪解决了生存问题，要做一番事业，特别是以产业报国，为祖国做一点事，为中华民族争一点光的时候，我们该怎么办？"

地球环境和气候变化一直以来是王传福关注的焦点问题。

王传福在 2006 年的一次演讲中，说出了自己的系统性思考。他首先分享了一些数据：最近 100 年，全球气温平均上升 0.7℃。在人类干预下，物种灭绝比自然速度快了 1000 倍。最近 30 年，人类对化石能源的消耗速度比它们自然形成的速度大约快100万倍。

那么，地球上的化石燃料还能支撑多久呢？石油是41年，天然气是67年，煤炭是192年，即使是支撑核电的铀矿，也不超过100年。

由此可以得出两个结论：第一，化石能源燃烧带来了严重的污染问题，威胁着人类生存；第二，自第一次工业革命至今的约250年里，化石能源的消耗与日俱增。如果人类不改变能源消耗方式，再过250年，地球上所有的化石能源都将消耗殆尽。

经过不断研究、思考、交流，王传福的愿景越来越清晰。

既然化石能源不可再生且会带来污染，有什么可以替代呢？答案是太阳能。如果把太阳照射到地球的能量收集起来，100%转化为电能，一个小时的太阳照射就可供地球60亿人用一年；而且太阳能是零排放、零污染的清洁能源，是人类真正能依靠的能源，能够支持人类未来百万年的发展。

随之而来的第一个问题是：虽然太阳能技术早已发明，却因价格高昂而无法普及应用。因此，比亚迪将太阳能作为第一个梦想，将突破太阳能技术问题视为企业的责任和使命。

随之而来的第二个问题是：太阳只在白天出现，晚上没有，太阳能具有间断性。要解决这个问题，就得发展储能，将能源储存起来，才能让太阳能连续供给。这是比亚迪的第二个梦想。

比亚迪的第三个梦想就是电动汽车。王传福做了测算：如果未来全国有4亿辆轿车，一部轿车一年消耗2吨燃油，4亿辆车每年就需要8亿吨燃油。但我国有70%的石油依赖进口，其中又有70%需经过霍尔木兹海峡、马六甲海峡等交通要道，海上运输易受他国制约，国家能源安全、外汇储备安全面临较大风险。同时，燃油汽车的尾气排放是环境污染的罪魁祸首之一。随着全国汽车保有量的增加，如果不把传统燃油转变为清洁的电能，这些问题会越来越严峻。

王传福的核心观点后来简化为“三个70%”论断——我国70%石油依靠进口，进口石油的70%要经过马六甲海峡，我国70%的石油用在了各种汽车上。“三个70%”的数字本身未必完全准确，但折射出他思考问题时的宏观角度。

基于这些思考，王传福认为，作为有责任的企业，比亚迪要为人类、国家、社会、城市、员工去实现三大梦想，即发展太阳能、储能、电动汽车，从能源的获取、存储、应用三大环节摆脱对化石能源的依赖。这是一个长期战略。2008 年，在王传福的指导下，比亚迪制作了一部近 8 分钟的愿景片（见图 5-4），一一展现了这三大梦想，其结尾有一段深情独白：

> 这是梦想吗？是的，这是比亚迪的绿色梦想。
>
> 这是梦想吗？不，我们分明已看到它正在向我们走来。

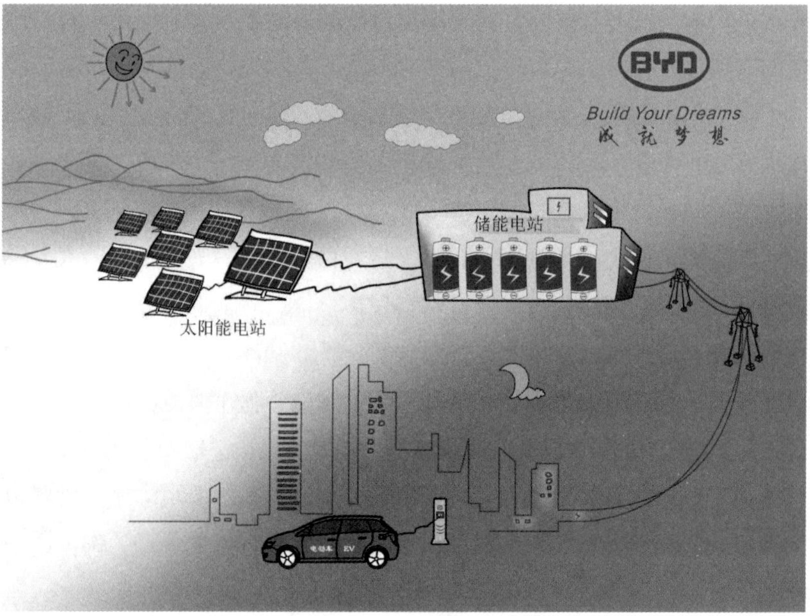

图 5-4　2008 年，比亚迪首次提出三大绿色梦想

可能没有人能想到，比亚迪的三大梦想与今天中国外贸“新三样”不谋而合，并且是新质生产力。这种在十多年前别人赌都不敢赌的梦想，比亚迪坚持了下来，一步一个脚印把它慢慢地实现了。

这部片子今天仍在比亚迪六角大楼礼宾楼展厅的入门大屏上播放，只是根据时代变迁补充了一些镜头。

愿景片既是宣言，也是承诺。比亚迪很快行动起来，在电动汽车之外，又投资了数十亿元，进入太阳能光伏和储能产业。

早在2000年，比亚迪就成立了专门的研究室研究太阳能电池，由王传福直管。根据《2009—2012年中国太阳能光伏发电产业投资分析及前景预测报告》，2008年中国光伏产业发展正盛，光伏电池产量达1.78GW（吉瓦），占全球总量的26%。比亚迪加大投入，于2008年12月在陕西商洛开始进行硅的提纯及光伏组件开发工作，并成立了比亚迪电力科学研究院，研究领域之一即是太阳能光伏电站。

通过产业链的垂直整合，比亚迪实现了太阳能光伏产业链中多晶硅提纯、铸锭切片、电池制作、组件封装、光伏系统，以及辅助设备（逆变器、开关柜）、材料（电池用导电浆料、组件封装材料）等上下游产业的自主开发与生产。

在储能方面，2009年7月，比亚迪在坪山建成了全球第一个1MW（兆瓦）/4MWh（兆瓦时）铁电池储能电站，并正式投入运行；2010年，参建国内首个电网侧储能项目——南方电网宝清电站；2011年，国家风光储输示范工程在河北省张北县建成投产，比亚迪是该项目最大的储能电池供应商。

同时，比亚迪还开发了家庭能源系统，解决家庭的基本照明和用电需求。2009年12月，比亚迪受邀到西藏建设新能源示范工程，杨龙忠、王杰和何龙三人前去考察。在纳木错的一个乡村，他们看到村民还在用牛粪取暖。据相关部门统计，西藏当时还有近1/3的人用不上电，一大原因是游牧民族经常换地方生活，很难通电。王传福了解情况后，当即决定由比亚迪慈善基金会捐赠西藏偏远无电地区游牧民1000套总价值2000万元左右的家庭能源系统，用以解决牧民的用电问题。当牧民们实实在在地感受到光伏照明的作用时，比亚迪的绿色梦想也成为更多人的梦想。

巴菲特入股

2008 年，比亚迪成为巴菲特继中国石油之后投资的第二家中国公司。

故事要从 2000 年说起。一日，喜马拉雅资本创始人李录在洛杉矶的办公室翻阅一本科技杂志时，看到了“一家中国供应商为摩托罗拉提供二次充电电池”的消息，于是停下了目光。李录此前考察过美国的一些电池项目，发现居高不下的成本阻碍了二次充电电池的商业化之路。他想：“美国公司没做到的事情，一家中国公司是怎么做到的？”

2002 年，比亚迪股份上市，李录通过在美国的李柯，与王传福首次见面。在芝加哥机场旁的一个酒店，两个同龄人吃得很简单，谈了好几个小时。王传福解答了李录关心的问题，包括如何逆向创新，如何用和日本不同的方法做出同样品质的电池，等等。李录非常震惊，觉得没人敢像王传福这么想，更不要说还能做成。

聊完后，李录购买了一些比亚迪股份的股票。不久，投资家查理·芒格将一部分家族资金交给李录管理。芒格家族的资金通过喜马拉雅资本的基金，也投入了比亚迪。王传福因此和芒格相识。

在被问及为何投资比亚迪时，芒格曾说：“如果一个人宣称自己能把 800 磅的重物举过头顶，大家可能会嘲笑他说大话。但如果你看到他一次又一次举重成功，你就会开始相信他。这就是比亚迪的情况，比亚迪创造了奇迹，而且还在不断地创造奇迹。”在比亚迪收购西安秦川汽车时，芒格提出过反对意见，他劝王传福“别干傻事，继续本来良好的业务”。可是，“他（王传福）没有理睬我们，直接就去做了”。后来，王传福果真造出了汽车，让芒格赞赏不已。

2008 年，芒格给伯克希尔 – 哈撒韦公司创始人巴菲特打电话，说服他入股比亚迪。[①]

芒格说：“我们必须投资比亚迪，王传福比爱迪生更厉害！”

---

① 视频资料请参见：https://www.bilibili.com/video/BV1a64y1P711/?spm_id_from=333.337.search-card.all.click。

巴菲特说：“仅这一点不足以让我投资。”

后来，芒格又说王传福像杰克·韦尔奇那样，有强烈的目标感，能把想法变为现实。他甚至说：“如果你不投资他，将错过一个亨利·福特，一个托马斯·爱迪生，一个比尔·盖茨，一个杰克·韦尔奇。”①

我们曾问过王传福，他从气质上更接近爱迪生还是韦尔奇。爱迪生是最早利用大量生产的原则和电气工程研究实验室从事发明创造的人。他也是一位企业家，1879 年创办爱迪生电力照明公司，1892 年与汤姆·休斯顿公司合并，建立了通用电气公司。而韦尔奇则是通用电气历史上最伟大的首席执行官。

王传福有点羞涩，但并没有犹豫，他说：“我当然更喜欢爱迪生。”

在芒格的推荐下，巴菲特决定以 5 亿美元投资比亚迪。这笔钱能买下当时比亚迪 20% 的股份。但王传福认为投资规模太大，没有必要为此稀释管理团队的股权，因此拒绝了巴菲特。

2008 年 8 月，巴菲特在接受美国 CNBC（消费者新闻与商业频道）《财经论坛》（Squawk Box）栏目采访时，被问及在中国的投资，便对记者说，前不久有一家中国公司拒绝了他入股。但他没有透露是哪家公司，只表示“那是一个非常好的朝阳产业”。消息传开后，大家纷纷猜测是谁获得了巴菲特的青睐。比亚迪保持沉默，外界也没人猜中。

另一边，比亚迪也在思考，如何让事情朝更积极的方向发展。不久后，比亚迪提出了一个新方案，向伯克希尔-哈撒韦旗下的中美能源公司增发约 10% 的股份。

2008 年 9 月 25 日下午四五点钟，时任比亚迪投资者关系部经理的李黔接到王传福的电话，说晚上和巴菲特团队开电话会议。比亚迪在深圳这边的是王传福、吴经胜、夏治冰、李黔 4 个人，美国那边是李柯。

晚上 9 点，电话会议准时开始。比亚迪陈述了建议，巴菲特那边说：

---

① 该段结合一些公开报道整理而成，参见：巴菲特背后有个神秘人，是挚友也是“幕后智囊”[OL].[2010-10-20].https://www.chinanews.com/cj/2010/10-20/2599022.shtml. 李柯：BYD 的底气来源于每一位员工 [OL].[2019-08-14].https://www.sohu.com/a/247211451_752522.

"OK，尊重你们的意见。"收购价则根据头一天的收盘价 8.04 港元，取个整数为 8 元，就这么定了。这一天是周四，李黔和双方律师草拟协议，熬了个通宵。他们要严格保密，因为如果消息泄露导致周五股价上涨，交易就可能失败。

周五一整天，李黔处于高度紧张状态，上午 10 点还接待了宏源证券组织的 20 多个基金经理，陪了他们半个小时。这一天，比亚迪股份的股价波澜不惊，一切如常，下午 3 点收盘后，李黔如释重负。

2008 年 9 月 26 日，双方达成协议，中美能源以 18 亿港元（约 2.3 亿美元）认购 2.25 亿股比亚迪股份公司的股份，占比 9.89%（见图 5–5）。

图 5–5　中美能源入股比亚迪新闻发布会

投资市场大为震惊。巴菲特不仅投资了一家中国公司，而且他一向对高科技、汽车产业不感兴趣，但比亚迪既代表未来技术，又是汽车公司。2008—2022 年，巴菲特和芒格没有卖出过比亚迪股票。巴菲特认为，王传福是很聪明的人，有非常多伟大的想法，并且也非常擅长把这些想法变为现实（见图 5–6）。芒格更是曾用"天才""天生的工程师"

来夸赞王传福。[1]

在 2024 年的股东大会上，巴菲特谈起与老友芒格的往事时说："在做出投资决定时，芒格只有两次和我拍了桌子，让我'买买买'，一次是入股比亚迪，另一次是入股 Costco（开市客）。在投资这两家公司的重要时刻，芒格都是对的。"

图 5-6　2009 年，王传福（左）与巴菲特（右）合影

巴菲特入股比亚迪时，美国次贷危机正向全球蔓延，并演变成一场严峻的金融危机。如同任正非在 2000 年那一轮互联网泡沫破灭后所说的："没有预见，没有预防，就会冻死。那时，谁有棉衣，谁就活下来了。"要度过冬天，棉衣就是现金流。

2002 年比亚迪股份上市后，电子业务迅速发展。2007 年年底比亚迪电子在香港上市，虽然这是业务发展逻辑的必然结果，却也不期然地

① 视频资料请参见：https://www.bilibili.com/video/BV1x94y1277N/?spm_id_from=333.337.search-card.all.click。

起到了“棉衣”的作用。

“梦想照耀现实”

深圳知名投资家但斌参加了比亚迪2008年度股东大会。他在现场听完王传福分享的关于三大绿色梦想的战略思考后，在博客上写了一篇文章——《梦想照耀现实》，记录了这个过程，结尾他写道：

> 早年，有一次与某位朋友聊天，他说：“王传福太偏执，充满狂想。汽车没有发动机怎么可能？”介绍王传福认识芒格的我的一位美国朋友（李录）说：“王传福告诉他，他这一生总是在证明他认为可能而别人认为不可能的事。”一个汽车世界第一（指王传福在2007年对外宣布要在2025年成为世界第一的汽车生产企业），就已经让人非常惊讶了，再加上王传福先生在储能和太阳能上的梦想，更是让人惊叹。
>
> 一个普通人，如果他告诉你上述这一切，你有可能认为这是妄想，但总能证明不可能为可能的王传福先生，如果成功了，将是中国和人类的幸事，但愿他的梦想真的能成为现实！！！

我们在写作本书时访问了但斌和李录。但斌的基金没有投资过比亚迪，他认为制造业充满竞争，汽车是重资产投入。不像平台模式，相对来说护城河更深。但他充满感情地讲了一个故事：

> 有一次李录到深圳，约我见面。他说在比亚迪开会，让我晚上赶过去。但我没想到，他们那个会议一直开，我在外面等着等着都睡着了。一直到凌晨两三点钟，他们才开完会。李录说，连着开了好几个会。当时我印象特别深刻，深圳是一个拼搏的城市，但像这样努力工作的还是比较少见的。我由衷地敬佩。
>
> 坦率地说，比亚迪发展到今天，用远见和开拓精神结出这样的

硕果，是在我意料之外。这是上天对他们努力工作的奖赏吧。当然，还有时代的推动、国家政策的支持，但就像改革开放给了一代中国人机会，有些人抓住了，有些人没有抓住，比亚迪是时代给了机会，一直努力拼搏，抓住了机会。

2024 年 1 月，西雅图第二大街，一栋临海而立的写字楼的高层办公室。李录在受访时说，他 2023 年刚和比亚迪一行人一起调研过南美洲的汽车市场，“传福还和几十年前我们认识时一样，吃得特别简单，下了大巴车就考察、提问，上了大巴车就开会、分析，工作就是他的生活”。

谈及比亚迪股票时，李录说：“对于我，比亚迪是非卖品。”

第三部分

终日乾乾

（2010—2019）技术积累期

2010 年	纯电动大巴 K9 下线
2010 年	纯电动出租车 e6 在深圳投放运营
2010 年	提出“城市公交电动化”战略
2010 年	深圳比亚迪戴姆勒新技术有限公司正式挂牌成立
2011 年	在深圳证券交易所上市（002594）
2011 年	首创 PMH 技术
2012 年	发布腾势品牌
2012 年	推出“零元购车 · 零成本 · 零风险 · 零排放”城市公交电动化解决方案
2012 年	发布遥控驾驶技术
2012 年	发布 DM Ⅱ代技术
2012 年	发布双向逆变充放电技术
2013 年	比亚迪秦上市
2014 年	发布“542”战略
2015 年	发布“7+4”全市场战略
2015 年	比亚迪混合动力专利技术获中国专利金奖
2015 年	比亚迪汽车金融有限公司开业
2016 年	进入轨道交通行业
2016 年	发出“为地球降温 1℃”的倡议
2017 年	发布“龙脸”设计语言
2017 年	发布品牌使命：用技术创新，满足人们对美好生活的向往
2019 年	比亚迪全球设计中心落成

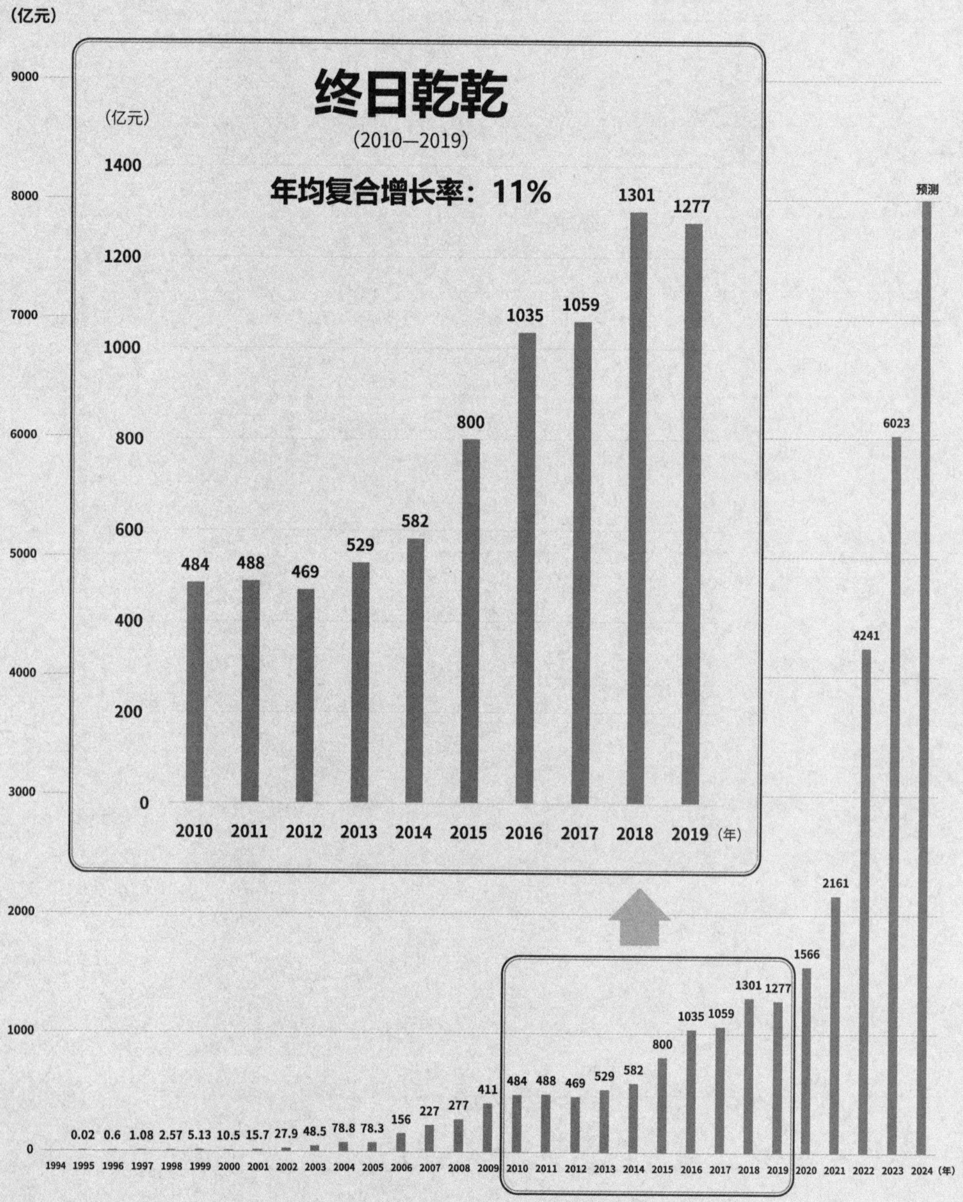

1994—2024年比亚迪营业收入

*以上数据和正文相关数据根据比亚迪年报等公开资料整理。

第六章

从低谷中奋起

我们饱尝过艰辛，收获过辉煌，也遭受过质疑，但我们从不屈服于困难。

“在清水里泡三次，在血水里浴三次，在碱水里煮三次。”阿·托尔斯泰在《苦难的历程》第二部题记中写道。他以此表达人的改造之艰巨。这句话对企业也同样适用。

在创业起点上，企业是多种已有资源的组合。一旦启动，企业就会进入一种时时变化的运动状态，其命运会被更多因素所左右，主要是消费者接受度、市场变化和竞争强度，以及利益相关方关系，如供应商、经销商和媒体等等。这个过程不可能一帆风顺，九死一生反而是常态。

2011—2013 年，产品、渠道、品牌、组织管理在同一时间出现问题。比亚迪人选择直面问题，主动变革，将困难化为宝贵的财富。

进入“三年调整期”

2009 年，比亚迪汽车业务销售收入超越 IT 业务和电池业务之和，占比从 2008 年的 32% 提升到 53%。外界评价称，比亚迪成了一家“以汽车为主业的 IT 公司”。

11 月，比亚迪举办厂庆运动会。汽车产业群的 40 多位高管一齐上阵。每个人都抬头挺胸，精气神十足，一首《祝福你，比亚迪》唱出了蓬勃气势。“兄弟姐妹多努力，共同创奇迹”，与歌声的豪情相伴，比亚迪也把 2010 年的销售目标定为 80 万辆，比 2009 年再翻一番。

然而危机往往掩藏在繁荣之下，稍有疏忽，未加控制，就会暴露。

扩渠行动

要实现年销售量翻番的目标，渠道能力十分关键。从 4S 店的运营能力来看，一个店销售 3~4 款车是比较理想的状态。于是比亚迪提出分网，把原来的一张销售网络分开，不同的网销售不同的产品，形成差异化。2009 年下半年，首先形成了两张网：A1 网销售 F3、F6、F3DM、F6DM 等车型，A2 网销售 F0、L3、L6、F3R 等车型。按计划，比亚迪还将设立两张新网：A3 网将以 G3、G6 等中高端及智能车型为主；A4 网络主打以 M6 为代表的商用车。其中，L3、L6、G6、M6 都是预计在 2010 年上市的新车型。

年度翻番的目标，驱动着比亚迪一边吸纳新的经销商，一边加快开发新车型。由于行业处于爆发式增长期，不少其他行业的从业者争先恐后地转型成为汽车经销商，渠道扩张十分容易。经销商获得授权后，两个月就能把店建好，开始销售。

有“神车”F3 的轰动效应在前，比亚迪牢牢掌控着渠道建设的主动权。在开辟新网时，只允许 30% 比较优秀的老经销商加入，其他 70% 都是新开发的，其中不乏原来做合资品牌的经销商。比亚迪只要在各大车展上设一个招商处，就有很多经销商主动前来询问洽谈。

2010 年，比亚迪的四个网络基本成形，一级经销商超过 1100 家，网络营销、售后服务、营销专业人才培养等工作也在同步推进。从 F3 到 F0 一路高歌猛进后，夏治冰向王传福报告：“我觉得不用等到 2015 年，2012 年就可以实现‘中国第一’。到时我们去底特律那些大厦的顶层开庆祝会。”

顶峰受挫

无论是在中国市场的抢眼表现，还是在电动汽车领域引领潮流，又或是巴菲特的投资，都让比亚迪备受关注。2008 年前后，丰田、大众、奔驰、宝马等国际一流车企都曾到比亚迪参观。其中，奔驰汽车母公司戴姆勒[①]与比亚迪的合作意愿最强。

2010 年 5 月 27 日，比亚迪与戴姆勒签署合同，在中国成立深圳比亚迪戴姆勒新技术有限公司，双方各占股 50%。7 月 30 日，合资公司正式挂牌（见图 6–1）。

这是一次各有诉求的合作。比亚迪希望向戴姆勒学习整车开发技术、研发管理体系、高端品牌管理等，戴姆勒则对电动汽车技术、发展趋势、中国市场未来最感兴趣。比亚迪负责电池和驱动技术，戴姆勒承担整车

图 6–1　2010 年，比亚迪与戴姆勒签署谅解备忘录

① 2022 年 2 月，戴姆勒股份公司正式更名为梅赛德斯 – 奔驰集团股份公司。

开发，强强联合打造中国高端电动汽车品牌。和百年车企成立合资公司，而且是基于技术的合作，王传福当时自豪地说："这是世界上最老的汽车公司与最年轻的汽车公司之间的合作。"

在与戴姆勒的合作顺利推进之时，比亚迪在2010年第一季度的销量也传来好消息：售出16.35万辆汽车，超过2009年年销量的三成。几乎所有比亚迪人都相信，2010年汽车销量翻一番的目标肯定会实现。

然而，有人发出了另一种声音。大华继显（一家香港证券公司）在2010年1月初发布分析师报告，将比亚迪2010—2011年的销量增长从40%削减至25%。[①]原因主要是：第一，从政策来看，中国内地将在2010年下调小排量轿车购置税优惠[②]，这将削弱比亚迪F3、F0等主力车型的竞争优势；第二，比亚迪虽然推出了电动汽车，但技术尚未成熟，分析师对其销量增长持怀疑态度。

今天，如果打开一张2001—2023年的中国汽车销量图，你会看到，2009年是增速的最高点，同比增速高达45.5%，2010年的增速依然达到32.4%，但2011年就急跌至2.5%，2012年也只有4.3%。此后的增速除了在2013年、2016年攀上13.9%，截至2022年再也没有过两位数增长，2018—2020年更是连续三年负增长（见图6-2）。可以说，比亚迪2009—2010年的扩张，刚好匹配了整个行业的脉冲式上扬。但激情澎湃之下的透支危机，也很快就要爆发了。

夏治冰和他的团队有些忐忑。原本计划每张网各有4款车销售，实际只有A1网达到了这个数量，4张网的在售车型加在一起仅7款。而且有37%的经销商都在一、二线城市，集中程度很高，导致市场非常拥挤。

为了让经销商有车可卖，兑现每年至少3款新车的承诺，比亚迪必须快速推出新品。最快的方式就是，保留汽车底盘、发动机等核心部件，仅通过改变前脸、大灯、保险杠等方式，让车型外观看起来不同。这必

---

① 分析师看淡比亚迪2010年汽车销量[OL].[2017-01-06].https://auto.sina.com.cn/news/2010-01-06/2050556443.shtml.

② 2010年1月1日至12月31日，国家将1.6L及以下排量乘用车的购置税从5%调升至7.5%。

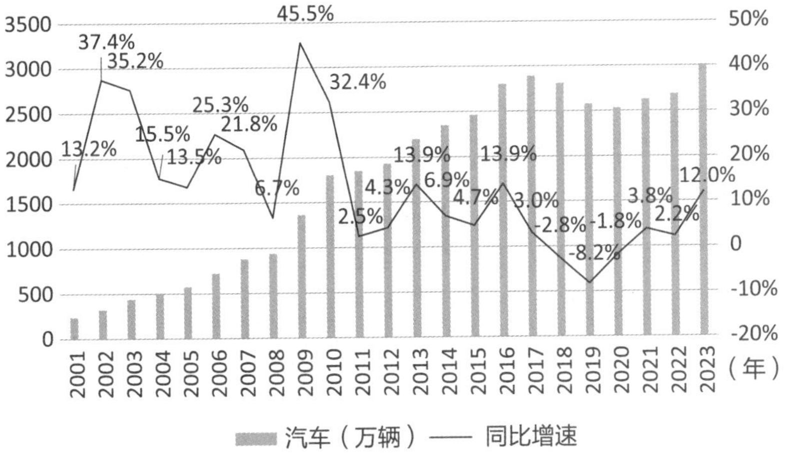

图 6-2　2001—2023 年中国汽车销量图

数据来源：中汽协

然导致产品的同质化。各款车长相不同，但内核一样，而且全是比亚迪的单一品牌，无法从品牌上做出区隔。

车辆核心配置差不多，消费者会选哪个？一般都是便宜的那个。即便两款产品仅差 2000 元，也是低价者得，这必然导致价格战。比亚迪经销商不仅要和别的品牌经销商拼价，还要和几百米开外，甚至马路对面的另一张比亚迪销售网的经销商竞争。有时哪怕不赚钱，甚至亏钱，经销商也降价，极端情况下售价 7 万元的车仅卖出了 5 万元的价格。因为如果卖不出去，造成积压，一旦经销商资金链断裂，亏损会更大。

下降的不仅是价格，还有经销商的信心。为了争夺客户，吵架、打架的事件时有发生，经销商的抱怨越来越多。矛盾一触即发。2010 年 4 月，四川成都平通公司宣布退出比亚迪汽车经销网络，掀起退网风波。这一年，不少经销商退出比亚迪。一时间，比亚迪成为众矢之的。“比亚迪霸王条款”“比亚迪陷阱”等控诉充斥舆论，“比亚迪大败局”“比亚迪教训”等唱衰言论也流传开来。

2010 年 9 月 26 日，比亚迪将年度销售目标由 80 万辆下调到 60 万辆。其实，当时其他自主品牌也和比亚迪一样，都在分网、分品牌、扩渠道，最终都交了学费，只是时间先后不同、程度不同。

路天在网络扩张中做过 A1 网，也负责过 A3 网的北部区域工作。他说："2008—2010 年整个中国车市大爆发，销量从 900 多万辆冲到了 1800 多万辆。市场太好，把所有人的脑袋都冲昏了。比亚迪冲得猛，扩张的信心很大。但如果重来一次，我可能还是会那么冲，因为不抓住机会，以后就没机会了。"

痛定思痛，王传福反思说："2009 年，比亚迪在销售战略上犯了错，只不过当时的辉煌掩盖了问题，如今我们要为错误买单。"

他将错误总结为没有处理好三个关系。第一，没有处理好比亚迪与经销商的关系。"从 2005 年推出 F3，汽车销量每年都是 100% 的增长，2009 年更是增长了 160%。在快速成长过程中，我们过高估计了未来 5 年的增长速度，经销商网络扩张过快，只注重数量，把质量忽略了。"

第二，忽视了媒体关系。在巴菲特入股、与戴姆勒合作等媒体关注的事件上，比亚迪没有敞开大门，导致媒体对比亚迪不了解、不理解，甚至不满意，以至于在出现危机时，舆论的质疑声非常大。

第三，没有处理好与客户的关系。公司对产品品质重视不足。诸如车身异响、开关门力偏大等细节问题没有得到及时解决，引发消费者不满。

"苦难一旦来临，只能熬过去。"夏治冰说，"2010 年之前，我们成功过、疯狂过，最后付出了代价。2011 年后，就像被打回原形。"2011 年 8 月 5 日，他在微博上写下两个字"累了"，宣布离职。

寒冬降临

2010 年 9 月 27 日，就在王传福宣布下调 2010 年汽车销量目标的第二天，巴菲特和芒格到访比亚迪。这是两个人第一次到比亚迪深圳总部参观。这一天，他们为 e6 和 F3DM 站台，与上千名比亚迪经销商共进晚餐，并现场颁发优秀经销商奖。第二天，他们又同好友比尔·盖茨一起考察了 4 个比亚迪工厂（见图 6-3）。在 4 天的行程中，除了在北京参加了一场慈善晚宴，他们的行程安排都围绕着比亚迪。

图6-3 2010年9月28日，巴菲特、芒格、比尔·盖茨等访问比亚迪

在退网风波下，比亚迪希望巴菲特和芒格的到来能为经销商注入一针强心剂。按会议流程，56位优秀经销商与巴菲特合影留念。但为了尊重客人，没有开放媒体采访。

但颓势依然没能迅速得到扭转。2010年，比亚迪汽车总销量约52万辆，甚至没有达到60万辆的下调目标。虽然与2009年相比有16%的增长，但和前几年的增速相比，无疑是踩了一脚刹车。

2010年，比亚迪集团的营业额同比上升17.84%，与2009年同比48.28%的增长率相比，减缓不少。2011年，情况更差，营收同比增长仅0.78%，营业利润同比下降了49.04%。2012年，营收同比下降3.94%，营业利润同比下降121.58%。

比亚迪电子过去是整个集团的利润担当，此时也因为最重要的客户诺基亚没有赶上移动互联网风口，订单大减。受此影响，比亚迪电子的销售收入从2010年的近166.5亿元，降至2012年的140.9亿元。

比亚迪业绩下滑还有一个原因：受市场持续低迷的影响，太阳能业务业绩下降。2011年，美国展开对中国光伏产业的反倾销、反补贴调查（俗称“双反”）。2012年，欧盟也启动了针对中国光伏产品的“双反”。全球光伏市场供过于求，产能过剩加剧，价格持续下滑，全行业普遍亏损。曾经的“中国首富”、无锡尚德创始人施正荣，因为回天无力，2013 年不得不离开自己创办的公司。江西赛维创始人彭小峰也因资金链断裂，债务恶化，熬到 2015 年，公司最终还是从纽交所退市，进入破产清算。

市场如此严酷，需求严重萎缩，比亚迪已为太阳能业务投资了几十亿元，此时只能主动收缩到一个极小的规模，保留一点火种。保留下来的几十名技术员组成了研发攻坚小组，研究如何将比亚迪汽车的车身板技术运用到太阳能光伏中。

现任比亚迪集团高级副总裁周亚琳，1999 年从江西财经大学毕业加入公司后就在做财务工作。她说：“没想到刚投入太阳能业务不久就面临巨亏。要靠挣钱的业务去养，真的很难。”最难的时候，财务部多次向王传福汇报：“不能再投一分钱了，要彻底关掉。”但都没有得到批准，得到的指示是“还是要看远一点”。

2011 年 6 月 30 日，比亚迪从港股回归 A 股上市，每股发行价 18 元，募资 14.22 亿元（见图 6–4）。虽然融资额不大，但能够带来品牌效应，有助于内地投资者更便利地分享公司成果。

图 6–4　2011 年 6 月 30 日，比亚迪 A 股深交所上市

2011 年 9 月 9 日，在各种困难叠加之下，王传福提出：比亚迪进入调整年，以产品、渠道和品质建设为主要内容，期限到 2013 年。

在艰难中，2012 年又发生了一件事，令情况雪上加霜。5 月 26 日凌晨，深圳市滨海大道红树林路段，一辆跑车以超过 180 公里的时速，撞上一辆比亚迪 e6 出租车，出租车左后侧被剧烈撞击后失控，又再次碰撞到路边的一棵大树后瞬间起火，车内 3 人死亡。

事故发生后首个交易日，比亚迪 A 股市值一度蒸发近 57 亿元。许多人认为是动力电池短路，引起燃烧甚至爆炸，导致了悲剧。一时间，“电动汽车质量差”“电池爆炸”等言论在网络发酵，比亚迪陷入舆论旋涡。公众对电动汽车的安全问题本就敏感，如果因此彻底失去公众信任，不仅比亚迪，甚至整个新能源汽车行业都会遭受重创，后果难以想象。

当时，王传福正在国外出差，他频频打电话询问国内情况。比亚迪内部技术部门很快启动了还原试验，研究事故原因。深圳市启动了“5·26”重大交通事故纯电动出租车质量鉴定工作，就车辆碰撞、动力电池等方面展开专项质量鉴定。

调查结果显示，跑车严重超速，两车碰撞时相对速度超过 100 公里 / 小时。碰撞后，e6 又与路边大树发生“柱碰撞”。这两次严重碰撞，对车内人员造成了致命性伤害。如果是燃油汽车遭到这样极端的碰撞，也可能着火。

专家组认为，e6 的动力电池在此次极端事故中没有发生爆炸。导致火灾的原因是：车辆受到剧烈碰撞后，车身后部及电池托盘严重变形，动力电池组和高压电路受到严重挤压，导致部分动力电池破损短路，高压配电箱内的高压线路与车体之间形成短路，产生电弧，引燃内饰材料及部分动力电池等可燃物质。在全车 96 节电池中，参与燃烧的有 24 节，但只是局部燃烧，电池极板仍保持整齐、层次分明，没有爆裂现象。

历经一劫，比亚迪一度命悬一线，但顽强不屈地活了下来。事故不仅没有压垮比亚迪，反而证明比亚迪电动汽车和电池组有很高的安全性。此后，比亚迪更努力地向公众普及新能源汽车的相关知识，为新能源汽车正名。

苦练内功

在三年调整期，比亚迪虽身处困境，但清楚地知道，最重要的是提升技术能力，打牢基础，锤炼自身本领，卧薪尝胆，百折不挠，因为只有拿出过硬的技术和产品，才有机会从谷底反弹，再攀高峰。越是艰难时刻，比亚迪对技术的投入越是坚定。

不能被芯片“卡脖子”

早在 2008 年，比亚迪收购了宁波中纬后便有了晶圆厂，接下来就是扫除芯片的设计和制造技术障碍了。这可不是一件简单的事。IGBT 芯片的设计和制造，对比亚迪来说是全新领域，没有任何经验可借鉴，不知从何下手。为了快速取得突破，比亚迪也与国外厂商谈过芯片技术转让，但高昂的技术转让费让比亚迪却步，最终决定全栈自研，研发的重担落在了第六事业部肩上。

比亚迪在 IGBT 芯片研发上虽然没有经验，但组织架构和团队骨干却是现成的。在王传福的鼓励下，冯卫带领研发团队说干就干，有一股初生牛犊不怕虎的干劲。他们马上行动起来，查阅文献资料，请教专家学者，向设备供应商取经……董国全带领设备团队汰旧换新，并对部分设备进行改造，很快，宁波中纬就具备了 IGBT 芯片的全流程制造能力。

团队仅花了一年时间，便于 2009 年年底顺利推出第一代 IGBT 芯片，即比亚迪 IGBT1.0。比亚迪 IGBT1.0 芯片通过了国内权威机构——中国电器工业协会电力电子分会组织的科技成果鉴定，结论为“主要技术性能指标与国际同类产品相当，达到同类产品国际先进水平”（见图 6-5）。IGBT1.0 打破了国外的垄断，是比亚迪乃至中国车规级 IGBT 从 0 到 1 的突破。

IGBT1.0 问世后不久，比亚迪进入了三年调整期。为了减少开支，作为“烧钱大户”的第六事业部半导体业务不得不收缩项目。2010—2012 年，项目收缩了一半以上。这是一个痛苦的过程，但以 IGBT 为代

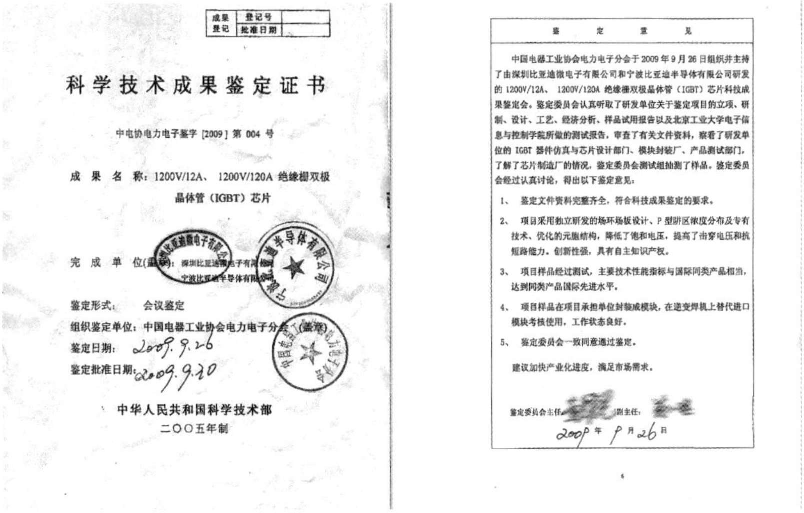

成果登记	登记号	
	批准日期	

科学技术成果鉴定证书

中电协电力电子鉴字 [2009] 第 004 号

成 果 名 称：1200V/12A、1200V/120A 绝缘栅双极晶体管（IGBT）芯片

完 成 单 位(盖章)：深圳比亚迪微电子有限公司
宁波比亚迪半导体有限公司

鉴定形式： 会议鉴定

组织鉴定单位：中国电器工业协会电力电子分会（盖章）

鉴定日期： 2009.9.26

鉴定批准日期：2009.9.30

中华人民共和国科学技术部

二〇〇五年制

鉴 定 意 见

中国电器工业协会电力电子分会于 2009 年 9 月 26 日组织并主持了由深圳比亚迪微电子有限公司和宁波比亚迪半导体有限公司研发的 1200V/12A、1200V/120A 绝缘栅双极晶体管（IGBT）芯片科技成果鉴定会。鉴定委员会认真听取了研发单位关于鉴定项目的立项、研制、设计、工艺、经济分析、样品试用报告以及北京工业大学电子信息与控制学院所做的测试报告，审查了有关文件资料，察看了研发单位的 IGBT 器件仿真与芯片设计部门、模块封装厂、产品测试部门，了解了芯片制造厂的情况，鉴定委员会测试组抽测了样品。鉴定委员会经过认真讨论，得出以下鉴定意见：

1、 鉴定文件资料完整齐全，符合科技成果鉴定的要求。

2、 项目采用独立研发的场环场板设计、P 型阱区浓度分布及专有技术、优化的元胞结构，降低了饱和电压，提高了击穿电压和抗短路能力。创新性强，具有自主知识产权。

3、 项目样品经过测试，主要技术性能指标与国际同类产品相当，达到同类产品国际先进水平。

4、 项目样品在项目承担单位封装成模块，在逆变焊机上替代进口模块考核使用，工作状态良好。

5、 鉴定委员会一致同意通过鉴定。

建议加快产业化进度，满足市场需求。

鉴定委员会主任： 副主任：

2009 年 9 月 26 日

6

图 6-5 比亚迪 IGBT1.0 芯片的鉴定证书（节选）

表的核心项目仍然在继续推进。

2012 年，IGBT2.0 问世，在比亚迪 e6、K9 车型上开始小批量装车。从售后收集的数据看，IGBT2.0 在应用稳定性上与同期国际主流水平还存在一定差距。

2015 年，IGBT2.5 推出，改善提升了 2.0 代稳定性不佳的问题。但电控及品质部门对 2.5 代的批量装车非常谨慎，装车前的验证流程拉得很长。为了在最短的时间内拿到尽可能多的装车验证数据，时任产品总监的杨钦耀申请把自己的私家车“唐”换上 IGBT2.5 芯片，亲自路试验证，但遭到了售后部门的拒绝。杨钦耀十分坚持，签署了“出了问题自行负责”的承诺书，才如愿以偿。他把换下来的电控放在办公室备用，以防万一，结果因为换上去的 IGBT2.5 表现良好，备件一直也没用上。

随着 IGBT2.5 的装车量逐渐增加，芯片团队对 IGBT 的机理研究也更加深入，技术不断改进，IGBT3.0 和 IGBT4.0 陆续诞生。因这两代芯片间隔时间太短，IGBT3.0 未进行装车推广。

2018 年，IGBT4.0 发布，在电流输出能力、芯片功耗、循环寿命等关键指标上都有了质的飞跃，综合性能与同期国际主流产品相比毫不逊色。以比亚迪唐为例，搭载IGBT4.0后，相比搭载业内主流公司产品，实测结果整车百公里电耗降低了0.6千瓦时。

IGBT4.0是比亚迪车规级芯片研发进入成熟阶段的标志。IGBT4.0已可适用于比亚迪所有车型，突破了性能瓶颈，解决了之前只有部分车型能选用自制芯片的问题。2005—2018年，比亚迪在IGBT上十余年的坚持，终于换来了回报。

但是，比亚迪并没有停下脚步，相反，研发迭代还越来越快。2020年，750V平台的IGBT5.0装车应用，解决了低压车型能耗偏高的问题；2022年，IGBT6.0装车应用，电流密度相比同为1200V平台的IGBT4.0提升约30%；2022年年底，自研碳化硅芯片大批量装车应用……

时任第六事业部总经理的陈刚说："比亚迪半导体能快速发展，最主要原因还是集团愿意用，并在整车大平台的架构下定义产品。比亚迪汽车优先测试验证，通过后批量装车，使得我们的产品不会只停留在实验室，而是可以不断迭代创新，持续发展。其中对整车性能有重要作用的功率器件，王总让我们一开始就走高压路线，引领指标参数。比亚迪IGBT起步就是1200V。虽然一开始做高压有挑战，器件成本高，对器件的可靠性要求更高，但突破了之后却能在很多方面保持领先。这也是比亚迪半导体一直坚持创新的原动力。"

建成三大实验室

2003年造车时，王传福就认为，搞产品就要懂检测，鉴于业内没有专业成熟的新能源汽车检测机构，他决定自建汽车检测中心。

2004年，比亚迪建设了第一个汽车安全碰撞实验室。2009年，e6就在这里完成了国内纯电动汽车的首撞。早期，许多检测项目是根据客户反馈来设置的。一次，有客户反映车辆某个零部件有故障。团队测试发现，车辆在坑洼路、石子路等坏路上行驶一定里程后，的确有问题。王传福知道后，要求立即在上海建一个试车场，车辆必须加强在坏路试验上的测试。

2010年后，比亚迪经营压力增大，但依然斥资数亿元，建成"三大实验室”——汽车碰撞实验室、EMC（电磁兼容）实验室、NVH[①]实验室，足见王传福对技术、品质、安全的重视，以及推行变革时的果决和魄力。新的汽车碰撞实验室于2012年建成，包括整车碰撞实验室、模拟碰撞实验室和行人保护碰撞实验室。其中，整车碰撞实验室可满足5吨以下车辆时速120公里以内的所有碰撞测评。实验室内有8条不同方向的跑道，可实现“无死角”碰撞；在模拟碰撞实验室，车辆会在模拟的事故工况中进行碰撞，开发团队则根据碰撞数据来调整安全方案，例如安全气囊要什么形状、开多大的气孔等；行人保护碰撞实验室则会模拟人车碰撞的事故工况，收集、分析碰撞数据，再进行安全方案调整。

假人是碰撞试验中的重要参与者。它们在试验时可能会遭遇剧烈撞击，但平日里则被细心保护。碰撞实验室有专门的储存室，室内恒温恒湿，男、女、老、少各类假人被安置在特制的担架上。它们的仿真度达到70%~90%，目前只有国外公司能生产，购买一个需要700万元甚至上千万元。大部分假人每年会参加30~80次碰撞试验，每次试验后，工作人员会对它们身上的传感器和皮肤进行详细检查。

EMC实验室则是另一番景象。这里主要研究“看不见、摸不着”的电磁波，例如电动汽车本身发出的辐射是否有破坏性、对人体是否有伤害、车辆是否会受到外界环境的电磁干扰等。

电磁波辐射是用户最关心的问题之一，它既关系到人体安全，也关系到车辆行驶安全。比亚迪在2004年就筹建了EMC实验室。2014年，新的比亚迪整车EMC实验室投入使用，投资1亿元，建造规模和设计指标都达到了国际领先水平。当时国内具备整车EMC试验能力的实验室不超过5家，比亚迪是第一家针对新能源汽车建造EMC实验室的。在试验时，测试车辆会在直径11米的大转台上，进行任意角度的测试。

① NVH是噪声（noise）、振动（vibration）和声振粗糙度（harshness）的英文首字母缩写，它是衡量汽车舒适性和乘坐体验的重要指标。

同样在2014年，NVH实验室也投入使用。这个实验室里极度安静，如果1米外有一根针从1厘米的高度掉落下来，都能听得见。走动时摩擦衣裤的声音、呼吸的声音，甚至心脏跳动的声音都听得清清楚楚。由于过于安静，人类在NVH实验室里最长待不过45分钟，否则耳朵会有强烈的压迫感，而且会因为恐惧产生幻觉。但在测试整车NVH时，这里是最佳场地。这一实验室可以用于车辆加速行驶外噪声的测量、排气系统噪声测试及优化设计、动力传动系统的噪声测试与分析、车内噪声分析优化等。

比亚迪的三大实验室建设，统统对标国际一流实验室的标准。2013年，比亚迪被国际汽车权威杂志《国际试验技术杂志》(*Automotive Testing Technology International*)授予"2013年度最佳碰撞实验室"大奖，击败同在该奖项竞争之列的美国克莱斯勒公司、德国IAV Gifhorn公司和英国Thatcham公司等知名企业。有了实验室后，比亚迪能更精准地把控自己的技术能力和制造能力，在品质提升、问题诊断、性能评估、技术验证、持续改进、标准制定等方面做到有的放矢。

狠抓品质工程

解决品质问题是调整期的头等大事。当汽车事业群经历了品质锤炼后，包括王传福在内，每个人都不再认为造车是一件简单的事。从抒发信心的角度，或许可以说"汽车不算什么，就是一堆钢铁，一套模具"，但实践中，造车需要有足够的敬畏感，要时时刻刻如履薄冰。

王传福自己也在反思。有一次接受媒体采访，他主动披露："2009年我所主持的会议，99%的时间都是谈产能。事业部的总经理也说，品质没有问题，不是都卖光了吗?"在调整期，王传福成为提升品质的总带头人，每周一的晨会必谈品质：没有解决的问题落实整改时间，责任到人，新发现的问题群策群力，寻找解决方案。每一款新车下线，他肯定会自己先开，发现问题就给当时的品质处总经理赵俭平打电话。在比亚迪的工作列表中，品质工程具有极高的优先级。

“741”项目之始

2006年，高子开从销售部调任售后服务部，负责汽车售后整体管理。他在加入比亚迪之前，就有丰富的售后服务经验。上任第一个月，他向王传福递交了一份报告，写明了F3的各种问题，包括摇窗机的索赔量、故障率，以及排气管、传动轴的故障率等。

F3上市之初，听完高子开的汇报，王传福说：“怎么这么多问题？”高子开很直接：“王总，您对售后不重视。”于是王传福决定每个月召开一次售后品质会，他亲自主持。凡是涉及消费者真实体验的反馈，“必须不打折扣地汇报”，“绝不能放松对品质的管控”。他告诉大家：“我们不怕有问题，有问题才正常。你说没问题，那是大问题；今天没问题，卖出去发现问题才是大问题。解决掉今天的问题，未来才没问题。”

对于当时已经发生的投诉，比亚迪提出“索赔无障碍”的售后原则。这给消费者带来了安全感——产品有问题也不担心，比亚迪都给解决。权威市场研究咨询机构君迪的报告显示，消费者在选择比亚迪汽车的理由中，售后服务品质排名前列。

提升售后服务水平只是在解决已发生的问题，如何从源头解决品质问题才是关键，任务也更加艰巨。第一个问题，即“什么才是好品质”就把大家难住了。如果没有汽车品质的评价指标，没有品质目标，没有考核指标，提升工作就无从下手。于是，品质处牵头，着手建立起汽车品质评价体系，分别对生产现场以及新车销售3个月、1年、3年的故障数进行统计和评价。除了功能性故障，他们还将类似“坐着不舒服”“用着不顺手”等广义的质量问题也纳入评价体系。这样，各部门就有了品质提升的方向和指标。

2007年，为了把品质责任落实到位，比亚迪推行工厂制，把原来的产品项目组变成工厂，如仪表厂、空调厂、天窗厂等，项目组长则都成了厂长。以前，项目组长只以做出产品为目标，但当了厂长后，就要担更大的责任，从产品规划到开发、生产都要管好，不能推诿责任。从这时起，王传福就有意培养技术人员做管理，要求他们既要懂技术机理，懂开发，也要知道怎么生产，成为专家型管理者。他每周至少和厂长们开一次会，听大家分析问题，阐述解决方案。这也是他一直以来非常重要的人才培养方式。

2008年，比亚迪启动了“741”品质提升项目。所谓“741”是指，在2008年年底将IQS水平提升至70，2009年6月提升至40，2011年年底达到10，与德系车的水平相当。按照IQS10的总体目标，各团队开始分解任务。零部件事业部内的研发、设备、生产、采购等部门，也各有目标。事业部负责人和各厂长签订责任书，责任分解到厂里的工程师和一线员工。比亚迪拿出铁腕手段，出了品质问题绝不留情，很多厂长因质量问题被降职、免职。

随着各种举措的落地，比亚迪人对品质有了更深入的认识。在一次关于质量问题的会议上，王传福总结：“一个产品的质量分为两部分，就像人一样，一部分是先天的基因，一部分是后天的培养。如果先天设计不好，怎么造也造不好。制造工艺弥补不了设计缺陷，实际上产品质量70%~80%来源于设计，20%~30%来源于制造。设计得好，70%~80%的品质就保证了，然后才是造好。”

这一理念就源于对品质问题的深层分析。当时品质处复盘后发现，绝大部分问题都源于设计。比如，F3的仪表及收音机出现功能异常，不能工作，是因为仪表板线在设计时未考虑到防水。用户买车后，给玻璃贴膜，贴膜的水渍沿着玻璃流到仪表板，进而流到仪表板线束插件，引起线路异常。又比如，在第一次试制F0的时候，工程师发现传动轴太长了。究其原因是从整车设计、零部件工厂设计到生产制造都有公差，累积到一起，结果就做长了。为了解决这样的问题，每个环节都要修改方案、出样件，再做整车验证，既增加了成本，也耗费了很多时间。

时任汽车产业群品质处总经理的赵俭平说：“王总提出‘产品质量70%~80%来源于设计’的理念，是要求品质要前置，要进行FMEA，不仅要把以前出现的问题进行分析、总结和反思，在新项目中进行规避，而且要在设计时，主动把所有可能的失效模式识别出来，从设计端开始预防和规避。”

2008年，比亚迪汽车工程研究院进行组织调整，把原来按车型分组变为按职能划分部门，如底盘部、总体部。这一调整对提升品质起到了很大作用。以前，每款车各搞各的技术，能力分散，而且工程师全靠经验设计，规范不一，标准各异，常常走弯路、错路，甚至返工重做、重复犯错，这些问题都会影响品质。把技术能力集中则有助于规范设计、减少错误、知识共享、高效创新，从而为产品品质提供了保障。

在各部门的努力下，比亚迪的 BDS（比亚迪设计规范）逐渐成形，FMEA 故障案例档案也很快建立起来。比如关于传动轴的设计，底盘部人员会把开发过程中遇到的所有问题记录下来，写明解决方案，总结设计要点和注意事项。其他工程师检索档案时，就能知道出现过哪些错误，不同解决方案的机理是什么，会产生怎样的效果，从而规避类似的错误。同一个坑掉两三遍，每个项目都踩坑的问题就大大减少了。

比亚迪不怕交学费，但希望通过 FMEA 故障案例档案和业务设计规范等，力求做到“不交不长记性的学费”。如果每一笔学费都长了记性，那学费就是有价值的投资，能长久地收获红利。王传福曾说，如果达到目标有 5 条路可以选，最多错 4 次，最后一定可以走通。当然，谁也不希望错 4 次，但就算错了，前 4 次也不是没有价值，只不过一旦发现错误，就要赶快回头，把损失降到最低。

在持续的品质提升过程中，比亚迪汽车的品质文化建设上了一个台阶。“造物先造人”“人的品质决定产品品质”的理念就在这一时期被提出。王传福说，战略是自上而下的，品质往往是自下而上的，一个基层岗位的疏忽就会酿成大问题。他表示：“日本的品质体系好，就是从下到上，从最基层人的素养做好。有一群素质素养良好的人，才有可能做成事情。”后来，比亚迪形成了自己的“品质文化 123”——1 个核心：造物先造人；2 大目标：客户满意，全员素养；3 项原则：预防为先，严守规则，闭环管理。

IQS10 达标

2011 年年底，按计划汽车 IQS 要达到 10。品质处承受着极大压力。

赵俭平带着数百人的团队，不仅要分解 IQS 指标、设定目标，还要推动各事业部达成目标，进行过程监督和最终检验。

他们以车型为项目单位，每个车型配备 30 多人的品质团队，从车型的前期调研就开始跟踪，把品质意识和要求贯穿造型设计、模具制造、生产、验证、量产下线的全过程中，所有的质量信息尽在掌握。

当分析一个故障问题时，品质处往往会延伸到设计源头，查验前端故障模式是否验证，以及生产性批量验证的情况等。每个环节都要排查，直至找到问题的根本，再对症下药。零部件改善后，要获得品质处的验证，才算达标。赵俭平身兼首席质量官一职，拥有一票否决权。他说不达标就是不达标，即便事业部总经理提出反对也无效。

除了加强品质管控，比亚迪还将改革“大刀”挥向了垂直整合架构。2005 年 F3 上市后，比亚迪一度加大了零部件自主研制的范畴。比如，顾客投诉 F3 的减振器异响、漏油，比亚迪要求供应商改进，对方认为这不是问题，置之不理。比亚迪就自己来做，的确提升了质量，提高了开发效率，降低了成本。

但垂直整合模式逐渐显露出一些弊端。2005 年，整个汽车产业群除了四大工艺，只有三个产品工厂，而到 2011 年 4 月，汽车产业群需要考核的工厂有 138 个，涵盖产品类、模具类、装备类三大类工厂。由于没有市场机制的约束，全靠内部人决定，考核的随意性比较大，甚至出现了零部件厂长以团建名义请品质处、工程院同事吃饭疏通的情况。

改革迫在眉睫。比亚迪开始整顿内部零部件生产体系。2011 年后，品质在比亚迪各级管理干部的绩效考核中的权重增大。2012 年，比亚迪建立了质量事故责任制，如果某个问题被界定为质量事故，总经理会被降职、免职。赵俭平说：“从字面上看，各个企业的质量体系都差不多，比亚迪独特的是真正把责任落实到每个人身上。”

梳理工厂情况后，比亚迪对没有竞争优势的产品，例如橡胶、涂料等，予以淘汰，替换为外部优质供应商；进一步明确管理职责，取消总厂及总厂厂长，明确厂长职责，消除地区管理差异，在品质面前各个地方都是一个标准；对产品工艺类似、上下游供货关系密切的工厂进行整合，精简组织流程。经过整合，截至2011年年底，工厂数量精简到88个。

对于外部供应商，比亚迪也进行了梳理，引入国际一流供应商，产品品质发生了显著变化。引入一流供应商必定会增加短期成本。赵俭平说："王总从来没有因为成本上升否决供应链的优化。我们认识到，追求高性价比并不只是追求成本低，还要从更长远的品质角度来衡量。像雨刮器，虽然外购产品让成本增加了一倍，但其在整车成本中占比较小，还能一劳永逸地解决难题，性价比其实更高。"

2010年12月，根据经销商提供的售后索赔数据计算，比亚迪主力车型的IQS均值做到了10以下；到2012年年底，全部新生产的车型都达到了IQS10的水平。IQS10之后，比亚迪不断挑战更高的IQS目标，终于在2023年，比亚迪乘用车IQS达到了IQS1.0的水平。IQS1.0目标的达成，是比亚迪乘用车实物质量达到行业顶尖水平的重要里程碑，但其背后，是一个接一个的品质难题攻关、一次又一次的品质标准坚守，以及一环扣一环的品质管理创新。

重塑品牌与市场

在品质之外，渠道和产品也是"三年调整期"的重点内容。比亚迪针对既有问题进行大刀阔斧的改革，以更好的面貌面对市场。

优化渠道

经销商退网事件后，调整销售渠道变得十分迫切。除了主动退网的经销商，比亚迪还要关闭一些经营不善、运营能力不足的门店。

2011年，从开渠到并网，不过一年时间，比亚迪销售团队苦涩地见证了一场充满戏剧色彩的转变。赵长江从浙江"调防"江苏。之所以调动，是因为他刚在浙江开了"渠"，现在面对着同一批经销商关"渠"，要换个地方才好行动。他和团队在南京租了一套三室一厅的房子，开着一辆F3R到无锡、常州等地，开始关"渠"。

这不是件容易的事。经销商满是抱怨和质疑，当面拍桌子也是常事。但经销商其实也理解，车市竞争过度，关停止损是理性选择。比亚迪也给出了合理的关停政策，如对库存车辆进行回收等。

一番调整后，比亚迪 A1 网变成了红网，A2、A3、A4 变为蓝网，经销商总数从 1100 多家减到约 800 家，主要消费人群从一、二线城市向三、四线城市转移，比亚迪的渠道也随之下沉。经过三年调整，比亚迪在地级市场的覆盖率达到 78%，在县级市场的覆盖率增加至 20%。

提高经销商销量和盈利能力也是比亚迪的重点工作之一。2009 年，有一部分经销商的店面年限已在 5 年以上，比亚迪对其进行了软硬件升级，让店面形象更加现代化、科技化和舒适化。同时，比亚迪通过建设经销商运营管理 KPI（关键绩效指标）体系，在经销商的人员培训、销售业务管理、市场开发和客户关系管理等多个方面加大培训和指导力度。2010—2013 年，比亚迪盈利的经销商比例从 60% 提升到 70%，年销售千辆以上的经销商增长了 10%。

调整产品线

为了让留下来的经销商队伍重拾信心，比亚迪对产品进行了调整。红网以销售 F3、F6、S6、F3DM、e6 等车型为主，蓝网销售 F0、G3、L3、G6、M6、F3DM 和 e6 等车型，这样一来，两张销售网都能有足够的产品支撑。到 2014 年，两张网再次合并，变成一张网。

另外，比亚迪还重磅推出首款 SUV——S6。这一车型在 2007 年立项，经 4 年时间开发上市。

那时候坪山厂房刚建成，条件还很艰苦。焊接车的时候要用水来冷却，厂房没有水，他们就去别的地方搬。电也是自己拉的。工厂里全是土，又是夏天，一天下来，每个人都是一身灰、一身汗。

但 S6 并没有抢到最好的上市时机。随着消费升级和需求变化，SUV 成为车市新宠。2010 年，全国 SUV 销量 132.6 万辆，同比增长了一倍[①]，

---

① 今年车市四大趋势：SUV 仍高歌猛进 [OL].[2011-02-17].https://www.chinanews.com/auto/2011/02-07/2828072.shtml.

而轿车销量仅增长了27%[①]。幸运的是，在中大型SUV领域，S6还是做到了先发。2011年，S6全年累计销售约6万辆，成为SUV市场的领军车型之一。因为有了这一新的盈利点，经销商也看到了希望，继续跟比亚迪并肩战斗。之后几年，比亚迪又推出S7、宋Pro等SUV燃油车型，并在价格上让利经销商，稳定了渠道，促进了发展。

质保承诺

为了让消费者对品质提升有更直观的认识，2012年4月10日，比亚迪对外承诺：即日起，比亚迪全系车型几乎所有零部件享受“4年或10万公里超长质保”（见图6–6），而且雨刮片、轮胎等易损件的质保期双倍于市场主流质保期，新能源汽车核心零部件更享受“5年或10万公里”质保。这大大超越了比亚迪此前“2年或6万公里”的政策，也突破了当时行业内最高的“3年或10万公里”的质保期限。

图6–6　2012年，比亚迪推出“4年或10万公里超长质保”服务

① 2010年中国乘用车全年销量点评[OL].[2011-01-14].https://auto.sina.com.cn/news/2011-01-14/0702703887.shtml.

此外，比亚迪还实行了 100% 电话回访的政策。4 年质保期内，每位车主将接到至少 7 次电话回访：买车后一次，每年检验后一次，维修后两次。这一政策远优于其他品牌抽检 10% 的水平。

承诺是对车主负责，也代表了比亚迪的品质自信，但压力也随之而来。以发动机质保为例，其零部件包括曲轴前后油封、汽缸垫等，这些产品含橡胶材料，属于易损件，行业最短的质保期仅 3 个月。一旦更换这些零部件，就要把发动机全部拆散，工程量非常大，维修成本很高。这又倒逼比亚迪想尽一切办法提升品质，把问题出现的概率降到最低，以降低售后成本。

增强品牌沟通

李云飞 2004 年从同济大学经济与管理学院市场营销专业毕业加入比亚迪，后成为比亚迪集团品牌及公关处总经理。他回顾道："早期比亚迪的公关比较稚嫩、保守。比如要推广新技术和新产品时，没搞成之前不对外讲，突然有一天要讲了，就在车间里面拉个横幅，上面贴一些纸，用文字描述新技术或新产品的问世和下线。在别人看来，这些技术或产品，外资品牌需要干很多年才能干成的事，比亚迪怎么这么快就搞出来了？认为我们是在吹牛。而外资品牌的传播策略是从研发中心成立或者工业园奠基就开始传播，根据进度不断释放信息，让消费者觉得，他们的成果是长期积累的结果。"

在三年调整期间，比亚迪开始向外资品牌学习，传播策略与沟通方式走向专业化。比如凡是重要的技术和产品发布，都会提前几个月甚至半年以上就开始"预沟通"，请行业专家、专业媒体先做了解，中间也保持阶段性的沟通，最后再举行大的发布活动。如此就有一种行云流水、自然而然的感觉，而不是突然来一个"卫星上天"。集团每年也会做两三次技术活动，有技术发布，也有技术解析，由技术专家与媒体互动交流，解读最新技术，分享研发背后的故事。销售团队每个季度都会与主要媒体交流，公关团队与媒体的沟通交流更频繁、及时。

通过大家的共同努力，比亚迪和媒体之间的沟通更加顺畅，关系变得更为友好、紧密。2011 年年底，比亚迪提出“技术·品质·责任”的品牌内核。在客户端，品牌溢价能力也逐渐显现，主力车型思锐售价达 13 万元，打破了当时自主品牌 10 万元定价的天花板。

风起公交

F3DM 上市后，王传福很快意识到，私家车电动化还有很长的路要走。充电配套设施不足、消费者对技术不信任、售价偏高等，都是“拦路虎”。2010 年，深圳是全国首批私人购买新能源汽车补贴的 5 个试点城市之一，提出到 2012 年年底，私人购买新能源汽车要达到 2.5 万辆，占全市机动车保有量突破 1% 的比例。但实际上，私家车市场在 2010 年的 10 个月只卖出 500 辆车，远远达不到预期。

仿佛有一道道障碍，阻挠着新能源汽车进入私家车市场。新能源汽车到底出路何在?

2008 年 12 月 12 日，新华社发布了一则《中国开始节能与新能源汽车大规模商业化示范运行》的新闻，文章说:“经 863 计划节能与新能源汽车重大项目总体专家组建议，我国正式启动了‘十城千辆’工程……要连续 3 年在 10 个以上有条件的大中城市开展千辆级混合动力汽车、纯电动汽车和燃料电池汽车及能源供应基础设施的大规模示范。到 2010 年示范车辆将达到 1 万辆，2012 年示范车辆总数超过 3 万辆，其中大中型混合动力车辆 5000 辆，混合动力出租车 20000 辆，其他电动汽车 5000 辆。”[①]

2009 年，作为“十城千辆”工程的起始年，也被称为“中国新能源汽车元年”。王传福从“十城千辆”工程中看到了希望，他认为，应先从公共交通电动化入手，推动其普及，促进市场培育，赢得时间，最终实现私家车的电动化。

比亚迪的公交电动化大戏开始上演。

---

① 中国开始节能与新能源汽车大规模商业化示范运行 [OL].[2008-12-12].https://www.gov.cn/ztzl/2008-12/12/content_1176720.htm.

“城市公交电动化”战略先行

2008年，比亚迪就启动了纯电动商用车项目。2009年，比亚迪获知湖南长沙三湘客车厂寻求收购的信息。该厂成立于1952年，2006年被美的集团正式收购，改造为美的三湘客车厂，但由于种种原因，该厂在2008年年底全面停产。

机不可失。2009年7月24日，比亚迪收购美的三湘客车厂，获得了大巴的生产资质。

2010年1月18日，纯电动大巴比亚迪K9（以下简称“K9”）单电机驱动1号车在坪山基地研发试制成功。

2010年3月16日，K9全通道低地板纯电动客车2号车在坪山基地研发试制成功，整车搭载比亚迪自主研发的全球领先的磷酸铁锂电池和轮边驱动动力总成，是比亚迪自主研发的首台轮边驱动纯电动客车。

2010年9月30日，全球首款商业性纯电动大巴比亚迪K9在长沙下线。该车长12米，除了创新性地搭载轮边驱动电机和磷酸铁锂电池，车顶还放置了太阳能电池板，行驶中可提供辅助续航动力，最高时速接近70公里。

K9下线仪式，是当年巴菲特一行到访比亚迪的行程之一。在现场，巴菲特说，比亚迪的技术进步不仅将造福长沙，而且能够造福中国、造福世界。

长沙市人民政府订购了1000辆K9，比亚迪纯电动客车打响了第一炮。

同在2010年，e6作为全国首批纯电动出租车在深圳投放运营。截至当年年底，e6的累计行驶里程突破150万公里，各项参数指标稳定，性能表现优异，成为全球范围内最成熟的电动汽车技术典范之一。这一年，深圳巴士集团成立了国内首个纯电动出租车公司——深圳鹏程电动汽车出租有限公司。相关政府部门大力支持，免费为纯电动出租车上牌，而当时深圳出租车营运牌照的费用通常为50万~60万元，拍卖最高可达70万~80万元。

2010年11月，王传福在“第25届世界电动车大会”上正式提出“城市公交电动化”战略，即城市出租车、公交车的纯电动路线

图 6–7　王传福在“第 25 届世界电动车大会”上提出“城市公交电动化”战略

（见图 6–7）。

此前，在内部讨论时，有人提出做电动出租车太麻烦，车辆要连轴转，保养周期短，对车的质量、性能要求太高。王传福拍了桌子：“一辆出租车的排放量相当于 10 辆私家车，一辆公交车的尾气排放量等于 30 辆私家车，该不该换成电动车？”他算的不是经济账，他的出发点是绿色梦想。

王传福的“绿色算法”是：在大城市，公交车、出租车的数量只占全部机动车的 2% 左右，但空气污染排放量占 1/3 以上，因为它们几乎从早到晚不停地跑。城市物流车、环卫车、泥头车、货车等的数量占城市机动车的 18% 左右，空气污染排放量也占 1/3。私家车占城市机动车数量约 80%，但开的时间短，污染并不严重。城市公交电动化，就是治理污染的“利器”。

从可行性来看，由于政府掌握着公交系统的话语权，且关注环境变化，城市公交电动化比私家车市场电动化更容易实现。公交车是固定路线，行驶速度不快，还可以建设固定的充电站和维护点，特别适合电动汽车发展。如果城市公交电动化能顺利推行，就像有了一个样板区和缓冲带，能让私人消费者先看、先了解，逐渐认识、接受电动汽车。王传福相信，城市公交电动化就是通往私家车电动化的道路，也是比亚迪实现新能源梦想的必经之路。

从深圳大运会出发

2011年1月6日，K9在深圳投入载客试运营。之前，K9已经在223公交线路上，用水泥、沙子装满车，从华侨城到盐田港跑了几个月，边跑边解决问题。这些都是在为第26届世界大学生夏季运动会做准备。8月12日，大运会拉开帷幕，“绿色出行”“低碳大运”理念的体现之一，就是在全市投放新能源公交车（见图6-8）。

图6-8　2011年，比亚迪电动大巴助力深圳大运会

比亚迪负责这一项目的是时任绿色公交发展事业部总经理的王杰。他是销售老将，1996年进入比亚迪后负责过电池、电子产品和储能电站的市场工作，后成为营销本部副总经理。他2010年年底进入汽车领域，开拓商用车市场。

新能源公交车售价偏高，公交公司有购买压力，为此，深圳市政府及相关方创新了一套“融资租赁、车电分离、充维结合”的模式。

首先，由中国普天信息产业集团有限公司（以下简称“普天”）出面担保，公交公司向交通银行下属的金融租赁公司贷款，支付新能源购车费用，政府将同样行驶里程下的燃油汽车所需运营费用直接支付给普天，帮助公交公司先购车。这就是“融资租赁”。

其次，为了解决动力电池昂贵的问题，公交公司只需支付裸车价格，剩余的电池费用由普天支付，将新能源车和电池的所有权分离，由普天作为充维服务商，购置动力电池，为新能源车提供充电服务，负责电池的维护和回收。普天向公交公司提供充维服务的总成本，原则上不高于同类燃油车的燃油成本。这就是“车电分离”基础上的“充维结合”运营模式。

从普天租赁电池使用，不仅降低了购车成本，而且也不必担忧电池的寿命、性能。比亚迪的团队还算过一笔账：买一辆燃油大巴车，看起来只花了 40 万元，但加上燃油费，全生命周期的总成本为 300 万~350 万元。如果买电动大巴，要花 200 万元，但使用时能节省大量油费，全生命周期的总成本只有 280 万元。

为了形成使用闭环，深圳市兴建了配套的智能管理充换电网络，它由 57 座充换电站组成，分布在 44 个比赛场馆周边，共 850 个充电位，能覆盖 77 条新能源公交专线，可为纯电动大巴、混合动力大巴、纯电动中巴和纯电动出租车提供服务。

比创造一个商业模式更难的还是观念的统一。当时，外界常有“电动汽车辐射会导致不孕不育、掉腿毛”“电池会爆炸”等传言。王杰等人用了好几个月和公交公司、充电桩企业和相关部门沟通，解除各种误读，并反反复复解释。

王杰感觉自己就像转行做了科普的祥林嫂。他们曾去出租车公司给驾驶员做现场测试或邀请驾驶员到公司参观体验，用专业的测试仪器对吹风机、微波炉和电动汽车进行辐射对比，说明车的辐射微乎其微。经专业测试，普通的家用白炽灯电磁辐射值大约是 1.190V/m[①]，计算机屏幕的电磁辐射值大约是 0.161V/m，比亚迪一款电动汽车在巡航时车内的电磁辐射值为 0.152V/m。也就是说，乘客在车内所受到的电磁辐射和坐在计算机屏幕前是差不多的。他们甚至把腿抬起来，裤腿卷上去说："你看我开电动汽车，腿毛还这么多，没事。"

2011 年 7 月 23 日，政府相关部门、公交公司与比亚迪等新能源汽车整车厂、充电桩公司，以及普天聚在一起，商议大运会电动车项目的合作协议，一直到 24 日凌晨，终于敲定合作——比亚迪负责提供 200 辆 K9 电动公交车、300 辆 e6 纯电动出租车。

订单签约的同时，比亚迪大巴工厂的生产也接近尾声。比亚迪第十九事业部的长沙工厂承担了此次任务。5 月到 7 月，员工们一直忍受着闷热的天气，穿着密不透风的涂装防护服，戴着防护眼镜和帽子，坚守在生产线上。生产难点在焊装和尺寸控制上。比如焊装，要适配好了之后喷涂，再装灯。由于没有经验，工人直接喷涂后装灯，导致后面没法适配。于是，每辆车都需要焊装师傅跑到总装重新装配，还要重新喷油漆。在磕磕绊绊中，队伍逐渐成长起来，用了三个月时间就从每天做 1 辆车增加到做 4 辆车。

深圳大运会期间，深圳市政府共投入运行了 2011 辆新能源汽车，占大运会交通总需求量的 50% 以上。其中，比亚迪生产的新能源汽车占了近 1/4。在 200 辆 K9 中，有 40 辆用于大运会宾客接送，160 辆用于深圳主要公交线路运营。在 300 辆 e6 中，有 50 辆用于大运会贵宾接送，250 辆用于深圳市出租车营运。大运会闭幕后，这 500 辆新能源汽车全部投入深圳市的公共交通。

"深圳经验"走向全国

深圳大运会结束后，国内许多城市向深圳取经，学习"深圳经验"。比亚迪也借机走向更多城市。

---

① V/m 为电场强度单位，即伏（特）每米。——编者注

2012年11月4日，比亚迪召开媒体见面会，正式推出“零元购车·零成本·零风险·零排放”城市公交电动化解决方案，并根据不同城市的条件，推出空中充电塔、循环式立体充电机和平面充电站等多种方案，助力解决充电配套设施问题（见图6-9）。

图6-9 “零元购车·零成本·零风险·零排放”城市公交电动化解决方案

在见面会上，王传福用了近一个小时，用自己制作的PPT，给出租车司机、公交车司机算账，推广公交车、出租车电动化方案。有媒体评论，“久未露面的王传福回归了技术专家的本色”。

所谓“零元购车”是指客户可采取“零首付+分期付款”的模式，减轻购车压力。“零成本”是指，因为电价远低于油价，使用越多，省得越多，所以节约的钱累积起来可以轻松填平电动汽车和燃油汽车的购车差价，甚至超过购置电动汽车的成本。“零排放”则是指电动汽车的零污染特点。“零风险”是指比亚迪电池具有安全、可靠、寿命长的特点，且比亚迪提供电池、电机、电控“三包”的售后服务，做到品质安全零风险。

以深圳出租车为例，一辆出租车运营一天平均要跑450公里，年运营天数 353 天（出租车平均每月停运一天进行车辆保养）。经测算，普通燃油出租车百公里油耗约 9 升，油价约为每升 8 元，而当时 e6 纯电动出租车百公里耗电约 26 千瓦时，平均电价 0.66 元，则每辆电动出租车每日节约 247 元，每月节省 7166 元。假设出租车运营 5 年，扣除购车差价以及多支出利息后，5 年合计节省油电差价 32.64 万元。

站在环保角度，与燃油出租车相比，一辆 e6 纯电动出租车一年节省燃油 14120 升，减少二氧化碳排放量 32 吨。如果全国 120 万辆出租车全部被替换为纯电动汽车，一年可节省燃油 169 亿升，减少二氧化碳排放量 3862 万吨。

已在深圳投放的比亚迪电动出租车、电动公交大巴车，就是最好的示范。

商用车团队拿着已在深圳投放的电动出租车、电动公交大巴的数据，到广州、大连、杭州、南京、天津等城市去谈合作。节能减排的经济账一算，很多城市也纷纷加入绿色出行行列：

2014 年，南京市与比亚迪签订 650 辆纯电动大巴订单。

2014 年、2015 年，大连市投放了 1200 辆 K9 纯电动大巴。

2016 年，西安市投放 1100 辆比亚迪 K8 纯电动大巴。

2016 年，太原市 8292 辆传统出租车一次性全部被更换成比亚迪 e6 纯电动汽车，成为全球首个实现出租车 100% 纯电动化的城市。

……

与此同时，比亚迪 e6 纯电动出租车也进入了西安、杭州、大连、南京等多个城市。

王杰印象最深的是 2016 年深圳三大公交公司（深圳东部公交公司、深圳西部公交公司、深圳巴士集团）的订单招标，当时有五六家车企参与竞标。按照招标规则，评分高低与各方报价的平均值高度相关，所有报价的平均数乘以 90% 为满分。于是，预测对手的报价成为关键。王杰和团队不分昼夜地反复测算，研究报价策略，力争以更有利的价格拿下订单。2016 年全年，比亚迪收获了总数超过 8000 辆的订单。

订单就是市场，也是利润。2010 年，比亚迪商用车的销量为 309 辆，之后连年翻番，到 2016 年销售逾万辆。销量攀升的同时，比亚迪在杭州、青岛、大连等地的汽车生产基地也陆续建成投产。

2011 年后，在比亚迪汽车数年的低谷期里，商用车不仅贡献了财务收入（在某些年份甚至贡献了大部分利润），还带来了发展新能源汽车的信心和底气。王传福多次说："商用车团队在关键时刻，为公司有力量继续向前发展，做出了卓越贡献。"

在以比亚迪为代表的车企推动下，全国公交电动化率快速提高。2012 年，全国新能源公交车渗透率仅 10.8%，2019 年超过了 50%，2022 年达到 98.8%。深圳更是在 2017 年实现了城市公交车 100% 电动化，2018 年实现出租车全面电动化。"深圳经验" 在全国乃至全球被广泛推广。

网约车机遇

2014 年，深圳每天有 850 辆 e6 出租车穿梭在城市中。2010 年开始，4 年时间里，e6 出租车已经在深圳跑了 2.7 亿公里，单车行驶里程达到 64 万公里。但问题也不少：司机不相信电池技术、质疑产品性能、运营商抵触、充电桩布局不完善等问题始终存在。

面对出租车营运领域的推广困难，比亚迪急需一个突破口。让电动汽车被更多人看见、体验与认可，这就是对公市场，这个市场发展好了，就能推动私家车电动化，加速新能源汽车时代的到来。

王传福曾想在深圳建一个司机之家，请司机来开比亚迪的新能源汽车跑出租，由比亚迪提供宿舍，司机家属还可以在比亚迪工厂上班。通过合理的运营模式，形成一个电动出租车生态社区，但酝酿实操时比亚迪发现，这个想法还是不成熟。

2014 年，网约车市场的繁荣让比亚迪看到了机会。仅一年间，滴滴出行的用户就从 1000 多万变成了 1 亿，很快就占据了全国最大的市场份额。每个城市的出租车运营商各有不同，但网约车巨头只有一两家。

与滴滴出行合作无疑是撬动运营车市场的支点。2015 年，比亚迪和滴滴出行一拍即合。滴滴出行需要专业运力来服务用户，做大规模，而比亚迪想推动出租车电动化。2015 年 9 月，双方合资成立深圳市迪滴新能源汽车科技有限公司，品牌名为“亚滴新能源”。

几经探索后，亚滴新能源定位为一家网约车综合服务解决方案提供商，向运营商提供商业模式，包括购车成本、车队规模设计、租金收入、分成模式等，具体运营则交给运营商。

2016 年，比亚迪新能源汽车网络销售有限公司成立。如此，网约车、出租车等对公销售业务有了独立的渠道和产品。到 2023 年，比亚迪对公事业部的业务覆盖了国内网约车、出租车、驾考车、政企采购、城市物流、分时租赁、普通租赁等产品销售或租赁服务，并为绿色出行提供了车型定义、车辆销售、金融服务、运营赋能、售后专修等一站式解决方案。

比亚迪对公事业部总经理王俊保说，对公事业部的销售、管理、售后服务体系独立运营后，能更加精准、快速地响应市场需求。例如，在建立对公 4S 店时，销售团队就考虑到了客户的差异化需求，配套热水、简餐、躺椅等，而不是私家车 4S 店里的咖啡、电视、沙发。因为个人客户追求舒适、高级，但司机客户想要的是高效率、低成本。

2023 年，在全国营运车（含出租车、网约车）市场，新能源汽车销量为 74 万辆，[①] 比亚迪销售了 19 万辆，占比约 1/4[②]。新能源汽车低成本、易维护等优点得到市场认可，即便没有政府政策要求，司机在购车时也会偏向电动车。2016 年时，新能源汽车占全国网约车新车的比例仅

---

① 崔东树 . 全国出租网约新车市场分析——2023 年 [OL].[2024-02-22].https://mp.weixin.qq.com/s/DGTZpZnJ2J7qJOYNLbhgEQ.

② 2023 年全国网约车新增 85 万辆：埃安、比亚迪占一半 [OL].[2024-02-23].https://baijiahao.baidu.com/s?id=1791644491844877969&wfr=spider&for=pc.

12%，2023 年已扩大至 87%。[①] 网约车电动化之路得到充分验证。

海外公交电动化

比亚迪“三大梦想”的空间不只在中国，也在世界。和早期的电池、电子业务属于“借船出海”、由国际品牌带入全球价值链不同，比亚迪电动大巴和纯电动出租车的出海，代表的是先进产业能力的自主出海。

2013—2015 年，比亚迪的 K9 电动大巴和 e6 纯电动出租车快速覆盖全球多个市场，从 10 多个国家和地区发展到全球六大洲的 43 个国家和地区、190 多个城市。在很多国家和地区，比亚迪电动大巴和纯电动出租车的市场占有率都超过了 50%，甚至在 80% 以上。

出海当然不是轻歌曼舞。在美国，比亚迪就经历了一场“阻击战”。

2010 年 4 月，比亚迪北美总部在美国加州洛杉矶设立，目的是持续扩大北美市场。2013 年，在洛杉矶北部的兰开斯特市，比亚迪建造了北美最大的电动大巴工厂。该工厂占地 4.1 万平方米，相当于 6 个足球场，且招募了大量当地的生产工人和工程师。

为了欢迎比亚迪的到来，加州政府不仅提供税收优惠等政策支持，而且促成了比亚迪与加州长滩运输署的合作。2013 年 3 月，比亚迪获得了加州长滩运输署 10 辆纯电动大巴订单，价值 1210 万美元，其中 960 万美元来自美国联邦交通管理局（FTA）。

没想到，这份订单引来了轩然大波。美国舆论质疑称，“中国制造是劣质品”“比亚迪大巴性能落后”“中国企业抢美国的饭碗”，并以比亚迪不符合“对弱势企业扶持计划”“60% 美国制造”等为由，极力阻止订单落地。重压之下，美国联邦交通管理局给了长滩运输署两个选择：一是取消与比亚迪的订单，重新招投标；二是继续与比亚迪合作，但联邦政府不提供购车资金。

---

① 2023 年全国网约车新增 85 万辆：埃安、比亚迪占一半 [OL].[2024-02-23].https://baijiahao.baidu.com/s?id=1791644491844877969&wfr=spider&for=pc.

长滩运输署不得不取消订单，但比亚迪必须为自己正名。除了用舆论和法律手段进行反击，比亚迪毅然决定对产品进行 Altoona 测试[①]，用品质来说话。Altoona 测试又被称为“魔鬼测试”。在测试中，车辆要在颠簸路面持续行驶 2.4 万公里，经历翻滚、涉水、冰雪天气，甚至火烧等多重考验，以检测整车安全性、结构完整性、耐久性、动力性等。

真金不怕火炼。经过 116 天的锤炼，比亚迪 K9 成为全球首辆通过 Altoona 测试的 12 米纯电动大巴，同时，比亚迪获得了美国联邦交通管理局颁发的整车生产资质。拿到准入证后，比亚迪不仅夺回了此前的订单，而且又获得了 50 辆追加订单，创下当时美国最大纯电动大巴订单采购纪录。

之后，比亚迪电动大巴顺利“驶入”科罗拉多州、华盛顿州、加州羚羊谷、斯坦福大学、脸书（Facebook）园区等地。2020 年，比亚迪的 18 米纯电动大巴也通过了 Altoona 测试。

在欧洲，伦敦与比亚迪因绿色梦想相遇。2013 年，伦敦交通局在中国车展上体验了比亚迪电动大巴后，决定引入两辆 K9E 电动客车试运营。之后，伦敦交通局提出双层大巴的需求。相对于单层大巴，双层大巴的难点一是重量难以控制；二是重心比较高，达到侧倾标准比较难；三是空间有限。客户要求车辆里程能达到 200 公里，意味着要在车里布置四五张桌子那么大、重量超过 3 吨的电池，而双层车的上层有乘客，没地方放那么大的电池。研发团队想方设法，最终一一解决。

2015 年，比亚迪制造的全球首辆纯电动双层公交大巴在伦敦兰开斯特宫首次亮相。2016 年，比亚迪向伦敦交通局及运营商交付了 51 辆电动大巴。2018 年，伦敦再次订购 37 辆双层大巴。比亚迪的红色电动大巴穿梭在伦敦街头，成为流动的城市符号，彰显着城市的新魅力。在英国纯电动大巴市场，比亚迪占据 80% 以上的份额，覆盖曼彻斯特、伯明

---

① Altoona 测试是美国宾夕法尼亚州拉森交通运输学院旗下的 Altoona 大巴研究测试中心进行的一项权威测试。

翰、考文垂、利物浦等数十个城市。

为了满足日本市场需求，比亚迪团队在京都进行了详尽调研，与当地政府相关部门、客户及司机面对面交流，了解车辆进口规则、运营排班、日常使用习惯和车辆认证等信息。日本的技术法规种类繁多，仅一本《日本道路运送车辆保安基准》就有上百页。对法规的每一个字，比亚迪产品团队都做到了透彻理解。

功夫不负有心人。2015 年 2 月 23 日，K9 运营启动仪式在京都国立博物馆内举行。比亚迪成为首个进入日本市场的中国汽车品牌。[①]

日本政府对比亚迪非常欢迎，采用了日本传统仪式祈祝 K9 在日本成功运行。但有日本网友嘲笑说，“估计跑着跑着就散架了”，表示坚决不会乘坐。但运行一年后，比亚迪电动大巴无噪声、零排放、乘坐舒适的特点改变了大家的认知，甚至有人专程赶到京都坐电动大巴。埼玉县的一位司机在驾驶电动大巴车后说自己“不再郁闷了”：以前，燃油大巴在启动空调时的噪声常被附近居民投诉，但如果不开空调，车内温度就不舒适，这令他非常郁闷。有了电动大巴后，噪声问题没有了，而且还绿色环保，烦恼彻底没了。

在印度，比亚迪电动大巴则有一段特别的故事。

2016 年的一天，长驻印度新德里的比亚迪销售经理张杰接待了一位客人。对方是印度喜马偕尔邦首府西姆拉的政府官员。当地为了保护喜马拉雅冰川，决定使用环保车，电动汽车是他们考虑的车型之一。听说比亚迪销售电动大巴，便来询问：“你们的电动大巴能不能在我们的山上跑一跑?”

去考察时，张杰发现，从新德里出发到那里需要 16 个小时的车程。西姆拉位于印度最北部，坐落在喜马拉雅山南麓。政府所说的那条公交路线路况惊险，多是悬崖峭壁，海拔接近 4000 米。对方要求，因地理条件特殊，比亚迪的电动大巴要在当地试运营，通过了才能合作。

---

① 近年来进军日本的中国品牌（2）[OL].[2015-04-29].http://japan.people.com.cn/n/2015/0429/c35463-26923753-2.html.

虽然没有这么高海拔的运营先例，比亚迪还是调来了一辆K7纯电动大巴开始试运营。车辆每天上下山跑一个来回，共102公里。在盘山路上，车子大概平均一公里就需要转一个弯，而且山势险峻，可通行的道路非常狭窄，只允许一辆车通行，如果中途因故障停车，山路就会被堵塞，其他车辆就无法通行。

比亚迪的销售员和技术员每天跟车，全程站在司机旁边，观察大巴在运营过程中的SoC①变化，并及时记录下来。由于山上没有信号，他们每天都处于“失联”状态。那段时间，他们早上出发时带一些饼干、面包，半夜回到酒店，只能吃榨菜、老干妈就白米饭。

2016年3—10月，经过93天的试运营，比亚迪电动大巴获得了肯定。12月21日，比亚迪与印度客户的50辆电动大巴订单正式签署。

在某种程度上，比亚迪就像一个教育机构，到处落地，告诉大家关于电动汽车的一切，在世界不少地方播下了公交电动化的种子。2013年，第一辆比亚迪K9运至印度金奈港口时，因为不知道该交多少税，无法下船。这辆车没有发动机，无法确定税率。比亚迪人向海关工作人员解释了电动大巴的工作原理，最后以“试验车”的名义清关。5年后，比亚迪在印度电动巴士市场的占有率超过80%，而且还设立了工厂，政府、民众对电动汽车也不再陌生了。

打破大锅饭

除了提升品质、重塑品牌和新辟市场，比亚迪在组织管理上也进行了调整和变革。

进入调整期之前，由于发展迅猛，公司内部机构不断增多，人数在万人以上的事业部就有6个，在利益分配上主要采取“大锅饭”“平均主义”策略，出现了内部机构臃肿、人浮于事等问题。2011年，王传福提

---

① SoC（State of Charge），电池荷电状态，也叫剩余电量，是电池剩余容量与电池额定容量的比值，常用百分比表示。

出“下放自营权，自负盈亏”的策略，打破“大锅饭”模式，向管理要效益，以创新谋未来。

比亚迪电子就率先通过管理创新、技术创新，迎来了春天。

他们打破“大锅饭”制度，实行自主经营自治，并配合激励政策，将事业部和员工的主人翁意识充分调动起来。同时，比亚迪电子改变单一客户为主的模式，向多元化、多样化方向发展。

英伟达是全球知名芯片企业，比亚迪在 2009 年与其建立了合作关系。为了开发英伟达的车载娱乐系统主板，比亚迪承担了巨大的前期投入，每个月都亏钱，虽然犹豫过，但还是坚持下来了。比亚迪电子还建了一条专线做开发。2014 年，这款产品成功量产，用在了宝马、奥迪等汽车上，创造了丰厚利润。

2010 年，通信技术升级，智能手机时代来临，在 3G 网络向 4G 网络过渡时，所有手机厂商都面临一个难题：手机天线作为信号的接收端，受金属影响，信号变差。智能手机在拥有大屏幕的同时，也要求更高强度的金属一体化设计，手机厂商无法继续采用原有的金属外壳结构，但短期内又没有新的设计方案，这导致比亚迪的金属结构件业务严重受挫，仅凭诺基亚一个大客户就能养活七八千人团队的好日子也结束了。当时，负责第一事业部金属结构件生产管理的江向荣说：“订单一下子都没了，搞得人心惶惶。本来前两年盈利还不错，2011 年感觉又亏损了。”

但与此同时，比亚迪也迎来了新机会。在公司支持下，比亚迪电子 2010 到 2011 年间，研发人员从 40 人增加到 110 人。江向荣一边想办法增加研发投入，同步钻研核心技术和分支技术，稳住研发人才；一边带队坚持拜访客户，隔三岔五地就去跟诺基亚、摩托罗拉、谷歌、HTC 等客户方了解项目新需求、技术新进展等。

解决手机信号被金属材质外壳屏蔽的关键在于：把金属和塑胶结合，让信号通过塑胶位置实现无障碍发射。但两种材质的结合力要很强，哪怕塑料本身断开，也不能从金属和塑胶的接合处断开。

怎么才能做到这一点呢？

一定要把塑胶材料扎到金属材料里面，就像树根扎进土壤那样。

怎么扎呢？

在金属里打孔。

怎么打孔呢？

可以采用化学腐蚀技术。

如此推导之后，各种技术的底层逻辑就呈现出来。研究团队的解决方案是：先用化学方法把金属合金材料表面腐蚀出一些纳米级微孔，再通过纳米注塑技术，把塑胶料灌入孔中，让塑胶料和金属具有掰不开的结合力。因为塑胶不导电，天线信号就可以通过塑胶透出来。

这个创想首先在笔记本电脑上得以实现。2011 年，谷歌计划生产全新笔记本电脑，除了屏幕，全金属机身，这就要求解决天线问题并做阳极氧化效果。当时仅日本一家公司有类似技术，但不满足需求。比亚迪研发团队 3 个月自研成功了 PMH（金属塑胶超强结合）技术。该技术不仅实现了超强金属塑胶结合，有阳极氧化色彩，而且保证了天线信号，完全满足了谷歌客户的需求。

2012 年 6 月，HTC 公司与比亚迪合作，打造了全球第一款采用 PMH 技术的手机——The New HTC One，开 4G 时代金属一体化手机的先河。2013 年 2 月，这款旗舰智能手机成功发布。此后七八年时间，PMH 技术成为一种主流技术，比亚迪则因快人一步，抢占市场，赢得了大批量订单。

"有了 PMH 技术，大的商机就来了。"江向荣至此算是松了一口气。比亚迪电子既有的团队和模具加工能力，加上新投入的大批精密加工设备，迅速打开了市场，他们先后与诺基亚、三星、华为、vivo、小米等大客户达成 PMH 金属结构件的业务合作。PMH 技术被几乎所有主流终端手机品牌广泛采用。

有创新技术在手，比亚迪电子可以为客户提供更强的支持，迎来了一个新的春天。2013 年，比亚迪电子的销售收入同比上升 13.99%，回升到 160 亿元，之后更保持着连年增长。

少有人知的是，在低谷期，曾有外部公司想收购比亚迪电子，但被王传福拒绝了。杨龙忠说："别人可能觉得卖出去能挣一大笔钱，但以王总的性格，他不会轻易放弃，不会把自己生的孩子送到别人家去，更何况比亚迪电子的超精密制造能力是比亚迪的一个'宝'，甚至是无价之宝。"

汽车越来越电子化、电动化、智能化，比亚迪电子对于比亚迪汽车的发展将起到不可低估的重要作用。这一点，会随着时间的推移变得越来越明显。

第七章

将电动化进行到底

创新要走差异化路线，哪怕 1% 的希望，总比 100% 的失败要好。

站在 2024 年回首比亚迪汽车的历史，不难看到：自 2005 年自主研发的 F3 上市后，它走出了一条极为强劲的上升曲线，至 2010 年，攀上年销 50 多万辆的高点。此后直到 2020 年，比亚迪汽车年销量一直在 40 万 ~50 万辆的水平波动。同期，吉利、长城、长安等车企均突破了 100 万辆。

我们一直想找出那十年徘徊的原因。容易想到的是，比亚迪在燃油汽车和新能源汽车两个赛道上“双线作战”，精力和资源不可能充分供给。实际上，比亚迪将大量精力投入新能源汽车这一线，没有下注自主品牌燃油汽车的爆发。在新能源汽车领域，比亚迪作为探路者，没有可模仿的对象，连可借鉴的也极少，只能一点点摸索，吃更多苦，经更多难，这个过程无法浓缩。

在稍显漫长的十年里，比亚迪的城市公交电动化表现出彩，但不足以实现产业级的大变迁；要实现产业级的大变迁，关键还在私家车市场，而困难也在这里。

十年徘徊，其实是十年坚持。比亚迪目标坚定，片刻未停。波澜不惊的海面下，激流浩荡，大潮滂湃。从产销量看，这是不如人意的十年；从内涵看，则是年年都在成长的十年。

性能革命

王传福坚信，在通往纯电动汽车的道路上，双模混动汽车是必经之路。在 2008 年推出 DM1.0 系统后，比亚迪十分坚定地投入 DM2.0 的研发。DM1.0 以节能为技术导向，动力性能偏弱，因此，在研发 DM2.0、DM3.0 时，比亚迪将重心放在了增强动力性能上，对动力总成提出了更高要求。在工程师的努力下，发动机和电机技术不断突破，每次点火成功的消息都令他们振奋不已。在市场上，一系列搭载新技术的 DM 车也打开了局面。

比亚迪在 DM 路线的价值，即将被时代证明。

TID，加速动力性能变革

在成功开发 483、473、371 发动机，以及手动变速箱后，王传福在 2008 年提出，要对先进的动力总成技术做储备。

2009 年，比亚迪 1.5L 排量 TI 发动机研发立项。TI 是两种技术的缩写，T 代表涡轮增压（turbocharging）技术，I 代表缸内直喷（direct injection）技术。与之前的自然吸气发动机相比，TI 发动机响应速度快且成本可控，是业内的领先新技术。

对于动力总成的另一重要部件——变速箱，比亚迪选择了自研双离合变速器（DCT）。当时，这种变速器以高效的动力传输和快速的换挡速度备受市场青睐。

第十七事业部的新任务是尽快完成 1.5TI 发动机和 6DT25 双离合变速器开发。两者将组合成比亚迪新一代动力总成系统——TID。动力总成里有很多看不见、摸不着的工艺技术和窍门，即使模仿也不见得能做出来。如果不了解工艺技术，不理解所有相关技术细节，就很难造好。

为了保证开发速度和产品质量，比亚迪仍然选择了垂直整合。经过前几代发动机研发，比亚迪已有一支600人的动力总成技术研发队伍，包括模具工程师、铸造工程师和各种零部件的工程师，以及品质检测工程师等。他们掌握了从铝锭（原材料）到发动机总装下线的全部技术，对模具工艺、铸造工艺、各种零部件工艺，以及发动机的加工工艺、装配工艺，甚至装备制造，都有非常充分的研究。在他们眼中，因为掌握了全套的工艺和装备，所以比亚迪不光能生产发动机，还能“生产”用来制造发动机的整个工厂。

现任第十四事业部副总经理姚伟，从上海交通大学自动控制专业毕业后就在做发动机控制方面的项目，2003年受邀加入比亚迪，进入第十四事业部。他最初参与的项目是研究发动机上的ECU（电子控制单元）。2005—2007年，他们用了两年时间都没有研发成功。在硬件方面，外购一些芯片方案就可以，软件则比较麻烦。发动机在不同环境下应当如何控制，要靠软件调整，但软件就像黑盒子一样，难以捉摸。他们在483发动机上用了自研的软件，装了几十台车，给公司高管用，结果问题很多，而且没法分辨是硬件问题还是软件问题。姚伟到处去给人修车，感到“太折磨人了”。在开发1.5TI发动机时，他至少有半年时间都是在车上调试软件，最终成功完成目标。当时，90%以上的国内自主品牌都是由外部公司进行ECU匹配，比亚迪是极少数自研ECU的公司。

垂直整合让研发变得更加高效。以双离合变速器为例，比亚迪曾与一家国际知名的变速器供应商沟通，采购对方的双离合变速器模块，但由于涉及匹配、产能等一系列问题，对方表示要等到2015年才能交付，于是比亚迪决定自己做。通常，一款双离合变速器从设计开发到制造样机需要几年时间，但比亚迪只用了不到一年，为整车磨合测试环节节约了大量时间。为什么这么快？从一个小例子就可理解一二：在研发期间，第十七事业部的工程师在线路板上遇到瓶颈，比亚迪电子事业群的工程师立马加入，双方的能力相结合，集成创新，问题得到了解决。

垂直整合还便于各个团队协同作战，一边设计，一边进行模组评审和工艺评审。这样一来，设计人员能及时了解模具、工艺的要求，工艺团队也能第一时间知道产品的技术要求，沟通无阻，流程高效。

当然，与供应商的合作也很重要。喷油嘴、高压油泵、涡轮增压器等关键部件，比亚迪都采购了供应商的产品，确保了产品品质。

2011 年 1 月 23 日，比亚迪 1.5TI 发动机点火成功，TI 发动机与双离合变速器完美组合，形成了比亚迪的 TID 黄金动力总成，这是国内自主品牌中，第一款涡轮增压缸内直喷发动机和双离合变速器。基于缸内直喷、可变气门等创新技术，发动机的技术指标和经济参数都处于领先水平。6DT25 双离合变速器则让车辆的换挡速度更快，燃油经济性提高了约 6%，动力传递效率也更高。而且由于 TID 动力总成将电机、电控、变速器等部件集成在一起，使得车辆空间更大、重量更轻，燃油效率、动力性能更强。

1.5TID 动力总成研发成功之后，比亚迪又很快开发了 1.2TI、1.8TI、2.0TI 发动机和 6DT35 湿式双离合变速器，并装车上路。

TID 动力总成不仅被搭载在燃油汽车上，比亚迪还将其用到了 DM2.0 混合动力系统中。与 DM1.0 系统的 1.0L 自然吸气发动机、单离合器相比，DM2.0 系统的 1.5TID 动力总成更强劲。

“秦”，生逢其时

2013 年 12 月 17 日，DM2.0 系统的首搭车型比亚迪秦 DM 上市。DM2.0 的驱动效率比 DM1.0 提升了 7%，使得秦 DM 在动力电池重量比 F3DM 轻一半、电池容量从 16 千瓦时降为 10 千瓦时的情况下，纯电动续驶里程依然达到了 70 公里。

以历史上统一六国、统一度量衡的秦朝，来命名领先中国汽车市场的插电式混合动力汽车，代表了一种期盼——秦将开启中国新能源汽车的划时代之门。

此时，国家对新能源汽车的支持力度也再上新台阶。2013 年 9 月 10 日，国务院印发《大气污染防治行动计划》，第一条就提到：“大力推广新能源汽车。公交、环卫等行业和政府机关要率先使用新能源汽车，采取直接上牌、财政补贴等措施鼓励个人购买。北京、上海等城市每年新增或更新的公交车中新能源和清洁燃料车的比例达到 60% 以上。”

在减免购置税、不限指标等政策的驱动下，全国新能源汽车销量从 2010 年的不足万辆增长到 2014 年的 7.48 万辆①，2015 年则超过 33 万辆②。蔚来汽车、小鹏汽车、理想汽车等造车新势力，也在 2014—2015 年间相继创立。

2014 年 4 月 22 日，首次访华的“硅谷钢铁侠”马斯克在北京向中国首批 Model S 车主交付了车钥匙。马斯克的流量效应与特斯拉的先锋形象融成一股强大的引力，让电动汽车的大众认知度迅猛提升。

众人拾柴火焰高。“独行侠”比亚迪摸索的小路，即将成为通衢大道。

秦 DM 一上市，迅速雄踞新能源汽车销量榜首。上海比亚迪 4S 店的销售员仅是拿着秦 DM 的画册，每天就可以卖出 30 辆车，车管所曾一度被其“霸占”。这里有一个特殊原因。之前因为限购，上海市民为获得车牌，要在网上参加拍牌，动辄就要支付七八万元的牌照费。2014 年 3 月，比亚迪秦 DM、北汽 E150、荣威 550 Plug-in 等插电式混合动力汽车被纳入上海私人新能源车型目录，市民只需购买一辆新能源车型，即可免费上牌。

如何让消费者感知秦 DM 的强大性能？2013 年 10 月 27 日，北京密云机场持续的发动机轰鸣声，以及轮胎与地面的摩擦声给出了回答。比亚迪在此举办“秦战列国”0~400 米直线加速擂台赛，让秦 DM 与奔驰 C 级、英菲尼迪 G35 等名车一决高下。在激烈角逐后，秦 DM 取得 19 胜 15 负的成绩，将保时捷 911、高尔夫 GTI 等车甩在身后。数据显示，比亚迪的擂台赛现场视频在几天内就获得了超过 4000 万次的点击量，赢得性能卓越的口碑。除了北京，比亚迪还在全国多个城市举行了

---

① 2014 年我国新能源汽车销量同比增 3.2 倍 [OL].[2015-01-16].https://www.china5e.com/news/news-895339-0.html.

② 2015 我国新能源汽车产销量高速增长，预计今年销量翻一番 [OL].[2016-01-16].http://m.cnr.cn/news/yctt/20160116/t20160116_521153634_tt.html.

“秦战列国”活动。

除了动力，品质是消费者牵挂的另一重要因素。为此，比亚迪针对秦DM提出了“6年或15万公里”的超长质保期，减少了消费者顾虑。

从秦开始，“王朝”逐渐成为比亚迪车型的重要谱系，改变了早期“字母+数字”的命名模式。这在业内也是首创。在最初内部讨论时，对于用朝代命名、做车标，大部分人是存疑和反对的，觉得太另类、不洋气。但王传福说：“我们连很简单的中国字都不去传承的话，谈何实现中国梦？我们要坚持走下去，证明用中国字是一种骄傲，能增加销量，不是减少销量。”为此，比亚迪一口气注册了18个王朝，从“夏、商、周”到战国七雄（齐、楚、燕、赵、韩、魏、秦），再加上“汉、晋、隋、唐”和“宋、元、明、清”。

王传福对使用汉字做车型名字的想法早已有之。在F3上市时，他就谈到，车型的名字就是一个记号，名字好记，传播阻力就小。F可以诠释为first（第一）的意思。如果中文传播阻力小，比亚迪车型也会取一些中文名字。

秦发布上市的2013年，比亚迪汽车总销量47万辆，比上一年增加5万辆；集团营收528.63亿元，扭转了下降的态势。2014年，秦销量近1.5万辆，占全国插电式混合动力汽车销量的一半。

“542”重新定义汽车标准

秦之后，是唐。与大唐盛世对应的唐，在性能方面更为强大。也是从唐开始，比亚迪明确将“王朝”作为一个系列。

项目攻关期间，唐的项目负责人赵炳根每两天就要给王传福做一次汇报，一般是晚上11点半之后发微信。通常，王传福在这个时间点就没有其他会议了。

王传福为什么对唐如此上心？因为唐是比亚迪“怀胎”最久的车型之一。早在2007年，比亚迪就组建了一个团队，研发一款高性能SUV产品，这就是唐的前身。

那时，F3DM已经开发出来，但还不够成熟。做新车型时，王传福提出，要提升动力，还要解决某些工况下发动机不能发电等问题。但由于动力总成技术没有突破，DM 系统架构也在不断调整，新车型在性能上始终达不到理想状态，走走停停，团队也换了两三拨人。大家压力特别大，如果再做不出来，这个车型就废了。等到动力总成技术终于突破，DM2.0 终于确定，唐才等来了新的希望。

另一边，汽车工程研究院正在研究混动汽车技术标准。作为先行者，比亚迪决定率先研究混动技术标准。工程师确定了响应速度、爬坡高度、零百加速时间等一系列测评指标，涉及山路、沙坡、雪地、水路等多个工况。基于这套评价体系，比亚迪“542”战略应运而生，从性能、安全、油耗三方面重新定义汽车标准：5 代表百公里加速 5 秒以内，4 代表极速电四驱，2 代表百公里油耗 2 升以内。

以“542”为目标，各团队全力以赴。有一些棘手的问题，要经过十几天甚至数月时间，尝试几十种不同方法、上百种数据组合才能解决。例如，电控工厂的软件工程师发现，电机扭矩和发动机扭矩叠加在一起匹配时，会造成不平顺，但想了很多办法，都没有实质性突破。一天，罗红斌提出建议，把电驱动扭矩响应和发动机扭矩响应分开，这样在模式切换时，电机响应会慢一些，就能更好地配合发动机，效果果然良好。类似油门响应、行车发电响应、整车噪声等问题，也在不断测试和改进中一个个得以解决。

2014 年 4 月北京车展，比亚迪发布了“542”战略。同时，首款“542”战略车型“唐”也一同发布。2015 年 1 月 20 日，比亚迪首届迪粉大会上，插电式混动汽车比亚迪唐公布预售价并在第二天开启预售。这款车作为三擎四驱双模 SUV，有三个引擎，即一个 2.0TI 发动机，以及两个电机。在 DM2.0 的架构下，百公里加速 4.9 秒，比秦 DM 快 1 秒，百公里油耗达到 2 升。而且用电控取代机械控制后，唐 DM 的响应时间达到 20 毫秒，大大优于燃油汽车的 200 毫秒，操控性、安全性等得到大幅提升。在纯电模式下，它的续驶里程为 80 公里。

与秦一样，唐 DM 也开启了擂台赛。深圳、西安、成都等地相继举办了“唐战番邦”活动，唐 DM 与保时捷、丰田、宝马、沃尔沃、奥迪等品牌的跑车、SUV 车型同台较量，验证唐 DM 的性能。在一次较量中，唐 DM 的 0~200 米直线加速取得了 17 胜 3 负的成绩，只落后于宝马 M4、宝马 i8 和迈凯伦这三款豪华跑车。

在唐 DM 的高性能助力下，比亚迪汽车进入 20 万元以上的品牌队列。2015 年，唐 DM 销量超过 1.8 万辆，新能源乘用车年销量超 6 万辆。从销量来看，比亚迪新能源汽车在 2015 年已是“中国第一，全球第一”。

攻克“没电一条虫”

第一代唐 DM 虽然搭载了 DM2.0 系统，但仍有许多指标需要优化，DM2.0 也有许多指标需要优化。王传福经常和工程师讨论油耗、噪声、换挡舒适度、动力性能等问题。最头疼的是，为什么亏电油耗比较高？为什么“有电一条龙，没电一条虫”？

有一次，王传福乘坐唐 DM 去接朋友，半路上电量见底，车辆发出比较大的噪声，换挡时也出现卡顿。朋友开玩笑说，“感觉像台拖拉机”。

回到公司，他立即组建了能耗与平顺性项目组，攻坚唐 DM 在亏电状态下的性能问题。项目启动会上，他分享了这段经历，坦言“觉得很丢人”，鼓励大家憋足劲，把问题解决了。他的技术秘书、曾参与 DM1.0 项目的杨冬生受命担当此任。

工程师们首先理解研判 DM2.0 的设计制造逻辑，包括控制策略、结构设计理念等，再从现象和理论入手找到问题原因，然后制订优化方案。他们研究探讨的结论是：电机架构需要重点优化。

于是，在研发 DM3.0 时，比亚迪加入了 P0 电机，形成“P0+P3+P4”的电机架构。新增的 P0 电机位于发动机前端位置，最大功率 25kW，它不能独立驱动车辆，而是通过一个高压 BSG 电机——又称“启动发电一体机”，顾名思义就是兼具启动和发电两大功能。

高压 BSG 电机在应用中的第一个重要作用就是增强驾驶舒适性。它能从高压动力电池取电，辅助发动机启停，让车辆启停更平稳。在变速器换挡时，它可以迅速调整发动机转速，大幅减少车辆换挡的顿挫感。

第二个重要作用是弥补 DM2.0 亏电能力弱的缺点。这是因为，在低速行驶或亏电状态下，发动机可带动 BSG 电机发电，让驱动电机增强“电力”，从而保证动力性能，减少油耗。BSG 电机可以根据行驶工况进行智能发电，延长纯电续驶能力，有效减少亏电情况的发生，还可以让发动机长期处于高效转速区间，从而节省能耗。

此外，DM3.0 配备了功率更大的 P4 电机，使电机的功率达到 180kW。加上自研的 2.0TI 发动机、六挡湿式双离合变速器（HDCT），使得系统的性能更强，能实现 4.3 秒的百公里加速能力，比 DM2.0 快 0.6 秒。之后，在“P0+P3+P4”的架构基础上，比亚迪还开发了“P0+P4”和“P0+P3”两种架构，以满足不同市场需求。

全新一代唐 DM，性能再进阶

第一个搭载 DM3.0 的车型是全新一代唐 DM。该车型同样以“唐”命名，但是在设计、动力性能等各方面都全面进阶。

全新一代唐 DM 是自主品牌首款进入 4.5 秒以内的中型 SUV。它采用前后双电机布置，实现全时四驱控制，整车毫秒级响应，加速性能媲美跑车。整车最核心的是“P0+P3+P4”架构。全新一代唐 DM 整个系统动力强劲，后驱配置也非常合理，扭矩非常大，三引擎同时发力，瞬间能爆发出 950N·m（牛·米）扭矩，百公里加速 4.3 秒。放眼全球，百公里加速能达到 5 秒以内的 SUV 车型普遍售价要 100 万元以上，如百公里加速 4.8 秒的宝马 X6 xDrive50i 4.4T 车型，当时售价约 260 万元。

全新一代唐 DM 可以说体现了比亚迪不计成本追求技术创新、追求用户极致体验、强大中国车的造车精神，是比亚迪汽车正向开发的代表作。

2014 年，第一代唐 DM 的开发进入尾声时，赵炳根向廉玉波提出启动下一代唐的开发。在开发第一代唐 DM 时，工程师们就感到了逆向开发存在诸多限制，想跳出框架，“从原材料开始，买菜、洗菜、切菜，到炒菜，都自己干上一场”。

王传福和廉玉波都表示支持，决定在新车型上搭载DM3.0系统。

“只要你想创新，公司恨不得你马上去。你只要告诉王总一个新想法，理由差不多能站得住，他一定会支持你。你可以去做创新尝试。失败了，公司也愿意给你买单。”赵炳根兴奋地说。

兴奋之余，工程师们也感受到了压力。外形不能像别的车，每个拐角、倒角，连每个分缝都要反复推敲斟酌；设计车门时，要考虑各种身高、体型的人上下车是否会碰头；设计座椅时，要考虑司机的坐姿，是否在任何角度都能有很好的视野；玻璃的倾斜度、弧度等每个参数，都要自己定义；内饰也全部由自己设计……大家天马行空，创造力得到极大释放，但相应的工作量也比逆向开发时增加了5~10倍。

全新一代唐车型项目组的核心骨干不到10个人，而且都很年轻，但廉玉波把工程院一批核心工程师都放在了这里，车身、底盘、高压等每一个部分都有专人负责，他们背后是整个工程院的力量。

王传福要求，“不能让别人觉得这个车像谁，哪怕再好看也不行”，“要集全公司之力支持开发”。项目组买了几十辆顶级配置的品牌车。这次不是拆车，而是让工程师们增强体验感。工程师们觉得，“工程师一定要知道高级车开起来和普通车的差异到底在哪里。买这么多好车，先感受，这在比亚迪是前所未有的”。

正向开发让工程师实现了更多好的想法。例如在主动安全方面，他们加入了AEB（自动紧急刹车系统）功能，让车辆在捕捉到路障时主动刹车，避免碰撞。这是全球领先的做法。为了提升被动安全能力，他们不仅选择了更高强度的车身材料，也对车辆结构做了创新设计，比如在空间设计时隔绝电路和油路，以免短路燃烧。通过结构调整，车辆在遭遇后碰时，能在20毫秒内切断所有高压器件运行。

在比亚迪的碰撞实验室，数百辆唐DM的工程车被全方位强力碰撞，高空坠落，正面碰撞，侧面碰撞，翻滚碰撞，仅碰撞试验就花费了数亿元。后来，全新一代唐 DM 成为全球第一款做 C-NCAP[①] 碰撞测试的新能源汽车，而且获得了五星安全认证。

选择车身颜色时，工程师非常大胆地选用了赤帝红。在一款大型 SUV 上使用红色需要勇气，项目组斟酌了好久，最后廉玉波顶着压力拍板，让全新一代唐 DM 更有中国龙的霸气。

随着设计、匹配、验证等各项工作的陆续完成，全新一代唐 DM 即将亮相。王传福非常关心项目进展，每周都要到现场。项目团队花重金打造了和真车基本一样的样车。

工程师们用“惊艳”来形容这款车的外形。前脸是张开的“龙嘴”，配以“龙眼”大灯，给人气势磅礴的感觉；车身线条流畅，腰线从前翼子板延伸至尾灯，像一条舞动的龙，又兼具沉稳大气的风范；贯穿式尾灯设计，极具现代科技感；车辆轮毂和内饰时尚动感，极具张力。

王传福对销售团队说：“以前车卖得不好，你们说是不好看，以后没理由了吧。”

2018 年 6 月，全新一代唐 DM 上市。当年，新车销量超 6 万辆，占全国插电式混动汽车销量的 22%，并成为国内新能源中型 SUV 月度销量冠军。

颜值革命

比亚迪全新一代唐内外兼修，不仅性能强悍，超高的颜值也让消费者眼前一亮。

2020 年 7 月 14 日，国家知识产权局揭晓了第二十一届中国专利奖评审结果，比亚迪全新一代唐凭借“Dragon Face”（龙脸，比亚迪内部也会称为“龙颜”）家族式设计语言，一举斩获中国专利奖（外观设计）金奖。

① C-NCAP（China-New Car Assessment Program），中国新车评价规程，是中汽中心汽车测评管理中心负责的新车安全评价体系。

该车型采用国际大师沃尔夫冈·艾格（Wolfgang Egger）设计的“Dragon Face”家族式设计语言，融汇东西方美学智慧，将中国深厚的哲学与文化倾注于科技感极强的工业设计美学中，树立了汽车外观设计新标杆。

比亚迪进入汽车行业10多年，没有人怀疑其技术实力和工程化能力，但也很难把比亚迪和美学、时尚画等号，汽车设计一直是短板。比亚迪设计的真正突破，还是在请来国际化团队之后。

2016年11月，受廉玉波邀请，53岁的沃尔夫冈·艾格离开德国，来到深圳，成为比亚迪设计团队的领军人。他30岁就成为意大利跑车品牌阿尔法·罗密欧的设计总监，后来负责过西班牙品牌西雅特、意大利品牌蓝旗亚的车型设计，44岁成为奥迪的设计总监。他设计过许多经典作品，例如西雅特Cordoba，蓝旗亚Delta，奥迪A1、Q7、R8等。

到比亚迪设计电动汽车，让艾格感到很兴奋。他很快融入了比亚迪200多人的年轻设计师团队。王传福给了他足够的信任和空间，让他尽情发挥。

很快，艾格注意到比亚迪正在研究的中国文化设计元素。在开启“王朝”系列后，王传福定了一个原则，要体现中国文化，用中国元素设计。他不仅要求把王朝汉字作为车标，甚至要把车上所有的标识性文字从英文字母简写都变成中文。改按键标识的时候，虽然中文的笔画多，开关又很小，文字辨识不清，但工程师们还是想办法改好了。比亚迪车上的“Auto”变成了汉字“自动”，“OFF”变成了“关”。

在汉字书法、古建筑等中国文化元素中，最吸引艾格的是中国龙。当时，比亚迪有设计师已经画了一些草图，体现出龙头、龙脸的感觉。艾格眼前一亮，“龙代表着中国文化，是非常好的故事，而且已经有雏形了”。

接下来的问题是：如何发展这个故事？如何用设计语言表达出来？设计师们从龙嘴、龙须、龙鳞、龙爪等各种动态和静态元素上寻找灵感，也广泛搜寻人们心中龙的意象是什么。艾格希望消费者看到产品时，能和品牌产生情感共鸣，马上记住，不会忘记。

车的前脸、整车姿态是设计中非常重要的部分，识别度很高，也能表达出设计情感，吸引人探索背后的故事，并产生符号记忆。艾格在这些方面花了很多时间。

2017年，比亚迪发布了第一款“龙脸”设计语言，车型是宋MAX，该车型后获第二十二届中国专利奖（外观设计）金奖。作为“龙脸”的初代车型，宋MAX的前格栅配以大面积横向的镀铬条，像张大的“龙嘴”；隆起的机盖线条，神似龙头，传递出力量感和尊贵感；前后车灯都有修长的亮条相连，形似龙须，灵动非凡。

为了实现“龙睛”的风采神韵，比亚迪用LED（发光二极管）车灯替换了卤素灯。LED车灯更美观、环保，但成本更高，业内50万元级别以上的高端车才有此配置。比亚迪是第一个把LED车灯用在10万元级别车上的企业。

其实早在2003年，比亚迪就开始研究LED车灯，并自制了一款用于F3车型的尾灯。2009年，王传福启动LED光源技术研究，同年3528系列、食人鱼系列产品向比亚迪汽车大批量供货。2016年在参加日内瓦国际车展时，王传福发现，LED车灯的普及率还是很低，一个LED车灯价格是传统车灯的3~5倍。他问第六事业部总经理陈刚，能不能做到传统车灯的价格？两人用一个晚上测算LED灯的制造成本，精确到产品原材料有多少种，一种用量多少，成本多少。测算完，陈刚说基本能做到。王传福回国后立即大力推动各个新车型全面车灯LED化。LED车灯不仅为宋MAX起到了画龙点睛的作用，而且很快在业内普及，引领了车灯高效化、集成化、个性化的设计潮流，比亚迪LED车灯成为引领业界的标杆和典范。

说到宋MAX，这里还有一个故事。那是2014年年底，王传福与廉玉波在国外出差，在异国他乡的街头，看着车来车往，他们发现有很多家用的MPV车型又大又宽敞，非常适合一家人乘坐。联想到中国人注重亲情，很多家庭外出游玩时都是一家七口的结构。两人稍做讨论，就达成一致：做一款适合国内家庭使用、填补市场价位空白的MPV。2015年“全面两孩”政策出台后，MPV市场果然升温。

2017 年 9 月 25 日，当宋 MAX 出现在北京水立方发布现场时，人们看到了一个不一样的比亚迪。“首款龙脸设计”“沃尔夫冈·艾格亲自操刀”“颠覆性颜值”等很快成为热议的话题。12 月，宋 MAX 取得了月销量破 1.5 万辆的成绩，2017 年全年销量超过 3 万辆。

2018 年的一天，艾格途经坪山园区一个拐角处的厂房时，脑海里闪现出未来设计中心的样子。他随手在一张餐巾纸上，用简单线条勾勒出大楼的外观。仅 10 个月后，比亚迪全球设计中心建成，图纸变成了现实。这座方形建筑外观通体黑色，晶莹剔透，采用简洁硬朗的线条元素，宛若一座神秘的“黑水晶”，引人向往和探索。

“黑水晶”内，设计氛围浓厚，激发着设计师们的灵感和创造力。在 6000 多平方米的油泥模型[①]区，设计师可在不同距离、不同高度、不同角度对新车模型进行无障碍观察。全球最前沿的设计工具则帮助设计师去实现想象：意大利五轴加工设备的加工精度≤ 0.025 毫米，能在约 5 个工作日完成 1∶1 油泥模型；德国油泥切削设备让以往一两周的修改周期缩短到小于 24 小时；微间距 1.2 毫米 LED 巨幕，可实现两车 1∶1 对比呈现，达到“沉浸式”VR（虚拟现实）评审效果。

2019 年 6 月 25 日，王传福在全球设计中心落成仪式上说：“技术，是比亚迪的硬实力；而设计，将成为比亚迪的软实力。技术与设计，两手都要抓，两手都要硬，要让比亚迪的产品从‘技术’单轮驱动转变为‘技术 + 设计’双轮驱动。”比亚迪要引领电动化和智能化设计新潮流的愿望跃然而出。大量优秀设计师汇聚于此，他们年轻、热情、专注、勤奋，推动着新能源汽车的“颜值革命”。

亲近消费者

在技术、产品之外，新能源汽车的市场培育是一大重要课题，也是

① 油泥模型是一种汽车设计工具，它由黏土状的油泥制成，具有良好的填充性、附着力和色彩表现力，便于设计师塑造汽车的外观和内饰造型。

一个全新课题，世界范围内都没有先例可以效仿。改变消费者过去的认知，创造全新的认知很难，但却是先行者、开路者的责任。过不了这道坎儿，就永远到达不了梦想的彼岸。幸运的是，比亚迪播下希望的火种后，便有很多人追光而行。

直连顾客

随着秦 DM、唐 DM 等车型的上市，比亚迪汽车的产品结构开始变化。2014 年，比亚迪燃油车的销量同比下降约 21.33%，新能源汽车则同比增长 9 倍。虽然在总量上燃油车仍是主体，但实际上，新旧之间此消彼长的态势已露端倪。于是比亚迪提出，要为新能源汽车市场的到来做好准备，进行渠道升级与扩建。不过，真正响应的经销商并不多。

比亚迪决定自己投资，开设直营店，探索一条新路径。2015 年，比亚迪成立新能源车直营管理事业部。在公司战略的号召下，不少研发部门的经理、工程师积极加入直营店的建设。

杨燕煌就是其中一位。他 2006 年大学毕业后就进入比亚迪，在第二事业部做电池设计的机械工程师。他性格内敛，从未做过销售管理工作，但在比亚迪工作多年，充满敢闯敢拼敢钻研的精神。他抓住机遇，竞聘为第一批直营店店长。2016 年年初，他来到上海，选址开店。作为后来者，他想找到好位置非常难。杨燕煌跑遍了上海的街道，在最绝望的时候，他一个人在马路上流泪。但他没有放弃，每天不停地走、不停地找，终于在半年后，为上海直营店找到一个合适的店址。

2017 年年初，杨燕煌卖出第一辆车。他用工程师的视角分析：客户是怎么来的？车是怎么卖出去的？如何获得客户线索？如何邀约？如何洽谈？如何成交？通过深入拆解每个环节，他整理出一套销售标准，建立起销售的工作流程、模型，并用到团队建设中。2018 年后，他们的成绩在比亚迪经销商中一直保持前列。

2020 年，比亚迪开始建商超渠道，将终端销售点布局到密集的消费人群中，更加贴近消费者，从“人找车”转变为“车找人”。第一家商超店选址时，王传福带队在广州逛了三四天商场，最后选定在花城广场建店。之后，比亚迪直营店又延展到社区、地铁口等人流聚集处。城市展厅、旗舰店、体验中心等新业态也相继建成。

比亚迪还将触角伸向线上，在2020年发布了“比亚迪汽车”App（应用程序）①。用户可以在App上体验看车、用车、选车、购车的全流程购车服务，能直接购买各类车型的保养套餐，也可以购买服饰、美食、家居日用、运动出行等品牌周边产品。

2023年，直营事业部渠道数量已达460家，占比接近15%。在一些空白市场和薄弱市场，直营店冲在前面，带动更多社会经销商进入。直营店不仅贡献了销售额，而且用新的形象改变了一些人觉得“比亚迪是传统车企”的印象。

除了在物理空间走近消费者，比亚迪还通过提升服务，拉近与消费者的距离。2019年，比亚迪品质处开始全权负责终端售前、售后服务品质的管理，成立“经销商服务品质评价部”。

随后，品质处打造了销售服务品质评价标准，从迎接客户、接待礼节、试乘试驾等维度进行百分制考核，对门店服务进行规范化管理。同时，通过暗访、远程巡检等形式考评、监督和检查经销商的执行情况。对于严重的问题，发现一例，通报一例，督促店端整改。这一标准既适用于直营店，也适用于社会经销商门店。

“神秘客”探店是经销商最关注的一项考评。比亚迪每个月会派出大量神秘客探店，对预约、接车、维修、交车等环节打分。每个维度设置了极为详细的标准，如在非占线情况下，客户打来预约电话时，服务人员应在铃响5声或彩铃响20秒内接听电话。考评不达标，经销商将受到处罚。刚开始，也有经销商对严苛的制度不理解，但随着销量提升和用户正向反馈增多，大家开始主动提升服务。

比亚迪不仅定标准、做考核，还给方法。一些客户对交车服务提出意见，品质处立即整改，着手制定了相应的交车标准，下发至终端，推动销售公司制定交车管理政策。同时编制执行方案，对交车样本进行

---

① 比亚迪汽车App现在已经升级为“比亚迪王朝”“比亚迪海洋”两个App。——编者注

100% 检查，定期通报检查结果。此后，比亚迪汽车交付仪式总是与鲜花、气球、礼花，以及销售人员的美好祝福相伴。

服务品质藏在细节中，背后是将努力变成一种习惯。为了方便解决客户问题，销售人员保持 24 小时开机，第一时间回复客户问题；客户遇到突发情况没能按计划上牌，销售人员主动开车 100 公里将客户送回家。一个电话，一声问候，一次专业的讲解，一次贴心的接送服务，当这些聚合在一起，消费者就能实实在在感受到比亚迪的用心，就会和品牌走得更近。

建设直营店、提升服务品质方面的努力、积累经验和总结方法，这一切为比亚迪新能源汽车之后的大发展积累了客户口碑，做好了基础与铺垫。

迪粉的心声

比亚迪十年的默默耕耘，被许多人看在眼里，他们也成为第一批忠实粉丝。

他们多数是新能源汽车技术的发烧友，是比亚迪车主，关注比亚迪的新技术和产品。他们有一个共同的名字叫“迪粉”。

他们对比亚迪充满了爱，也充满了“恨”，用爱支持比亚迪，用“恨”鞭策比亚迪。他们中的很多人拥有多款比亚迪新能源汽车，每次新车上市，他们会自发地研究、测评、讨论，津津乐道。他们不停地研究自己开的、别人开的比亚迪车，从用户视角提出改进建议。他们还会关注每一个论坛上出故障的比亚迪车，想尽办法帮助有困难的车主，联系售后解决。

2013 年之前，迪粉只是一些车主自发形成的松散群体，和公司之间没有直接接触，他们经常在微博、论坛等平台发帖，现身说法，传播比亚迪的新技术。有时，迪粉为了维护比亚迪的形象，在论坛上与人辩论，比亚迪公司还设法联系他们，劝他们理性发言，避免论战。

2013 年 9 月，比亚迪汽车销售公司邀请了十余名迪粉参加 2013 年世界级技术解析会，这是迪粉第一次参与比亚迪的官方活动，首次与王传福面对面交流。2015 年 1 月 20 日晚上 8 点，紧接着唐 DM 的发布，比亚迪举行了全球技术解析大会暨首届迪粉大会。除了经销商和合作伙伴，比亚迪还邀请了 300 位媒体记者以及 120 位迪粉车主参加。

迪粉代表“古道清风”用半个小时时间，讲述了迪粉们的故事，抒发了他们的心声。

“现实中很多人觉得我们看起来不太正常，很多人觉得我们痴迷比亚迪到不可理喻的程度，维护比亚迪到了令人发指的程度，参与比亚迪的活动到了废寝忘食的程度……其实也没什么不好理解的，要说不同，也就是因为我们都喜欢遇到事情多思考那么一点点。

“我们喜爱工业、喜爱汽车的同时，爱往车壳子里面看，爱琢磨那发动机、那变速箱。这一琢磨不要紧，发现了个小事实，就是祖国汽车工业 60 年，还没真正搞定几款发动机和自动变速箱。继续研究就发现了个大事实，有家企业 2003 年开始从一个门外汉白手起家，10 年造出了 1.0、1.5、2.0、2.4 排量自吸全铝发动机，1.2T、1.5T、1.8T、2.0T 涡轮增压缸内直喷发动机。5 前速、6 前速手动变速箱，6 前速干式、湿式双离合自动变速箱！……这已经足够我们这些爱思考的人痴迷。这家企业名字挺拗口，比亚迪，也挺霸气，成就梦想公司（Build Your Dreams，BYD）。

“作为现代工业的集大成者，没有汽车工业的强大何谈祖国强大，不掌握核心技术，只靠组装车，何谈中国梦？所以说比亚迪只是一个代号，我们其实痴迷的是祖国工业的进步……”

迪粉一番肺腑之言，让在场的王传福和比亚迪高管个个动容。迪粉代表还把一叠厚厚的建议送到了王传福手中。王传福动情地说：“感谢迪粉！是你们在我们最彷徨、最无助、几乎就要放弃的情况下，一次次地支持着我们坚持了下来。比亚迪的成功与你们的支持无法分开！”

2015 年 3 月，比亚迪再次邀请部分迪粉到访比亚迪总部，成立了由迪粉自主管理运营的迪粉俱乐部，迪粉和比亚迪的互动渠道基本搭建完成。之后，比亚迪又建立了“迪粉汇”，汇聚了更多粉丝。比亚迪很多车型的开发、调整都采纳了迪粉的意见，每次新车发布都邀请迪粉参加。通过持续的粉丝运营，提升公司品牌影响力。在迪粉的支持下，比亚迪的电动化之路不再孤独。

“7+4”全市场战略

比亚迪汽车电动化的疆域，不仅是私家车和城市公共交通车辆，而是“所有车”。2015 年 4 月 20 日，比亚迪发布“7+4”全市场战略。“7”代表七大常规领域：城市公交、出租车、道路客运、城市商品物流、城市建筑物流、环卫车、私家车；“4”代表四大特殊领域：仓储、矿山、机场、港口。简单理解，比亚迪要把电动汽车用于道路交通的全领域。

随后几年，以全市场电动化为目标，比亚迪的客车、洗扫车、港口牵引车、城建渣土车和搅拌车等各类车型，开始出现在城市物流、公交、环卫、港口、机场等领域。

以电动叉车为例，比亚迪对这一车型的研究始于 2009 年。多年积累，乃成大器。2016 年，比亚迪电动叉车荣获首届中国工业车辆创新奖，以及 IFOY 国际叉车年度大奖[①]。

与传统油车相比，比亚迪的锂电叉车具有重量轻、噪声小、零污染等优势；与铅酸电池叉车相比，体积更小，寿命更长，性能更强，更环保。唯一的问题是，锂电叉车制造成本较高，售价比其他两种车高出 2 万 ~5 万元。而且有的领域，电动叉车使用时间不长，很难显示出“用得越多、省得越多”的优势。

基于市场分析，电动叉车团队确定了推广思路：首先，主攻那些能够凸显电动叉车油电差价优势的领域；其次，发挥锂电池大功率、大放电、快充等优势，让产品性能与油车相当；最后，为客户提供 5 年的电池质保，远超铅酸电池仅半年到一年的质保期。

种种举措之下，比亚迪的电动叉车市场规模迅速壮大，在德国、荷兰、美国、日本、澳大利亚等国建立了营销网络。由于比亚迪的引领，更多企业驶入叉车锂电化的航道。

电动卡车是比亚迪“7+4”全市场战略中的另一个重要产品。2012

① IFOY 国际叉车年度大奖（International Forklift–Truck of the Year）由全球权威性的经济、科学和技术媒体评审团评出，被业界称为全球叉车行业风向标。

年，比亚迪开始研发电动卡车，2014 年，成立卡车及专用车研究院。2015 年年底，比亚迪开始批量投放电动卡车，成为国内最早将新能源卡车投入商业化运营的企业。

经过多年发展，比亚迪电动卡车的产品包括环卫车、渣土车、混凝土搅拌车、矿山特种车等，覆盖城市商品物流、城市建筑物流、港口物流、城市环卫等多领域。这些产品不仅进入国内多个城市，在美国、巴西、印度等国家和地区也很受欢迎。

以环卫车电动化为例。2015 年 9 月 3 日，在纪念中国人民抗日战争暨世界反法西斯战争胜利 70 周年阅兵典礼开始前，由 22 辆比亚迪纯电动洗扫车 T8SA 组成的“方阵”驶过长安街，全面清洗天安门前的石板路，确保阅兵行进道路上的尘土残存量降到每平方米 2 克以下，做到“正步不起尘”。比亚迪洗扫车由此被公众了解，人们亲切地称其为“后勤部队”。

2016 年 8 月，比亚迪提出环卫车电动化整体解决方案，联合北京环卫集团推出 26 款电动环卫车，总质量从 1 吨到 32 吨不等，覆盖了几乎全部环卫作业领域，包括道路清扫、垃圾收运、清掏作业等。同年 G20 杭州峰会期间，比亚迪 T7A 纯电动扫路车与 T8B 纯电动洒水车联手参加，展现绿色魅力。

在比亚迪的推动下，泥头车电动化也取得了突破。2018—2019 年，3000 辆比亚迪 T10ZT 电动泥头车在深圳投入运营，当时尚属全球首次。这款车满载续驶里程 280 公里以上，一个半小时可充满电，既做到零排放、零污染，也完全能满足城市渣土车运输需求。而且与普通燃油泥头车相比，T10ZT 电动泥头车的油电差价可每年节省 8.6 万元。基于这些优势，比亚迪电动泥头车很快打开了市场，为绿色城市贡献力量。

从治污到治堵

在“7+4”全市场战略落地时，比亚迪的第一条轨道交通路线也将建成。用电动车治污，用轨道交通治堵，在新的赛道上，比亚迪开始了另一场拉力赛。

为城市造“毛细血管”

2010年的一天，王传福在北京出差，下午三四点钟，北京突降大雨。从西直门到首都国际机场，开车本来只需要1个多小时，结果他用了5个小时，没有赶上航班。一场大雨就让城市交通“瘫痪”了，他感到有些诧异。城市拥堵到如此程度，不仅影响生活质量、出行效率，也会造成更大的污染。

北京之行后的第二周，王传福去了东京。他特意观察了一下，发现东京的交通非常畅通。他索性换乘各种公共交通工具，坐到最靠近车头的车厢，因为这样最能看清路况。

一番调研下来，他感触颇多。当时大东京人口逾千万，汽车保有量800万辆，城市大部分道路是单向两车道，三车道都很少。一个人多、车多、路少的城市竟然不堵车，是怎么做到的呢？答案是轨道交通。东京是一座“轨道上的城市”。因为站点离住宅区很近，乘坐便利，所以80%以上的市民会选择轨道交通出行。

王传福明白了，东京是“轨道上的城市”，而中国是“车轮上的城市”“路上的城市”。在单位时间内，相同车道空间上，汽车可运输3000人，轨道交通可运输1万~7万人；运送相同数量的乘客，轨道交通比汽车节能更明显，既可以化解拥堵，也可以降低能耗。他总结认为，轨道交通是中国的“治堵”良策，比亚迪应该有所作为。

接下来的问题是，到底该在哪里修建轨道？人们最容易想到的是地铁，但地铁造价高，维护费用高，很多城市承受不起。何况很多一、二线城市有地铁，依然很堵。一旦地铁站在一公里之外，大多数人都会选择开车出行。

而地面早已拥堵不堪，无法再占地建轨道，所以只能向空中发展，建中小运量的空中轨道，和大运量的地铁相配合，形成大、中、小运量协同发展。在王传福的设想里，地铁就像动脉、主干，空中轨道就像毛细血管，两者共同作用，让城市的血液循环保持通畅。在未来城市，地下地铁飞驰而过，地面车流井然有序，空中云巴畅通无阻。

想法既定，比亚迪就开始打造方案。其实，为了方便员工通勤，王传福在2007年修建坪山基地时就想过修建轨道交通，当时还预留了一部分空间，计划建园区“小火车”。2010年，他的想法清晰了很多，“小火车”变成了更大的“云轨”。当年3月30日，比亚迪的内部OA（办公自动化）网站上出现了一份关于轨道的标准法规文件——《轨道车辆结构用铝合金挤压型材配用焊丝》。不过很多看到文件的人并不知道，比亚迪要进入新行业了。

人们很难把比亚迪和云轨联系起来。虽然比亚迪有汽车制造能力，但轨道交通和汽车的游戏规则、技术体系完全不同，行业门槛高很多。有人议论：“云轨是什么玩意儿?”“一个民营企业怎么能做轨道交通?”

但在比亚迪看来，云轨就是更大号的电动大巴。公司在电子产业积累了通信信号技术能力，在汽车产业拥有了车辆制造技术，在修建工业园时锻炼了基建能力，各种能力相加就能造出云轨。于是，轨道产业的垂直整合开始了。当时，符合轻量化目标的大部分零部件都买不到，全由比亚迪自己研制。

2010—2016年，比亚迪先后组建了1000多人的轨道研发队伍，累计投入50亿元用于云轨研究，逐步掌握了轨道车辆、道岔、轨道梁、行车自动控制、车桥耦合等全产业链核心技术，拥有100%自主知识产权。就这样，王传福的又一个奇思妙想逐渐走进现实。随着轨道交通的加入，比亚迪的“7+4”全市场版图又一次扩大，形成了绿色大交通体系。

建成第一条云轨

2016年2月14日，农历新年过后上班第一天，王传福在总裁直管人员年夜饭上发出信号：今年要搞单轨项目。3月29日，比亚迪宣布成立轻轨交通研究院，任命任林为院长。当时，任林正在汽车工程研究院担任常务副院长。

4月16日，比亚迪首次揭开了云轨的面纱。这究竟是一个怎样的产品呢？它比地铁更小巧，车头车尾都是子弹头形状，和高铁动车类似；只有一根轨道梁，靠轨道供电提供动力前进；单节车厢最大容量 200 人，单向运能为每小时 1 万 ~3 万人次；最高时速可达 80 公里，平均时速为 30~45 公里。其他特点还包括：噪声低，曲线通过能力强，转弯半径小（最小转弯半径仅 45 米，而地铁为 300 米），爬坡能力强（最大爬坡度 10%，地铁仅 3%）；造价仅为地铁的 1/5，建设周期仅为地铁的 1/3 等等。基于这样的产品定义，比亚迪认为，云轨可广泛用于大中城市的骨干线和超大型城市的加密线、商务区、游览区等线路。

也是在 2016 年，当时的比亚迪第二十三事业部接到任务：2017 年 8 月 31 日开通银川云轨线。“通信信号技术是轨道交通的关键技术，王总觉得一定要自己做。虽然我们团队以前没做过，但我们不怕，相信一定能做到。”时任第二十三事业部总经理的刘伟华（现任比亚迪第十二事业部总经理）说，之前他在比亚迪电子管着 2000 多人的手机设计团队。

2017 年 2 月，研发团队调试完成了第一个硬件版本，急需一条实际线路来做充分的测试。工程师们利用计算机仿真技术，将银川线的一草一木“搬到”了深圳实验室。资源团队迅速行动，确保了机柜、计算机等必要的硬件设施及时到位。因为这是一个专用系统，市面上没有现成的通用设备可购买，所以项目组还自行开发和构建了所需的模拟设备。

4 月，银川云轨线动工建设，项目进入更紧张的状态。建设前期，深圳通信信号团队把所有设备调试完之后，会把版本发布给银川现场的工程师，进行硬件验证，比如电缆安装、无线设备的安装是否正确；设备和车辆、线路的匹配是否正确。到建设后期，通信信号团队也进场，现场调试、修改和测试。

云轨的信号系统不仅要自测，还要通过独立第三方安全评估后才能通车。比亚迪与全球权威认证机构——德国莱茵 TÜV 集团达成合作，邀请他们前来评估。2016 年 7 月，双方第一次见面。评审专家认为，比亚迪胆子真大，很佩服但不看好。12 月，他们看到了样机，评价工艺做得很不错。2017 年最后一次来做鉴证时，比亚迪全部通过，拿到了“通行证”。

从不可能到可能，这仿佛是一次“集体发疯”的过程。银川地处西北内陆高原，紫外线照射强，昼夜温差大，风吹日晒，每个去到当地的比亚迪人都换了几层皮，他们开玩笑地说：“同事相见不相识，笑问‘黑人’何处来。”在通车前，团队成员经常工作到凌晨。

经过集体奋斗，通信信号团队在 15 个月里完成了系统研发、测试、上线运行的全部工作，比业内最快速度还快一倍。银川云轨线从开工到通车，只用了 130 天。2017 年 8 月 31 日，比亚迪全球首条实现商业化运营的云轨线路——银川花博园段（以下简称“银川云轨”）正式通车，总长 5.67 公里（见图 7–1）。

图 7–1　2017 年 8 月 31 日，全球首条商业运营线路银川云轨正式通车

云巴诞生

“比亚迪真敢干，银川云轨这么快建起来，把我吓了一跳，也把我感动了。”刘卡丁说。他在轨道交通行业有 40 年从业史，曾参与广州、深圳的第一条地铁线的设计建设，创下过多项行业第一的经典案例。

比亚迪进入轨道交通行业之初，王传福曾向刘卡丁请教专业问题。

和多数人一样，刘卡丁起初也持怀疑态度。他评价当时的情况："我谈的他们不懂，他们说的我不懂。"

2017 年，刘卡丁退休，受邀加入比亚迪。一个月后，刘卡丁提出暂停在建项目。在他看来，比亚迪当时的一些项目合同风险比较大，需要重新梳理，从专业角度进行规范，团队各层级都要"补课"。王传福听此建议后，没有当场表态，但一两天后，他下令暂停所有项目。

王传福被很多人认为是一个冒险家、冒进者，但当意识到存在问题时，他会立即刹车。他说："一些不懂技术的企业家以为我们在豪赌，一些不懂市场又不懂技术的投资家也认为我们在豪赌，其实我胆子很小，根本不会去豪赌。战略不能赌，每一步都是经过大量的数据分析、科学验证的，而且是以满足社会需求、解决问题为导向的。"

之后两年，比亚迪从如何获得政府部门审批，如何规范合同，如何写用户需求书、技术产品规格书等开始，学习轨道交通产业的各种规则。在刘卡丁的带领下，团队深入研究了国家政策和行业趋势，对产品、技术进行调整和优化，以更好地符合法规要求。

2018 年下半年，比亚迪在坪山园区开通了一条新的轨道交通线——云巴。云巴单节车厢长 8.3 米、宽 2.4 米、高 3.4 米，看起来颇为短小，像一辆时空列车。它与云轨类似，但采用的是双轨设计，在技术指标上也有一定差别。云巴的最小转弯半径为 15 米，单节车厢最大容量 70 人，单向客运能力小于每小时 1 万人次，均低于云轨。云巴建设成本也比云轨低，建设成本、运营成本更是仅为地铁的 1/10。

有价值的坚持，终有正果。2021 年，中国城市轨道交通协会发布了导轨式胶轮系统车辆的主要技术规范。国内导轨式胶轮系统的标准空白被填补，比亚迪云巴有了官方认证的身份。

在标准完善的同时，比亚迪的轨道交通技术也愈加成熟。

王传福认为，产品要在市场竞争中生存下来，就要具备成本优势。云轨、云巴虽然比地铁便宜，但比大巴贵，这就需要降低运营成本来吸引客户。如何降低运营成本？答案是发展无人驾驶技术，减少人员投入。因此，从进入轨道交通产业开始，比亚迪就将无人驾驶技术作为重中之重。

2017年，银川云轨刚开通时是有人驾驶。不到半年时间，比亚迪基于华为的eLTE[①]无线通信技术，将其打造为“全球首条搭载100%自主知识产权无人驾驶系统的跨座式单轨”，即无人驾驶的云轨。

此后，无人驾驶技术不断深化。以前，云巴上传数据、拷贝日志，都要有人在现场，后来做到了远程更新。以前，车辆如果遇到故障，就需要负责巡查管理的司机进行手动重启；技术升级后，在极端严重故障情况下也能做到远程重启，不再需要人员到车内操作。清晨，云巴会自动“清醒”，在完成牵引、制动、车门、照明、电池、空调等多项自动诊断之后，开始自动运行。它能自己行驶、自动开关门、自行回库充电，还能自动清扫。在完成既定工作后，可以自动“回家”，自动“休眠”。

这一系列无人化操作，是比亚迪既懂技术，又懂行业，还懂运营的成果。此前，运营人员早晚都要到车站开门、开灯，一系列工作做完，要花上半个小时。为了减少运营人员的工作量，比亚迪开发了一键开关站技术。又比如，云巴在折返段不能载客，必须清客，要靠一个人来引导大家下车。为此，比亚迪开发了“远程清客”。摄像头要做到全覆盖，不能有死角，同时要做捕捉，并判断有没有人。这需要不断完善算法，更新迭代。

运营为研发提供精准场景，减少设计浪费；研发能帮助运营优化功能，降低成本。这也是一种集成创新。因为自己做运营，就能理解低成本的重要性，把无人驾驶技术充分应用起来。

为了支持技术研发，比亚迪自建的云巴、云轨园区线不仅用于员工通勤，还有一个重要作用，就是供研发使用。从轨道梁、车辆到信号系统，都可以在园区线做验证，各部门会快速形成合力进行支持。这时，比亚迪跨产业融合创新的优势就体现了出来。例如，在研究雨雪天牵引制动的技术问题时，云巴就用到了汽车的相关技术，从而助力云巴实现

---

① eLTE是华为基于LTE（long term evolution，长期演进技术）标准的专利技术，为各行业提供宽带集群解决方案。——编者注

快速更新迭代。

2023 年，云巴产品已更新到第四代，信号系统则更新到第三代。王传福最初提出的要求是 1 公里配置 8 个运营人员，快要实现目标的时候，他把目标变成了“1 公里 2 个人”。

亮相春晚

创新技术和低成本运营为云巴赢得了市场机会。

2021 年，比亚迪第一条商业运营的云巴——重庆璧山云巴正式开通（见图 7–2）。起点是璧山高铁站前广场，终点为重庆地铁 1 号线璧山站，线路正线全长 15.4 公里，共设车站 15 座，均为高架车站。便利的交通拉近了璧山与中心城区及周边区域的时空距离，助力地方经济发展。

图 7–2 2021 年 4 月 16 日，璧山云巴开通仪式现场

云巴产品的强运营、强技术能力，在璧山云巴体现为“三低三高一短”的特征。

“三低”是指低运量、低能耗和低成本。云巴 1 号线系统运能在每小时 6000 到 10000 人次之间，单车牵引能耗仅为单轨列车的 1/6，造价和运营成本远低于单轨列车。

“三高”则是指高智能、高安全和高旅行速度。璧山云巴1号线高度集成综合调度和智能信息系统，能做到无人驾驶、自动诊断、自动休眠、自动唤醒、自动变轨等；还能实时监控关键系统设备核心指标，具有客流密度监测、一键开关站、3D可视化等功能。在安全方面，璧山云巴1号线通过了最高安全完整性等级SIL4①；其旅行速度可达33公里/小时，远大于有轨电车20公里/小时的标准。

“一短”则是指建设周期短，璧山云巴1号线从开工到正式开通仅用时一年多。

璧山云巴开通之后，深圳坪山云巴1号线、西安高新区的云巴市政线、长沙大王山旅游云巴线，以及比亚迪深圳坪山园区、西安园区、合肥园区、长沙园区的云巴线也陆续建成。这些云巴穿行在各个园区的办公楼、厂房、食堂、宿舍、超市之间，也穿行在城市的高铁站、地铁站、工业园区、住宅楼、学校、景点之间。在各个地方，云巴有了不同的昵称，有人称它“猪儿虫”，有人称它“云霄飞车”，有人说它是“空中巴士”，都表达着对它的喜爱。

比亚迪的绿色交通理念逐渐获得更多人的关注。在2018年中央电视台春节联欢晚会的珠海分会场，比亚迪的无人驾驶电动车队，在气势宏伟的港珠澳大桥上展现了一场酷炫的无人车表演，让不少网友直呼：“瞬间爱上比亚迪！”

2019年，比亚迪云轨和云巴又在央视春晚深圳分会场上，亮丽展现了未来的科技出行方式（见图7-3）。两位主持人在云轨车厢里向全国人民拜年，感慨“置身于自由穿梭的云轨里，又一次体验到科技创新带来了便捷生活”。这一充满“未来感”的拜年方式，让云轨瞬间出圈。当零点钟声响起时，市民们高举红绸，欢呼雀跃。镜头中依次出现了四个“地标”：深圳欢乐谷、前海开发区、深圳北站和比亚迪总部的云轨车站。

---

① 安全完整性等级（safety integrity level，简称SIL）分为4个级别，即SIL1、SIL2、SIL3和SIL4。其中SIL4最高，SIL1最低。

图 7-3　比亚迪云巴闪耀 2019 年春晚深圳分会场

比亚迪连续两年上春晚，业内不少同行都以为“砸了大钱”。比亚迪集团副总裁、总裁办公室主任李巍说：“其实上春晚没有投任何广告费，是央视分会场的导演组为了体现深圳‘科技未来之城’的新形象，希望有象征未来的交通工具作为取景元素。他们参观云轨、云巴之后，觉得非常有科技感，因此设计了主持人在空中云轨、云巴上拜年的情节。”

为地球降温 1℃

当比亚迪电动公交车、电动卡车、电动叉车等行驶在世界各个城市中时，比亚迪的国际影响力也与日俱增。

2014 年 1 月 20 日，王传福获得第六届“扎耶德未来能源奖”个人终身成就奖（见图 7–4）。这一国际奖项有着新能源界“奥斯卡”的美誉，每年最多授予三个个人或企业、机构、非政府组织，以表彰其为世界各国应对能源危机、气候变化和可持续发展做出的贡献。

扎耶德奖评审委员会认为，王传福在比亚迪的绿色产业发展过程中起到了不可替代的关键性决策作用，并对世界新能源领域做出了卓越贡

图 7-4　2014 年 1 月 20 日，王传福获“扎耶德未来能源奖”个人终身成就奖

献，其提倡的“城市公共交通电动化”解决方案也是其获得该奖的一大因素。

9 月，王传福作为全球唯一被邀请的汽车企业代表，出席了 2014 年联合国气候峰会并发表主题演讲。他在演讲中说，城市公交电动化是快速提升城市空气质量的最佳途径，全球将迎来城市公交电动化的交通革命。他呼吁各国将电动汽车引入更广泛的城市交通领域。

2015 年 9 月 14 日，比亚迪获得“联合国能源特别奖”。这是联合国成立以来，第一次针对新能源行业设立奖项。

2016 年 1 月 18 日，比亚迪从来自全球 97 个国家和地区的 1437 份参选申请中脱颖而出，获得“扎耶德未来能源奖”大型企业类奖。在典礼现场，时任联合国秘书长潘基文和 8 位国家元首一同出席，见证墨西哥总统为比亚迪颁奖。王传福表示，比亚迪在国际上不断获奖，说明中国企业在全球范围为环境保护做了一些工作，在新能源领域做了许多探索，得到了国际社会的认可。比亚迪的三大绿色梦想，不仅是比亚迪的梦想，也是中国的梦想、世界的梦想。

凭借国际影响力，王传福一直在呼吁关注能源和环境问题。2016 年 12 月 2 日，在墨西哥第六届 C40 城市气候领导小组市长峰会上，比亚迪向全球发出“为地球降温 1℃”的倡议（见图 7-5）。王传福在演讲中大声疾呼:"拯救正'高烧'不止的地球，时不我待。为地球的升温做减法，需要大家立即采取行动!"

图 7-5　比亚迪携手全球百大城市发出"为地球降温 1℃"的倡议

一些数据可以佐证比亚迪在太阳能、储能和电动汽车等新能源领域的创新、远见和领导力，以及为世界可持续发展做出的贡献。

2015 年，比亚迪生产了 6 万多台新能源汽车，全球排名第一；2015 年，比亚迪的城市公交电动化解决方案在全球普及，比亚迪新能源汽车进入了全球 40 多个国家和地区的 160 多个城市，其中不乏伦敦、洛杉矶、纽约等全球最具影响力的城市。在储能领域，比亚迪占据美国 50% 以上的市场份额，成为全球第一大储能解决方案供应商；比亚迪的光伏太阳能产品则为南非、乌拉圭、美国、荷兰、日本等全球六大洲、数十个国家和地区的亿万家庭源源不断地供应绿色能源。

一位日本农民曾给比亚迪寄来一封感谢信。信中说，自己是西兰花的种植户，梦想是将新鲜健康的蔬菜送到人们的饭桌上。在没有电动叉车的时候，每次运输只能靠柴油叉车，这无疑会对蔬菜造成污染；用上了比亚迪的电动叉车后，他终于梦想成真。

这是比数字更生动的细节，也是比亚迪绿色梦想真正打动人心之处。

第八章

跨越万难

不遗余力，突破极限，把不可能变成可能；不推诿、不扯皮，心往一处想，劲往一处使。

如果不是王传福在2023年公开说出在2019年的极度艰难，可能很少有人知道，比亚迪差点活不下去。2016—2019年，比亚迪的收入分别为1035亿、1059亿、1301亿、1277亿元，归属于上市股东的净利润分别为50.52亿、40.7亿、27.8亿、16.14亿元。收入小幅上升，利润步步下降，2019年利润同比降低了40%以上。

重压之下，比亚迪的垂直整合体系变革加深，各零部件事业部参与市场化竞争，自负盈亏。比亚迪还打开了对外合作的大门。2019年，比亚迪与丰田商议，决定成立比亚迪丰田电动车科技有限公司（注：2020年4月正式成立），由比亚迪提供电动汽车技术，加上丰田的整车制造能力，共同打造电动汽车。这是中国汽车历史上第一次实现了技术的反向输出。

最难的一年刚刚结束，紧接着就是新冠疫情，艰难困苦如泰山压顶。然而，比亚迪偏偏不是逆来顺受的，有困难便去突破，有问题便去解决。

比亚迪一面扛住压力，积蓄产业产品爆发的力量；一面奋然发起了一场口罩大战，为全球抗疫贡献出中国制造的力量。

逆势更炼品格，逆境方显真章。

“最艰难的一年”

从营收结构看，2019 年比亚迪汽车及相关产品业务收入约 632.66 亿元，同比下降 16.76%；手机部件及组装业务收入约 533.8 亿元，同比上升 26.4%；二次充电电池及光伏业务收入约 105.06 亿元，同比上升 17.38%。可见拖累业绩的主因是汽车。

辛辛苦苦十几年，技术创新一个接一个，为何做汽车还这么难？

大背景是新能源汽车市场在大规模起量前的爬坡培育期很漫长。美国学者埃弗雷特·罗杰斯提出的创新扩散理论认为，从用户类型看，创新产品会经历创新者、早期采用者、早期大众、晚期大众、落后者五个阶段，每个阶段的用户分别占用户总数的 2.5%、13.5%、34%、34% 和 16%。中国新能源车在 2012 年第一个产业发展规划《节能与新能源汽车产业发展规划（2012—2020）》发布时，渗透率只有 0.1%，2015 年只有 1%，2020 年第一个产业发展规划完成时渗透率超过 5.4%，2023 年突破 30%，截至 2024 年 8 月，中国新能源乘用车市场渗透率突破 50%（54%）。市场发展的节拍是非均衡的，先慢后快，先由政府牵引，最终走向市场驱动和消费者主导。虽然比亚迪在 2015 年就成为中国新能源汽车的销量冠军，但年销量不过 7 万多辆。王传福说：“还有很多人在买燃油车，我们目前还没有足够的理由、足够的信心让他们只买电动车不买燃油车，我们的工作还没有做好。比亚迪从事的事业，路还很长。”

比亚迪的老经销商都记得，每年的经销商大会，王传福都会讲新能源车的前景，说中国汽车的发展会像家用电器一样，变成以自主品牌为主。他信心很足，讲话令人振奋，经销商们开完会就像打了鸡血，但第二年的销量还是没起色。

一边是对技术的持续投入，一边是市场未到山花烂漫时，比亚迪的财务压力如影随形。2016 年，比亚迪决定在 A 股市场定向增发 150 亿元。王传福亲自接待各方投资者，参加路演，解读公司价值。刚好韩国三星电子会长李在镕来访，与王传福相谈甚欢，也决定参与认购，投资 30 亿元。在三星的带动下，比亚迪最终完成了约 145 亿元的定向增发。这笔钱又帮助比亚迪渡过了几年资金难关。

"'秦战列国''唐战番邦'的活动我都参加了，做得很辛苦。"当时在市场一线的路天说，"每次活动都很热闹，消费者也觉得车好，但就是不买。加上唐 DM 不便宜，预售价 30 万元，极速版售价 60 万元，敢尝鲜的人不多。但我们也发现，人们对新能源汽车的认识在改变。每年春节，在大城市工作的人开着绿牌车回老家，会引来亲朋好友的关注，这是很好的宣传。过去觉得离自己很远,现在看到身边有人'吃螃蟹'了，也会考虑一下。"

2015 年，华北营销部销售大区经理赵长江在西安市场卖出 800 辆唐 DM，被调往京津地区担任营销总监，任务是：打开秦 EV 在北京的市场，让比亚迪纯电动汽车在私家车市场打响名气。

2016 年 3 月 31 日，秦 EV 在北京正式发布，实际售价为 14.98 万 ~ 19.98 万元。比亚迪举办了一场产品发布会，邀请了 600 多位意向客户参加。赵长江激情澎湃地上台演讲，"比亚迪是全球卖得最好的新能源汽车""比亚迪是唯一掌握三电核心技术的企业"。在场外，比亚迪秦 EV 的户外广告以"真航 300 公里可以绕五环 3 圈"为卖点，密集出现在中关村、五道口等目标人群相对集中的地铁站内外。

如此攻势下，2016 年 4 月，秦 EV 上市一个月在北京卖出了 2000 辆；2016 年全年，秦 EV 卖出了 1 万多辆。这一年，中国市场卖出的纯电动汽车只有 40 多万辆，还不到全国汽车销量的 2%。

这便是新能源汽车发展早期的市场常态。一直到 2019 年，新能源汽车在中国的渗透率也只有 5%，仍属培育期。从保有量看，全国 100 辆汽车中，只有 1 辆是新能源汽车。在新能源汽车中，纯电动汽车占 80% 的份额，而比亚迪重点发力的是插电式混合动力车型。实际上，比亚迪 2010 年推出的 e6、2013 年的秦 DM、2015 年的第一代唐 DM、2016 年的秦 EV、2018 年的全新一代唐 DM，总体都处于从 0 到 1 的过程。但如同“站在海岸遥望海中已经看得见桅杆尖头了的一只航船”[①]，它注定会离目的地越来越近。

市场因素是导致 2019 年艰难的一方面，另一方面则是受到补贴政策变动的影响。

2018 年，比亚迪新能源汽车的年销量突破了 20 万辆，已经看到了光明。但在 2019 年 6 月，国家的新能源汽车补贴标准在 2018 年的基础上平均退坡 50%，至 2020 年年底前将退坡到位，后延长到 2022 年年底。按照新政策，插电式混合动力乘用车的补贴已不到 1 万元 / 辆。补贴退坡后，部分消费者在购买新能源汽车时就打起了退堂鼓。

满足补贴的条件则提高了。2018 年，续驶里程不低于 150 公里的纯电动乘用车才能获得补贴，比 2013 年不低于 80 公里的要求高了近一倍。2019 年，续驶里程要求又提升到 250 公里。另外对车速、能耗等指标也提高了要求。

据中国汽车工业协会数据，受补贴退坡影响，2019 年全年中国新能源汽车销量为 120.6 万辆，同比下降 4%，为近 10 年来首次下降。与此同时，整个行业已然成为“红海”。据不完全统计，当年有 50 多家车企推出了 130 多款新能源车型。

一边是补贴滑坡，一边是惨烈竞争，所有车企都不可能置身事外。蔚来汽车创始人李斌曾说，蔚来在 2019 年命悬一线，觉得能活下来都是幸运的。[②]

2020 年比亚迪发布 2019 年财报后，当时的中国汽车工业协会信息服务委员会秘书长朱伟华写了一篇长文进行评述。最后的结论是：“数据很重要，但不要迷信数据。一个健康车企的长远发展，远不是干巴巴的几组利润、销量等数字所能说明的，更不是评价的唯一标准。有些车企

① 毛泽东 . 星星之火，可以燎原（一九三〇年一月五日）[M]// 毛泽东选集 : 第 1 卷 .2 版 . 北京 : 人民出版社，1991：106.

② 李斌：长期主义可能会踩的三个坑 [OL].[2023-12-10].https://finance.sina.com.cn/cj/2023-12-10/doc-imzxnyiv8527451.shtml.

账面数据看上去很丧，但或许是其为更长远的未来默默做的投资，而这一切都等着时间来检验。”[①]

垂直整合体系变革

补贴退坡，给车企带来短期震荡，也加速了新能源汽车的市场化进程，倒逼企业凭真本事参与竞争。经过市场化风暴的洗礼，留下来的将是那些有核心竞争力的企业。

2019 年，比亚迪实现营收 1277.39 亿元，归属于上市公司股东的净利润只有 16 亿元，主要是靠比亚迪电子的贡献，汽车板块对利润几乎没有贡献。但王传福咬紧牙关，依然在研发上投了 84 亿元孵化技术，其中最重要的项目就是日后惊艳亮相的刀片电池。比亚迪的研发人员也从 2018 年的 3.1 万人增至 3.58 万人。

除了研发，2016—2019 年，比亚迪还着手进行了组织变革。2017 年，比亚迪集团改变事业部模式，逐步形成了“事业群 + 独立事业部 + 海外销售 + 职能事业部”的新组织架构。其中，4 大事业群按业务划分，分别是电子、电池、汽车和轨道交通。这一调整让比亚迪的组织架构更加清晰，推动了各事业群高效运作，增强了竞争力。

针对垂直整合的汽车零部件体系，比亚迪则推动了一场以市场化为导向的深刻变革，催生了“有竞争的垂直整合”，变革力度之大前所未有。

改革刀刃向内

零部件是汽车的重要组成部分，其产值占整车产值的 50%~70%。在汽车发展史上，很多重大突破都是整车厂和零部件企业深度合作的结果，如汽油喷射系统、涡轮增压器、防抱死制动系统、安全气囊、子午线轮胎等。从底层看，汽车强国应当是零部件强国，这也是行业共识。

---

① 比亚迪 2019 年财报解读：“产业链在手，天下我有”[OL].[2020-04-14].https://baijiahao.baidu.com/s?id=1663938761673760197&wfr=spider&for=pc.

多年来，因为有垂直整合的零部件供应链体系，比亚迪受益良多。

垂直整合为集成创新提供了基础。通过垂直整合，比亚迪掌握了零部件、电池、整车的自主研发和生产能力，形成了庞大的“技术鱼池”，也让比亚迪对各个领域的技术有了深入了解，有利于其提出更多的集成创新方案，并更快地实现自研可控，在提升性能的同时，还能有效控制成本。

反过来，集成创新也推动了垂直整合的深化。集成创新就是要打破传统的研发部门界限，促使企业内部按照市场需求和创新方向，动态灵活地进行组织调整，增强响应能力。在跨界、跨部门协作中，各垂直部门间的水平交流与共创，也让每一个部门可以用新的视角审视自己，获得不一样的感受，推动自身变革，开拓新的价值创造方式。

但每一种模式都要与时俱进，比亚迪的垂直整合也不是一成不变的。

比亚迪上一次的垂直整合体系变革是在“三年调整期”进行的。当时淘汰关闭了一些品质不过关、亏损严重的工厂。新一轮的变革则从2016 年开始。

2016 年年底，王传福要求比亚迪所有事业部摸查外部供应链资源，将内外部产品进行品质、成本对比。如果没有竞争力，零部件工厂可能被关停。但因牵涉多方利益，工作推进缓慢。在一次会议上，他罕见地大发雷霆，当场关闭了经营不善的座椅厂，预示着此次变革比上一次更加铁腕。

执行变革的是当时新上任的采购处总经理何志奇。他的“第一把火”就烧向了零部件。“有的产品做了十多年了，还在第一代的基础上改进，而外部供应商已经做到第十代了，别人的还便宜一大截。”他把数据对比上报王传福，建议开放供应链，倒逼零部件体系改革。他的建议得到了王传福的支持。

当时，有些工厂安于现状，缺乏竞争意识，能力已严重落后。但在垂直整合的总体光环下，一些暗影很难被发觉。采购处要发起改革，刀刃向内，各事业部震动不已。

2017 年 6 月下旬的一天，罗忠良接到电话，让他赶紧到总裁办公室开会。去了之后，他当场被任命为第十五事业部（汽车电子零部件研发生产）总经理。是晋升，更是一块烫手山芋。从2016年起，比亚迪对各事业部进行独立考核管理。2017年上半年，第十五事业部亏了2.46亿元。罗忠良接手第一个月，再亏6000万元。

经过一轮摸排，罗忠良发现事业部下属的工厂重复开发、重复投入问题比较严重。工厂按产品进行划分，各有各的设备和工艺，但实际上，产品虽然不同，部分设备、工艺是相通的。如果能按工艺来归类，让不同产品做到共用生产线，就能节约大量投入，且能提高生产效率。

于是，他开始进行组织整合：将仪表工厂并入多媒体工厂，将智能钥匙工厂并入电器工厂，原来的7个工厂变成5个，分别是电器工厂、空调工厂、气囊工厂、线束工厂和多媒体工厂。每个工厂都有核心工艺，如注塑工艺统归电器工厂，SMT统归多媒体工厂。罗忠良认为，每个工厂不仅要有核心产品，也要有核心工艺，“产品会变化，工艺变化却很慢，能发展得更长久”。

罗忠良在大刀阔斧改革的这段时间，每个周末，都会雷打不动地接到王传福的电话。有时聊一个小时，有时两个小时。王传福问很多的问题，如某个产品用了什么技术，行业里谁做得最好，成本如何，品质怎样，团队表现如何，等等。罗忠良刚上任，好多问题都不知道怎么回答。王传福也不会直接要求他怎么做，没答上的，王传福下次还问。他没办法，只能恶补，拼命了解技术和行业的情况。

在这种“提问式管理”的培养下，罗忠良很快就能独当一面，许多改革举措也顺利落地。2017年年底，第十五事业部扭亏为盈，当月赚了800多万元。此前亏损最严重的空调厂，用了三四个月时间就进入良性发展。制定2018年年度目标时，王传福说：“不亏就行。但目标还是要定高一点，A目标是实现利润1亿元，B目标是5000万元。”最后，第十五事业部盈利了1亿多元。

2018年年底，王传福又把第十六事业部（负责汽车底盘系统零部件、车身结构零部件等研发生产）交给罗忠良管理。他复制此前的经验，将8个工厂整合为5个，厂长也换了3个；将减振器工厂和消声器工厂合并，使原材料库存周转减少5天；门锁生产线原来有10条，产品生产无法通用，导致每条生产线的生产都不饱和，于是对同类型门锁进行整合，最终只保留了 3 条门锁生产线；天窗、管梁等生产线，由原来的 3 条缩减至 2 条，工序也做了优化。到 2019 年年底，第十六事业部焕发新生，从前一年亏损 7980 万元变成盈利 2600 万元。

引入“鲇鱼”

除了内部精简合并，比亚迪从 2016 年开始，还引入了更多一流的外部供应商，它们扮演“鲇鱼”的角色，增强竞争氛围，倒逼各事业部改进。

随着外部供应商的增加，供应链的规范化管理变得非常重要。此前，比亚迪的采购处已有一些基本规范。如 2008 年上线了反拍卖系统①，通过公开竞价招标，让采购更加公平公正，也更好地控制成本。2009 年，采购处统一规范了物料编码。在这之前，各个工程师或事业部有自己的编码方式，同一个物品有几个不同的名字。重新梳理后，标准一致，语言统一，采购效率提高，差错减少，供应商的报价也更透明，再也不会发生同一个供应商、同一种产品给不同部门报不同价格的问题了。

采购的工作方式、流程也更加规范化。采购处要求工程师写清楚采购需求，避免在验收时出差错；将采购资料进行标准化记录、审批和归档；按采购前、合同中、交货后等不同阶段，对工作进行专业划分，将责任落实到人。同时，在采购系统中大力推行廉洁、诚信、专业、高效、创新的核心价值观。

在采购上，除了引入外部供应商和加强供应商规范管理，比亚迪还执行了两项改革：一是从采购角度推动标准化的设计，比如有的螺丝钉是方形的，有的螺丝钉是圆形的，但两者功能一样，那就需要进行统一；二是从研发端出发，增强研发人员的成本意识，推动成本控制。这两项改革要真正落地，需要内部各事业部通力支持。只有当大家认为推动变

① 在反拍卖系统中，通常有一位买家（可能是企业或个人）和多位潜在的卖家。买家设定一个最高限价，卖家则在拍卖过程中出价，但出价是向下的，即卖家竞相提供更低的价格以赢得买家的订单。

革是对的，不是在瞎折腾，变革才会比较顺畅。

比亚迪零部件的对外开放合作迈出了一大步。之所以还保持相当大的自制比例，除了有利于控制成本和集成创新的原因，也是因为自身的需求量大，外部零部件厂必须做很大投资才能满足，而它们也会担心风险。在自制和开放合作之间，比亚迪一直在探索平衡点，在不同阶段采取不同方式，快速调整，以实现最佳配置。

五 “弗”临门

事业部合并，引入外部供应商，只是垂直整合体系变革的开端。

2019 年年底，比亚迪汽车的核心零部件体系，以五家有限公司的形式全部独立，它们分别是弗迪电池、弗迪视觉、弗迪科技、弗迪动力和弗迪模具（后更名为“弗迪精工”）。成立最早的弗迪电池于 2019 年 5 月 5 日完成注册，其余四家在 12 月 24—27 日陆续成立。2019 年 12 月 31 日，比亚迪为新成立的五家弗迪系公司举行了授牌仪式。王传福说：“如果比亚迪算是取得了一点成就的话，我们的目的是让每一个子公司都成为一个‘小比亚迪’。当然，这并不容易，需要零部件公司不断把竞争力提升起来，要做好掉三层皮的打算。”

“弗迪”二字取自《诗经·大雅·桑柔》：“维此良人，弗求弗迪。”意思是志于道，据于德，诚实有信，踏实精进，不投机取巧。

弗迪电池的主要业务是动力电池的研发、设计和生产；弗迪动力致力于汽车动力总成及新能源汽车整体解决方案的开发；弗迪科技聚焦汽车电子、底盘系统零部件、车身结构零部件等产品的研发、生产和销售；弗迪模具专注于模具的研制业务和生产；弗迪视觉则主要研制车用照明及信号系统相关产品。

弗迪系公司里有核心的“三电”技术，也有其他相关零部件技术，覆盖面很广。比亚迪汽车则保留了汽车工程研究院、产品规划及新技术研究院和整车制造厂，负责统筹车型开发、设计与制造。虽然对外独立，但在内部，弗迪系公司仍然属于事业群 / 部层级。因此，彼此之间的默契仍在，做到分工有序，上下、进退流畅切换，沟通无阻。

互补、配合的另一面则是市场化竞争。最明显的变化是，弗迪系公司需要竞标才能成为比亚迪汽车的供应商。除了有跟标权，弗迪系公司和外部供应商没有区别，大家同台竞争。以前是内部指派，现在变成竞争上位，每个项目都有多家企业竞标。能否中标，以及谁的份额多、谁的份额少，全凭本事说话。

五家脱离母体的子公司几乎都经历了一个意识转变的过程。时任弗迪科技副总经理的杨海珊说："市场化以后，第一就是改变观念。以前汽车工程研究院、产品规划及新技术研究院都是兄弟部门，现在要把它们当作客户来服务。以前是'公司要我做'，现在变为'市场要我怎么做'。"

整个组织体系调整后，比亚迪的垂直整合体系更加清晰，每家弗迪系公司从原材料、研发、设计到工艺、制造，形成了更全面的体系，并在产品创新、成本控制等方面迅速变革，以建立竞争优势。例如，弗迪科技成立后，将原来按产品类型区分控制器的方式改为按区域划分。车身控制器、空调控制器、钥匙控制器等不同产品按区域集成后，变成了左域控制、右域控制、后域控制等。这样一来，产品集成度更高，可靠性增强，尺寸变小，重量下降，成本降低，集成创新的优势愈加突出。其总经理罗忠良说："研究了更多基础理论，掌握更多 know-how（技能知识）之后，多个产业融合，会产生新的火花。"

在组织管理上，独立的弗迪系公司有更大的自主权。王传福只管三件事：第一，产业方向和战略；第二，投融资；第三，高阶人才的任用。这三件事之外，都由各公司自己管理。实际上，一直以来，不管是作为内部事业部，还是作为外部子公司，王传福对它们都没有采取同一种管理模式，而是由各组织根据自己的特点摸索建立自身的管理模式，颇有一种"万类霜天竞自由"的意味。

自主权的另一面是自负盈亏。此前，作为公司内部部门，很多事业部其实没有现金流概念，没有盈利意识。大家都在乘用车一个盘子里分利，缺钱了就找公司申请，哪怕亏损，只要找公司就能解决。很多事业部虽然财务指标不达标，但王传福从其成长空间综合评估，也会给予较高的评价。但独立后，子公司董事长和总经理必须面对利润问题，考虑现金流是否充足。他们每一次购买新设备、引入新人才，都会有意识地测算成本。

“弗迪”承载着比亚迪对更开放、更高效的供应链体系的追求，也代表了比亚迪对汽车零部件未来的期许。而变革，也永远不会有终点。

必须把口罩干出来！

时间来到2020年。这一年中国新能源汽车的渗透率提高到5.4%，距离2021年进入快速爆发期、全年渗透率冲破10%（12月逼近20%）只有一年之遥。比亚迪的收获期即将到来。

但就像唐僧师徒西天取经，历经九九八十一难，最后还要“渡过一条大河”。比亚迪面对的“大河”，是2020年年初席卷全球的新冠疫情。

2020年1月23日凌晨2点，武汉市新型冠状病毒感染的肺炎疫情防控指挥部发布第1号通告，自2020年1月23日10时起，全市城市公交、地铁、轮渡、长途客运暂停运营；无特殊原因，市民不要离开武汉，机场、火车站离汉通道暂时关闭。

这一天也是农历腊月二十九。

深圳，突如其来的疫情打乱了所有人的生活，口罩、消毒液等医疗物资的紧缺，给这个约2000万人口大都会的疫情防控、复工复产造成了巨大困难。以每人每天需要2只口罩测算，一天就需要约4000万只口罩，而当时全国每天口罩的产能也不过2000多万只。比亚迪20多万人的队伍，每天需要50万只口罩，全深圳每天的产量才数十万只。

2020年1月31日凌晨零点27分，王传福在微信的直管群里发起号令：比亚迪必须快速把口罩生产出来！我们应该解决政府和企业的燃眉之急。“请各事业部仔细研究，可否在两周内完成口罩的产品制造，完成给予总裁奖！”

2月8日，比亚迪正式对外宣布，为了更好地应对疫情控制的关键期，公司将调配资源，援产口罩和消毒液。此时，时任新材料事业部总经理的宫清已带队完成了医用级免洗手消毒凝胶的研发。一周后，产品量产下线，送到了奋战在一线的抗疫人员手中。

另一边，口罩研制也在紧张进行中。比亚迪电子接下了研发生产的重任。王传福说：“电子事业群有很多净化厂房，有很多大大小小的加工器材，具备完成这一重任的能力。”很快，位于比亚迪宝龙工业园的智能终端工厂被改造成口罩生产车间。

买不到生产设备是最棘手的问题。外购口罩机，需要 40 天左右才能到货，而且在特殊时期，有钱也买不到那么多。不过，买不到就自己造，比亚迪早已轻车熟路。

第一步是画图纸。作为全球顶级客户的一站式 ODM 和 EMS 供应商，比亚迪电子有着一流的设计能力。通过在视频上分析口罩机，以及去口罩厂实地考察，设计师们很快画出了设备图。仅 3 天时间，他们画了全套设备的 400 多张图纸，包括齿轮、链条、滚轴、滚轮等 1300 多个零部件。

由于时间紧迫，设计师们只能一边画一边梳理思路。他们同时还要实时联络电子事业群精密模具与智能装备事业部，确认每一个零部件能否在 3 天之内备齐，是否有库存能支持口罩机量产。如果不能，就马上调整思路，变更相关设计，以现有零件替代。

第二步是设备制造。当时很多元器件工厂没有开工，所以比亚迪想了很多办法——把供应商的原材料拉到比亚迪的厂房，帮对方组装供货；派人到元器件比较聚集的街上，一家家找；如果自己设备上有相关元器件，就直接拆下来用；不能拆的或者没有的，就自己造。

比亚迪有全球规模最大的 CNC[①] 加工中心，有大量模具机床设备。依靠这样的条件，从提出设计想法到加工成零部件上机试用，最快只需要两三个小时。生产电子产品所用的高精设备都开始运转起来。比如一种叫“五轴联动数控机床”的设备，可以用于航空航天、高精医疗

① CNC（computer numerical control），计算机数控。这是一种自动化控制技术，用于在制造过程中控制机床和其他机械设备的运动。

设备的制造，能生产出高精度的零部件，而且效率极高。比亚迪“牛刀杀鸡”，用这些设备来制作口罩机零部件。

在多方通力合作下，比亚迪人仅用 7 天时间就造出了第一台口罩机，90% 的元器件为自制。即便是在口罩生产行业，造一台口罩机最快也需要 15 天。惊人的速度背后是比亚迪积累多年的强大的生产制造能力。

接下来的第三步更难——口罩机调试，这是支撑大批量生产的关键。口罩机属于非标自动化设备，所谓“三分做，七分调”，如果不做好前期调试，别说达到口罩机设计产能，要实现生产都困难。

电子事业群首席运营官江向荣在智能电子产品制造领域经验丰富，但口罩生产也让他一时“找不着北”。不管是手机结构件还是汽车零部件，基本都是硬质材料，但口罩却是软材料。跨界太大，让经验丰富的工程师们经历了短暂的迷茫。工程师在调试过程中发现，原来传统设备的设计方案就有一些问题，所以又得把零部件拆下来改，重新设计、加工，再装上去试。

好在比亚迪最不缺的就是工程师，可谓高手如云。王传福和王念强是比亚迪最资深的两位工程师，他们每天都在一线，趴在机器上亲自调试（见图 8–1）。例如在穿鼻夹线的时候，一开始总是不能精准定位。王念强和几位机械技术骨干讨论，把穿鼻夹线的孔洞由直管改成锥形，像一个漏斗一样，这样不仅便于穿线，而且位置十分精准。

2 月 13 日上午 9 点 10 分，许教练接到王传福的电话，让他到口罩生产线去看看耳线焊接的问题。他是第二事业部副总经理，对超声波焊接很了解。他带着手下的技术主管在现场看了一个多小时，把基本原理看明白了，“里边无非就是 4 个参数的问题”。然后他开始调整焊机的行程和压力，没有垫片就用胶布稍做一下处理，这一焊，怎么拉都拉不断了。品质处人员现场做检验，在耳线上吊了一个 1 千克重的砝码，确实拉不断。

靠着团队作战，第一台机器总算调好了。2 月 14 日是王念强生日，第二天则是王传福生日。当天晚上，团队开完会后，大家在工厂里为他们送来了两束鲜花，集体唱了一首生日歌，把比亚迪首批量产口罩样品

图 8-1　王传福（左）、王念强（右）亲自下车间调试设备

送到王传福的手中，他脱口而出："这是我收到过的最好的生日礼物。"

2 月 17 日，比亚迪口罩正式量产。长期积累的研发实力、制造能力和创新能力，让比亚迪在如此短的时间里跨界实现了口罩生产，创造了奇迹。

"百团大战"

一开始，在口罩机还没做出来的时候，比亚迪就定下日产 500 万只口罩的目标，团队压力非常之大。

王传福要电子事业群和电池事业群两个团队分别测算一下生产 500 万只口罩装配和调试完生产线需要的人数。两个团队都提出需要五六百人。

2 月 19 日，王传福开始在汽车事业群动员。

2月20日，原本要开一场N95口罩评审会，结果变成了一场口罩生产承包动员会。王传福要求各事业部积极参与口罩生产。他说：“现在是国家需要的时候、公司需要的时候，希望各事业部都派最精锐的部队过来。”

当时汽车工程研究院、第十一事业部、第十二事业部、第十三事业部、第十四事业部、第十五事业部、第二十一事业部、第二十二事业部、第二十三事业部等有装备制造能力的事业部全部加入了进来。自此，一场围绕口罩生产的“百团大战”开始了。

在口罩生产线，比亚迪的总裁、副总裁、总经理，将帅亲征，全上一线。由于外部需求不断扩大，口罩产量不断攀升，从一开始只是比亚迪深圳工业园生产口罩，后来扩展为深圳、长沙、西安、商洛四地工业园转产口罩。口罩扩产，一场口罩机装机大会战也悄然打响。王传福任命罗忠良为班长，由他主导长沙望城255台一代口罩机项目和西安500台二代口罩机项目。在当时供应链受影响的情况下，行业里制造一台口罩机需要二三十天，比亚迪每天有四五十台口罩机在深圳完成安装并发往其全国各口罩工厂，创造了投产速度的奇迹（见图8-2）。

图8-2　比亚迪口罩生产线

在比亚迪口罩工厂有一个龙虎榜，每天，这个榜单上的纪录都不断被刷新。你追我赶，涌现出不少优秀人物。其中有一位，因为龙虎榜成了“众矢之的”，就连同班组的人都把他定为赶超目标。他就是来自电池团队的中级钳工，长期霸占产量龙虎榜榜首的孙海超。

在援产期间，为了保证设备的正常运转和高产出，他经常忘记吃饭，每天晚上 9 点交班了，他会跟接班的人千叮咛万嘱咐，告知哪个地方要注意什么问题。每次交接完后，他还要帮忙贴标、扫码，晚上 11 点后才回宿舍。

凭着这股拼劲，他负责的生产线产量在“百团大战”前期一直排在龙虎榜前列。

孙海超只是一个缩影。在竞争激励下，各生产线不甘示弱，奋起追赶，屡创新高。只要没停下来，你就不知道最高纪录是多少。当竞争文化的势能得到充分释放时，这场战斗就有了胜利的砝码。

随着产量激增，越来越多的比亚迪口罩被送到千家万户。3 月 12 日，比亚迪口罩日产达 500 万只，成为全球最大的口罩工厂，创造了企业转产口罩的“中国速度”，也为疫情防控带来了“中国制造”的力量。

熔喷布“保供战”

口罩产量快速提升之时，口罩的关键材料——熔喷布宣布告急，价格飞涨，每吨从 2020 年 2 月底的 20 多万元涨到 3 月的 40 万元，最高时达六七十万元。更为关键的是，能向比亚迪大规模供应熔喷布的厂家非常少，有钱也买不到货。为了打破供应瓶颈，确保产业链安全供应，比亚迪又做出了一个大胆决定——自力更生，转产熔喷布。

沙场再点兵。第二事业部移师熔喷布战场，第十一事业部、第二十一事业部、第二十二事业部、后勤处、比亚迪电子第一事业部、总裁办公室、采购处、品质处等协同作战。

熔喷布怎么做？何龙说：“看字面意思就知道，一熔二喷三成布。”但事实上要困难得多。当时市场上的熔喷布设备的价格水涨船高，采购一台要 900 万元现款，交货期长达 3 个月，比亚迪完全等不起。

自制熔喷布设备的任务又落在了电池事业群身上。当时项目团队考察了两个熔喷布设备工厂，想买一台回来。结果对方只给他们看组装好的、套好外壳的成品，两个关键零件——模头和喷丝板——长什么样子、怎么加工的都看不到，是保密的。

模头和喷丝板及其组件，在设计和加工上虽然存在难点，但如果是在平时，其实也不算问题。一条口罩生产线大约有 2000 个零部件，一条熔喷布生产线大约有 20000 个零部件，而刀片电池生产线的零部件数高达 200 多万个。当时主要问题是时间太紧了，只能一边学习一边设计，摸着石头过河。

考察回来，设计团队开始画设计图。一边采购，一边设计，一边继续调研。4 月 1 日，比亚迪口罩工厂传来因没有熔喷布导致 KN95 生产线停产的消息，而外购的熔喷布生产关键零部件模头到 4 月 2 日还是迟迟没有到货。设计团队完全没有参考样板，压力重重。在采购处的帮助下，他们联系到广州一家做喷丝板打孔的厂家，他们有 800 毫米小模头的设计经验。团队在 4 月 3 日前往交流，但收获甚微。

3 日下午回来，团队便开始自主设计模头图纸。4 月 5 日，外购的模头终于到货。王传福、何龙和整个项目团队马不停蹄地开展模头分析和校对设计。当晚，第二事业部项目团队联合汽车工程研究院进行了通宵测绘（见图 8–3）。

4 月 6 日，清明假日的最后一天，比亚迪自制的第一套喷丝板组件制作完成。但在组装时，又发现还有很多零部件缺货，进度再一次被延迟。4 月 7 日和 8 日，何龙、许教练等人连续干了两个通宵，终于在 9 日下午，第一台外购设备实现了首次出丝，里面装的是比亚迪自主设计的喷丝板。

可惜，虽然出丝了，但出的丝比较粗糙，不合格。进度耽误不起，项目团队马上修改设计，制作新的喷丝板。他们一开始就做了两手准备，同时制作了两个喷丝板，一旦第一个失败，就马上在第二个上进行修正。

4 月 10 日，新的喷丝板被安装在第一台外购设备上。当设备再次启

图 8-3　熔喷布设备被“卡脖子”，王传福（左二）与何龙（右三）、许教练（左一）带领项目团队攻坚克难，自制熔喷布设备

动时，出丝最终成功。

4 月 13 日，比亚迪第一台熔喷布设备仅用 3 天就超过设计日产量，达到 1536.75 千克。4 月 14 日，由比亚迪自制的首台熔喷布设备出丝。自此，比亚迪完全掌握了熔喷布设备设计、制造和安装技术。

2020 年 10 月 26 日，历时 7 个月零 2 天，熔喷布项目完成历史使命，被正式关闭。

把不可能变成可能

2020 年 3 月中旬，国内疫情相对稳定后，口罩不再稀缺，比亚迪口罩又出口到美国、日本、意大利等 80 多个国家和地区，支援国际抗疫。一日，意大利驻华大使给王传福打去电话，讲到意大利的疫情紧急，老年人的死亡率超过了 26%，希望比亚迪的口罩能够优先送往意大利。3 月 20 日，意大利派专机抵达深圳机场，装走了 300 万只口罩。王传福让大家想办法让更多口罩“挤”上飞机，甚至请航空公司把座椅都拆了，利用所有的空间装口罩，让更多需要口罩的人能多一份安心。

4月14日，巴菲特发出一张戴着口罩、双手点赞的照片，他身穿一件白色长袖T恤，上面写着：“我想要长命百岁。到目前为止，一切还好。”在照片下方，他写道：“比亚迪口罩正帮助我实现这个目标！”

通过口罩大会战，比亚迪完成了一次规模空前的团队大练兵。从2010年到2020年，比亚迪一直在艰难地证明自己，隐忍地等待市场爆发。没想到口罩大会战先爆发了，大家在和疫情的抗争中体验到一场久违而强烈的胜利。

这场战斗锻炼了比亚迪人敢打敢拼、协同作战的能力。领导者靠前指挥，助推了这股精神力量。从总裁到事业部总经理，每个人都亲力亲为，带兵上阵。

从2月到6月，王传福只要不出差，几乎每天下午都到口罩工厂，和大家一起调设备，开会了解情况，解决问题，时常跟线到深夜甚至凌晨，随后开海外电话会议，周末节假日也不例外。有一次开会，他十分疲惫，听着听着就睡着了。

最早接受任务的王念强更是达到了忘我的状态。他每天最晚走、最早去，员工到的时候，他已在生产线上拿着扳手和螺丝刀调设备了。由于车间生产环境嘈杂，加上戴着口罩，必须大声说话，水也不能喝，王念强就哑着嗓子，比画着指挥调试工作。他一直在车间里待着，除了吃饭，谁都劝不出来。

何龙为了解决一个技术问题，曾有5天几乎不眠不休，工作人员拿来一套行军床放在他会议室，让他勉强睡一会儿。终于在第六天，解决方案找到了，何龙才感到自己是如此疲倦。开早会时，王传福开场第一句话是：“今天先让何总回去休息。”

任林刚做了心脏搭桥手术，仍然冲在前面，亲自装配零部件。有一次，他凌晨4点多离开工厂，早上9点多又去了，因为“睡不着”。

在危难面前，比亚迪人的坚韧、无私精神也被激发出来，只要自己能做点什么，没有人推脱，主动想办法。每个人都希望在这个特殊的时刻做到无愧于心。

平时很少出现的不平常状态，此刻变成了常态：工厂灯火通明，不分昼夜，大家熬得眼睛通红也不休息，很多人干起活来赶也赶不走；忘记吃饭是常事，过了饭点儿，领导安排送来盒饭，扒拉几口接着干；闷声扑在生产线上的人，眼睛一直盯着机器的运转，没人喊苦喊累；为了抢时间，不少生产线上的工人甚至尽量少喝水，节省上厕所的时间；因为太过沉浸，有人午饭时看到掉在桌子上的面条，都以为是耳线。

有人说："不逼自己一把，你都不知道自己有多优秀。"也有人说，看着自己的机器产量一天天提高，"那种心情比中了彩票还要高兴"……

王传福说，自己感觉重温了一次创业。1994 年刚建厂时，大家就是这样齐心协力、全情投入的。2003 年造车时，大家也是这样争前恐后地接项目、昼夜不停地开发产品的。正是这般你争我赶、敢打敢拼、协同作战，才让比亚迪变成了世界最大的口罩厂，把不可能变成了可能。

"敢打敢拼，协同作战"被总结为比亚迪"疯狂的口罩"精神。"敢打敢拼"即不遗余力，突破极限，把不可能变成可能；"协同作战"即不推诿、不扯皮，心往一处想，劲往一处使。

有这股"疯狂的口罩"精神，有十年磨一剑的积累，有"垂直整合、集成创新"的强大底蕴与活力，不会再用多久，这支打过硬仗的队伍必将把比亚迪推向巅峰时刻。

彰显中国力量

在 2020 年年初新冠疫情肆虐之时，整个中国的口罩都严重短缺。许多企业迅速转产口罩，在两三个月内中国就开始大量向全世界出口口罩。中国制造的能力，产业门类齐全的优势，企业的众志成城和快速响应，表现得淋漓尽致。

2020 年 4 月 26 日，在国务院联防联控机制新闻发布会上，商务部发言人表示，根据海关统计数据，仅 4 月 24 日一天，中国出口口罩的数量就达 10.6 亿只。

从日产2000万只口罩到日产超过10亿只，如此快速膨胀的产能奇迹，不可能仅依靠原有口罩生产企业完成，还要靠比亚迪这样的新军，在要求极高的洁净车间里，用自己研发的专用自动化设备生产。新军在这一刻成了主力军。

2021年1月14日，海关总署发言人在国务院新闻办发布会上介绍，2020年全年（3—12月），全国海关共验放出口主要疫情防控物资价值4385亿元，其中口罩出口2242亿只，价值3400亿元，相当于为中国以外的全球人民每个人提供了近40只口罩（见图8–4）。

在所有生产口罩的企业中，比亚迪最为亮眼。2021年2月24日，《日本经济新闻》公布了日本“2020年受欢迎商品排名”，其中口罩类别的销量冠军是“中国汽车企业比亚迪生产的平面口罩”。

经过检验和洗礼的比亚迪，像一面山巅之上、蓝天白云下的旗帜，猎猎飘扬。

总裁办公室在这场口罩“百团大战”中负责全程项目管理和考核、口罩调配以及龙虎榜激励，参与了援产口罩的全过程。总裁办公室主任

图8–4　整装待发的比亚迪口罩

李巍说："这次的'百团大战'不仅是对个人和团队的极限考验，也让我重新认识了比亚迪。过去15年，只觉得公司不容易、有韧劲，现在才真正深切感受到公司很了不起。工程师的创造力，工艺装备和制造能力，让我觉得只要社会有需要，公司是没有什么造不出来的，而且真的会很快。"

廉玉波说："我把比亚迪造口罩的消息告诉一些外国朋友时，他们认为我们的设备是买的。后来我告诉他们，这是我们自己做的，他们惊讶了好几分钟，他们认为这在欧洲是连想都不敢想的事情。"

但事实就是事实。

2021年1月22日，中国光彩会第六次会员代表大会暨全国抗击新冠肺炎疫情民营经济先进个人表彰大会在北京召开。王传福当选。他是广东省推荐的先进个人。广东省对他的推荐词如下：

> 疫情初期，向湖北捐赠1000万元善款，从海外紧急采购100万元N95口罩、防护服等物资。累计捐赠口罩超1000万只。公司集中10万员工，在6个工业园的50万平方米厂房里建成口罩生产线2000条，最大日产量达1亿只，建成熔喷布生产线192条，最大日产量达175吨，成为全球最大规模口罩生产商，有力保障抗疫物资供给。

日产量达1亿只是什么概念？比亚迪的口罩日产量在达到1亿只之前，采购处总经理王渤曾问王传福："我们一天生产500万只已经很多了，我们还有刀片电池和新车型'汉'要开发，为什么还要做更多的口罩？"王传福说："多一只口罩就可能多一分安全、少一分恐慌。1亿只可能救一个国家。"日产1亿只口罩，可以基本保证一个5000万人口的国家每人有两只口罩。

"在国家和社会遇到困难的时候，我们一定要勇敢地站出来。我们大大小小的加工中心几万台，我们的各种模具不计其数，我们的机械工程师、电子工程师和产业技术工人数以万计，我们的工业园分布在全国多个省市。比亚迪专注制造业25年，最有条件来承接口罩生产任务，来帮助我们的国家和社会解决困难，来帮助全球受疫情影响的群体。”在比亚迪“疯狂的口罩”总结表彰大会上，王传福掷地有声地说。

在全球口罩供应危机逐步解除后，比亚迪关闭了口罩生产线，之后仅在展厅展出口罩、消毒液等产品，留了一条生产线设备放到比亚迪历史博物馆，作为历史的见证。

一场口罩大会战，比亚迪急天下之所急，供天下之所需，打了一场从零起步、敢打敢拼、协同作战、突破重重困难的硬仗。“好像重温了一次创业的感觉”“又见了激情燃烧的岁月”“每天都有纪念日”……比亚迪人仿佛在战疫中重新凝聚和被激活了一次。

沧海横流，方显英雄本色。在疫情防控任务最艰巨的时候，在口罩的全球供需矛盾如此悬殊的背景下，比亚迪作为中国制造的代表，在世界需要的时候挺身而出。困难当前，勇担责任，侠之大者，为国为民。

第四部分
飞龙在天
（2020—2024）全面爆发期

2020 年	援产口罩和消毒液
2020 年	发布刀片电池
2020 年	“汉”上市
2021 年	发布 DM-i 超级混动技术及车型
2021 年	打造全球首个新能源、无人驾驶的低运量轨道交通系统
2021 年	比亚迪第 100 万辆新能源汽车下线
2021 年	发布纯电专属平台——e 平台 3.0
2022 年	停止燃油汽车整车生产
2022 年	发布 CTB 电池车身一体化技术
2022 年	首次进入《财富》世界 500 强
2022 年	发布高端品牌仰望
2023 年	发布个性化品牌方程豹
2023 年	发布易四方技术平台
2023 年	发布云辇智能车身控制系统
2023 年	比亚迪第 500 万辆新能源汽车下线
2024 年	发布智电融合的电子电气架构——璇玑
2024 年	发布易三方技术
2024 年	发布新一代 CTB 电池车身一体化技术
2024 年	发布 e 平台 3.0Evo
2024 年	发布云辇 -Z
2024 年	发布第五代 DM 技术
2024 年	比亚迪第 1000 万辆新能源汽车下线

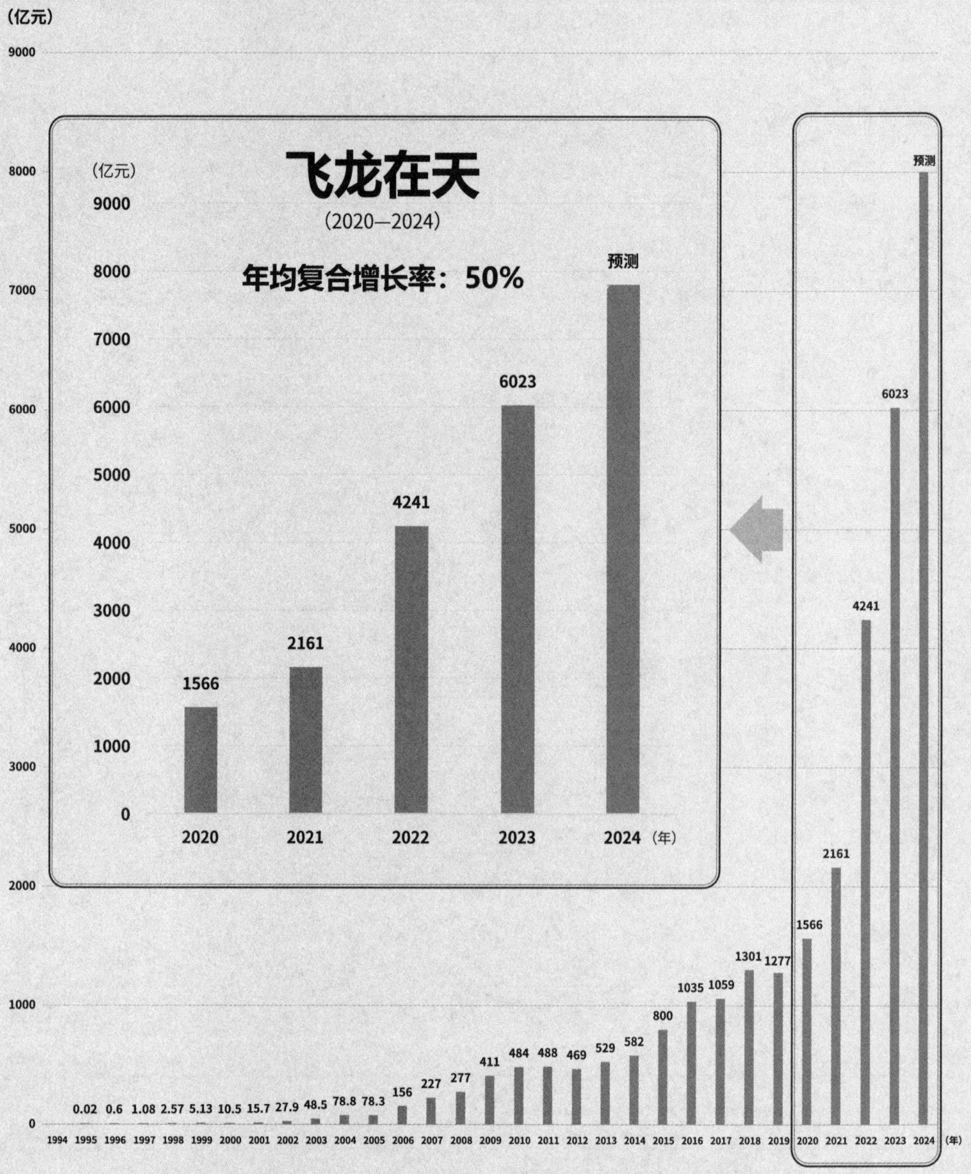

1994—2024年比亚迪营业收入

*以上数据和正文相关数据根据比亚迪年报等公开资料整理。

第九章

厚积薄发

正是当初的坚持，我们才能成功地跨越这片无人之境。

2020 年的春天和夏天，在比亚迪，过得好像比往年都要快。

在硝烟弥漫的口罩大战的另一侧，比亚迪汽车的几个关键时刻相继到来：3 月 29 日，刀片电池发布。6 月，DM-i 和 DM-p 双模混动技术双平台战略发布。尤其是 DM-i 平台的推出，以“大功率电机驱动 + 大容量动力电池供能为主、发动机为辅”的电混架构，完全区别于传统混动“以油为主”的方式，开启了“以电为主”的混动技术新时代。

7 月 12 日，搭载刀片电池的比亚迪汉车型上市。它不仅展现了比亚迪在技术方面的领先实力，而且打破了以往中国品牌基本只能在 A 级车市场与合资品牌争夺份额，中高端轿车市场几乎被合资豪华品牌垄断的格局。高性能、高安全、高品质、高颜值，这些元素的“附体”，极大提升了比亚迪汽车的品牌价值。

意义更为深远的是，由汉开始，比亚迪崇尚技术的工程师思维和对用户体验的高度重视更好地融合在了一起。比亚迪爱技术，也宠用户。

“我想要怒放的生命，就像矗立在彩虹之巅，就像穿行在璀璨的星河，拥有超越平凡的力量。”比亚迪人用无数汗水和泪水浇灌出的创新之花，终于挡不住地怒放了。

刀片出鞘

当比亚迪在2020年春天意外成为全球第一大口罩工厂时，比亚迪汽车的创新脚步也在加速，潜能已经蓄积到爆发的前夜。

第一个大招，是2018年正式开启研发的刀片电池。

回归“磷酸铁锂”

早在2002年，比亚迪就选择了磷酸铁锂电池技术路线，之后每年都在持续投入。传统的手机、电动工具、玩具用的电池，制造难度主要体现在水分、毛刺、粉尘颗粒等方面的控制上。而汽车对动力电池的要求和它们不是一个量级。

汽车的电池数量多，并要求电池有更长的寿命和更强的安全性。因为汽车电池采用串并联结构，任何一支电池出现问题都会影响电池组的整体表现，这要求每支电池的容量、内阻、循环寿命等关键指标要有极高的一致性。另外，由于汽车的使用环境非常复杂，所以要把极寒、极热、颠簸震动等各种场景对电池的影响纳入考量。动力电池包含的知识既有电化学、材料学、机械工程学，也有热能、自动化、信息计算等学科知识，涉及的门类极多。

这种复杂性，让研发之路上藏着无数关卡。有的问题一眼就能看出，有的问题是隐蔽的，可能要等到做了1万甚至100万支电池时才能被发现。

为了解决磷酸铁锂原材料涂不到极片上的问题，研发团队先是尝试使用不同的原材料，结果发现真正的问题是电池内阻过高，是电池结构有问题，于是迅速改换思路，调整方向。

极柱漏液问题也困扰了研发人员很久。他们发现，经过振动或者高低温的变化，电池就会出现极柱漏液，但不是每支电池都会漏。这要通过大量的重复性实验，将问题重现，再剖析原因，加以解决。研发团队从密封、焊接等各个角度研究，折腾了两年时间才彻底突破。

电池与整车的匹配也有很多问题。怎么把电池装到车上，这个问题看似简单，实际上有很多门道。如果电信号、动力的接插件没有连接好，电路就会燃烧，甚至引发起火。种种试错的经历被一一记录归档，形成设计规范和错误档案。把一个个错误都排除之后，最后收窄出来的路，就是无可挑剔的路。工程师也在这个过程中更加透彻地掌握了机理。

毫无疑问，和那些直接拷贝国外成熟经验的车企相比，比亚迪一定犯过多得多的错误。但长期来看，无错可犯或许才是悲哀，因为一切早已固化。成熟车企的知识扩散像是教科书式的扩散，显性而规范，而比亚迪的知识很多是隐形的、分散的，一边干一边涌现，甚至是误打误撞的。而经由设计规范和错误档案等总结归纳，这些知识也渐渐显性化、规范化了。

不同的是，比亚迪获得的很多知识都包含了自己的体验，不是用一个现成模板拿来拷贝，而是一群活生生的人，从简单到复杂，从粗糙到精细，从单一到混合，在每一天的实践中感知、总结、提炼出来的。和知识融合在一起的，还有信念、信心和极为有效的纠错方法。所以一旦面对新的问题，当别人找不到范本、不知所措时，比亚迪人就会娴熟地调动起记忆里的储备，满怀信心地去面对。他们就是这样走过来的。

第一个使用 400V 和 800V 高压平台

目前，行业普遍把 800V 电压平台作为车型亮点来宣传，把 550V 电压到 930V 电压都称为 800V 平台。其实比亚迪在 2015 年开发的 e5 和秦 EV 车型就已经是 800V 电压平台（实际最高电压 752.4V）了，是行业最早使用 800V 平台的车企。

2010 年，考虑到开发成本，比亚迪需要开发一款同时兼顾乘用车和商用车使用的电芯，C15 的电芯应运而生。这款电芯的电池设计容量达到了 200Ah，满电电压为 3.8V。e6 基于这款电芯，采用 96 节串联，总电压 364.8V，达到行业所说的 400V 高压平台；电动大巴 K9 采用 168 节串联，再三个包并联，总电压 638.4V，达到标准的 800V 高压平台。

当时，作为国内纯电动汽车的先行者，e6 的 400V 电压平台引领了行业的发展趋势，之后行业内大部分新能源乘用车都是按照这个标准来开发的。为了与之配套，那时候的充电桩也是基于 400V 电压平台来设计的，导致在 800V 盛行的当下，很多车辆还要额外增加升压器件，来适配当时建设的 400V 充电桩。

现在回想起来，若当时比亚迪资金充足，能给 e6 再单独开发一款适配 800V 的电芯，那行业可能就不存在 400V 电压平台的概念，直接进入 800V 时代了。

2008 年，F3DM 搭载了全球第一款量产的车用磷酸铁锂电池，之后，K9 大巴和 e6 也搭载了磷酸铁锂电池。然而到 2017 年，磷酸铁锂动力电池的技术路线遭遇重挫。对于可享受车辆购置税减免的纯电动乘用车，政府相关部门提出了更高的电池能量密度的要求。例如，纯电动乘用车动力电池系统的能量密度不低于 90Wh/kg（千瓦时每千克），对高于 120Wh/kg 的按 1.1 倍给予补贴。这一政策是向能量密度更高的动力电池倾斜。由于三元锂电池的能量密度表现优于磷酸铁锂电池，电池厂家迅速奔赴三元路线。2017 年，磷酸铁锂电池的市场份额首次被三元锂电池超越，只剩下 26%，2019 年降至谷底时不足 15%。

磷酸铁锂电池遇冷，三元锂电池市场份额大增，但因为三元锂电池热稳定性不够，引发的安全事故也频频出现。而且补贴有上限，并不是能量密度越高，补贴就一直高下去，补贴本身的趋势是不断退坡的。2018 年年底，王传福预判，三元锂电池会因为安全性差、成本高而遇冷，磷酸铁锂电池则会因高安全重登舞台。在血的教训面前，“不能一味地追求高能量密度，安全才是最基本、最核心的问题”成为行业的主导取向。王传福果断开启新一代磷酸铁锂动力电池的研发。

攻克能量密度

虽然相信电池技术路线的拐点必将出现，但成功不会从天而降。要把磷酸铁锂电池路线走通，必须想办法提升能量密度。

比亚迪的电池研发团队仔细测算了电池空间利用率，发现只有40%。这说明虽然车上放置电池的空间很大，但电芯体积只占40%，其他空间都被结构件占据了。看到这一数据，工程师们茅塞顿开，只要能提高电池的空间利用率，放置更多电池，能量密度自然会提高。

2018年12月15日，王传福参加第二事业部在青海召开的项目汇报会。会议一开始他就问："现在市面上的电池最长是多少?"何龙想了一下说："不到600毫米。"王传福接着问："能不能做得更长一些?"何龙说，那必须突破原有的设备。原来的拉浆机，宽度只有0.6米左右，再长就不行了。如果做得更长一些，压片机、叠片、卷绕、装配等设备都得重来。这不仅是要做新产品，而且是要把整套设备造出来，难度非常大!

在集体讨论中，王传福基本确认了研发长方体电池的技术方向。因为圆柱体电池拐角处有空隙，空间利用率相对较低，路径不通，而长方体电池能够叠在一起，可最大限度地利用空间。如果能把电池做得够长，能量密度会更高。在会上，他们还用初步确定的尺寸，把电池容量、电池包位置，以及大概成本进行了测算。由于创意是在青海确定的，所以内部代号为QH项目。

长方体电池虽然空间利用率好，但在工艺操作时，需要先将几支或十几支电池捆扎在一起形成模组，再将若干个模组连接起来，才能整合成电池包，这也不是最省空间的方式。如果能让块状电池承担起结构件的功能，直接组合成电池包，省掉模组层，就能空出更多空间。

若要实现这一构想，电池壳体要满足两个条件：既轻薄又足够有强度。最后，结合制造成本、安全性、稳定性等因素，研发团队认为，使用铝材是最佳选择。但第二事业部团队考察后发现，用外部合作商的设备，做不出比亚迪想要的铝壳。他们前期开了两次模都没有成功，一是尺寸不达标，二是焊接精度不合格。后来项目团队自己上手，不到10天时间就解决了问题。2020年12月17日，比亚迪自研铝壳制管机生产的第一批成型铝壳下线。

团队还突破了另一个难题，做出了叠片机。

经电池研发团队测算，新一代电池的长度、宽度和高度分别确定为：960 毫米、13.5 毫米和 90 毫米。因工艺技术限制，业内常用的卷绕工艺做不了长电池，所以研发团队将目光转向了叠片工艺。简单来讲，卷绕工艺的正负极片和隔膜材料不会分开，三者按照既定的顺序卷在一起。而叠片工艺是把正负极片分开，中间加一层隔膜，相当于三层交叠起来。因此，卷绕工艺多用于圆柱体电池制造，而叠片工艺能做出长方体电池。

这并不是比亚迪第一次采用叠片工艺。2002 年后，电池研发团队至少有 5 年时间在研究叠片式结构。他们把正负极片和隔膜封成一个类似信封的袋子，通过袋式的叠片结构把电池先做了出来。但之后，由于卷绕工艺的量产成本更低，比亚迪还是切换到了卷绕工艺。

此次从卷绕再切入叠片工艺时，情况又有了新的变化。以前一台卷绕机的效率能顶 10 台叠片机，现在叠片机的效率是卷绕机的 2 倍以上，不过难度依然存在。动力电池事业部副总经理孙华军说，叠片工艺在小电池上很成熟，但刀片电池很长、面积很大，要达到精度要求和生产效率，对工艺挑战很大。孙华军 2000 年从复旦大学毕业后加入比亚迪，一直致力于锂电池和动力电池的开发及生产管理。

第二事业部项目团队压力很大。叠片机的设备设计方案几经变化，连王传福心里也有点不安，说“怎么老是变”。叠片机做好那天，王传福去了现场，从下午 2 点一直待到 6 点。“他特别高兴，”许教练说，“他说这就是他想象中的电池，每个角落都被材料填满，容量达到了很高的程度，而且是完全创新的技术，革了卷绕的命。”

有了外壳和电芯之后，只需要用结构胶把电芯固定在两层铝板之间，一块长方体的电池就制成了。由于电池又长又薄，形似刀片，所以名称也从内部的 QH 项目变成了刀片电池（见图 9–1）。何龙说：“这个名字是王总想到的，他问我叫‘刀片’好不好，我说挺好的，朗朗上口。”

刀片电池的电池包既是能量体，也是结构件。与传统的需要模组和梁的电池包相比，刀片电池的空间利用率提升了 50%。如果电池包体

图 9–1　比亚迪的刀片电池

积不变，原来跑 400 公里的车，现在可以跑 600 公里。第一代刀片电池的单体能量密度虽然没有三元锂电池高，但电池包的能量密度和三元锂电池包相当，续驶里程不输三元锂电池。另外，刀片电池的比表面积大，层叠数少，热稳定性高，这是它的材料本身决定的。电池在其内部万一发生短路，它短路的回路会很长，短路之后产生的热量也比较少，同时电池做薄做长之后，它发出的热量很容易扩散，而不会积聚在一个点，最终电池的温度会控制在比较低的水平，可轻松通过针刺实验[①]。取消了钢梁等结构件后，电池生产成本也降低了。总体来看，刀片电池高安全、长续航、长寿命的优势显著，且能减少对稀有金属的依赖。

2019 年 2 月，在重庆璧山区，动力电池项目一期正式动工建设。在

① 针刺实验模拟了电池在极端情况下可能发生的内部短路情况，以此来观察电池在受到物理损伤时的反应和安全性表现，以验证电池的热稳定性和热管理能力。当钢针穿透电池的外壳和内部结构，将电池电芯刺穿，导致电池内部的正极和负极材料直接接触时，就会形成短路，从而导致电池内部的电能迅速转化为热能。如果热量积累到一定程度，可能会引发电池的热失控反应，表现为冒烟、起火甚至爆炸。

生产线上，装配、叠片、化成、Pack[①] 等工序的设备都由比亚迪自主开发，而且精益化、自动化、信息化程度极高。各种高精度传感器、自动化机器人让生产更加高效，品质更加稳定。2020 年 3 月 27 日，第一块合格电芯下线，刀片电池“出鞘”。

重新定义安全

2020 年 3 月 29 日下午 2 点半，在深圳卫视《超级发布会》栏目演播厅，刀片电池超级发布会直播开始。

发布会以“出鞘 · 安天下”为主题，表达出彻底终结新能源汽车安全痛点的决心。

王传福在演讲中回顾了比亚迪电池 20 多年的发展之路，提出刀片电池是为了“纠偏”，将动力电池技术路线拉回正道。

他说：“坦白讲，正是对电池能量密度不切实际的追求，彻底带偏了动力电池行业的发展路线，并且让新能源乘用车的安全口碑付出了极其惨重的代价！过去几年，因为电池行业不同企业的技术及品控水平参差不齐，再加上三元材料本身的特性，电动车自燃甚至爆燃的事件明显增加，将高能量密度三元锂电池的安全问题暴露无遗。”

这些说法背后，其实是残酷的现实。2019 年 8 月，新能源汽车国家大数据联盟发布报告显示，2019 年 5—7 月，新能源汽车国家监测与管理平台共发现了新能源汽车安全事故 79 起。从动力电池种类来看，86% 的事故车辆使用的是三元块状锂电池，7% 的事故车辆使用的是磷酸铁锂电池；58% 的车辆起火源于电池问题。

发布会现场还播放了针刺实验的视频。在测试中，随着一根直径 5 毫米的钢针由上到下穿透电池，三元锂电池瞬间发生爆燃，火苗一下子冒了出来，电池表面温度超过 500℃，放置在电池表面的鸡蛋被炸飞；磷酸铁锂块状电池，没有明火，但有冒烟，表面温度 200~400℃，电

---

① 在电池生产领域，Pack 是指将多个电芯串并联组合起来，按照客户要求的形状进行包装、封装和装配。——编者注

池表面的鸡蛋被烤焦；而比亚迪刀片电池的表面温度维持在 30~60℃，不仅没有着火，甚至连烟雾都没有，电池表面的鸡蛋没有变化（见图 9–2）。刀片电池针刺点附近位置仅有较低程度的温度变化，基本避免了出现燃爆的可能。

三种动力电池针刺对照实验结果

三元锂电池
剧烈燃烧
表面温度超过500℃

磷酸铁锂块状电池
无明火、有烟
表面温度200~400℃

比亚迪刀片电池
无明火、无烟
表面温度30~60℃

图 9–2　针刺实验让刀片电池的安全性直观展现

刀片电池是一种针对电芯结构的命名，很多形似刀片的电池单体集合成电池阵列，进而组装成电池包。在电池包中，每一个电芯就是一个结构件，100 个刀片电池就是 100 个梁；在 100 个刀片电池组成的电池堆的上下两面，各加了一块铝板，形成“三明治”结构，它的刚度强，使电池包不容易发生变形。刀片电池做到了既是能量体又是结构体，是行业内最早提出和实现的颠覆性产品。一方面，长薄形的电芯结构，比较容易实现电池包的扁平化设计，从而提升车辆操控性能，增加乘员舱 Z 向（垂向）空间，优化乘坐体验。另一方面，刀片电池包体层级的高强度和高刚度可以防止因电池包变形导致的电芯结构受损、电池连接失效等，大大降低电池包故障的概率，进一步规避安全风险。

中国科学院院士、清华大学教授欧阳明高连线发布会现场，对比亚迪刀片电池赞不绝口，肯定了比亚迪在设计和产品方面的创新。欧阳明高从行业发展现状以及未来发展方向进行了深度分析，他强调，针刺实验对于电池的测试非常严苛，比亚迪刀片电池针刺实验的结果是“非常优异的”。他同时肯定了刀片电池在电池包比能量，尤其是体积比能量方面的巨大优势。另外，刀片电池大大简化了结构和工艺，也降低了电池成本。他说：“在电池的安全性、电池的体积能量密度、电池的成本方面，比亚迪刀片电池具有比较明显的优势。”

王传福坚信，刀片电池将改变行业对三元锂电池的依赖，将动力电池技术路线拉回正轨，重新定义新能源汽车的安全标准，把“自燃”这个词从新能源汽车的字典中彻底抹掉。截至 2024 年 11 月，比亚迪装载刀片电池的纯电动汽车约有百万台，因为电池自身原因出现的着火事件为 0，其间有一些着火事故是由底盘严重剐蹭或者外部火源所致。

以“汉”为名

与刀片电池研发团队一样忙碌的，还有汉车型开发团队。

廉玉波 2020 年 2 月起加入“百团大战”，白天做口罩，晚上做汉的开发。4 月中旬，王传福对他说：“你不要再来口罩工厂了，赶紧把新车型交付。”

这款亮相后无比惊艳的车型，也走过了极不平坦的历程。

豪华设计

汉其实已开发多年，十年时间换了四任产品总监。杨峰在 2018 年 5 月接手项目，担任产品总监，之前他在汽车工程研究院做车身技术研发工作。他回忆道：“这个项目来来回回做了好几个方案，因为市场、技术等方面一直在变化，所以迟迟没有推出。”

疫情暴发前不久，比亚迪刚刚确定了这一车型的名字——汉，作为王朝系列第五个产品家族。汉朝是中国历史上一个强大而鼎盛的朝代，也创造了当时傲然于世的灿烂文明和强大帝国。汉车型寄托着比亚迪欲建“非常之功”的期望。

汉的开发团队虽然没有参加“百团大战”，但同样处于争分夺秒的战斗状态。

杨峰接手时，得到的明确要求是：做一款中大型轿车，要正向开发，要有比亚迪风格，要做到高安全性，要融入中国文化元素，等等。随着项目重新立项，新的策略陆续敲定。第一个比较大的变化是不再开发燃油车型，集中精力、全力以赴地做新能源车型；第二，整车造型要做到有鲜明特色；第三，通过加入自研自制的刀片电池、碳化硅功率模块等新技术，提高整车性能。基于这些策略，项目团队以“豪华、性能、安全”为三大标杆。

消费者对车是否豪华的直观感知，往往始于颜值。为此，汉车型设计团队做出了各种突破性的尝试。

自艾格加入后，比亚迪一直在深挖“龙脸”设计故事，并将其发扬光大。汉的造型也由艾格操刀。他给自己的要求是要让人在 100 米外就能识别它是什么车，展现出品牌的个性。这对车身的轮廓、姿态都提出了高要求。

2019 年 4 月 16 日，比亚迪在上海车展上展出一款新能源概念车——E-SEED GT。在这款车上，艾格系统全面地演绎了“龙脸”设计语言，将龙嘴、龙须、龙爪、龙脊、龙鳞等元素融为一体。整车好似一条灵活跃动的龙，彰显出蓬勃的力量和科技的美感，但又不失古老神秘的魅力。

E-SEED GT 的设计代表了比亚迪车型的未来趋势，汉截取了 E-SEED GT 的“龙脸”设计，让车脸非常有识别度。同时，工程师花了很大精力，以豪华为目标，从各个细节提升内饰档次。比如在设计前灯时，为了寻找曲面的光源，设计师调了无数版，把误差控制在 0.1 毫米以内，保证了理想的效果。隐藏式门把手、主动进气格栅、低风阻轮辋、真木内饰等设计也首次出现在中国车上。

碳化硅极致性能

2019 年年初，在某次集团内部会议中，王传福问道：“除了搭载刀片电池，还有什么新技术可以提升汉车型的动力性能？”第六事业部总经理陈刚肯定地回答：“碳化硅！”

在提升性能的项目中，功率芯片是最关键的一项。碳化硅作为第三代半导体材料，在模块体积不变的情况下，碳化硅模块输出功率可以提升 50% 以上。汉的百公里加速要求达到 3.9 秒以内，当时第六事业部按碳化硅芯片设计的功率模块尺寸和性能让整车动力设计团队眼前一亮。

相比传统的硅基 IGBT，基于碳化硅材料的 MOSFET 具有更高的工作结温、更低的开关损耗和更小的芯片尺寸，但技术门槛也更高，生产成品率低，成本偏高。

第六事业部晶圆制造工程师提到，在碳化硅晶圆的制造过程中，栅氧生长温度高达 1350℃，氧化时间长达 10 多个小时，氧化层质量极难控制（影响芯片良率和可靠性）；离子注入需要在 500℃高温下进行，而且因为碳化硅的硬度仅次于钻石，减薄背金工艺也存在很大困难。

不仅晶圆制造难，碳化硅材料（衬底和外延）的获取也很难。据工程师介绍，碳化硅衬底是以高纯度硅粉和高纯度碳粉为原材料，采用物理气相传输法（PVT）生长碳化硅晶体，形成单晶结构，然后经过金刚石线或激光切割，再使用化学－机械抛光（CMP）打磨而成。具体制作工艺复杂，良品率低，成本高。传统硅片采用直拉法，很快就能从熔融液体中拉出一根黑长直的硅棒；碳化硅衬底片的 PVT 长晶过程则很慢，在至少 2000℃高温下长二十几毫米的晶体，需要 7~10 天时间。而且碳化硅的晶型有 260 多种，而磷化硅衬底只用到其中的 4H–SiC 一种晶型，在长晶过程中，温度和压力的控制稍有偏差，就会发生相变等异常。切片也需要很精准地去定位角度，10 多毫米厚能切出 10 多片，平均一片 0.7 毫米左右，切片的过程非常精细，需要精准控制。

碳化硅创新的难度、高昂的成本让诸多车企望而却步，行业内极少车型在主驱上搭载碳化硅。

比亚迪很早就开始立项解决碳化硅批量的各种工艺难点。例如 2015 年，第六事业部就已经着手立项解决碳化硅芯片散热及应用可靠性问题，开始了纳米银烧结工艺的摸索。经过几年的研究和试验，终于掌握了纳米银烧结的封装技术，为后来碳化硅批量应用铺平了道路。

比亚迪汉上市的时间定在 2020 年，百公里加速性能要求达到 3.9 秒以内。基于提前积累的模块设计和工艺经验，采用纳米银烧结工艺，第六事业部团队在短短 6 个月内便完成了从设计到验证再到量产的全流程工作。2020年7月，比亚迪首款搭载自研碳化硅模块的车型“汉”如期成功上市。比亚迪成为中国首家将碳化硅功率模块作为主驱的车企。

为了安全，千锤百炼

安全一直是新能源汽车普及过程中的一道坎儿。汉车型开发团队争取到了首搭刀片电池的机会。杨峰说：“刀片电池帮了我们大忙，如果没有它，可能还做不出汉。一方面，有了刀片电池，极大提高了安全性；另一方面，刀片电池还优化了车型的结构，腾出了更大的内部空间。”

通常，一辆新能源汽车的电池包都安装在车厢地板下的底盘上。如果安装位置过低，离地间隙变小，会影响车辆的通过性，并增加电池包磕底的机会。为了防止这一问题，车厢地板要设计得高一些。但车厢地板抬高了，座椅位置就会变高，乘员头部空间就会变小。想获得宽敞的头部空间，就需要把车厢设计得更高，但对中大型轿车而言，车厢变高又会影响造型流线，增加风阻系数。

刀片电池的出现化解了这些矛盾。汉车型搭载的刀片电池包的主体部分（连同电池包下方的底护板在内），垂直高度比采用普通块状电池的电池包矮了近50毫米，比采用圆柱体电池的电池包更矮。这50毫米的空间保证了车厢空间，也保证了电池包的安全位置。流线型优雅车身、拖拽系数0.233Cd[①]，都有了保障。

在整车安全方面，开发团队采用了非常严苛的方法。仅试制车辆就将近500台，用于碰撞测试、耐久测试、可靠性测试等，可谓千锤百炼。

工程师从仿真设计开始，就按“L”[②]级别来开发。他们通过数学模型来模拟整车、系统、子系统和零部件在发生碰撞时的被动安全性，并优化解决实验中暴露的问题。他们选择了高安全性的车身材料，全车采用的军工级别的热成型钢材用料达43处，白车身热成型钢材使用量达

---

① 拖拽系数（drag coefficient），也被称为阻力系数、风阻系数，单位表示为Cd，是流场中物体所受阻力与场动压的比值，它与气流特征、物体形状、大小和表面特性及其朝向有关。——编者注

② L为LACU策略之一，该策略中的L即leading，行业领导地位；A即among，行业领先地位；C即competitive，行业内具备竞争力；U即uncompetitive，行业内不具备竞争力。

97 千克，在当时自主品牌量产轿车中排名第一。

在车辆碰撞测试中，除了进行正面、侧面、追尾等常见的碰撞测试，比亚迪还针对路面交通的复杂性和新能源汽车的特性，对汉进行了更严苛、更复杂的安全测试，如最高时速 120 公里的正面撞击，和超高难度的小偏置碰撞，等等。后来在 C-NCAP 碰撞测试中，汉达到了“五星级”标准。

汉的耐久性、可靠性测试标准也很高。市场上大部分高档车的设计寿命是 30 万公里，汉车型定为 60 万公里。在实验室，试验车会在台架上持续颠簸 45 个日日夜夜，这样的试验要做三轮，相当于在实车测试路面上行驶 100 万公里，是大部分同类车型测试量的三倍以上。在道路实测中，试验车经历了高温、高寒、高原试验，去往海口、牙克石、吐鲁番等地，承受 -40~80℃各种场景的环境舱实验测试。

如此，比亚迪汉全方位诠释了“安全是电动车最大的豪华”的理念。基于多方面的重大突破，王传福对汉充满信心。在刀片电池发布会现场，他透露该车是比亚迪车系里的一款高端 C 级轿车，他说：“‘汉’代表了国家的强盛，代表了我们这款车的竞争力。我们相信，刀片电池技术加上这款车型，一定不会辜负中国‘汉’字。”

十年磨一剑

虽然有刀片电池这样的利刃在手，汉的上市还是经历了一波三折。

在项目收尾阶段，汽车销售团队针对汉 DM 车型提出了 28 项修改意见。这些意见中既有对前脸这样的关键部位的修改，也涉及镀铬件颜色这样的细节。

项目团队立即研究新造型，并且很快做好了新模具。2020 年 1 月 22 日，春节前的最后一个工作日，新的造型设计获得通过。

新冠疫情暴发后，项目再遇阻碍。新车型有一些供应商在武汉，因为停工，所以什么都做不了。一些国外供应商为了保证合资车企的需求，发函说“无法做你们的项目了”。它们甚至把给比亚迪做车架、减振器等生产线的模具拆掉，给合资品牌用。也有一些供应商认为，“比亚迪的车一年能卖几百辆就不错了”，也不愿意做。

杨峰感到非常被动。大家前期付出了那么多，终于熬到量产，却突然没了供应商。困局中，比亚迪的垂直整合能力再次发挥作用，弗迪系公司纷纷赶来支持。同时，比亚迪也和国内供应商持续沟通，获得了一些支持。因此，汉的零部件国产化率非常高。

随着供应链逐步正常化，生产进度也恢复了正常。2020 年 7 月 12 日，受疫情影响，比亚迪汉选择在线上发布。王传福以“十年磨一剑”描述汉的开发历程，从安全、性能、豪华三个维度进行解读。续驶里程、百公里加速、风阻系数、麋鹿测试[①]等具体数据被一一披露。

汉 EV 的刀片电池能循环充放电 3000 次、行驶 120 万公里，33 分钟可将电量从 10% 充到 80%，满电续驶里程超过 600 公里；搭载高性能、高集成的碳化硅功率模块的电机控制器，使其零百加速时间仅 3.9 秒，百公里能耗降低 1 千瓦时，续航提升 5% 以上，碳化硅电控的综合效率高达 97% 以上；风阻系数为 0.233 Cd，不但在国内领先，在国际上也能排进前十；与博世、布雷博等国际供应商合作提升制动性能，时速 100 公里的制动距离仅需 32.8 米；麋鹿测试成绩 80 公里 / 小时，代表车辆时速在 80 公里以内，不踩油门和刹车，仅通过转向也能很好地避让障碍物。这样的性能比肩跑车。

最让人惊艳的是充满豪华感的造型设计。从外观来看，汉 EV 采用封闭式一体前脸设计，形似蛟龙，蓄势待发；溜背式车顶，贯穿式设计的腰线，让车身线条流畅，极具动感；隐藏式门把手，龙爪尾灯，窗框金属镀铬条，让整车拥有高级质感。汉 DM 与汉 EV 最大的不同是前脸设计（见图 9–3）。汉 DM 的前脸保留了之前双模混动汽车的六边形“大嘴”进气格，更像一只“游龙”。

---

① 麋鹿测试是国际上衡量车辆安全性的重要标准。这个测试的名字来自麋鹿，这种动物分布于北欧的斯堪的纳维亚半岛和北美大部分地区。它们经常会在车辆前出其不意地跳出来，与高速行驶的车辆相撞，造成严重的交通事故。麋鹿测试要检验的就是车辆回避障碍的能力。——编者注

图 9-3　比亚迪汉 DM（左）与汉 EV（右）

在内饰上，汉车型从中国传统文化元素中汲取了大量灵感。内饰设计语言源于故宫建筑群，打造出层次丰富、韵味优雅、简单大气的空间感。空调出风口以西安大雁塔结构为原型，沿中心线位置分割为两部分，宛若宫墙正中的一扇窗格；位于前面板两侧的音响扬声器，采用不规则的梯形，仿佛中式古建筑两侧飞扬的檐角。

设计师运用平衡、对称的手法，营造出“新中式家居”的氛围。门板、中控等位置搭配了木纹材料和金属材料，自然、沉静又不沉闷；座椅的 Nappa 真皮①原材料，精选自巴西进口 A 级黄牛皮，经 20 多道工艺加工而成，加上双向缝线勾勒出的龙鳞形图案，既纹理细腻，柔软精致，又有中国传统的高级奢华之美；大量曲线和曲面元素让内部空间和外部风格一致，流线感强，简洁大方。

整车亮相时，内外相宜的设计让汉车型有一种让人过目难忘的魅力。廉玉波表示：“我连做梦都觉得，我们能成功。当时，我已经找不到这个车的缺点了。”

呈现在汉车型上的比亚迪 Logo（标识）也悄然改变。在车身侧面，“BYD DESIGN”（比亚迪设计）赫然在目，显示出对设计的重视，也塑造着比亚迪的新形象。

一直以来，外界对比亚迪的品牌 Logo 颇有异议，认为其“老土”

① Nappa 真皮起源于美国加州的纳帕（Napa）地区，该地区的皮革以柔软、细腻的质地和良好的透气性而闻名，常用于高端汽车的内饰。

“难看”“粗糙”“模仿痕迹过重”等。从“椭圆+蓝白”到“红色椭圆+红色字母”，都未能真正显示出比亚迪的个性。王朝系列推出后，比亚迪干脆把车标换成汉字。直到汉的出场，才显露出比亚迪乘用车新的Logo。这次直接去掉了椭圆边界，并进行了艺术设计。

作为新Logo的设计者，艾格说：“比亚迪作为未来新能源汽车的代表，如果被‘限制’在椭圆中，和品牌形象是冲突的。我们做了很多努力来打破束缚。比如用大量减法打造出干净、纯粹的感觉，用对称设计显示出有秩序的美感。”

2021年1月1日，新年第一天，比亚迪官方正式发布新Logo，宣布将其用于乘用车市场。对于新标识，比亚迪的释义为：打开封闭空间，放开无限触点，以开放的胸怀和创新的姿态链接更多用户与伙伴！

拐点来临

汉快要上市的时候，王传福一直问项目团队：“一个月能卖多少辆？”

他要从销售预测来安排生产线建设和产能储备。项目团队测算认为，汉的市场占有率要超过5%才可能活下来。当时全国新能源汽车的月销量也就四五万辆，如此计算，汉的月销量要做到2000辆以上。如果做不到，项目投资挣不回来，公司大概率不会继续投入。

当时新能源汽车市场占有率还不高，大家对前景都不敢想得太好。项目团队咬牙上报了月销量3000辆的数据，这已经是前所未有的一个数量了。谁也想不到，这款C级轿车的月销量将达到近3万辆。

汉上市后，销售团队全力以赴。线上发布会、名人引领购车风潮、自媒体博主评测、媒体报道等一系列操作，让比亚迪汉的产品力一触即发，热度持续攀升。

在所有营销活动中，针刺实验最具冲击力，也最具说服力。由于测试的刺激度极强，刀片电池的安全性也一目了然。比亚迪的4S店每天都在“现场表演”，刺激着人的听觉与视觉，让人倍受震撼。在现场，观众紧张得紧握拳头，有人在爆炸那一刻吓得直往后退，甚至原地跳起，连连惊叹，就连一些电池测试工程师也没见过这种场面。很快，比亚迪在全国各地的园区基地和4S店都在上演针刺实验。

消费者对比亚迪汽车的认知彻底改变，过去的老土、低廉变成了安全、高端、时尚。产品的高端化推升了品牌的高端化，不少车主说："开着汉上下班的感觉都不一样了。"

在2021年1月初发布2020年销量时，虽然比亚迪全年销量（42.7万辆）同比下滑7.46%，新能源汽车销量（近19万辆）同比下滑超过17%，但公司高管对着过去一年的成绩单都很有信心。因为公司在2020年12月销售了56322辆汽车，同比增长超过30%，势头强劲。比亚迪汉EV售价超过20万元/辆，从7月上市到12月，累计销售40556辆。11月，汉EV销量首次破万，成为国内首台单月销量破万的纯电动中大型轿车；12月卖出12089辆，在比亚迪汽车当月销量中占比高达21.5%。汉EV一个月的销量与2016年的秦EV一年的销量相当，可见其火爆程度，而且30%~40%的汉EV卖到了北、上、广、深这些一线城市，都是私人订单。

好技术、好设计、好产品、竞争少……汉的成功，是天时、地利、人和多种有利条件的集成；从更长的周期看，则是比亚迪在新能源汽车道路上坚持了近20年的结果。从设计、测试到生产，从"三电"核心技术到零部件，再到整车制造，从硬件到软件，比亚迪的垂直整合带来了显著的集成创新。

何龙说："如果当初放弃了磷酸铁锂技术路线，刀片电池不会这么快做出来。但如果没有中间的波折，逼着我们顶住压力去创新，努力提高能量密度，我们也可能做不出刀片电池。"

王传福坦言："2019年，感觉像在黎明前一样。越是快走到黎明了，'身体'的消耗就会越多，投入就会越大，也会产生'是不是等不到了'的焦虑。偏偏那时候，遇到补贴大幅度退坡，比亚迪汽车销量一下子降低，公司处于亏损边缘。但还在支出，研发团队和研发投入不能减少，项目投入不能砍掉。2020年的刀片电池和汉，是重要的转折点。"

汉的成功，还标志着比亚迪汽车找到了通往消费者体验的密码。一位比亚迪汽车高管说:“技术是产品的内核,但不等于产品本身。好产品除了好技术的支撑,还要基于用户立场,创造让用户怦然心动的体验。而在汉车型以前,我们在产品和技术之间画了约等号。”

追根究底的工程师喜欢用物理思维看世界,认为只要把原理摸透,就能掌控世界。而市场更像是大自然生态,有很多千奇百怪的微妙之处。如同乔布斯 1997 年回归苹果后,在开发者大会上被程序员当众羞辱不懂技术,他回答:“你得从用户体验出发,倒推用什么技术,你不能从技术出发,然后去想如何才能卖出去。”汉也让比亚迪汽车工程师真正意识到,从核心技术到市场上的明星产品,这中间还有“惊险的一跳”。

一切都是最好的安排。汉,踩在了一个历史性的拐点上,也实现了一次惊险的跨越。

DM 技术的“蜕变”

当汉在纯电动汽车市场迎来拐点时,比亚迪的 DM 车也即将爆发。多年来,比亚迪一直在研究,如何拿出好的技术和产品,把用户需求激发出来。在前三代技术的基础上,比亚迪对 DM 技术有了系统认知和深度理解,离成功仅差一步。

目标:以电为主

2017 年,杨冬生率领的团队启动了 DM4.0 的研发。此时,他已是产品规划及汽车新技术研究院(后更名为“汽车新技术研究院”)院长,负责 DM 技术总设计。在 DM3.0 时期,系统性能虽然得到优化,但成本比较高。开发团队意识到了问题,但无法在短时间内颠覆整个架构,所以一边做 DM3.0,一边启动了 DM4.0 的技术规划。

确定研发策略是最关键的第一步。杨冬生说:“有了 DM3.0 的基础,研发 DM4.0 时,我们的理解已经非常透彻。公司的决心很大,就是要重新开发、重新定义。”这一次,最大的变化在于:不再“以油为主”,而是完全从电的角度出发,打造“以电为主”的系统。“因为电的效率最高，动力性最好，NVH 也最好，所以一定要更多地用电。”杨冬生说。

如何做到“多用电”呢？最直接的办法就是使用大功率电机和大容量电池，从而削弱发动机的角色，增强电机驱动的能力。在实际应用中，大功率的电机可以满足日常的驾驶需求，大容量的电池可以起到调节作用，使发动机始终聚焦在高效区进行发电、工作。

工程师从电池、电机、发动机的研发开始，走上了蜕变之路。

2018—2020 年，刀片电池的成功开发起到了决定性的作用。其大容量、大功率的特质，带来了更高的能源利用效率、更长的纯电行驶时间，以及更强的性能。杨冬生说：“电池是电的动力来源，大电池可以给电机提供更大的能量，同时还可以存放电，成为动力的平衡器①。如果是小电池，就无法做到。因此电池发生本质变化后，这套系统就完美了。”

工程师还针对 DM4.0 系统开发了专用刀片电池。

首先，相比于纯电动汽车，混动汽车的电池容量会少一点，但 DM4.0 要做到以电为主，主要的功率来源还是电池，所以比亚迪采用了功率型刀片电池，而不是纯电动汽车常用的能量型刀片电池。功率型刀片电池让电池的放电倍率更大，即使容量少，放出的功率也能够满足驾驶需求。

其次，比亚迪独创了串联式电芯设计，即一节刀片电池内由多节卷绕电芯串联而成，使得电池的体积利用率进一步提升，并且有利于产品的标准化。传统的电池包有近 100 节电芯，内串式刀片电池的电池包只有十几节电芯，大大减少了电池间的连接，零部件数量减少了 35%。

另外，专用刀片电池符合针刺实验标准。电池包采用了无模组化设计，空间利用率高达 65%。电池和包体设计融为一体，大大提升了电池包的强度。

有了电池之后，大功率电机问题怎么办呢？比亚迪自主研发了扁线

---

① 双模系统下动力电池的平衡器作用：第一，制动工况下，电池可以通过电机回馈进行充电储能，避免能量浪费；第二，中速工况下，发动机高效运作，多余的能量可以直接充电到电池进行储能；第三，纯电动、超车、加速工况下，电池进行放电参与动力驱动。这样动力电池就能在储能释能的过程中发挥平衡器的作用，让整车的能量处于高效率、高动力的状态。

电机，最高效率达到97.5%，峰值功率最高为160kW，成为中国首家将扁线电机规模化生产的企业。在相同功率下，相比于传统圆线电机，扁线电机的体积更小、用材更少；在相同体积下，槽满率更高，功率密度更大。比亚迪还采用了先进的油冷技术，与传统的水冷技术相比，电机的散热效率和功率密度更高。扁线电机的最高转速达到1.6万转，使得整车动力性能更好。

在以电为主的思路下，比亚迪还研发了EHS系统。EHS是electric hybrid system（电动混合动力系统）的英文首字母缩写，反映出它是以电为主的混动系统。实际上，这是一个“七合一”高度集成的系统，包含了双电机（发电机、驱动电机）、双电控、直驱离合器、单挡减速器和电机油冷系统。

除了扁线电机，EHS系统中还使用了比亚迪自主研发和量产的IGBT4.0，让电控的整体效率达到98.5%。通过高度集成和高效控制，EHS系统成为车辆的“大脑中枢”。它可以对发动机、发电机和驱动电机进行智能化功率分配，让车辆更多地用电，而不是用油，在综合工况下性能表现最优。

传统双模混动汽车的纯电里程相对较短，一旦亏电，就会耗油，或因发动机性能弱而变成“一条虫”。在EHS系统作用下，就算亏电，也能很大比例地用电驱动，实现超高效率和超低油耗，驾驶的平顺性和静谧性也得到保障。

做到如此领先的方案离不开对技术的深度理解，也离不开垂直整合能力。单是将七个部件合并为一体，就非易事。其他企业可能要说服N个供应商协同，过程中会产生大量沟通成本，效率大打折扣，失败率也非常高。但在比亚迪，不管是“三电”技术还是功率器件都掌握在自己手里，统一调配即可。

创纪录的“骁云”

从发动机角度看，以电为主意味着颠覆传统。在做前期架构定义时，杨冬生提出，要采用1.5L自吸式发动机，而不是性能更强的1.5TI涡轮增压发动机。但他的方案遭到了强烈反对。杨冬生说："关于发动机规格，公司前后讨论了七八次。有很多评审领导认为用小功率发动机就是小马拉大车，肯定拉不动。"

在每次讨论时，杨冬生都会讲到设计理念、工况场景、控制策略、成本等问题，他的观点是，"更大的发动机并不会提升实际效率，反而产生浪费"。当时，DM4.0 项目团队已从 DM3.0 时期的 8 大工况拓展到 15 大工况，覆盖的驾驶场景范围更广。在会上，他们要把每个工况场景对应的控制策略都讲一遍，说明新的技术策略能让车辆在这些工况下做到性能最优。最终，王传福和评审团其他人员认同了这一方案。

新一代发动机的开发任务由汽车新技术研究院牵头，与第十四事业部合作完成。2020 年，比亚迪多年来对发动机原理的钻研，以及大胆的技术集成创新，成就了第一款完全自主、正向开发的发动机——骁云，开创了"阿特金森循环 + 高滚流进气道 + 超高压缩比 + 冷却 EGR（再循环排气）技术 + 高能点火"的先进燃烧系统。

何为"插混专用"？过去是发动机唱"主角"，负责把燃油的化学能转化为热能，再通过曲柄连杆机构，把热能变成机械能来做功。而插混专用发动机不再担当"主输出"，而是退到了"辅助"角色。

从结构来看，由于以电为主，插混专用发动机发生了明显变化。例如取消了传统的皮带轮系，即空调压缩机、启 / 发电一体机都不再靠皮带来驱动，而用电池供电。缸内直喷技术被燃油歧管喷射替代。因为发动机不追求高功率输出，所以燃油歧管喷射已经足够。此外，涡轮增压器等传统发动机关键零部件也被取消或"降级"为更具经济性的部件。杨冬生说，DM4.0 在架构设计上做到了极致——结构简单，成本最优，可靠性最好。

在动力技术配置上做减法的同时，"骁云"在燃烧系统设计上做了加法，为追求更高的热效率做到了设计的极限。

热效率是评价发动机性能的重要指标。在相同油耗下，热效率高的发动机动力更强；在相同速度下，热效率高的发动机油耗更低。因此，提高发动机的热效率是汽车工业一直努力的方向，但面对排气损耗、磨损损耗、冷却损耗、燃烧不充分损耗等各种损耗，哪怕提升 1% 的热效率，也要付出艰苦努力。

此前，丰田汽车保持着量产发动机最高的热效率纪录：41%。“骁云”刷新了这一纪录，以 43.04% 的成绩超越了丰田。

传统发动机为了提高热效率，会选择增加一些先进的传感器和控制方法；“骁云”则通过简化结构，减少发动机负载，提高了热效率。另外，“骁云”采用了 15.5∶1 的全球最高压缩比。压缩比高，意味着发动机的油气燃烧会更充分，但也存在爆震风险，处理不好反而会导致动力下降、油耗增加。因此，比亚迪重新设计了活塞造型，提高滚流效应[①]，并且采用小缸径、大行程的气缸设计，让燃烧室内的混合气在点火时更集中，燃烧效果更好。

比亚迪还利用了阿特金森循环技术来解决爆震问题。这是混动发动机上很常见的一种技术，它可以实现进气门晚关，将一部分油气排出气缸，减少一定的可燃气体，并最大化地压榨缸内燃油的能量，从而减少爆震的可能性。此外，EGR 系统也被采用。通过这一系统，燃烧过的废气可在冷却后再倒回燃烧室。冷却过的废气可以降低燃烧室的温度，从而降低爆震发生的概率。同时，因为燃烧器的温度降低，氮氧化物[②]变少了，排放性能就提高了。

摩擦损耗也是影响发动机热效率的重要因素。比亚迪设计了多种降低摩擦损耗的方案。由于活塞是发动机摩擦系数里贡献权重较大的零部件，比亚迪对活塞环的涂层进行升级，用了一种类金刚石的涂层，大幅度降低了摩擦系数。另外，比亚迪还重新开发了曲轴连杆、凸轮轴等零部件，以降低摩擦损耗。

此外，“骁云”还利用分体冷却技术，并针对性地优化了发动机控制系统。为了提升发动机的 NVH 性能，他们对曲轴、轴承、缸体、进

---

① 滚流效应（tumble effect）在发动机中是一个重要的概念，它指的是在发动机气缸内形成的一种空气旋流。这种旋流可以增强气缸内气体的流动，对汽油机、柴油机的燃烧过程和性能有显著影响。

② 氮氧化物（NOx）主要包括一氧化氮（NO）和二氧化氮（NO_2）。在汽车尾气中，氮氧化物的浓度高。

气歧管、油底壳、缸盖罩盖等零部件都进行了特殊的优化设计。种种技术融合发力才刷新了发动机热效率的全球纪录。

上海交通大学汽车工程研究院院长许敏评价说，有别于目前主流发动机技术应用，骁云发动机技术路线非常简单，动力方面更多依赖电驱动，把燃油的能量转换做到极致。“这才是真正的系统优化设计理念，既然是油电混合，就要充分利用各自的优点，弥补彼此的缺陷，追求整个系统的性能和效率最大化的同时，实现最佳成本。”他认为，“骁云”的技术和指标选择，给行业在产品方面很大启发，“在油电混合逐渐成为主流的新动力时代，系统层面的顶层设计变得尤为重要”。

“骁云”问世后，不仅获得了权威机构中汽研华诚认证颁发的“能效之星”称号、中国汽车工业科学技术进步奖等，还被写入清华大学教材《汽车动力系统原理》，这本书的封面就是含骁云插混专用发动机的DM-i 动力架构。

发布双平台战略

2020 年，在汉 EV 惊艳亮相时，DM4.0 技术也取得了突破。2020 年6 月，比亚迪发布双模混动系统的双平台战略，即 DM-i 和 DM-p。名称中的“i”和“p”分别指代 intelligent（智能）和 powerful（动力强劲），前者主打“超低油耗”，后者则主攻“超强动力”。

自此，比亚迪开启了插电式混动汽车的多平台之路。这一布局的意图很明显，即低油耗和强动力两手抓，用不同技术满足不同市场需求。

在专用功率型刀片电池、EHS 系统和骁云插混专用发动机的合力下，DM-i 系统无论有电还是亏电都是“一条龙”，各项指标都达到了巅峰状态：动力表现超越 2.0T 发动机；亏电油耗低至百公里 3.8 升，开创了油耗“3”时代；发动机运行的高效区占比高达 70%；在电量充足的情况下，DM-i 超级混动可被当作一辆纯电动车，在电动模式下具有静谧、平顺、零油耗的优点，而在电量耗尽的情况下，DM-i 超级混动就是一辆超低油耗的混动车。

在亏电城市工况下，有 18% 的工况发动机都处于高效区发电，发出的电一部分用于电机串联驱动，另一部分给电池充电，这样可保证在整个城市工况下，电动行驶占比仍有 81%，从而大大降低了油耗。在亏电高速工况下，发动机处于高效区，以并联直驱为主，也能实现超高效率和超低油耗。

DM-p 系统的动力总成则搭载插混专用 1.5T 发动机，动力更强，同时兼顾了经济性。此外，采用 7 速湿式双离合变速箱，提升了低速和频繁换挡的平顺性，在传动效率高达 95% 的同时，比传统变速箱的平均设计寿命标准高出 25%，而且还降低了车辆噪声。

除了发动机不同，DM-i 和 DM-p 从不同的设计目标出发，匹配了不同的电机架构。DM-i 传承了 DM1.0“P1+P3”架构，但因为“三电”技术比第一代更强，所以在性能上表现优异。DM-p 的电机架构由 DM3.0 升级而成，它是“P1+P3+P4”架构，加上全新的动力总成，百公里加速可达 3.7 秒。可以看出，比亚迪在混动技术上多年的探索积累，使其在开发新系统时更有底气、更大胆、更具创新性。当全方位的能力集中爆发时，就有了 DM-i、DM-p 花开两朵的完美绽放。

双平台战略的问世也再次证明了坚持的力量。其实在此前，项目团队的压力非常大，感觉再不出新技术，“汽车业务都快要做不下去了”。所以在项目进行期间，每个人都憋着一股劲，在每个细节上都投入了全部精力。王传福每周都开会，而且不分白天夜晚，带着工程师一起研究。尤其在做前期系统架构定义时，有时他一周召开两次会议。

虽然压力巨大，但没有人放弃。杨冬生说：“王总认为 DM-i 一定会成功。他对技术的战略规划看得很准。我们团队也具备了做出全新架构的能力。但全新的架构到底是什么、怎样一步步做出来，这是我们每天要努力的。王总有时也很纠结。”

有一天一大早，王传福就召集廉玉波、杨冬生和第十七事业部领导开会，说他晚上做了一个关于 DM-i 的梦，想到了一个技术方案。然后拿出白板笔，在白板上把动力头、齿轮传递链等画了出来。杨冬生说：“那一刻我很震动。王总已经投入到这个程度了，我们有什么理由不努力？”

作为中国新能源汽车技术的原创性代表作，DM-i 是比亚迪人的心血之作。能够在历史上写下这样一笔，无论付出多少都是幸福的。

“昆仑战役”验证市场

DM-i 新技术、新产品箭在弦上，但在开备产会时，销售团队还是有些保守，提出月销 5000 辆，这已是他们能想到的最大销量。王传福说：“这么好的技术，5000 辆就别做了。”他思索片刻，说了一个数：“10000 辆。”销售团队惊呆了。

压力给到时任比亚迪集团副总裁、乘用车首席运营官何志奇。他在 2018 年开始担任这一职位，背负着乘用车事业群的盈利目标。他提出，既然大家都不知道市场有多大量，不如挑几个有代表性的地区先行投入，试验一下。他还建议将南京作为备选的目标地区，因为自主品牌在当地的市场占有率不高，如果比亚迪 DM-i 产品能在南京取得突破，那么全国市场也不在话下。他的想法为之后比亚迪在全国打响“昆仑战役”埋下了伏笔。

时任 e 网（后更名为“海洋网”）销售事业部总经理的张卓则在接到销售任务的第一时间对技术进行了验证。他想亲身体验 DM-i 技术到底有多好。2020 年 11 月，张卓和宁利邦（时任宋系产品中心产品策略部经理）、李跃（时任工程院宋系项目总监）、方金容（时任工程院宋 PLUS 产品经理）组成测试车队，驾驶一辆宋 PLUS DM-i 工程车，从西安出发，翻越秦岭，途经成都、重庆、桂林，最后到达深圳。7 天时间，3000 公里路程，他们遇到过陡坡、石子路、高海拔等各种工况，也经历了丽日晴天和风霜雨雪等不同天气。他们将车辆表现记录下来，每天在群里发送测试报告，包括行驶里程、平均车速、充电花费、噪声数据和亏电油耗等。

在测试总结中张卓写道：能耗 4.9L，轻松加速到 130 公里 / 小时，平顺性极好，NVH 静音效果好，保电能力较好，整体验证了“快、省、静、顺、绿”的特性。他说：“这一趟，真的把大家征服了。”后来在王传福的坚持下，秦 PLUS DM-i 和宋 PLUS DM-i 两款主力车型，总共布局了每月2万~3万辆的产能。

2021年1月11日，比亚迪DM-i超级混动技术正式发布。王传福在演讲中说："DM-i超级混动是比亚迪厚积薄发的力作，将扮演燃油汽车颠覆者的角色。……我们要让DM-i超级混动进入传统燃油汽车占绝对主导地位的细分市场，在红海中杀出一片蓝海。"

2021年三四月间，搭载新技术的三款新车型陆续上市。

考虑秦PLUS DM-i、唐DM-i属于王朝网，宋PLUS DM-i分给了海洋网。新车型上市后，市场反响不错。王传福判断，应该还有更大的市场机会。他决定像工程师做产品测试那样打一场营销战，"测一下这几个城市'酒量'有多大"，"提高经销商渠道建设的信心（打样板）"，"人才培养，锻炼营销队伍"，"总结营销打法"。

一个周末，王传福来到公司，中午时分，突生创意，手写了"昆仑"二字，作为这场营销战的名称。1939年12月到1940年1月，在位于广西南宁市东北50公里处的昆仑关，国民革命军与侵华日军打过一场硬仗，并取得了继平型关、台儿庄战役后的又一重大胜利。

第二天，销售团队开会，王传福亲任战略总指挥，"DM-i昆仑战役"就此打响。比亚迪在全国选了5个有代表性的区域，作为五大战区，分别为湖南、广西、重庆、天津和南京。力求在战役期间，将这几个地区的市场占有率提升到5%（天津为7%），并冲击车型销量冠军。每个战区充分投入产品、营销和人力资源，形成"饱和攻击"，树立样板工程。当时如果在全国同步铺开，资源有限，产品也很难保证供应。这和当年F3分时分站上市的策略类似，就是先重点突破，再全面铺开。

第一步，排兵布阵。会议当晚，敲定了战役总纲，职责分工也确定下来。王朝网、e网、直营事业部作为作战事业部，负责销售前线指挥。汽车企业办、品牌及公关处、汽车售后服务事业部、第十一事业部、财务处、品质处、乘用车公共职能部门、汽车工程研究院、产品规划及汽车新技术研究院、人力资源处等事业部作为后勤保障，各司其职，协同作战。

第二步，练兵造势。各战区经销商来到公司总部，参加第一轮启动会议。会上，王传福信心十足地动员："要打仗了!"随后，就各地方的市场占有率目标、人员配置、营销费用、具体打法进行了周密部署。"公司紧急腾挪了场地、宿舍，进行封闭式培训，从后端把培训、广宣的子弹给足。"时任汽车产业办公室主任的熊甜波说，"从总部到地方，都设了司令，层层建制，打响战役。每个市场方案一旦审批通过，马上就执行。"

第三步，集中火力开战。王传福指挥战斗，去各个战区开会，看进展，找问题。也只有他才能更深入、全面地调动资源，全链条地解决问题。

仅用了三个月，比亚迪在五大战区的市场占有率普遍增长一倍以上。比亚迪在这些城市原本不占优势，但都获得了胜利。

没有一场胜利是唾手可得的。王朝网销售事业部总经理路天回忆说："公司给我们的目标是做到 A 级 SUV 的冠军和 A 级轿车的冠军。时间紧张，而且我们少兵缺将，团队一次一次地组织方案，一次一次地落地，大家见过凌晨 3 点的长沙、南宁、天津，也见过凌晨 4 点的重庆、南京，过程非常辛苦。"

一开始，多数经销商其实没有信心，要在短时间里改变弱势地位，成为市场冠军，听起来像是天方夜谭。为了调动经销商的积极性，路天带着王朝网的产品、市场、渠道、计划商务等核心团队，深入研究每个市场，制订精准方案，再召集商家进行动员，树信心，讲策略。很多一线人员连续 30 多天奔波在各 4S 店之间，他们不仅到一级 4S 店，还要下到县城甚至乡镇去走访二级店。总部人员则下到市场一起做培训、做活动，帮店端提升效率，同时监控市场动向，分析竞品走势。

数不尽的汗水和辛劳成就了一场胜仗。2021 年 9 月 30 日，"昆仑战役"宣布告捷。比亚迪所到之处，势如破竹，仅用三个月，湖南战区市场占有率由 2.15% 提升到 5.56%；广西战区市场占有率由 1.52% 提升到 6.37%；重庆战区市场占有率由 2.88% 提升到 5.60%；天津战区市场占有率由 3.67% 提升到 11.01%；南京战区市场占有率由 1.84% 提升到 7.6%。五大战区市场占有率全部超过 5%。

何志奇感慨地说："因为我们的市场占有率长期在 1% 左右，如果能达到 5%，我们就感觉很骄傲和了不起了。从结果看，我们定的市场占有率目标是 5%，其实 5% 是贫穷限制了想象。"

在战役期间，比亚迪在各战区都拿到了月销量冠军。以天津为例，比亚迪在 A 级轿车市场打赢丰田卡罗拉，连续两个月获得销量冠军，要知道，那里可是一汽丰田的大本营；在 A 级 SUV 市场，也连续三个月排名第一。

张卓说："宋 PLUS DM–i 在最高峰的时候，月订单近 5 万辆。仅是接预售订单，经销商都疯掉了，所有订单都在排队，交付不完。"这款紧凑型 SUV 车型以超高性价比赢得了大量家庭客户的青睐。截至 2022 年 2 月，宋 PLUS DM–i 上市不到一年时间，销量就突破了 8 万辆。2022 年，该车以年销量 38.8 万辆的成绩收官，成为全国 SUV 市场的年度销量冠军。

因为"昆仑战役"，海洋网显示出了价值。划分海洋网初期，比亚迪推出了 e1、e2 两款车，专攻小型纯电动汽车市场。但受 2019 年市场不景气的影响，纯电动汽车没有爆发，海洋网险些夭折。原本宋 PLUS 是王朝车型，为了救助海洋网才转了过去，算是扶上马送一程。

王朝网战队也在战役中稳固市场地位，打开了巨大的市场空间。2021 年，秦 PLUS DM–i 和秦 PLUS EV 的总销量近 17 万辆。2022 年，两款车销量超过 30 万辆，持续保持领先地位。自此，秦车型在中国 A 级轿车市场杀出一片天地。路天谈道："打'昆仑战役'让我们收获了一套打胜仗的方法，比如树信心、多招人、快扩渠、强培训等，更懂得了如何与对手竞争、较量。"

"相信相信的力量，"熊甜波认为，"'昆仑战役'打下来之后，最重要的是大家再也不怀疑比亚迪新能源汽车能不能做起来。经销商、员工、产业链伙伴都信了，所有人的信心达到了爆点。"数据显示，"昆仑战役"结束后，相关市场的一线销售人员数量增长近 120%，王朝网和海洋网的总渠道数量增长超 140%，市场信心可见一斑。

"昆仑战役"的成功，是比亚迪上下一心，各事业部"敢打敢拼、协同作战”的又一经典战役，也为比亚迪制定未来的销售任务和产能规划提供了依据和经验。在这之后，很多以前想都不敢想的事情变为现实，许多以为做不到的事情快速成真，而且是以惊人的速度提前成真。王传福用“昆仑精神”来总结这一战役的精神价值，即“精准布局、重点突破，勠力同心、攻坚必胜”。

回头去看2021年1月11日举行的“超级混动比亚迪DM–i平台暨新车预售发布会”时，场上的掌声很少。有网友评论说：“当时没有人理会比亚迪，但这套系统发布后，将在全球汽车市场掀起一场前所未有的变革。”一场“昆仑战役”下来，一切都改变了。

毫不夸张地说，DM–i带领比亚迪走上了双模混动车型的“制胜时代”。

2024年5月28日，王传福在比亚迪第五代DM技术发布会上，勾勒了关于DM的难忘历程——

> 2018年我们推出了第三代DM技术，解决了亏电状态下油耗高、动力不足的问题。正是在这一年，我们在插混道路上迎来一个高光时刻，全新一代唐DM实现了月销超万台，插混车型的销量超过了12万辆，迈入了10万大关，信心倍增。
>
> 本以为是春天来了，没想到迎来的却是刺骨的寒风……2019年我们的插混销量陡崖式地下降到7万台，2020年又下跌到4.8万台，比5年前的销量还要低……为什么用户不选择插混？原因有很多，归根到底，那时候的插混技术不够好，在亏电状态下体验不够好，售价是同级燃油车的两倍，电比油高，不能真正打动消费者。整整19年，我们倾注了无数的精力与心血，三代插混技术也在不断进步，但还是没有得到市场的认可。
>
> 插混到了生死存亡的时刻……中国市场插混的新车越来越少，插混又成了无人之境，前路昏暗无光，我们还在摸黑前行……说不怕那是假的……许多人问我别人都不干了，为什么还要坚持？其实我也很焦虑，但我心中有一股不服输的劲，我始终坚信插混才应该

是大多数中国家庭的第一台车，无论如何要坚持走下去。

……第四代 DM 的成功让我们打赢了这场翻身仗。短短三年，我们的插混销量增长了 30 倍，从 2020 年的 4.8 万台增长到 2023 年的 143 万台……截至目前，我们的插混车型累计销量超过了 360 万台。回头看，正是当初的坚持，我们才能成功地跨越这片无人之境。

这一刻，台下掌声连连，呼声连连，叫好声连连。

第十章

鱼池效应

我们公司有很多创新技术，像有一个鱼池一样，养了很多条鱼，需要的时候捞一条出来。

回望比亚迪新能源汽车的历史，2020 年是一个转折点。之前总体上仍属蓄势期，其特征是在确保“活下去”的同时，在“三电”、DM 混动等关键技术领域不懈地投入研发，哪怕有的技术一时用不上也不放弃，而是放到“鱼池”里继续养。由此形成“技术鱼池”——技术是要养的，要一直养，当需要时再捞出来。

实际情况当然没有这么简单。因为每一条鱼从小到大，从符合原理的设想到成熟可用的技术，并且能够被工程化，都是一个厚积薄发的过程。

从 2020 年起，刀片电池、DM-i 等一条条“大鱼”跳了出来，成为比亚迪产品的强有力支撑，也让比亚迪的产品与众不同。

在“技术鱼池”大显神通时，比亚迪的“品牌鱼池”也开始形成。

2019 年，比亚迪汽车分出了“王朝”和“e 网”两大产品序列和销售网络，之后几年，腾势品牌、仰望品牌和方程豹品牌陆续焕新并推出。“技术控”的比亚迪，朝着技术与品牌双轮驱动的方向快速挺进，蔚然成势。而两大“鱼池”背后，则是比亚迪快速而强大的造厂、造车的制造力。

对应市场的不断升温，比亚迪技术、品牌、制造三足鼎立的雄厚威力也越来越明显。

坚持用技术解决实际问题

比亚迪一直希望用技术改变生活，并最终改变世界。比亚迪的新技术层出不穷，一方面得益于他们有“垂直整合，集成创新”的平台，另一方面是因为他们始终以解决问题为导向，以用户体验作为技术创新的第一推动力。我们将简单回顾一下比亚迪多年前的几个创新技术，对比亚迪的“技术鱼池”到底养什么“鱼”或许会有更深的了解。

首创遥控驾驶技术

这是比亚迪历时两年研制，在2012年的北京车展向全球发布的技术，可以说，它开了“无人驾驶”量产车的先河。

在比亚迪开发遥控驾驶技术之前，中国已经成为全球最大的汽车产销国。随着人们生活水平的提高，汽车普及进程正在不断加快，车辆越来越多，停车难问题越来越集中。站在用户角度看，产品该怎么做？为了给用户带来更好的驾乘体验和更大的个性化空间，比亚迪颠覆汽车驾驶的传统定义，开发了遥控驾驶技术。

据时任第十五事业部总经理的邹财松回忆，头脑风暴时有人提出：如果汽车能像玩具汽车一样遥控驾驶该多好。邹财松说：“敢想这件事有一个很大的前提，就是我们对车的理解要到位，对各个零部件要掌握得八九不离十。这个‘大玩具’涉及多个模块，非常复杂。”

如邹财松所说，该项技术是将智能钥匙系统、仪表板配电盒、电子转向、电子油门、DCT、电子刹车集成应用等所有功能依靠CAN-BUS（控制器局域网数据总线）的通信和电子控制完成，利用集成在车钥匙上的遥控器，来控制车辆启动、前进后退、左右转向和缓慢行驶。

借助这项技术，用户可以在车位过小或者左右夹击的情况下，使用遥控器启动车辆控制入库或出库；当遇到道路比较狭窄或者危险路段时，驾控者若对自己的开车技术没把握，还可以站在车外遥控车辆至安全地带；在冬季、夏季空调处于非关闭模式状态下，远程启动发动机时还可以同时自动开启空调，实现“入车即享冬暖夏凉”的体验。这项技术成功解决了窄道取车、窄道停车、窄道行车、遥控启动的难题，智能而便捷。

该技术看似简单，像遥控玩具汽车一样按几个按键就可以操作，却需要攻克多项技术难关，包括实现信号的精准传输、遥控中的低速行驶，以及遥控转弯时方向盘的固定。为了保证高频遥控信号能够准确、连续地发出，确保车能收到指令，比亚迪采用优化采样算法来提高信号精度，采用适当的滤波方法去除干扰信号的影响，采用先进控制算法来提高控制效果，实现了在遥控的过程中，速锐的行进速度不到 0.7 公里 / 小时，比人步行还慢，非常安全。要实现 0.7 公里 / 小时的行进速度，发动机转速要低到 100 转还不熄火，仅这一点就很难实现。比亚迪还在 EPS（电动助力转向系统）的软件实现上特别增加了方向盘锁止功能，来实现转向后方向盘的保持。

比亚迪速锐是遥控驾驶技术的首搭车型，该车一上市就引起了强烈反响，成为自主品牌轿车中月销量最快过万辆的车型。良好的销量证明了用户对遥控驾驶的认可。

首创 PM2.5 绿净技术

PM2.5 绿净技术，顾名思义，就是针对 PM2.5（直径小于等于 2.5 微米、大于 0.1 微米的细微粒物）环境污染问题推出的空气净化技术，可以大力净化车内空气。运用这一技术，可在外部环境 PM2.5 值大于 150 的情况下，将车内 PM2.5 值降低到 12 以下。时间拨回 2013 年，那一年，空气中 PM2.5 超标问题广受社会关注。中国的很多地区 PM2.5 值高于 50、接近 80，甚至高达 100~200，严重威胁人们的健康。为了追踪和解决这一环境难题，许多一线城市每天播报 PM2.5 值，越来越多的人开始关注、重视它，但改善效果甚微。

王传福提出研究绿净系统，使之既能检测 PM2.5，也能过滤、净化车内空气，为车主打造纯净的空间。比亚迪将 PM2.5 监控、过滤和净化集成于空调系统，利用车内联网，实时采集车内外 PM2.5 值，并在中控屏幕上显示。采集到的数据会传输到空调控制器，对空调系统发出指令，可在 4 分钟内将 PM2.5 值由每立方米 500 微克降至 12 微克以下，并使车内空气负离子含量大幅上升，"分分钟"造出车内氧吧，让驾乘人员远离二手烟、雾霾、拥堵路段灰尘尾气等空气污染。

首创双向逆变充放电技术

为了解决电动汽车充电难的问题，比亚迪推出双向逆变充放电技术。

比亚迪双向逆变充放电技术集驱动电机、车载充电器、直流充电站三项功能于一身，既可把电网的交流电变成直流电实现充电，又能把电池里的直流电反向变成交流电实现放电。

这项技术革新了各类外置式充电设备，直接集成于电机控制器，充电投资几乎为零，打破了电动汽车对充电设备的依赖，有效解决了充电站带来的占地空间大、成本高、不利普及等缺点。同时，比亚迪让充电标准简单化，适用于全球各地电工标准。利用这一技术，用户充电过程变得非常简单，仅需通过一个市电转接装置便可实现充电，可适应世界各地不同电压与频率等级，满足各地电工标准，单相、双相、三相交流电均可为车充电。如北美电力系统是三相交流电 480V/60Hz（赫兹），欧洲是 380V/50Hz，比亚迪双向逆变式控制器均可自动适配。

比亚迪双向逆变充放电技术拓展了电动汽车功能，可平稳地向外输电，使电动汽车变成一个移动的储能电站。通过 V ↔ G（车对电网）模式，电动汽车不仅能通过电网充电，还能将电反馈给电网，以实现削峰填谷。V ↔ V（车对车）模式可实现车辆之间互相充电，半小时可充电 20 千瓦时，可续驶 100 公里。V → L（车对电网）模式可实现在车辆离网时，单相 / 三相带负载功能，在紧急状况下应急供电。可以说，比亚迪双向逆变充放电技术颠覆了电动汽车传统的充电习惯，有效提升了家庭用户对于电动汽车使用的便利程度。

10 年前，比亚迪的秦、唐车主便可以利用双向逆变充放电技术在野外吃着火锅唱着歌；用手机蓝牙开车门、锁车；用语音操控车载电视、音响；用绿净系统检测 PM2.5；检测驾驶盲区，确保变道安全；监控驾驶员精神状态，及时发出疲劳预警；通过手机应用检查车有没有锁好；查询电量还可以跑多少公里；让家人知道驾驶人行踪；搜索充电桩；借助大数据应用，分析驾驶人的使用习惯，可以提供更加省油的驾驶模式；等等。

全球第一个开放汽车硬件体系

新能源汽车的电池能为智能化设备（如传感器）提供电力保障，电动机也更容易受到电子控制，所以在智能化方面远胜于燃油汽车。当一个个燃油汽车做不到的功能集中到新能源汽车上，就像催化剂一样，推进着比亚迪新能源梦想步步前进。

王传福认为，汽车上的传感器比手机多数十倍，能衍生千万级应用，一定会产生“超级汽车生态”。他还从诺基亚手机衰落中得到启示：在智能化大势下，汽车行业和手机一样，封闭带来灭亡，开放才是必然。因此，2018 年，比亚迪提出打造“智能、开放的软硬件平台及生态服务”，开发在汽车领域像安卓那样的车机系统，为开发者提供开放的接口、车辆数据和控制权限，包括 341 个传感器和 66 项控制权。这是全球第一次有车企开放汽车硬件体系，而且做到全面开放。利用这些资源，开发者可开发大量车载应用平台和自动驾驶线控平台。

当其他车企自研车机系统时，比亚迪则与谷歌合作，基于安卓系统打造了智能网联系统 DiLink。2018 年上市的全新一代唐 DM 搭载了第一代 DiLink，100% 兼容安卓生态，允许用户自由安装软件。有人曾提出部分应用软件付费使用的建议，被王传福否决。他坚持完全采用手机生态，让用户没有切换系统的麻烦，而且所有软件免费。通过一块车载“平板”，用户可以使用与手机一样的应用软件，能够导航、听歌、刷视频、打游戏，车辆解锁、开后备箱、开关空调等功能也一应俱全。在性能、安全、迭代升级能力方面，DiLink 系统与手机系统水平相当。

首创手机 NFC 数字钥匙

2019 年，基于 DiLink 智能网联技术，比亚迪打造了汽车 NFC（近场通信）数字钥匙，用户用手机就能开启车门，启动车辆。即便手机没电、没网，也照样操作。当时，业内有集成 NFC 技术的卡片钥匙，而比亚迪认为，手机比卡片更便捷，能提升用户体验。车载 NFC 模块和卡片钥匙只需一对一开发，手机则有各式各样的品牌、型号，属于一对 N 的开发，难度指数级上升。第一代产品发布后，比亚迪逐步实现了 NFC 数字钥匙全系标配，而且是唯一兼容安卓、鸿蒙与苹果 iOS 三大系统、支持 99% 主流手机的汽车品牌。

连续推出颠覆性技术

"怎么理解'技术鱼池'？"在本书写作过程中，我们向很多研发团队的管理者提问。

我们得到了两个结论：一般企业是到菜市场上买鱼，比亚迪主要是自己养鱼；一般企业只要应用型的鱼，就是对我有用，马上可以吃，比亚迪则花了很大代价做预研，做可能性的储备和探索。

比如电机，有 10 种将来可能会用到的技术，但只有一两种能够产业化。但这 10 种，比亚迪都要派团队去研究，这就是预研，研究将来变成产品的可能性有多大，对性能指标的提升有多大空间。如果提升很大，就花更多力气去研究，把它产业化；如果一时看不到希望，就先留在"鱼池"里，后面接着研究。

在《比亚迪基本纲要》里，我们看到这样一段话：以消费者满意为目标，按照"探索一代、储备一代、量产一代"的思路，强化技术分解和闭环研发能力，快速推动技术的工程化、产品化、市场化，并持续更新迭代，使公司的技术和产品始终处于优势地位，为消费者提供极致体验，不断让消费者有惊喜。

比亚迪现在有 10 万名工程师，他们每天夜以继日地在思考、在创新，让比亚迪"技术鱼池"里的"鱼"不断长大，最终捞出来的都是"大鱼"。

e 平台：打造电动车的摇篮

2021 年 9 月 8 日，比亚迪发布了纯电专属平台——e 平台 3.0（见图 10–1），该平台彻底释放了智能电动化的潜力，被业界誉为“下一代电动车的摇篮”，王传福称之为“从上半场电动化转向下半场智能化的最关键布局”。

图 10–1　比亚迪 e 平台 3.0

e 平台 3.0 强调的纯电专属概念，是相对大多数传统车企以油车改电车的“油改电”平台而言。通俗地说，“油改电”平台像二手房改造，有些承重墙是动不了的，而纯电平台像是新房，在设计之初就考虑好了最佳的空间利用。作为开发电动汽车的“基底”，e 平台对电动汽车的价值，就如同 100 年前福特汽车通过流水线方式推动燃油汽车的普及一样。

2010 年推出的 e 平台 1.0，最大特点是关键部件平台化，e6 就搭载于其上。此后比亚迪一直在平台化、集成化道路上探索。2019 年，e 平台 2.0 问世，提出了“33111”概念，实现了整车关键系统的平台化。与 1.0 版相比，e 平台 2.0 的集成化、模块化程度更高。当多个核心零部件都被缩小、变轻后，就能获得诸多优势：降低成本，增强安全性，增大空间，提高舒适性，提升续驶里程。

在搭载了e平台2.0的多款王朝系列电动汽车的量产过程中，e平台3.0的研发也已启动。随着用户对电动汽车高安全、长续航、智能化要求的提高，单一的零部件优化已无法解决复杂的系统性问题，需要进行更深度的系统创新。比如，直接影响续航水平的能耗问题，就涉及电机电控效率、整车阻力、热管理系统等方面的系统性优化。这一次，工程师完全站在电动汽车角度完成了设计。

e平台3.0从底盘、动力、智能、车身四个维度入手，通过八合一电驱总成、域控式电子电气架构等技术创新，实现了整车架构平台化。八合一电驱总成基于高度集成的设计，结合高性能的发卡式扁线电机（最高效率达97.5%）、高效率的碳化硅电机控制器（最高效率达99.7%）、高速低损耗减速器等创新零部件，使得e平台3.0整体性能较上一代提升了15%~20%。搭载该平台的电动汽车在动力输出、响应速度、NVH、能耗节约等方面都有提升。

域控式电子电气架构也是e平台3.0的一大集成创新。此前，在分布式电子电气架构下，每个ECU（电子控制单元）单独控制一个功能，例如电动调座椅、电动后视镜，各有一个单独的ECU去实现功能。随着电动功能越来越多，ECU的数量也不断增加。以前一辆车上只有几个ECU，后来变成了数十个，于是出现了对集成的需求。只有将分散的功能进行统一，才能把复杂系统变简单，提高车辆响应速度，提升稳定性，简化操作，且实现复合型功能。例如要让车辆做到同时调整座椅、方向盘、后视镜的位置，就需要对座舱内的功能进行集成，用一个座舱域控制器去做总指挥、总调度。

沿着集成思路，比亚迪将分布式控制架构集成整合为域控制架构，将整车控制分为智能动力域、智能车控域、智能座舱域和智能驾驶域，以实现更高性能。电动汽车加速强，电机扭矩加载快，车轮容易打滑。以驱动防滑功能为例，在传统分散的控制架构下，系统响应时间超过100毫秒；通过智能动力域将功能集成后，响应时间仅为10毫秒，可有效控制打滑，且稳定性更好。基于域控制架构，e 平台 3.0 为智能电动汽车打造了安全可靠的硬件平台。之后，比亚迪又朝着更高维度的中央集中式架构探索发展。

硬件的融合也带来了软件的变革。在 e 平台 3.0 上，比亚迪研发了软硬件解耦的车用操作系统 BYD OS，为高级别的智能驾驶提供高标准的协作体系。未来搭载 e 平台 3.0 的电动汽车，将支持持续的软件 OTA（空中激活）和硬件升级。用户可以体验到更多、更新的车控应用，让车辆常用常新。

以上这些创新技术都不是单纯的部件创新，而是整体性、系统性的融合创新。在创新技术的加持下，搭载 e 平台 3.0 的高端车型可实现整车最大续驶里程 1000 公里，百公里加速最快 2.9 秒，低温续航提升最大 20%，充电 5 分钟，最高行驶 150 公里。在 e 平台 3.0 发布会上，王传福自信地说："e 平台 3.0 将引领纯电动汽车的新一轮变革。"

具体开发负责人、汽车工程研究院副院长凌和平说："不同于传统汽车的零部件拼装模式，比亚迪 e 平台要实现的是安全架构平台化、能量管理架构平台化和控制系统平台化。10 多年前的 e 平台 1.0，电机、电控、加速器等还是独立的，既笨重又庞大，电池包也是不规则的。到了 e 平台 2.0 和 3.0，我们开始尝试把整车控制和电池管理创新集成，将电池做得非常规整。这种集成化设计其实非常困难，涉及许多学科的交叉融合，需要解决机械、电、磁、力、热、声等方面的很多问题。e 平台 3.0，可以理解为跨系统的集成创新。"

2024 年 5 月 10 日，比亚迪在不到三年的时间里又发布了升级版 e 平台 3.0Evo，实现了多维度升级：功率模块搭载了比亚迪第六事业部自主研发的 SiC3.0 技术，采用了全球首创量产叠层激光焊技术，电控最高效率达 99.86%；十二合一智能电驱，集成度更高，综合工况效率最高可达 92%；全球首创的全域智能快充技术集群，能够让电池从 10% 充到 80% 的时间低于 25 分钟，末端充电时间（80%~100%）从 30 分钟减少至 18 分钟；高效热管理集成模块做到了十六合一，不仅全球集成度最高，大幅减少管路，系统损耗降低 20%，同时还实现液侧、冷媒侧多种冷却介质的协同调度，热管理能耗降低 20%；等等。层出不穷的创新，展示出比亚迪“想到就做到”的执行能力。

对于 e 平台 3.0 Evo，廉玉波用一句话总结说：一个集合了多项全球首创、全球领先的最新技术集群平台，是比亚迪集群式创新的最新成果。

CTB 技术：打造撞不断的车

在 2021 年的一次电池技术会议上，王传福提出，能不能让电池与车身深度集成，让刀片电池成为车身传力、受力的一部分，同时进一步提高空间利用率。CTB 技术研发之路由此铺开。

在设计刀片电池时，工程师基于电芯密排和胶黏连接设计，提出极简设计、高度集成的“三明治”动力电池系统。采用 CTB 技术后，刀片电池的上盖板作为汽车的地板，与车身融为一体，电池包“三明治”结构就进化为整车的“三明治”结构，根据不同区域对力和热的要求，针对性地使用结构件、导热胶，保障刀片电池包的力均匀和热均匀，给整车提供强大支撑（见图 10–2）。何龙解释说：“刀片电池放在 4 个轮中间，就相当于一个坦克底座。”这一创新无疑是革命性的，汽车空间将再次拓展，成本继续降低，安全性能再提升。

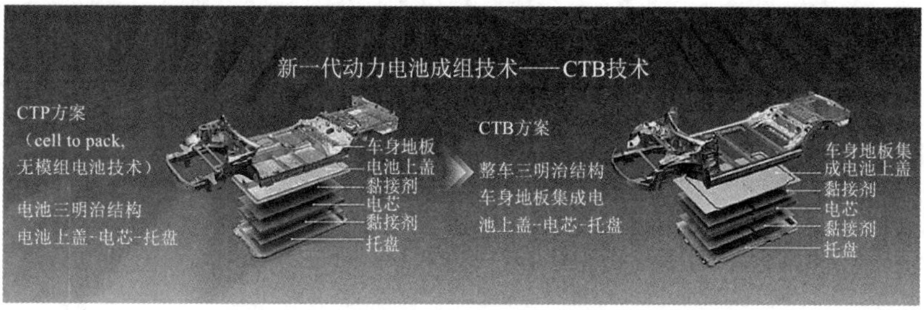

图 10–2　比亚迪 CTB 电池车身一体化技术

CTB 技术在研发中主要面临着三大挑战。

一是怎么充分发挥刀片电池的优势。在研发过程中，项目组通过构建从电芯到模组到包体再到整车全层级的安全仿真与测试体系，系统梳理了电芯、模组、CTB 包体到整车的电池安全边界，以指导电池参与整车的安全传力设计。

二是整车安全架构的重建。传统手段是通过增加结构件来提升安全性，但重量增加又使能耗恶化，影响电动车续航。在厘清 CTB 电池的安全边界后，项目组将刀片电池融入整车安全设计，重构纯电动汽车正碰、偏碰、侧柱碰等安全传力路径，使电动汽车获得结构安全的同时，还有更大的电池布置空间。

三是电池车身一体化设计的挑战。将电池上的盖板作为汽车地板，首先面临电池车身密封设计的难题。由于传统设计车身密封面多且不连续，而且密封面往往也是安装面，容易受力不均，很难达到好的密封效果，后来通过密封与承载解耦的设计思路解决了这个难题。全新设计的密封结构经过 21 种工况、超 5000 小时、100 万公里，涵盖零部件到整车各层级的验证，充分论证了密封的可靠性。

解决问题的过程中，涉及的学科越来越多，参与的人员也越来越多。CTB 项目一开始只有电池和车身部门介入，后来 CAE（计算机辅助工程）、NVH、操控性等各项性能领域的专家都陆续加入进来。就像攻占一个山头，敌人越多，比亚迪投入的兵力兵种就越多。本来一个小小的战斗，最后变成了一场大战役。CTB 技术只有在公司这种大平台、多学科、跨事业部的密切配合下才能完成，是协同作战的结果。比亚迪在全产业链进行创新，多个事业部紧密协同，是这项爆款技术成功的关键。

2021 年发布 e 平台 3.0 时，比亚迪已透露会将车身一体化技术用于该平台。2022 年 5 月，CTB 技术正式发布。经过工程师的不懈努力，车身地板与电池上盖板合二为一，释放了原来多层结构占用的空间，使得动力电池系统的体积利用率提升至 77%。车身结构简化、重量减少后，车辆的燃油经济性和性能表现就提高了。

更重要的是，整车安全性大幅提升。在 CTB 技术的高强度支撑下，整车扭转刚度提升一倍，可超过每度 40000N · m，满足“超五星”的安全标准。扭转刚度提升后，车辆转弯时车尾的跟随响应会更快，甩尾小，车身姿态会更稳定，车辆的操控上限更高，驾驶人会感觉更好开，也更好玩。同时，CTB 技术可使 e 平台 3.0 车型的正碰结构安全提升 50%，侧碰结构安全提升 45%，成为“撞不断的电动车”。廉玉波很形象地解释说，CTB 刀片电池包不再是需要被保护的宝宝了，而是一个成年人，要承担家庭责任，赚钱反哺家庭。

基于 CTB 技术，比亚迪打破了传统电动汽车的旧结构，引领了电动汽车设计的新趋势。2023 年 3 月 8 日，在比亚迪内部的 CTB 技术专家品鉴会上，中国工程院院士、北京理工大学教授孙逢春表示：“CTB 电池车身一体化技术是新能源汽车动力电池与整车融合设计的系统性创新，是未来更多颠覆性技术创新的灯塔，起到了行业引领作用。”

易四方：精准控制车身姿态

在汽车行业发展的上百年时间里，各家车企都在围绕汽车安全投入大量的研发资源。据不完全统计，全球每年死于车祸的有 100 多万人，[①] 其中因为高速爆胎、路面打滑和车辆碰撞等原因导致车辆失控失稳、偏离预定路线造成的死亡比例很高。在极端情况下，精准地控制车身，对乘员的安全尤为重要。

比亚迪一直强调安全是电动汽车最大的豪华。为了精准控制车身姿态，比亚迪二十年如一日地研发，“易四方”技术应运而生（见图 10–3）。

“易四方”是一套以四电机独立驱动为核心的动力系统，从感知、控制、执行三个维度围绕新能源汽车的特性进行了全面重构，彻底颠覆以往燃油汽车的动力系统能力体系。

相较传统的燃油汽车动力系统，“易四方”可以通过强悍的电驱系统，以毫秒级的速度独立调整车辆四轮轮端动态，从而更好地控制车身姿态，而且可提供更大的安全冗余，比如在车辆单轮爆胎后，以每秒 1000 次的速度来精准调整剩余三轮的扭矩，通过驱动轮及时对车身姿态进行强有力的补偿干预，帮助驾驶员将车辆稳定可控地停下来。这一功能

---

① 米格尔・巴雷托 . 不要再让宝贵的生命丢在道路上 [OL].[2024–06–29].https://www.un.org/hi/node/219975.

图 10-3　比亚迪“易四方”技术

将有望从动力的根源最大限度地避免二次事故的发生。

王传福说：“行驶中车身姿态控制非常重要，路面湿滑、紧急避让、突然爆胎等情况，会导致车辆发生侧滑、翻滚等重大事故。传统汽车是一个发动机，其输出的动力通过传动轴将动力传递到轮子上，很难精准控制车身姿态。我们做的车子要像猎豹一样，拥有四条独立且强劲的‘腿’，不管是行走还是高速奔跑都能完美把控身体姿态，用四个电机对四个轮子进行独立控制，根据车身姿态需要，迅速调整每个电机状态，可以正转，也可以反转，从而带来更大的控制自由度。”他认为，这是新能源汽车车身控制的一个终极方案。

王传福的这个想法最早是 2004 年在发布 ET 概念车时产生的，该车搭载四个轮边电机，可以独立控制四轮扭矩。可惜的是，那时新能源汽车行业刚起步，产业配套不成熟，量产四电机技术需要高性能电池、大功率集成电机、高效电控和精准的软件控制能力，这些在当时是一片空白。

“王总经常提到四电机，这是他的一个梦想。”杨冬生说，“过去我们更多的是在做理论分析和策划，例如安装位置、功能设计、性能探索等，真正下任务把技术装上车，是在 2020 年。”

虽然技术称为“易四方”，但项目开展颇为不易。项目团队的第一任务是：想清楚电机为谁服务，用来干什么。经过研究，项目团队认为，“易四方”技术最适合越野的复杂工况，这一工况也最能体现它的价值。在探索中，工程师逐渐明确了两大功能：原地掉头和应急浮水。

杨冬生说：“在我们提出可以原地掉头时，王总特别感兴趣。”这并非为了吸引眼球，比亚迪真正在意的是驾乘安全的体验。如果在一个狭窄的区域泊车，原地掉头功能可以让车辆更自如地入库，避免剐蹭事故。

但装上四个电机并不等于就能原地掉头，需要解决的问题还有更多。例如，为什么在正常地面“打圈”没问题，在吐鲁番沙土路上却抖动剧烈呢？在专题讨论会上，工程师们从不同角度分析问题原因，包括路面物理性质、悬架刚度、软件架构等。各相关团队抽调人员组成专班，连续四天四夜接力工作，修改有关参数，再发给在吐鲁番的前方测试团队，使得新一轮调试一举成功。

应急浮水是另一个安全功能。2014 年，在研发第一代唐 DM 的时候，王传福就提出，车辆既然有前后电机，那能不能在水里跑？当时最大的困难是，两个电机无法实现转向。在有了四个电机后，应急浮水功能再次被提上日程。

水中的环境显然比陆地环境更复杂。为了精准测试，工程师都是亲自上车，风险在所难免。车辆在河里抛锚了，他们要从天窗爬出来，甚至被救援出来；浮水时，水晃得很高，如果转得太猛，车辆倾斜，随时都有翻车的危险。每次试车时，团队都会准备好吊车、救援绳等救援措施，工程师们穿着雨衣、雨靴，有时还要带着救生圈。一项能力参数的确认，往往需要工程师经历若干次惊险测试，不厌其烦地修改电机参数、转向参数、制动参数等，才能达到最佳值。

车辆进水是一大难题。任何部位一旦进水，就有断电风险，导致无法行驶。更让人焦急的是，每次进水后，车辆要维修两三天，这会拖延开发进程。为了保证进度，杨冬生曾调动所有总装车用于浮水测试，检测漏水点、调整转向和扭矩、智驾功能匹配……有时，杨冬生也当试车员，负责调试的工程师坐在副驾，在水里做测试、改代码，实时调整。在沙漠、高原等场地，工程师们都是抱着计算机，边测边改。

2023 年，“易四方”技术正式发布，原地掉头的最低转动速度可达每秒 1 度，质心偏移距离可控制在小于 0.5 米的范围内。触发应急浮水功能后，发动机将自动关闭，悬架升至最高状态，车窗自动升起关闭，空调通风口将由关闭转为内循环，车辆浮水 30 分钟不会有显见的流动积水，并能以最快 3 公里 / 小时的速度前进。

“易四方”技术是比亚迪产业链升华的产物，集结了比亚迪在架构设计、“三电”技术、功率器件、智能技术，包括人才队伍、产品开发、思维方式等方面的能力。当一项技术发布时，新的研发已经开始，工程师们仍在“死磕”如何把原地掉头“画”得更圆，如何让浮水时间更长，以充分释放四电机的独立驱动能力，创造更多颠覆性功能。

易三方：智电全开，豪华新境

在电动化的征程中，比亚迪一马当先，凭借 DM、e 平台、易四方、刀片电池等核心技术，树立起多个行业标杆，将新能源汽车的经济性、动力性、安全性和越野性能推向极致。随着 2024 年年初整车智能战略的宣布，比亚迪携全新智电融合璇玑架构，再次成为行业先驱，正式向智能化领域发起冲锋。8 月 20 日，比亚迪又正式打响了整车运动性能冲锋的第一枪，向公众展示了其创新的智电融合之作——易三方技术，并宣布腾势 Z9GT 全球首搭。

易三方技术的诞生，源于王传福的一份执念，他曾在发布会上说道：“在如今激烈的市场竞争中，腾势还需要打造专属的技术护城河。如同仰望有易四方，作为新能源时代的豪华品牌，腾势必须要有一套专属于自己的技术架构。”

为了能把卓越的体验带给腾势品牌用户，比亚迪从底层架构着手，全面创新，找到了三电机动力解决方案的最优解，使易三方技术成为全球首个整车智能控制技术平台，实现三电机独立驱动与后轮双电机独立转向的完美结合。

易三方技术平台由动力架构、控制架构和整车智能架构三大核心构成，三者相互支撑，共同构筑起易三方技术的坚实框架。这一技术不仅是全球唯一，更是比亚迪100%自主研发的成果，标志着比亚迪在整车智能控制技术平台上的量产能力。

在动力架构上，易三方技术展现了卓越的兼容性，不仅支持插电式混合动力平台，也适配纯电动平台，实现了所有系统完全自主研发的目标。控制架构通过三电机分布式独立驱动，为整车提供了更多的控制自由度，增强了动力分配的灵活性，同时显著提升了整车的安全性和稳定性。

整车智能架构基于璇玑架构设计，实现了电动化与智能化的高效结合，为驾驶者打造了一个更加智能互联的驾驶环境。全系列CTB技术，以其出色的安全性、刚度和空间优势，为车辆提供了强大的安全保障。

“生理极限决定了驾驶员的视野，再加上认知或者操控水平有限，汽车性能难以发挥到极致，而整车智能通过超强感知、精准预测、高效执行可以辅助驾驶员实现极致安全和极致操控，让极强动力和运动性能不再是顶级玩家的专属，普通消费者也能触手可及。”杨冬生提到。

王传福则表示：“我相信，有了易三方的加持，Z9GT将为用户带来独一无二的智驾新体验！”这句话不仅传达了对易三方技术的信心，更是对比亚迪未来技术创新的期许。王传福的愿景是将腾势打造成为世界级的豪华品牌，而易三方技术的发布，正是这一愿景的重要一步。

易三方技术引入了五大标志性核心功能，包括极致转向、圆规掉头、易三方泊车、低附路面增稳系统和智能蟹行，这些功能不仅提升了驾驶体验，还增强了车辆在各种路况下的稳定性和安全性。特别值得一提的是，易三方技术还能够实现高速爆胎稳定控制、内八制动增稳、倒车稳定和雷达主动避让等功能，进一步确保了驾驶过程中的安全。

在易三方技术的孕育之路上，比亚迪披荆斩棘，克服重重困难。一路走来，比亚迪不仅跨越了错综复杂的技术难题，更直面产业配套不成熟的行业挑战。历时逾五年的研发征程，汇聚了6000余名工程师的集体智慧，投入了超过50亿元的巨额资金，更通过了逾230万公里的严苛测试。一切的坚持与努力，只为将易三方技术从梦想照进现实。

随着易三方技术的发布，比亚迪再次以技术革新引领行业潮流，为全球用户带来了超安全、超灵动、超智慧、超澎湃的驾驶体验。它不仅是比亚迪技术创新的又一突破，更是对未来智能出行方式的一次大胆探索，在智电融合加持下，未来更会精彩不断。

云辇：如行云端

“虽然大家说我们比亚迪是理工男，埋头钻研技术，但我们一直有一颗弘扬中国文化的心。‘云辇’出自《魏书》，‘辇’是中国古代顶级的出行载具，是帝王的座驾。而‘云’可以联想到‘智能云’，象征着轻盈平稳的智能化驾乘体验。在云辇的标识上，中间波纹状的笔画寓意无论道路如何崎岖不平，只要搭载比亚迪云辇系统，人在车上都稳如泰山。”这是王传福在云辇技术发布会上的开场白。

从他的描述中可知，云辇技术是一种让车辆行驶平稳的智能车身控制技术，属于汽车底盘技术的范围。

在汽车行业，对车身控制的研究长期聚焦在横向和纵向上，因其与车辆安全的关系更紧密。其实，垂直方向控制技术也能强化安全，而且对舒适性贡献很大。这正是比亚迪研发云辇技术的初衷。

2023 年，云辇系统研发成功。比亚迪利用新能源汽车的电动化、智能化优势，以及自身在电机、电控方面的长期积累，搭建了这一智能感知、精准决策、高效执行的系统架构。它通过感知人、车、路的实时状态，可测算出最佳的车身控制方案，让车辆以更平稳、舒适的姿态通过各种路况，让人感觉如行云端。

王传福说：“‘云辇’的诞生，改写了车身控制技术依靠国外的历史，填补了国内的技术空白，实现了从 0 到 1 的突破。”

基于云辇系统，车辆会变得非常智能，能提前预判路况，自动调整车身，保持平稳状态。不管前面是石头还是水坑，云辇车型都可以轻松应对，平稳通过。驾乘舒适性自不必说，云辇技术和“易四方”结合之后，还会产生一些颠覆认知的新体验：少一个车轮，车辆也能平稳行驶；四个车轮可以同时离地，原地起跳；车辆左右晃动，“蹦跳”前进；等等。

根据技术特点和用户的多样化需求，比亚迪对云辇技术进行了分级，首轮公布的产品包括：云辇–C智能阻尼车身控制系统，云辇–A智能空气车身控制系统，云辇–P智能液压车身控制系统。它们搭载在不同产品上，让更多用户获得了舒适的驾乘体验。

2015年，王传福在首届迪粉大会上说：“我们未来会推出一款车，有6个引擎，包括1个发动机，1个串联式电机，另外4个电机放在轮子上面。因为靠电机驱动，所以把对角线的两个轮子拆掉，留两个轮子，还可以跑。”“我们的车是电子的，坦率地说不用转向都可以。就像坦克一样，它随时可以原地转圈。翻车的时候，从轮胎离开地面到翻倒，大概要300毫秒。这300毫秒里面，电车有时间做很多调整。如果是过弯翻的，就把速度降下来。如果是侧滑，也有手段。4个电机随时都可以自动调整，它们的调整速度是毫秒级的。这样就把整个控制理论颠覆掉了。”

当时，全场一片掌声和笑声。8年后，随着“易四方”和云辇系统在2023年陆续推出，当初的设想真的实现了。

高阶智驾：守护驾乘安全

2018年，王传福提出新能源汽车上半场是电动化，下半场是智能化。智能化技术一直是比亚迪研发的重点，其中最主要的是智能座舱和智能驾驶。

在智能座舱方面，2018年后，DiLink系统不断升级迭代，持续加强人工智能技术，满足用户丰富的个性化需求。例如，打造手掌钥匙技术，车主不用钥匙、手机，仅识别手掌就能开启车门；人工智能语音助理能与车主智能对话、执行连续语音指令、规划出游攻略等；多车畅联能实现跨车语音对话等特色功能。2024年，比亚迪将智能座舱平台按跑分数据分为两大类，标准版平台包括DiLink 20、DiLink 50，高阶版平台包括DiLink 100、DiLink 150和DiLink 300。跑分是根据每个平台搭建的芯片性能而定的。比如，DiLink 20 搭载的是 12 纳米芯片，跑分在 13 万级别；DiLink 150 搭载的是 4 纳米芯片，跑分可达 125 万级别。工程师们敢于用跑分来命名 DiLink 系统，显示出对比亚迪“芯片性能 + 软件优化能力”的强大信心。

在智能驾驶方面，比亚迪也探索已久。自 2018 年起，比亚迪就与英伟达、百度、华为、地平线等企业在自动驾驶技术方面展开合作。王传福在比亚迪 2022 年财报交流会上的一句“无人驾驶都是忽悠”引发了许多争议，其实王传福的本意是：高级辅助驾驶是未来的发展方向，而无人驾驶受制于法规要求等限制，离普及还有非常遥远的距离。他反对把无人驾驶神话化，但非常关心含义更广的智能驾驶。

比亚迪一向有自研传统，在智能化布局上也不例外。2021 年，时任规划院电子集成部总监的韩冰从杨冬生院长处接到任务：带领团队开发能满足高阶智能驾驶辅助的车载计算平台。韩冰曾在美国德尔福公司工作，在动力总成控制方面有丰富的经验，2018 年加入比亚迪，研发动力总成控制器。同时，他还是整车电子电气架构的专家，而电子电气架构正是智能化技术发挥能力的重要平台。

对于高阶智驾辅助，王传福只提出一个要求：把安全做到设计中去，“如果能规避全国排名前 50 位的交通事故问题，那就能证明产品是最好的”。为此，团队在研发自动驾驶技术时，把安全放到重中之重的位置。系统取名为“天神之眼”，意为像天神的眼睛，守卫行驶安全。

2023 年，比亚迪发布“天神之眼”高阶智能驾驶辅助系统——DiPilot 100。这是全球首款完全由整车厂自主设计开发、生产的车载计算平台。比亚迪自研算法，自研车用操作系统 BYD OS，自研软件，自制硬件，从应用层到框架层、系统层、硬件层全面自研。

DiPilot 100 支持 L2 级自动驾驶和高快领航功能。强大的算力与计算性能融合高精度传感器，使其整体操控十分高效、精准。例如，开启高快 NOA（在自动驾驶仪模式下导航）功能后，它就能够根据导航规划，进行并线、上下匝道等操作，动作十分流畅。在安全性能上，它可以通过人脸识别技术监测驾驶员的注意力和疲劳状态。自动泊车辅助系统可以减少停车时的碰撞风险。自动紧急制动（AEB）和前向碰撞预警（FCW）等功能，也在为驾驶安全护航。

韩冰说："一段时间里，不少人说比亚迪智能驾驶不行。作为工程师，我们听了之后很较劲。怎么可能不行呢？我们有全国最多的跑在各种工况下的车，场景数据非常全。基于数据优势和人才优势，我们用最短时间拿出了很好的产品。"2024年，比亚迪的智能驾驶研发团队已从三年前的几百人扩大为数千人，力量充沛，创新能力更强。

2024年，比亚迪公布全新DiPilot智驾平台，并基于芯片性能来命名不同平台。L2级智能驾驶辅助系统包括DiPilot 10、DiPilot 30；"天神之眼"高阶智能驾驶辅助系统，则分为DiPilot 100、DiPilot 300、DiPilot 600。比亚迪未来还将推出DiPilot 1000、DiPilot 2000，为用户带来更安全、精准、舒适的智驾体验。继2023年7月比亚迪获得全国第一张L3级自动驾驶高快速路测试牌照之后，2024年6月，比亚迪又成为首批进入国内智能网联汽车准入和上路通行试点名单的车企。城市领航功能也在持续提升，目前腾势N7的城市领航已发布到7座城市，并持续进行扩大测试，预计到2024年年底，包括腾势N7、腾势Z9GT等多款车型将实现全国无图的城市领航，全国都能开，有路就能开。

杨冬生认为："当前行业普遍采用的智驾方案，缺乏对整车能力的挖掘，其上限只能接近人类驾驶水平，是狭义智能驾驶。"因此，在智能驾驶的研发上，比亚迪还以璇玑架构为纽带，深挖电动化与智能化的融合潜力，打造更高层级的广义智能驾驶。在2024年8月召开的易三方发布会上，比亚迪正式公布了超越行业的智能驾驶系统BAS 3.0+。在3.0版的基础上，感知传感器增加整车近100种传感信号，同时，感知主干网络增加了整车感知网络，突破了视野边界。规控网络除了有类人类安全网，还增加了超人类安全网。在执行环节，在传统执行器以外增加了比亚迪独有的三电机、四电机、云辇等颠覆性技术，智驾控制模型打破了传统执行器的限制，达到超人类的驾驶安全控制，解决了更多行业泊车难题，带来了更强避障表现，实现了泊车、极致麋鹿等更多颠覆性功能，未来这一能力将适时释放。

智能驾驶谁主沉浮？比亚迪充满信心。

DMO：开创电越野时代

继 DM-i、DM-p 双平台战略之后，比亚迪汽车新技术研究院开始研发更强性能的插混平台，让新车型不仅有强劲的动力，还要具备越野性能，能挑战更复杂的工况。这就是 DMO 平台的开发初衷，DM 就是“双模”，“O”即越野（off-road）的英文首字母。

经过 4 年时间的努力，2023 年，DMO 超级混动越野平台问世，成为全球首款越野混动专属平台。DMO 因越野而生，技术创新都是围绕越野而来。

在电机架构方面，DMO 和 DM-p 一样，都是“P1+P3+P4”，但 DMO 在 P4 电机处集成了低速越野挡，使得车辆在低速时也有强大动力，脱困能力更强。在动力性能方面，DMO 的前驱电机功率为 200kW，后驱越野专用电机的峰值功率高达 285kW，并配备大功率的发电机。同时，开发了 1.5T 和 2.0T 越野专用纵置发动机，功率分别高达 143kW 和 180kW，热效率超 40%。

在系统开发中，一系列独创技术应运而生：通过把发动机和 EHS 从横置变为纵置，DMO 车辆的稳定性更强；首创“智能三把锁”，即两把轮间电子差速锁和一把能量中锁，前者可通过智能控制，增强车辆在复杂路况下的抓地力和稳定性，后者可以在 10 毫秒内完成前后轴扭矩的转移，比机械中锁快 30 倍，增强车辆在湿滑、沟槽、坑洼路面的脱困能力；创新研发 CTC（电池底盘一体化）技术，将刀片电池和高强度钢的大车架强强结合。刀片电池放在大梁中间，既当电池能量体，也是车身结构件，使得底盘重心大幅降低，车身扭转刚度增强，既能保证极端越野场景下的电池安全，还能提升越野安全性和稳定性。

此外，采用合理的轴荷分布及前后双叉臂悬架，DMO 平台的车型在舒适性上也比传统燃油越野车更强。而且当 DMO 平台与云辇车身控制系统结合后，车辆会更加平顺、静谧，在极其颠簸的路面也能如履平地。

从架构到核心零部件的专属化设计，让DMO能够征战全场景的越野工况：在阿拉善腾格里沙漠，DMO车型可实现150米冲坡高度；沙漠起步时间可控制在300毫秒以内，比机械四驱越野车快5倍。在冬季的牙克石的林海雪原中，DMO车型的冰面起步速度仅250毫秒，是机械越野车起步时间的1/4；冰雪面0~50公里加速7.63秒，比机械越野车快了一倍。在山西芦芽山森林的泥地，DMO车型能比机械越野车快5秒脱困泥坑，而且泥地行驶速度更快。在凹凸山路，DMO车型的行驶速度比机械越野车快30%。

"翻山越岭，如履平地。"DMO的成功研发，代表比亚迪在越野混动平台上迈出了第一步，其未来表现更加值得期待。

多品牌出击

"比亚迪汽车的销售渠道必须有新面貌。"2019年，王传福开启了新变革。此时，他对刀片电池、DM-i技术的前景非常看好，但车子好不好卖，光有技术还不够，渠道、产品、品牌必须跟得上。在他的主导下，比亚迪销售渠道快速革新，形成比亚迪（王朝网、海洋网）+方程豹+腾势+仰望的"五网四品牌"矩阵，实现了车型级别全覆盖、动力总成全覆盖、价格区间全覆盖，满足消费者多方位、全场景用车需求。

问诊渠道促变革

2019年下半年的一天，负责汽车售后服务的高子开接到总裁办公室通知，说王传福接下来走访市场时，要求他一起参加，并参与所有销售会议。之前，由于销售和售后服务独立运行，高子开基本不参与销售方面的调研。

和他一样接到通知的还有熊甜波。从2003年加入比亚迪开始，熊甜波一直在销售岗位，也曾任总裁秘书。2019年，正在汽车销售公司负责渠道工作的她来到了一个新岗位——汽车产业办公室主任。这个岗位最重要的任务就是配合王传福解决市场销售的重要问题。

2019 年 7 月到 12 月，王传福带队跑了多个地方，希望透彻地搞清楚：比亚迪汽车销售到底怎么了？该怎么办？

很快，渠道问题暴露出来：一些顾客进店没有销售员接待，有的销售员甚至在聊天、玩手机；经销商抱怨多，对品牌很不满意，认为“做比亚迪的生意盈利差”；还有人投诉“服务不好，品牌形象不行，怎么做都上不去”。其他问题还有：销售前端数据对后端决策的支撑不足，汽车销售的整体决策机制不完善，等等。

变革迫在眉睫。比亚迪多年积累的新技术、新产品即将集中登场，市场销售绝不能成为短板。

在一次销售会议上，王传福抛出问题：为什么顾客进店，销售员不主动接待呢？

高子开说：“不用管为什么不接待，做不到就应该处罚。”

有人马上说：“高总，不能罚。一旦处罚，销售员就会离职，我们现在招人很难。”

王传福问：“他为啥要走？”

“因为赚不到钱。”

对话到此结束，现场没人再说话。王传福再也不问“为什么销售员不接待”的问题了。他找到了问题的根本：利润是基石，要让经销商有钱赚才行。

不久，比亚迪宣布：不再新增投资人，同时，启动经销商考核机制，调整或淘汰经营不善的门店，扶优扶强。这一决策瞬间激活了经销商。一方面，他们感到自己的利益得到了保护，跟着比亚迪苦熬多年没有白熬，对未来发展信心大增；另一方面，引入竞争机制之后，每个人都会行动起来，力争上游。

比亚迪对市场销售也有了更明确的打法。例如，首次明确每个车型在每个城市的市场占有率情况，并设定目标占有率；其次以目标为导向，制订方案，分解步骤；最后，达到一定目标有奖，做得不好要罚。

2020 年，汉车型上市成为一次“大练兵”。从 2020 年 9 月 1 日到

2021 年 1 月底，王传福每晚 9 点都召集相关生产经理、销售经理开大会，了解目标完成情况、生产和交付情况，以及遇到的问题，并现场制订解决方案。汉的销量远超预期，成为比亚迪期盼已久的明星车型。门店客流多了起来，销量增长明显，经销商的信心、热情开始高涨。

销售铁军训练营则是王传福决策的另一个重要项目。当时，外界评价“比亚迪的客户比销售人员更懂车”“销售讲不明白”，意见颇大。比亚迪就采用垂直整合策略，自己办培训班，在 2020 年成立铁军训练营。比亚迪将生产制造的方法用到培训中，自己研制教学方案、挖掘教学案例，并持续更新迭代。请博士工程师当讲师，轮流上阵，告诉销售员如何把技术、产品、品牌讲透彻，教他们怎么做客户服务，给大家注入信心。几乎每个比亚迪 4S 店都有 8~10 人到总部参加过一周的培训。不少人培训结束后一两个月就成了销售冠军。

销售体系的组织架构也一直在调整中。2021 年前，王传福划分了三大产品中心，各中心各自负责相关产品的定义、研发、市场定价、品牌宣传等事项。2021 年 2 月，王传福推动了新一轮组织变革。他认为，比亚迪的技术爆发是可以预见的。随着车型、品牌的增加，一个销售网络无法承载所有产品，分网是必然选择；销售、品牌营销、售后服务合起来是一个庞大的系统，随着业务增长，这些部门需要专业化、独立运行。

在内部讨论数月之后，比亚迪汽车销售公司按照职能拆分为多个事业部：王朝网销售事业部，由路天任总经理；e 网销售事业部，由张卓任总经理；品牌及公关处由李云飞任总经理；汽车售后服务事业部由高子开任总经理。这四个人都是从比亚迪进入汽车产业之初就入职的老将，而且都一直深耕销售、品牌和售后服务领域。

调整后，为了让大家各自发挥最大力量，同时还能保持协作，王传福给四个事业部制定了共同的目标：不管是销售还是品牌、售后服务，都要围绕同一个市场占有率目标去努力。如果市场占有率上升，那么集体授奖；如果下跌，都会受罚。2021 年 3—9 月的“昆仑战役”就是在这样的组织架构下取得了胜利。

随着 e 平台 3.0、CTB、易四方、云辇等技术的发布，比亚迪需要更多新产品来搭载，也因此推动了新品牌诞生。2022 年 11 月 8 日，比亚迪发布旗下高端汽车品牌“仰望”；2023 年 6 月 9 日，发布专业个性化新品牌“方程豹”。至此，加上 2010 年就已创立的腾势品牌，以及比亚迪品牌王朝系列、海洋系列，比亚迪“五网四品牌”矩阵形成。

此前的分网经历让比亚迪深知差异化的重要性；这一次，不同品牌、不同系列的产品，在技术选择、造型设计、品牌形象、营销方式上都有明显区别，目标客户也有较大差异。很快，它们将集体亮剑，打出漂亮的组合拳。

“两网”齐发

前沿技术一旦成熟，就会成为“必杀器”。

2021 年，首款搭载 e 平台 3.0 的海豚车型，上市四个月的累计销量超过 10 万辆；2022 年，作为首款搭载 DM-p 技术的车型，唐 DM-p 的百公里加速仅 4.3 秒，在中型 SUV 车型里排名领先，月销量快速破万辆；首搭 CTB 技术的海豹车型，综合续航超 700 公里，百公里加速 3.8 秒，风阻系数 0.219Cd，每一项数据都创造了比亚迪性能之最，快速取得月销量破万辆的成绩，树立起纯电运动轿跑新标杆。这些爆款车型，让比亚迪在市场上全面开花。

此外，王朝网的汉、宋、元家族车型纷纷搭载与产品相匹配的新技术，持续出新。而海洋网除了海豚、海豹、宋 PLUS，还新推出护卫舰、海狮等车型，产品结构不断丰富。

因为有不同技术的支持，王朝网和海洋网的产品差异化非常明显，但基本拿到了各细分市场冠军。“秦车型拿到 A 级轿车冠军让我们最为兴奋，”路天说，“这本是合资品牌的重镇，从来没有自主品牌汽车能够超越。”

海洋网的海豹车型以紧凑、运动为特点，海鸥车型则以小巧、年轻为标签。宋 PLUS 虽与王朝网的宋 Pro 都是紧凑型 SUV，但价格区间不同，内外配置不同，形成明显差别。2021—2023 年，海洋网的门店迅速扩张，规模和销量与王朝网相当。

2023年，王朝网销量为149.16万辆，占比亚迪乘用车总销量的49.31%；海洋网销量为138.29万辆，占比45.73%，两者总计占比超过95%。“王朝”和“海洋”，花开两朵，各有侧重，涵盖了比亚迪所有主力销售车型。

方程豹：始于越野，不止于越野

在熊甜波的印象里，王传福在2014年说过一句话：“很多人认为电动车的变革，油被电取代，这是革命。其实比亚迪认为，这只是革命的一小部分，更大的革命还没开始！”这里的“更大的革命”其实指的就是汽车消费的个性化革命。王传福的这句话，也早早地为后面的“F品牌”埋下了种子。

2023年6月9日，“F品牌”公布中文名为“方程豹汽车”，熊甜波担任总经理。

“方程”，是标准和规则，是真实和进取，代表着专业科技；“豹”，是变化和灵动，是野性和放肆，是个性和自由的代名词。两者一张一弛，融合聚变之间创造出新能源个性体验的无限可能。7月14日，方程豹汽车发布品牌Logo。这一符号从数学的星形线和函数图中提炼元素灵感，整体形态像电波，也宛如山水倒影，是以电之力，求解每个人心里的“诗和远方”。

2023年8月16日，“豹力全开共赴山海”方程豹品牌暨技术发布会在深圳比亚迪全球总部举行，正式发布了方程豹汽车品牌及其核心专属技术DMO超级混动越野平台。首搭DMO的超级混动硬派SUV豹5也正式发布。同时，豹8概念车“SUPER8”以及与豹3所共同构成的“583”硬派家族同步惊艳亮相。8月25日，首款车型豹5在成都车展首秀，并开启盲订；同年11月9日，豹5在北京正式上市发布。

这场发布会延续了比亚迪一贯的高技术浓度，将大部分时间用于讲解豹5是如何从性能、安全、空间、舒适、智能等各个维度，解决传统燃油越野车不舒适、不智能、不节能的三大痛点，如何以卓越的产品力重新定义硬派 SUV 价值标准，为用户提供新能源硬派 SUV 全场景驾控体验。

2024 年 7 月 12 日，豹 5 创造了新的吉尼斯世界纪录——驾驶混动汽车到达海拔 5980.05 米的高处。在高原环境中，DMO 以电为主的驱动模式不会因稀薄氧气的干扰而出现“高反”，高速直驱时还有涡轮增压发动机给予强劲动力，不会像传统硬派越野车那样，在高原行驶时动力衰减严重。另外，超 500kW 的系统功率，配合低速四驱挡，使豹 5 的高海拔极限冲坡能力极强，成功完成在超 5000 米高海拔地区 1450 米长距离、180 米垂直海拔的爬升。同时，豹 5 首创的 CTC 电池底盘一体化结构，让车身保持超低质心，再加上云辇 –P 智能液压悬架的加持，面对平均爬坡俯仰角 26°、侧倾角 –10° 的工况，豹 5 也做到了稳健行驶。

这种媲美城市 SUV 的驾乘质感，让豹 5 成为能够完美兼顾越野性能和城市舒适性的硬派 SUV，做到“始于越野，不止于越野”。得益于 DMO 超级混动越野平台的极致能耗控制，豹 5 在日常使用中以电驱为主，发动机作为辅助长期处于最高效的工作区间，“榨干”每一滴燃油的能量，而智能电控精准地切换串联、并联等行车模式，能量损耗少、不浪费，实现整个系统的最高效率，让豹 5 在城市出行中越堵越省，综合亏电油耗低至百公里 7.8 升，综合续驶里程可达 1200 公里。

而介于都市与越野之间的周边户外，也能让豹 5 大展身手。作为一款自带户外属性的硬派 SUV，豹 5 有行业领先的 6kW 对外放电能力，可以支持多种家用电器同时工作，不怕跳闸，还搭载了最高功率可达 20kW 的原地发电能力，比很多家用柴油发电机强得多，让客户用电自由，更尽兴地享受自然。

强大的技术和产品带来自信的底气，王传福对方程豹寄予厚望。2023 年 11 月 23 日，首批豹 5 在成都交付，他亲自把钥匙交给车主。之后，他的身影又出现在长沙的交付现场，与车主们围坐在一起愉快交流，不遗余力地为品牌站台。当然，市场也给予了方程豹热烈的回应——

上市 72 小时，豹 5 就收获了超过 1 万张大定订单[①]；上市 4 个月内，豹 5 连续三个月稳居新能源大梁式硬派 SUV 冠军……方程豹的传奇已经开始。

“腾势”焕新

腾势品牌由比亚迪与戴姆勒在 2010 年共同创立，诞生之初就定位于高端。2021 年 12 月 24 日，比亚迪与戴姆勒签署了关于调整深圳腾势新能源汽车有限公司（以下简称“腾势”）架构的股权转让协议。转让完成后，戴姆勒和比亚迪的持股从各自一半，变为 10% 和 90%。2024 年 9 月 14 日，深圳腾势新能源汽车有限公司再次发生股权与工商变更，比亚迪汽车工业有限公司的持股比例由 90% 上升至 100%，原本持股 10% 的梅赛德斯－奔驰（中国）投资有限公司退出。比亚迪执掌腾势。

腾势在历史上曾推出过腾势 300、腾势 400、腾势 500 等车型，但市场反响不如预期。比亚迪内部对这一品牌的评价也各有不同，有人认为这是正向资产，也有人认为没必要继续做。比亚迪“买下”腾势，说明对腾势品牌仍有信心。

赵长江被任命为腾势销售事业部总经理，他说:“既然要做腾势，我们就要总结那些正向的资产。经过 12 年发展，腾势在品牌定位、品质、服务方面已有很深的积累。它的销量再不好，价格也没有往下走。而且腾势还在奔驰 4S 店里卖过，品牌一直立足于高端。”经过反复酝酿，销售团队将腾势定义为：由新能源汽车领导者和燃油汽车发明者共创的新能源汽车高端豪华品牌，并为其贴上“新豪华”标签。这是对腾势既有优势资源的升级利用。

不过，既然由比亚迪主导，腾势就会有新变化。要打响品牌，就要守正出奇，还必须“奇”得猛一点。赵长江上任时，腾势即将推出一款高端 MPV 车型，定价在 30 万元以上。在深入了解产品和市场情况后，

---

① 大定订单是指消费者在购买汽车时，对车型、配置、颜色、交车时间等细节都确定下来，并支付了一定数额定金的预订方式。

销售团队决定开创一个新品类：家商两用的 MPV。在这之前，市场上的 MPV 车型都是用于商务，实际上，MPV 车型空间足够大，上下车很方便，非常适合有老人、小孩的家庭。客户可以工作日商用，周末家用。

2022 年 8 月 23 日，腾势 D9 正式上市。新定位创造了新需求。D9 展现的家用场景，让很多客户发现了其独特价值。从 10 月正式交付到 2022 年年底，D9 销售了近 1 万辆，远超预期。2023 年，D9 交出年销量近 12 万辆的成绩，成为全国 MPV 市场的年度销量冠军。

腾势 D9 在细分市场一鸣惊人，腾势 N7 则拿出了智能驾驶技术的“撒手锏”。作为首款搭载“天神之眼”DiPilot 100 的车型，腾势 N7 具有智能巡航、高速导航辅助驾驶（高速 NOA）、城市导航辅助驾驶（城市 NOA）、自动泊车、自动紧急制动系统等功能。虽然看起来和其他汽车品牌的功能比较类似，但在实际应用中，N7 表现出的感知水平、反应速度、判断精准性、场景覆盖范围等能力令人刮目相看。

2023 年 7 月，腾势 N7 上市后，媒体、客户对其自动驾驶能力进行了测评。在夜间雪地，腾势 N7 在最高时速 60 公里的情况下，能够准确识别障碍物，成功刹停；在夜间逆光、夜间逆光且扬雪的情况下，分别在 60 公里 / 小时、40 公里 / 小时的速度下通过测试，测评结果名列前茅。此外，腾势 N7 在变道超车、加减速、弯道行驶、紧急避障、自动泊车等方面也十分流畅，让人们一改此前对比亚迪智驾能力偏弱的评价，甚至认为“这样高水平的智能驾驶太不像比亚迪了”“一夜之间就站到了第一阵营”。

2024 年，腾势 Z9GT 纯电版、插混版惊艳亮相。作为 D 级智能豪华旗舰 GT（豪华旅行车），全球首搭易三方技术平台，集多项新能源智能科技之大成，兼顾极致性能与奢享豪华，打造出圆规掉头、易三方泊车、极致转向等一系列全球首创与全球领先的功能。腾势 Z9GT 还是比亚迪集团首搭 BAS 3.0+ 的车型，为用户带来安全舒适的智驾体验。腾势 Z9GT 以科技重塑豪华 GT，上市即爆款，上市即交付，深受各行各业社会精英用户的喜爱，它以绝对实力为新能源 GT 立下新标杆，开创腾势品牌“领势”的崭新篇章。

仰望：技术定义高端

以“BUILD YOUR DREAMS”为车标的比亚迪，一直有一个梦想，就是冲击新能源汽车最高最强性能的峰值。从汉车型到腾势的成功，这个时机已渐渐成熟。易四方、云辇等高端技术开发成功，也需要更高级的车型来搭载。仰望承担起了打造极致豪华高端品牌的重任。

除了无与伦比的技术组合，仰望从造型设计到性能、安全等各个指标都和最强豪车对标，配置选型。哪怕是车辆钥匙这么一个小器件，也做到了极致豪华。比亚迪电子采用陶瓷材料，用组装手机的精度来生产，采用了很多特殊的创新工艺，才打造出发出黑色宝石般光泽的车辆钥匙。

如何打造顶流的豪华品牌？新车型的标识和品牌名称如何确定？在集团品牌团队提供了无数次标识方案后，王传福提议：“可以去甲骨文里找一找。”品牌团队去安阳的甲骨文博物馆实地考察，还买了甲骨文词典，果真从中找出了一个“电”字，这一符号有着飘逸灵动的身姿，让人联想到电光闪耀的美感。闪电形态的线条代表着产品的极致性能，伸向四方的触角则象征着对未知领域的无畏探索和勇敢前进的精神。

品牌名也是如此。“在定名字的时候，是有争议的。‘仰望’是个动词，大家担心，消费者会不会误以为要仰望比亚迪？”仰望销售事业部总经理胡晓庆说。她曾是腾势汽车市场部总监，有过打造高端品牌的经验。品牌名发布时，团队对“仰望”做出了释义：仰望不仅是一种姿态，更代表着勇敢无畏的探索精神，诠释了比亚迪对新能源未来矢志不渝的追求，以及勇攀技术高峰的决心。

定价也是一个需要认真拿捏的问题，与品牌形象、市场竞争力直接相关。销售团队决定从市场中找答案。他们去往温州、义乌、桐乡、珠海、中山等地调研客户后，得出一个结论：在改革开放中成长起来的一批用户，他们有购买力，正需要一个能够与他们对话、代表蒸蒸日上的中国自信的品牌。

在交流时，胡晓庆听到最多的是，“这么好的车应该卖得贵一点”“价格不是问题”。他们对“高”“贵”的中国品牌饱含期待，相信今天的中国能制造出豪华汽车，愿意为此买单。最终，仰望 U8 定价 109.8 万元。

新车如何亮相？销售团队设想了很多方案。第一次，王传福看了方案笑而不语；第二次，他也没表态；第三次，团队想出了最酷的一个创意——在深圳的标志性道路深南大道上空，一架直升机吊着一台仰望 U8 飞行，飞临大海边，海里突然游出一台仰望 U8，寓意仰望可以上天、可以入海，然后海天相会，发布品牌。他们兴奋地向王传福汇报，“这是所有车企都没搞过的”，没想到王传福又否定了。

“我不是担心你们的想法无法实现。在你没有技术底蕴的时候，可以搞很多花活，但比亚迪有很深的技术底蕴，我们就全程讲技术。”没等胡晓庆回话，王传福从座位上站了起来，开始讲易四方、云辇技术的原理与优势，一讲就是一个多小时。

2023 年 1 月 5 日，仰望 U8 作为品牌第一款量产车在发布会上横着出场，还在原地转了一个圈；4 月 10 日，在云辇技术发布会上，还未量产的仰望 U8 搭载着云辇 -X 技术舞动出场，并在原地做了个弹跳动作。

“比亚迪的车竟然会跳舞、腾空、原地掉头，还能在水里游！”朋友圈很快被仰望“刷屏”，品牌成功破圈。当廉玉波在发布会现场讲技术原理时，网友评论：“我以为在看发布会，没想到是在上物理课。”还有人说：“虽然不知道在讲什么，但感觉很厉害，因为车是横着出来的。”“不敢相信这车竟然在水中浮起来了！”

易四方、云辇成为热词，仰望 U8 的百万元定价更是突破了人们的认知。与此同时，北京、上海、杭州、成都等城市纷纷建起仰望品牌直营店。2023 年 11 月，仰望 U8 豪华版开启全面交付。截至 2024 年 10 月，仰望 U8 豪华版累计销量已超 8000 辆。

如果仰望没有问世，或许没有人知道，仰望搭载的核心技术都是在比亚迪最困难的时候研发出来的。仰望本身就是比亚迪坚持技术创新的最好说明。

2024 年 1 月，我们在美国西雅图采访李录时，他对仰望的评价是：

“不管这辆车卖得怎么样，它已经让比亚迪成为全球汽车尤其是电动汽车性能的定义者。它不再跟随任何其他人，也没有第二家企业可以有这样的性能表现。在极客们的认知中，性能就是标杆。仰望也帮助比亚迪汽车进行了市场战略、心智模式、市场教育等方面的价值重塑。”

制胜关键：快速决策 + 高效执行

“十年寒窗磨一剑，今朝出鞘试锋芒。”短短几年，从乘用车市场到对公市场、商用车市场，比亚迪汽车全面出击，爆火连连，迅速跻身国民品牌行列。

人们在社交媒体上发现，以前那个总是穿着夹克工衣的王传福，现在更多的是穿着西装或商务夹克出现在市场上。

在成都举办的豹 5 首批车主集中交车仪式上，王传福和车主合影。本来，他站在中间，车主和熊甜波一右一左，但他本能地示意熊甜波站到车主右边，让车主居中，站 C 位当主角。这段视频和照片被媒体拍下后，在网上广为传播。

在郑州，一次和本地经销商座谈时，王传福问：“最近市场上有没有发现一些新情况？”好几个经销商说，燃油汽车合资品牌在县城开的 4S 店生意不好，正在撤出，然后举出好几个品牌的例子。这是 2023 年的夏天，新能源汽车依然保持着高增长，但市场竞争越来越激烈。王传福意识到，新能源汽车很快就要拼县级市场了，这里将是最大的增量市场，谁先下沉，谁就有先发优势。

他当即和经销商商量：“如果合资品牌开始撤店，我们能不能到县里开店？”一连串问题出来了：县域适合开店的地方有哪些？谁来投资？前几年的租金如何分摊？县级市场需要什么样的产品？消费者对价格的接受度在什么区间？座谈会后，王传福一上车，就开始和随行人员讨论具体方案。

2023 年，比亚迪的一个工作重点是“县县通”。它不仅推出了售价 6 万元级别的海鸥和 7 万元级别的秦 DM-i 车型，还通过“电比油低”的定价策略，推出了更具性价比的多款“荣耀版”车型。当一、二线城市的市场竞争处于一片红海之时，比亚迪已经进一步下沉到县级市场了。

王传福已然是比亚迪乘用车的市场总指挥。当年，他不在研发现场，就在去研发现场的路上；今天，他不在市场一线，就在去一线的路上。他认为，汽车产业变革已进入深水区，现在是新能源汽车对燃油汽车、自主品牌对合资品牌大决战的关键时刻，他必须时时在场。

2023 年 6 月 8 日，王传福在比亚迪 2022 年度股东大会交流环节中说：企业制胜首先要有核心科技，如果只是简单拼装，活下来的概率很小；其次是要有好的战略方向，行业机遇窗口期只有 3~5 年，车型、技术路线选择很重要；另外，要有快速决策机制，汽车企业往往体量大，决策机制漫长，新能源汽车市场就像战场，这时候需要快速决策。

从沉入研发到沉入市场，王传福通过变革销售架构，创新品牌矩阵，将技术优势与对消费者的洞察相结合，在过去几年间，不间断地推出新品牌、新产品。无论是从技术到产品的“惊险一跳”，还是从产品到市场的“惊险一跳”，比亚迪跳得都很好。

升级品牌力

品牌是消费者感受的总和，是企业安身立命的长期资本。作为销量遥遥领先、当之无愧的行业领头羊，比亚迪的品牌态度、品牌声音不仅关乎自己的命运，也关乎整个行业的形象。比亚迪自觉为行业立言，不仅讲好自己的故事，更站在更高、更大的格局，向外部展示了中国汽车产业的整体形象，弘扬了中华文明的精神财富，彰显出“立乎其大”“明志致远”的鲜明品牌立场。

2023 年 8 月 9 日，比亚迪第 500 万辆新能源汽车下线仪式上，一条 2 分 47 秒的短片引来圈内圈外众多喝彩。短片跨越中国汽车 70 年的造车历史，提取了每一个品牌在中国汽车发展进程中的荣光时刻，致敬中国汽车工业——

70 年，我们的故事各不相同，但方向却又如此相通。从源头的第一滴水开始，在艰难中涌出山缝，聚流成溪，在险峻中穿过山谷，交融成川，奔流于每寸热土，挺立于新能源潮头之上。从一滴水到一方水土，这个名字不断交织、不断壮大，越过汹涌的巨浪，迎向更辽阔的大海。在那里，我们不分你我；在那里，我们乘风破浪。打破旧的神话，踏出新的长空，成就世界级品牌。这个名字，将由你，由我，由每一位中国汽车人共同书写，这个名字叫——一汽，东风，长安，上汽，广汽，奇瑞，吉利，长城，比亚迪，小鹏，蔚来，理想……中国汽车，在一起，才是中国汽车。

“比亚迪文案，这格局绝了！”“比亚迪：上善莫若水”“水善利万物而不争，中国新能源汽车应该相利而非相争”，比亚迪的格局，引来点赞无数。

短片片尾当喊出“在一起，才是中国汽车”时，更是让行业内的许多人心潮澎湃。视频发出后，全网播放量超 4100 万，单微博平台就有 2353 万次播放，一汽、东风、奇瑞等 20 余个中国品牌官微互动，李想、李斌、何小鹏、王兴等共同转发回应，形成现象级传播。在当天活动外场，整齐摆放了 10 余辆最具代表性的中国品牌新能源车，构筑起了一幅中国汽车在一起的宏大画面。

在 2024 年的新春品牌片中，比亚迪以《手》为主题，从古老陶罐上留下的掌印开始，致敬中华文明，致敬中国人的创造力。从石器时代的开拓洪荒，到古代的四大发明，再到现代的汽车制造，中国人用双手探索世界、创造未来、拥抱梦想。人们从“中国人的手”感悟到中华民族巨大的创造力、强大的生命力，也感受到比亚迪“手握梦想一路向前”的品牌精神和态度。

当比亚迪出海走向世界，比亚迪的全球品牌片“*Who is BYD?*”则采用证言式手法，用平易真诚的语调一句一句和海外受众沟通：

海滩上的男孩：BYD，是一艘大轮船，我在码头那里看到过。

海滩上的女孩 1：不！我爷爷说 BYD 是东方的神话故事。

海滩上的女孩 2：不！我妈妈在 BYD 工作，她说 BYD 是梦。

探险家：他将是和我横穿安第斯山脉的兄弟。

……

沙漠：他是挑战者。

树木：BYD 是一片森林。

留学生：它是我回家的路。

……

然后字幕滚出关于比亚迪的各种称谓：技术狂人，好朋友，家人，队友，合作伙伴，智能先锋，追逐梦想的人。最后闪出比亚迪的定位：全球销量 No.1 的新能源汽车品牌，不断开拓创新的科技企业。

以前，在各种技术、产品发布会上，比亚迪总是以讲技术为主，输出了大量专业知识。有人说“知识量大”，也有人说比亚迪“太理工男”“根本不会营销”。如今，比亚迪仍在各种场合讲很多专业技术，也常说自己是理工男，但和过去相比，在呈现方式上已有很大不同。

在比亚迪“以云为辇，智平山海”的发布会上，有几个场景让人印象深刻：搭载云辇系统的汽车，在通过各种坑洼路面时如履平地，卸掉一个车轮还能正常行驶和转向；搭载云辇的仰望 U9 不仅能边走边跳舞，2 吨多重的车甚至可以直接起跳，腾空而起，震撼全场。这些让人难以置信的片段在社交媒体上被疯狂刷屏，让比亚迪的技术实力深入人心。

从技术及产品命名、“龙脸”设计，再到品牌主张及宣传，比亚迪始终坚持传播中国传统文化，做大美中国的弘扬者。

回望过去，比亚迪汉绝对是比亚迪发展的重要里程碑。比亚迪汉十年磨一剑，搭载刀片电池等核心技术，打破了国外品牌长期以来对中大型轿车市场的垄断。其产品力和市场表现令人叹为观止，很符合“汉为观止”的车型宣传主张。

比亚迪汉作为中国新能源最早的旗舰轿车，为了让更多国人了解，在 2020 年 7 月上市之初，在全国十余城，以巡展方式走进大型商场和核心商圈，让更多消费者对中国品牌的旗舰产品有了全新认识。汉的巡展展台特意融合了传统文化元素，展台左侧是“汉为观止”的大书法字，右侧是榫卯结构的中国风背景，搭配上迎客松，与汉的“龙脸”美学设计一脉相承。

同时，在品牌升级上，比亚迪越来越重视坚持长期主义，做难而正确的事情，这一点在体育合作领域尤为突出。

龙舟运动是中国自古以来的体育运动，蕴含了中国人对爱国诗人屈原的怀念、尊敬，承载了人们的家国情怀。团结、协作、拼搏、奋进的龙舟精神也是中华民族优秀品格的体现。龙舟入奥早在2013年已被社会提及，从2020年开始，比亚迪与中国皮划艇协会携手，成为“龙舟入奥战略合作伙伴”，在设计研发竞技性龙舟、组织赛事等方面展开合作，推动龙舟运动更标准、更普及。2024年6月5日，比亚迪与国际皮划艇联合会（ICF）、中国皮划艇协会共同签署合作协议，进一步提升龙舟运动的国际推广度。

2024年巴黎奥运会，龙舟再次成为表演项目，比亚迪深度参与其中，不仅参与表演赛，更将三艘竞技龙舟赠予国际代表，为龙舟代表中国传统运动进入奥运会正式项目铺路。龙舟入奥并非三五年能达成的，但比亚迪相信通过持续扩大龙舟运动的国际参与和影响力，这个中国奥运“未完成的梦”终将实现。

同样在2024年，比亚迪成为2024欧洲杯官方合作伙伴，也是该赛事首个合作的中国汽车品牌。欧足联代表盖伊·劳伦特·爱普斯坦表示，比亚迪因在新能源汽车领域的创新而闻名世界，“这次合作非常契合我们构建绿色欧洲杯的愿景，我们看好比亚迪对欧洲杯绿色转型的促进作用”。此外，比亚迪也是2024年美洲杯拉美区域的官方合作伙伴。

赞助足球，特别是世界范围内有影响力的足球赛事，不只有比亚迪出海提升品牌知名度的考量，也开辟了比亚迪品牌提升上的新维度。

一个视频《奔跑吧，中国足球少年》中一句“曾几何时，中国汽车还不如中国足球，如今中国汽车已经冲向世界，比亚迪坚信，只要一直奔跑，总有一天我们会跑向世界”，将中国汽车与中国足球发展脉络的同频共振展现得淋漓尽致。同时，比亚迪也如视频中一样，真的圆了一群孩子的梦。欧洲杯期间，比亚迪将近百名中国足球少年和他们的教练带到德国，展开 5 天的游学访问，观看欧洲杯开幕式，领略世界足球的高水平，同时与德国青训队切磋交流，以球会友。

这些足球少年是比亚迪在全国招募的具有潜力和天赋的足球人才，值得一提的是，其中有很多来自偏远山区，很多孩子甚至没有走出过大山。同时，比亚迪还与前国脚“中国太阳”孙继海合作，支持他发起的公益青训项目“海选未来”，想通过长期努力，助力中国足球少年走向世界。

比亚迪品牌升级向上及多品牌发展，还需要更多精英阶层的了解和认可。

汉面世之后，比亚迪形成了“大唐强汉”的双旗舰组合，品牌逐步向上。2020 年牵手第十五届玄奘之路商学院戈壁挑战赛（以下简称“戈赛”），从此走进商学院精英圈层。汉和唐、方程豹豹 5 与豹 8、腾势 D9 与 Z9GT、仰望 U8 与 U9 等比亚迪旗下多品牌多车型，与商学院人群越来越匹配。从戈 15 到戈 19，比亚迪连续 5 年参与戈赛，累计服务近 3 万名 EMBA（高级管理人员工商管理硕士）戈友。在茫茫戈壁中，比亚迪始终以科技助力戈友，旗舰车型为戈友保驾护航，用移动电站技术提供营地供电、冷热饮、座椅按摩等超级体验，让 EMBA 戈友对比亚迪有了更多的了解和认可。

种种事件表明，比亚迪的品牌格局、形象、内涵正在全方面升级。但有一点不会变，那就是始终相信有技术才有品牌。要成为受人尊敬的世界级品牌，永远离不开技术的支撑。只有持之以恒地提供极致的技术、极致的产品和极致的体验，推出更多的颠覆性技术，包括智能化技术，才能不断给消费者带来惊喜。

比亚迪集团品牌及公关处总经理李云飞说：“我们本质上是技术驱动型公司，不是营销驱动型公司。如果我们的产品跟别人的产品只是外观不一样、Logo 不一样、价格不一样，那是没有未来的。我们必须通过颠覆性技术，创造前所未有的客户体验，才能形成自己的产品区隔、品牌区隔。与此同时，比亚迪高度重视消费者的品牌感知，比亚迪品牌传播的初心，是希望把‘技术为王’和‘以人为本’融合在一起，把比亚迪的长期主义和中国人的情怀融合升华。”

造厂与造物

当技术、产品、市场、品牌等因素一齐发力时，企业的美好时刻就会降临。21 世纪的第三个十年来临后，比亚迪汽车的年销量分别是：2020 年 42.7 万辆，2021 年 74.0 万辆，2022 年 186.9 万辆，2023 年 302.4 万辆。

要完成如此多的销量，前提是有如此多的产量；要完成如此多的产量，前提是要有足够的工厂和配套工厂。一辆车，少一个零件都不能出厂。在三年新冠疫情期间，既要保证现有供应链不断链，又要新建大量的整车、电池、零部件等生产基地，还要保证所有新建工厂的设备、员工准时到位，迅速达产，这是比亚迪历史上所面临的空前规模的挑战，其重要性、复杂性难以想象。

2020 年 7 月 31 日，弗迪电池召开刀片电池提产突破誓师大会，刀片电池各部门签署军令状，以应对汽车销量增长的需要。他们没有想到的是，此后三四年，一直要提产。

在技术鱼池、品牌鱼池之外，比亚迪仿佛有一种神力，用 7~9 个月的时间就可以让一块空地变成一座硕大的工厂。如果把各种类型的工厂也比作一条条的鱼，它们可谓比亚迪最大的鱼池，也是全世界汽车产业最大的鱼池之一。

神奇的建厂速度

比亚迪第十一事业部总经理吴衡说：“2021 年、2022 年有很长一段时间，销售每次开会都说缺货，天天说，周周说。以前我们不太开会，后来每周开三次会。王总每周给我打一次电话，那时候感觉很紧迫。”他形容自己的状态是“躺在床上也在想生产的事情”。

扩产建线势在必行。但投资建厂不仅要投入大量资金，而且有投资周期，要考虑主机厂和配套零部件厂之间的组合，还涉及地方的基础设施和配套环境。庞大的固定资产投资完成后，市场的价格水平和产品的毛利水平会有什么变化？产能利用率如何？折旧能不能摊销？在高投入与多变量之间，如果没有果断且经过周密计算的决策力，没有强大、迅速且可靠的执行力，巨额的生产性投资也可能就是灾难。

王传福坚定地认为，新能源汽车的春天来了。任何问题和挑战都阻挡不了比亚迪发展的步伐。2021—2024年，比亚迪在陕西西安、山东济南、河南郑州、安徽合肥、江苏常州、湖南长沙、江西抚州等地新建或扩建了一批生产基地，包括电池厂、零部件制造厂、整车制造厂等。通常情况下，行业内建设一个整车厂要24个月，建一个电池厂要18个月，但比亚迪建一个整车厂最快仅用9个月，建一个电池厂最快仅用7个月。

总裁办公室负责集团产业规划，包括与政府对接产业落户的选址和建设过程中的整体进度管控。“430”（4月30日投产，以下类推）、“630”、“815”、“905”、“915”、“1130”……一个个项目代号的背后，是无数比亚迪人奋勇拼搏的身影。总裁办公室带着一行人进行产业落户选址，一旦确定好了地方，后勤处就会以最快速度抵达。集团副总裁、后勤处总经理王传方长期负责后勤和基建，他说，2022年一年差不多干了10年的基建量，而且很多基建是同时启动的。比亚迪负责总体设计和集成以及制定价格，土建、钢结构、厂房、消防等则交由专业公司去做。

“白天一身汗，晚上一身泥，出差十天整，看地十千亩。”这是王传方自己写的一首打油诗。而这样的经历，在比亚迪扩产期间，几乎每个月就有一次。跟着王传方出发的同事要具备几个素质：好脚，好记性，好精神（见图10–4）。好脚是用双脚丈量园区每一尺的土地，一天一万步是小菜，两万步是常规，三万步是常态。好记性是王传方现场办公，每个厂房的参数、质量、计划等各种细节都要对答如流，没有好记性、没把项目装在心里的人是过不了这一关的。好精神是指10天驱

图 10-4　勘查工业园区

车五六千公里，意味着开车一天一个城市，意味着深夜才休息、天不亮就出发，没有一个好精神吃不消。比亚迪内部人经常开玩笑说："传方总所到之处，统统都变成了厂房！"

比亚迪所到之地，中国的新能源汽车产业链就会迅速丰满起来。

西安是比亚迪汽车的发源地。比亚迪在中国北方建立了强大的布局，如今又为西部大开发、中部崛起、山东新旧动能转换、大湾区高质量发展画下浓重的一笔。

作为整车生产的主力军，比亚迪西安基地一直在和时间赛跑。2022年春节，还是新冠疫情期间，为了让员工避免感染风险，西安工厂鼓励大家春节不离厂，并以价值超 10 万元 / 辆的比亚迪新车作为留厂的抽奖奖品。疫情防控下，物流运输成为一大难题。在西安、商洛、宝鸡等政府的支持下，比亚迪开通了点对点的物流路线，员工穿着防护服，蚂蚁搬家式地搬运零部件，既做到了疫情防控，也保障了物流供应。

湖南长沙是比亚迪布局的第三个整车基地，在宁乡市、长沙县、雨花区、望城区等 6 个工业园区协同发展，涵盖整车及动力电池、电机、电控、IGBT、汽车电子及各类零部件，形成了极具韧性和竞争力的新能源汽车垂直整合产业链。

长三角是新能源汽车需求最活跃、产业链配套最完善、出海最便利的区域之一，常州智慧工厂由此而生。它兼具国内国外车型双需求，克服车型多、定制化等困难，充分柔性生产，实现每分钟下线一台车。

山东济南基地是新建基地的代表之一，包括整车、动力电池、半导体、汽车零部件等产业。2022 年，比亚迪在济南新旧动能转换起步区开始打造新能源汽车工业园，涵盖整车的四大工艺，以及电机、电动总成、空调、车灯等核心零部件生产车间。比亚迪为济南带来了几乎整条新能源汽车产业链。

河南郑州地处中原，又是交通枢纽，物流发达。我们在 2024 年 2 月初到达位于郑州航空港岗李乡的比亚迪郑州基地采访时，看到每个接待者的胸牌上都有一个明显的阿拉伯数字“36”和一个惊叹号。这是“港区速度”“河南速度”的写照：36 天交付一期用地，第 37 天实现项目开工。

在抚州新能源汽车科技产业园里，比亚迪与抚州这座城市共同创造出了“比亚迪抚州速度”。电机、电控等核心零部件工厂从建设到量产仅耗时 7 个月。在深汕合作区，比亚迪历时一年建造了全球一流的智慧工厂——深汕小漠工业园。基建施工期间的天气条件相当恶劣，当年 3~8 月共计降雨约 60 天，历经三次强台风，但冲压和焊装都只用了三个月就完成下线。深汕小漠工业园还实现了“厂港联动”发展，整车下线后仅需 5 分钟车程即可抵达小漠港。

扩产不是很难，但要在短时间内快速扩产很难。更高的难度，更短的时间，平凡的人如何创造奇迹？就是争分夺秒。随着比亚迪销量越来越高，没有人可以停下来。追忆 2022 年的比亚迪，比亚迪集团执行副总裁、乘用车首席运营官何志奇还创作了一首小诗，其中有一句或许可以作为比亚迪汽车发展的注脚：“2022 年，我们经历了很多不确定，但是双脚从没有停下来。”

生产线复制制造能力

比亚迪在全国各地新建整车生产基地，每一次都像冲刺。

安徽合肥地处中部腹地，落户合肥是比亚迪全国扩产的关键一步。2021 年，比亚迪选址长丰县作为生产基地。项目从谈判到签约用时 23 天，从签约到开工用时 42 天，从开工到投产用时 10 个月，当年投产，当年产值过百亿元。当时整个汽车行业从未有过如此高效的速度。

吴衡说："基地的每一次顺利投产，一次次超越行业标杆，不是因为我们比别人优秀，而是因为我们比别人勤奋。面对任务，我们不做选择题，只做证明题。"

比亚迪四大工艺的总装线很有特点。总装线建设的目标是"快、省、多、高"：快就是建线周期快，车型导入投产快；省就是场地省，投资省；多就是对车型平台差异的包容性强，易于实现不同平台、跨级别车型共线生产，最多可容纳 12 款不同平台车型共线生产；高就是自动化程度高，产能利用率高。

一边是产能提升、多基地扩建、多车型投产，一边是新产品定位对工艺规划、运营管理、人员能力提出了更高要求。在压力与挑战中，比亚迪通过外部对标、内部提炼，构建出了一套标准化的制造管理体系——BVPS（BYD vehicle production system，比亚迪乘用车生产系统），从方针管理、标准作业、人员管理、改善活动、技能管理、设备管理等方面，全方位加速提升整体效率。

高柔性化是比亚迪生产线最突出的一点。由于条件有限，比亚迪不可能像德系、美系车企一样同时投资很多条专线，即一条线专门服务一个车型或一个平台的车型，因此比亚迪工程师总结出不同车型的共通点，进行模块化提炼，建成了兼容多平台、多车型的高柔性化生产线。例如西安基地能实现 6 个平台、12 款车的混线生产。这样的生产线优势不言而喻，既能满足客户个性化需求，实现小批量生产，也能满足比亚迪多车型的生产需要，降低生产成本，提高生产效率。

2022 年 11 月，在第 300 万辆新能源汽车下线仪式上，比亚迪借 2022 卡塔尔世界杯足球赛开赛，播放了 4 分钟的"比亚迪新能源汽车产线杯足球赛"，将整条自动化、柔性化生产线全方位呈现出来。除了生产线具备多平台、多车型混流生产的软硬件条件，整个物流系统也别具一格。比亚迪的理念是将传统车企的整车库存模式转变为零部件的中间库存模式，工厂严格按订单组织生产，形成超柔性生产制造体系。

廉玉波认为，欧美主导的燃油汽车大发展，诞生了大规模流水线生产模式；日系节能混合动力汽车的崛起，诞生了精益生产模式；汽车产业正进入创新发展的第三阶段——中国新能源汽车的跨步超越，它将带来新的生产模式。比亚迪的超柔性生产制造，就是其中的典范代表。

标准化、模块化也是比亚迪生产线的特点。在新冠疫情期间，比亚迪能够快速建线、快速投产，离不开这两大能力。2021 年年底，比亚迪乘用车开始出海，对生产线标准化、模块化的要求更加迫切。

吴衡说："我们要求，任何一个海外基地出现问题，随便抽一个同事去支援，只需要做半天的环境适应，马上就能上手，而且做得和国内一样。现在，我们所有生产线的标准是统一的，都是模块化设计。整车的冲、焊、涂、总，以多大产能配多少自动化设备，自动化怎么做，整线物流怎么布，除了人员数量稍有差异，其他基本一样。现在建线就像拼图，哪里都是一个盒子，里面装好了模块，拼就是了。王总经常到各个园区巡视，发现哪里都一样，说没啥新意。这正是我们的成绩。"

廉玉波也认为，良好的模块化、平台化设计，是降低成本、扩展产品线的最重要手段，也是汽车行业的必然发展趋势。在模块化方面，比亚迪通过标准化的设计，使电池、电驱动系统和车身结构等采用通用的设计模块。同时通过零部件、生产模具与辅具共用，降低生产成本，提高生产效率，缩短产品开发和生产的周期。在平台化方面，e 平台 3.0 就可灵活兼容前驱、后驱及四驱多种动力布局，实现了从小型车到大型车全覆盖。

今天，比亚迪实现了标准化的整车品控，虽然不可能百分之百不出问题，但都在质量策划范围之内。用比亚迪内部的话来说，就是要做到"错都错成一样"，这样发现了问题，只需要从品质端或工艺端找出原因解决就行了。

除了标准化和模块化，比亚迪汽车制造还在朝着精细化、自动化、信息化的方向发展，这"五化"也是目前比亚迪乘用车生产方式的内涵，再下一步，则是智能化制造。

什么都可以造

比亚迪的制造力远不止于汽车的总装。

2022年，弗迪电池一路“狂飙”，一年内实现了84条电池生产线100%按期通线。通常情况下，行业内建设一座动力电池厂房至少需要一年时间，之后才能做厂房装修和设备安装调试。而弗迪电池有的工厂，从厂房规划到建设、装修以及设备安装调试，仅用时8个月。有些旧厂房改造项目，最快4个月就完成了上线。

快很重要，前提必须是好。2023年12月6日，工业和信息化部等五部门联合公布2023年度智能制造示范工厂揭榜单位名单，比亚迪锂电池有限公司入选，揭榜项目为“深圳比亚迪锂电池智能制造示范工厂”。该工厂三年磨一剑，通过导入自动化设备，围绕工艺优化、结构优化、效率提升、良率提升、设备改善五个维度，累积推行千余项改善，自动化率达100%，缩短制造周期15天，并且正式通过了智能制造能力成熟度模型（CMMM）的评估。

第十四事业部电驱工厂的长沙制造部，在2021—2023年做到了EHS电液模块项目装车百万零缺陷。部门内部通过八大管理模块、53种管理办法，实现了“工艺稳定压倒一切”的理念。以防错设计中“弹簧的投料对不对”这个环节为例，为了做好扫码投料的精准批次管理，工程师团队历时4个月，协同25家供应商，对39种物料的最小包装二维码进行了统一，解决了不同供应商码位不同的问题，降低了投料工作的难度。扫码开门，一码一门，就算新员工来做，也不会出错。

在抗击新冠疫情时，王传福说，凭借中国制造业的优势，国家一旦有困难，把整个产业链动员起来，像比亚迪这样的制造业代表站出来，国家要什么就造什么。在比亚迪像变魔术一样变出的上千万平方米隆隆开动的工厂中，中国制造的能力和效率充分展现。

比亚迪“什么都可以造”不仅是一种制造力，也和在技术上的底蕴有关。2021年，芯片供应持续紧张。虽然比亚迪有自研自制的IGBT，但还是有大量芯片必须外购。如果完全按照国外芯片供应商的产品 BOM（物料清单）要求，缺其中任何一种物料都无法生产，只能停产。由于比亚迪在半导体领域有长期积累，第六事业部为采购人员提供了多种匹配组合，帮助采购，帮助各总成根据物料供应情况进行精准协调，最大限度实现自主供应和交付保障。比如，当车规级 MCU 芯片成为瓶颈之一，影响全年车型增量计划时，第六事业部杨云带领的嵌入式团队凭借 16 年车规级 MCU 技术沉淀，快速实现很多车型平台的替代验证，缓解了整车燃眉之急。

BSC（BYD safety control，比亚迪安全控制系统）就是比亚迪技术鱼池里需要的时候能随时捞出来的一条"大鱼"。这是一种先进的制动系统，可以提高车辆的安全性和响应速度，并与智能驾驶辅助系统等高度集成。2022 年，同样受疫情影响，BSC 面临缺货风险。第十四事业部秉持"多一台 BSC 就多一辆车"的理念，临危受命，10 天完成建线，13 天首批出货 500 台，20 天良率提升至 99%，一年累计出货 80 万台。如果没有 BSC，2022 年比亚迪就不可能达成全年 186.9 万辆的销量。

BSC 并非简单的技术，比亚迪一干就成的背后，其实是 8 年的技术积累。2014 年，比亚迪就启动了 BSC1.0 项目，并在 2018 年实现了小批量试装。这一代产品虽然在性能、成本上有待提升，但突破了制动行业的技术制约，实现了线控制动的自主研发设计。2019 年，BSC2.0 项目启动，2020 年完成了设计定型，因此在关键时刻才能一干就成。与主流产品相比，BSC2.0 产品在安全、节能、车身稳定性等方面都具有领先优势。例如，用户在刹车时，BSC2.0 系统能做到毫秒级快速响应，制动距离更短，保证了安全。2023 年，在实现 200 万台下线后，BSC3.0 项目启动。

比亚迪集团高级副总裁、第十四事业部总经理罗红斌谈道："我们的产品任何时候都能踩得住，是因为试验做得细，匹配的工况比别人多。而且我们在前期积累了足够的软件能力。硬件大家都能看到，软件更难，不管是 BSC，还是发动机、变速箱，很多核心技术都在软件上。但软件没有可参考的，只能靠正向设计、自主创新。"他反复提到，坚持积累才能实现创新。

“什么都可以造”，归根结底，是依靠比亚迪工程师解决问题的超级能力。因为“造物”的过程就是发现问题、解决问题的过程。

2021 年全球缺芯，汽车行业受“芯片荒”影响，到了年中，制动专用的某芯片开始严重缺货。比亚迪再次急天下之所急，专门启动了“817”项目，利用自身强大的“垂直整合，集成创新”能力和对整车与芯片的了解，用了 60 多颗芯片搭建出离散方案，实现了原芯片的功能和性能，减少了对原芯片的依赖。

据比亚迪集团副总裁罗忠良介绍，当时很多家汽车企业的一把手亲自到比亚迪借芯片。为了减少中国汽车行业的损失，比亚迪将自己通过离散方案节省出来的各类芯片无偿借给长城、一汽、长安、广汽、蔚来、小鹏、理想、奇瑞、吉利等十多家车企救急，同时也配合多家车企快速开发、快速验证，将离散方案应用到多款车型。2021 年，在芯片一颗难求的情况下，比亚迪通过技术创新，帮助十多家车企解了燃眉之急。

装备制造能力也是比亚迪“什么都可以造”的底气之一。产品从设计到量产，很多时候技术原理已经很清楚了，但就是做不出来，问题就卡在关键设备上。比亚迪电子当年做摩托罗拉手机供应商时，发现 SIM（用户识别模块）卡的卡托很容易因为反复拔插而变形，卡和卡托接触不良就会导致手机信号不好。摩托罗拉希望用不易变形的材料来做卡托。比亚迪新材料事业部想到了液态金属。这种材料学术上叫非晶合金，它具有玻璃一样的流动性，同时又有金属的强度，刚度可达到铝合金的 10 倍，所以可以用于不易变形的结构件。这种材料的技术是业内既有的，在实验室做出来不难，但一直没有量产，关键因素是没有配套的压铸机装备。最终，比亚迪用了 4 年时间突破了金属配方，也做出了压铸机，成为全球第一家实现液态金属材料量产的企业。很多业内人士都觉得不可思议：“比亚迪太厉害了！”

诸如此类的设备创新，贯穿比亚迪所有的征程。“工欲善其事，必先利其器”，器就是设备，就是工具。走进比亚迪的生产车间时，你总会听到工作人员介绍说“这个设备是我们自己造的”。当然，比亚迪也不会所有设备都自己造。如果行业里有，造得比比亚迪好，公司就外购。比亚迪的一些设备在实现从 0 到 1 的突破后吸引了更多业内其他企业来做，此时比亚迪就会转身，朝向下一个新的目标，继续攻坚克难。

从夹具到半自动化设备，再到全自动化设备，比亚迪还有一个特点，就是不会盲目追求高端设备，而是更加关注技术的可实现性，以及成本、折旧的合理性。比亚迪习惯于自制设备，然后在过程中改进。比亚迪从诞生之初就走上了“结合自身需求，做合适的设备”的道路。

“我们真的很自豪”

时光是最好的雕刻师。比亚迪的制造力毫无捷径，是先有足够的量的积累，最后才发生了质变。

在制造业，模具被称为“工业之母”，其重要性不言而喻。汽车制造更是离不开模具，小到一个安全带扣，大到冲压车身侧围，都需要模具来完成。王传福在造车之初就知道模具对汽车的重要性，但没想到，模具制造真的不简单。

最初在开发“316”车型时，比亚迪就通过收购北京吉驰汽车模具有限公司，拥有了模具生产线和团队，外部则和日本荻原模具厂合作。在开发 F3 时，他们参考“316”车型的模具结构和工艺，自己琢磨出了一套侧围冲压件的制造方案。侧围是整车中最大的一个部件，起到关键的结构支撑作用。侧围冲压件也代表着模具制造的最高水平。亲历这一过程的第十三事业部总经理助理刘曙光回忆说：“我们是自主品牌里第一家这么干的，做出来之后业内都震惊了。”

虽然做出来了，但在精度上和日本、德国的模具厂还有较大差距。比亚迪持续投入，提升模具制造能力。2007 年修建坪山园区时，投资约 6 亿元建成了 3.6 万平方米的模具厂，比之前收购来的北京工厂大 1 万平方米。

硬件条件是能力提升的一方面，人才培养则是另一方面，而且更重要。模具制造非常依赖成熟专家的经验，但业内人才稀缺，比亚迪团队里都是年轻学生。那时候谁能画出侧围，就把谁挑出来培养。但师傅在哪里呢？比亚迪把目光转向日本荻原模具厂。这是世界顶尖的模具厂之一，有很多经验丰富的工匠，平均年龄近50岁，很多人干了一辈子模具制造，只要手一摸就知道哪里有问题。2010年3月10日，比亚迪成功收购荻原模具厂下属第四工厂——馆林工厂。这个工厂专门生产门板，员工有100余人。

收购后，比亚迪第一时间从工艺、结构、钳工、调试等不同工序上选了数十位员工，分批到馆林工厂学习。之后，比亚迪又让7位日本技术专家来到深圳，在坪山园区的模具厂常驻了4年之久，他们把设计思维、理念以及制造经验和手艺都带到了比亚迪。刘曙光说："有的模具按照传统工艺思维去做，效果就不好。日本专家用的一些工艺分析软件，我们以前都没见过。跟他们学了之后，我们具备了更强的思维能力、技术能力，模具做得越来越好。"如今，弗迪精工团队共约2.3万人，其中模具团队5500人。2022年，比亚迪几乎每个月发布一款新车，需要大量的模具，弗迪精工挑起重任，圆满完成了任务。

发动机制造的发展历程也很有代表性。刘彦从2006年起就一直在比亚迪的发动机生产车间，他说："刚到公司时，2.0TI涡轮增压发动机量产，当时觉得做得很好了，但过两年再看，发现有很多没做到位的地方。这让我感触很深，原来发动机生产不是只检测尺寸合格就可以了。"

在弗迪动力西安发动机工厂，刘彦指着一台骁云插混专用高效率发动机告诉我们："比如这里有一个碗形塞的工艺孔，做成之后会把一个碗形的塞子塞进去。理论上只需检测一下塞子内外径，把它压进去就好了。其实没那么简单。压桩的位置、深度，甚至孔的光洁度都要管控到位，否则会出现各种问题，孔和塞子就匹配不上。如果没有长期的经验积累，我们就找不到这么多管控点。这台发动机现在已经装了200万台，这个地方没有出一例问题。"

"通常大家认为的涂胶面，就是涂上胶就可以，但其实需要做出很多纹路、清理得很干净，才能让胶粘得更牢。很多问题看起来很小，但需要深厚的功底才能解决。我们把动力系统理解透了，才把问题降到了零。”刘彦说。

对于比亚迪制造能力的跃升，刘振宇是最有发言权的人之一。当年他学过发动机，也被发动机“卡脖子”困扰多年。他说：“比亚迪现在的发动机做到什么水平了呢？ 2023年发生过一件事，有人提车没两天，不经磨合，就狂飙了1000公里，速度还开到最快，但车子就是开不坏，因为发动机太强了。我们现在发动机厂买设备，如果不是最好的，王总不会批，全是‘杀鸡用牛刀’。质量完全过硬，而且漂亮得像工艺品一样。有一次开会，王总让汇报一下发动机存在的问题，谁都不吭气，因为车子售出去一个月，关于发动机问题的反映是零。”

刘振宇还说：“30年前，我想都不敢想发动机能这样造，现在不但这样造了，还造得这么好，性能、可靠性、耐力、成本优势，全有。我们每一个动力传动箱都会百分之百加负荷在实验台上做测试，只要有噪声，就退掉。还有电控，那么多分离元件、那么多芯片搞到一块，全是自己干的，完全自有知识产权。这就是积淀。所以我们真的很自豪，我们的汽车和电池两条腿都硬。”

严琛担任了多年汽车产业办公室主任，统管汽车产业综合管理业务，对比亚迪汽车的一路发展深有感悟。她谈道：“汽车产业是一场马拉松，大家比的不是400米冲刺的速度，更重要的是谁在这条路上能够走得更长、走得更久，一定是能够坚持到未来的，才叫成功。”

时间从来不语，却回答了所有。比亚迪的制造能力非一日之功，只是在前期螺旋式上升的时候，它没有被看见；它在山脚蜿蜒前进、犯错跌倒的时候，也没有被关注；它犯了很多错，交了很多学费，把知识搞懂了、学透了，习得了必备的能力，终有一日，它行驶到了山巅，这一刻，它被天下看见。

只是更多人看见的是它的荣耀，而不是内在的能力闪耀。

第十一章

海阔天空

中国汽车必将诞生一批世界级的品牌，我们都有机会成为令人尊敬的世界级品牌。

简单回顾一下比亚迪的超速成长曲线：2021 年 5 月 19 日，比亚迪第 100 万辆新能源汽车下线。从第 1 辆到第 100 万辆，比亚迪用了 13 年；之后，从第 100 万辆到第 200 万辆，用了 1 年；从第 200 万辆到第 300 万辆，用了半年；从第 300 万辆到第 400 万辆，用了 5 个月；从第 400 万辆到第 500 万辆，用了 4 个月。2023 年 11 月 24 日，比亚迪第 600 万辆新能源汽车在郑州工厂下线；2024 年 3 月 25 日，第 700 万辆在济南工厂下线；7 月 4 日，第 800 万辆在泰国工厂下线；11 月 18 日，比亚迪迎来第 1000 万辆下线。

数量只是体现力量的一个指标。站在创立 30 周年的新起点上，无论是乘用车出海，拓展更多新质生产力空间的“向外”，还是人员扩张、提升运营效率的“向内”；无论是深耕下沉市场的“向下”，还是全力发展整车智能、坚持技术创新、进一步提升品牌价值的“向上”；无论是汽车产业的“已被证明”，还是储能、太阳能、轨道交通产业的“战略坚持”，比亚迪正百尺竿头，更进一步，继续书写梦想篇章。

站在世界舞台

2023年，比亚迪销售了302.4万辆汽车，首次跻身全球汽车企业销量前10名，比亚迪销量排名全球第九。2024年9月，比亚迪汽车销量以42万辆的成绩来到全球汽车品牌销量第二的位置。[①] 这些销量中的绝大部分在中国市场完成。这也意味着，海外市场将是比亚迪有待进一步开发的新空间。

面向未来，随着浩浩荡荡的乘用车出海大军，比亚迪走上了新征程。

从出海1.0到出海3.0

以1998年12月在荷兰鹿特丹成立欧洲分公司、1999年11月在芝加哥成立美国分公司、2000年12月在东京成立日本办事处为标志，比亚迪出海闯荡已有超过25年的历史。

在出海的1.0阶段，比亚迪凭借产品的性价比优势在手机电池领域做到了世界前列。只不过，其产品深藏在诺基亚、摩托罗拉等手机里，品牌不被看见。

2013年比亚迪纯电动大巴K9获得欧盟整车车辆认证，在荷兰上路运营；49辆e6在哥伦比亚首都波哥大组成了南美地区规模最大的纯电动出租车队，以此为标志，比亚迪进入出海的2.0阶段。它依靠领先的电动汽车技术，行驶在数十个国家和地区的公共交通线路上。

20多年来，比亚迪电池、纯电动大巴、轨道产品、光伏产品，以及燃油车、e6出租车，已经进入了多个海外市场。在不少地方，比亚迪品牌代表创新、环保和高科技，通过实战，不仅打下一定的市场基础，还收获了出海经验。

---

① 最新9月汽车厂商销售量排名出炉，比亚迪月销41.8万辆！[OL].[2024-10-14].https://www.163.com/dy/article/JEFPS51K052781GQ.html.

很多细小的经验，只有亲身经历才会了解。在设计投放到荷兰市场的电动大巴时，比亚迪最初没有考虑到中西方乘客的身高差，以至于扶手管位置太低，容易碰到乘客的头。这件事让比亚迪人认识到，不仅要重视功能提升，还要考虑特定区域的用户特性，“魔鬼藏在细节之中”。

常年出海，比亚迪也培育了一批懂海外、能开拓、有韧性、能攻坚克难的人才，他们不为失败找理由，而为成功找办法。

2018 年，比亚迪进入汽车行业 15 周年时，总裁办公室邀请了 15 位销售人员谈谈他们的经历与体会。澳大利亚分公司总经理尤赟讲述了他在澳大利亚将比亚迪电动大巴从 0 做到市场占有率 100% 的故事。他说：“我曾经一天之内见 8 个客户，到第 8 个客户时真是喝不动咖啡了，晚上兴奋到凌晨 3 点；曾经 3 次在澳大利亚街头被抢、被袭击；在震惊世界的悉尼 Lindt 咖啡馆恐怖袭击发生时，我只是很幸运地在街对面的咖啡馆见客户……”

正是凭着这样的精神，比亚迪人把一路风雨变成了一路风景。

从 2021 年起，比亚迪新能源乘用车开始出海，开启了以技术创新、系统化产业能力输出、深度本地化为内涵的出海 3.0 阶段。这一次的目标异常宏伟。2023 年，比亚迪乘用车出口量超 24 万辆，2024 年设定的目标为 50 万辆。

今天这个时代，是比亚迪汽车的新航海时代。如果最终能够实现“全球年销 1000 万辆，一半在海外”的目标，那么中国将首次拥有一个在自己率先开创的全球重要产业里的世界级品牌。此前，很多中国企业已在细分领域赢得了全球最大的市场份额，但这些市场并非由中国人开创，而且市场分布也不是全球化的。如果在新能源汽车领域出现一个可以媲美燃油汽车时代的丰田与大众的中国品牌，想一想都怦然心动。

不过，世界并不是平的。恰逢百年未有之大变局，比亚迪在 3.0 阶段的出海，注定会栉风沐雨，经受风吹浪打。

“在战争中学习战争”

“我们已经安排好了今年的节假日要去哪些国家出差考察市场。”

2024年元旦，比亚迪总裁办公室主任李巍对我们说。她2005年加入公司，曾做过王传福的业务秘书，负责英语口译，之后在海外市场、品牌及公关处工作。她在2024年5月晋升为比亚迪集团副总裁。

2023年，作为比亚迪汽车出海考察的人员之一，李巍去了28个国家。“赶不上王总，他去了30多个国家，国内放假时，他都在国外看市场，无缝切换。”

这种“放假就出海”的状态已持续了两年多。2021年5月，比亚迪正式宣布“乘用车出海”计划，主要进入美洲、欧洲、亚太、中东和非洲市场。

比亚迪对海外市场并不陌生，但过去开拓的客户主要是政府和企业。乘用车出海面对的是个人消费者，各国文化不同，消费者特征也不同。比亚迪既要跟燃油汽车抢市场，又要直面传统车企巨头向新能源汽车转型的冲击。尤其在汽车文化根深蒂固的日本、德国等汽车大国，要杀出一片新天地，难度可想而知。与国际品牌的成熟体系比，比亚迪在市场渠道、供应链布局等方面也存在差距。国际地缘政治和贸易格局的不断变化，更给出海带来了难以预料的变数。

王传福是清醒的。他在内部会议中多次说，虽然目前阶段丰田、大众的电动化慢了一些，但它们基盘大，品牌根深蒂固，“大象”一旦学会跳舞，对市场就会产生很大影响。比亚迪的优势不只是技术，还有速度，一定要快。

王传福又是自信的。比亚迪最初出海时，是带着产品目录，在欧洲参加一个个电池展会，从可能用到电池的产品的外包装上抄下厂家的联系方式，然后打电话、发传真推销自己的。今天的比亚迪，在国际汽车大展上受到追捧，很多国家和政府欢迎比亚迪来投资建厂，当地经销商也非常愿意合作，这正在成为常态。在一次比亚迪欧洲经销商会议上，有二三十家经销商参加，最年轻的也有50年汽车销售的历史。一位白发苍苍的老先生说，他的公司是他爷爷在1914年创办的。他们历经百年，在新的时代，热情地拥抱了比亚迪。

乘用车出海，王传福出差，两者是强烈的正相关。尤其是在起步时，他需要快速确定战略和打法。

在出海车型的选择上，比亚迪将元 PLUS 作为首款“战略出海”的全球化乘用车。这是一款紧凑型纯电动 SUV，运动感强，适合家庭出行需求，符合欧洲、日本、泰国等海外消费者的喜好。而且其纯电版本续驶超过 500 公里，具有较强竞争力。元 PLUS 的海外名定为“BYD ATTO 3”。“ATTO”意指阿秒（attosecond），是物理学中的一个时间单位[①]，表明比亚迪对速度、性能、科技的极致追求。由于日本、泰国、新加坡等国都是右舵车型，比亚迪用最快的速度开发了元 PLUS 的右舵版。

之后，比亚迪又陆续将一些车型加入出海阵营中，覆盖轿车、SUV、MPV 等细分市场，形成了较为完整的出海产品矩阵。

根据不同市场需求，比亚迪会搭配不同车型，采取不同的销售策略。这些便是需要王传福重点决策的问题。

每到一地，他通常会停留两三天时间。飞机一落地，他就向比亚迪在当地的负责人进行连环式提问：这里市场规模有多大？经济水平如何？购买力是什么情况？税率多少？物流状况怎样？有哪些主要汽车品牌？市场占有率如何？竞品车的配置怎样？问得非常细。

随后两天，他会带着团队到比亚迪的门店与经销商和客户交流沟通，以调研市场竞争者的情况。哪怕是走在街上或坐在大巴车上，他也在观察路上跑的车是什么品牌、什么车型，并估算新能源汽车的市场占有率如何。

与王传福同行的除了海外销售团队和总裁办公室人员，还有品牌、品质、生产、财务、人事，以及研发、售后服务等人员，他们组成一个“智囊团”，每次走访后立即开会，每个人先讲自己的观察和看法，王传福听完，再陈述己见，并做出决策部署。

会议结束，战略基本就已确定：主打纯电动汽车，还是双模混动汽车；轿车更好，还是 SUV 更受欢迎；哪款车型更适合；既有车型是否需要调整配置；具体调整哪些配置；市场销售目标是什么；在哪里建店。从市场定位、合作伙伴的渠道建设到营销策略，每个方面都会明确

---

① 1 阿秒 $=10^{-18}$ 秒。——编者注

下来，并落实到具体负责人。

由于行程紧凑，他们的会议纪要经常是在饭店、机场、乘飞机的缝隙时间完成的。“我们在迪拜的市场战略是在飞机上开会定的。”中东非洲汽车销售事业部总经理黄志学说。那次会议共开了 1 小时 30 分钟。当王传福了解到中东消费者对油价不敏感后就现场决策，除了纯电动汽车，加入以秦 PLUS DM-i、宋 PLUS DM-i 等混动车型，再结合“油电同价”策略，以及更高的配置，展开市场进攻。

在随行者眼里，王传福就像一台“超级计算机”，能处理各种复杂信息，并从中抽丝剥茧，找到关键问题。“每次出去之前，我都会做一个关于当地市场的详细分析报告，提交给他。但去了之后，发现他在现场抓到的点更关键。有一次王总在大巴上望着窗外说，‘为什么这里的车都不装玻璃天窗？是不是因为常年很热、阳光太毒？’销售团队原本要引进一款带天窗的车，因为很拉风。听了王总的话，他们赶紧去做进一步调研。”李巍说。

海外市场充满不确定性，唯有打一场“闪电战”，才能获得入局的机会。

征战大幕开启

战局很快铺开。截至 2023 年，比亚迪已进入全球近 60 个国家和地区，海外年销量从 2021 年的不到 1 万辆增长到 2023 年的 24 万多辆。

在亚太地区，泰国市场带给比亚迪很多惊喜。2022 年 11 月 1 日，BYD ATTO 3 在泰国上市第一天，消费者在曼谷街头排起长队，等待叫号购车。排在队首的顾客前一天晚上 8 点就到达了现场。第二天凌晨 4 点，队伍已达 30 多人。为了不让消费者等太久，门店在 6 点开门，提前了两个小时。当天，比亚迪卖出 2507 辆 BYD ATTO 3，在这个日系品牌占主要地位的市场中一鸣惊人。2023 年全年，比亚迪汽车在泰国销量超 3 万辆，位居新能源汽车市场第一。

日本市场有所不同。日本消费者习惯购买本土品牌的汽车，过去，美国、欧洲、韩国的汽车品牌在日本的表现都非常乏力，但在新能源汽车时代，或许会有新的机会。一方面，日本政府有补贴政策，鼓励纯电动汽车市场发展；另一方面，电动汽车在日本的市场占有率很低，有大片市场等待开拓。

2022 年 7 月 21 日，比亚迪在日本东京发布 BYD ATTO 3、海豚和海豹三款车型，并提出于 2025 年年底之前在日本设立 100 家门店。一石惊起千层浪。媒体评论，“今天，日本的汽车工业将迎来一颗原子弹”。

2023 年 3 月下旬，一辆比亚迪海豹从中国运到日本茨城县日立港，之后被送往新潟县。4 月底，《日经 ×TECH》编辑部和日经 BP 综合研究所拆解了这辆车。

在拆解中他们发现，海豹采取电池车身一体化的 CTB 技术，提高了车厢内的扭转刚度，最高可达到每度 40000N · M，增强了整车安全性，还能防止路面噪声和水等进入。电池组的上表面同时起到了车身底盘的作用，非常平坦。由于电池组同时是车身构造体，通过功能整合减少了零部件数量，有利于降低成本，“可谓是拥有电池和汽车双重制造商身份的比亚迪才能专门设计出来的结构”。

他们从海豹后轮处拆下了电动驱动桥，发现有 8 个零部件合为一体。电机定子的绕线使用的是扁线，成本比圆线高，但有利于提高发动机的效率。看得出比亚迪“并未选择一味降低成本”。

这次拆解肯定了“海豹在电动动力传动系统及 HMI（人机界面）等方面随处可见的先进性”，他们也指出，在防震降噪方面还有做得粗糙的地方。根据拆解过程，日经 BP 社编写了一本书——《中国 BYD SEAL（海豹）彻底分解》，售价 88 万日元（按当时的汇率计算约合 4.5 万元人民币）。

2023 年 10 月 25 日，被誉为“亚洲汽车风向标”的东京车展（2023 年更名为“日本移动出行展”）开幕。比亚迪携海豹、海豚、BYD ATTO 3、腾势 D9、仰望 U8 首次在海外齐聚亮相。这也是东京车展有史以来首次有中国汽车企业参展。有日本网友发文说：“如果日本制造商不认真对待，那就太晚了。”可见比亚迪进入日本市场所带来的冲击。

比亚迪在欧洲也成功登陆。欧洲作为汽车发源地，向来是全球汽车高地市场。欧洲汽车销售事业部总经理舒酉星，曾担任比亚迪汽车销售公司总经理、比亚迪汽车智慧生态研究院院长等职位。2021 年 11 月，他飞抵阿姆斯特丹，主持欧洲的销售业务。经过一年的筹备，2022 年 10 月，比亚迪在巴黎车展上正式召开品牌发布会，现场展出了比亚迪唐、汉和 BYD ATTO 3 等车型。随着经销商的加入，比亚迪汽车进入德国、英国、意大利、法国、挪威等 20 多个欧洲国家销售。

在德国，海豹也被拆解了。2023 年 9 月 4 日，慕尼黑国际车展正式开幕前一天，瑞士银行旗下的瑞银全球研究和瑞银实证所举行了一场比亚迪海豹拆解部件展示与研讨会。

瑞银全球研究的汽车团队曾拆解过雪佛兰的博尔特电动汽车、特斯拉 Model 3、大众 ID.3 电动汽车，这次则是比亚迪。

拆解后，比亚迪的技术实力展现在他们面前：海豹大约 75% 的零部件是比亚迪自产的，自主零部件比率远高于特斯拉；虽然与特斯拉 Model 3 在价格、大小、形态和规格等多个方面相似，但海豹汽车的整体成本要低约 15%；如果与大众汽车在欧洲生产的同级别车型比，海豹的成本更是低了约 35%。这一竞争力不仅源于中国的要素成本，还体现在科技含量、集成度和垂直整合方面。

在 2023 年的慕尼黑国际车展上，比亚迪带来了海豚、海豹、BYD ATTO 3、宋 PLUS EV、汉 EV 和腾势 D9 六款车型。海豹正式在欧洲市场发布上市，起售价 4.49 万欧元，约合人民币 35 万元。比亚迪设计总监艾格熟悉欧洲消费者的喜好，他深度参与了海豹的设计，认为这一紧凑运动型轿车极具识别性，非常年轻化，能与顾客建立情感联结，获得欧洲市场的欢迎。

比亚迪出海号角吹响。在新加坡，比亚迪市场占有率排行第一；在马尔他，比亚迪市场占有率排行第一；在尼泊尔，比亚迪市场占有率排行第一；在以色列，比亚迪市场占有率排行第二；在巴西，比亚迪仅用一年时间乘用车品牌排名从第二十三上升至第十，海豚上市后不到半年时间，就斩获近 20 项权威奖项，成为年度奖项之王，并引发海豚效应，成为行业效仿对象；在墨西哥，仅仅一年时间单月销量从 200 台激增至

5000 台，市场排名从四十开外飙升至第八；在哥斯达黎加，比亚迪连续四年蝉联电动汽车第一品牌。

获得这些成绩并不容易。因为最初对比亚迪缺乏信任，所以有的经销商计划开五家店，最后只开了一家，其他门店处于观望状态。为此，比亚迪一方面加快引入新经销商，形成竞争，另一方面也通过销售培训，帮助经销商提高销量。随着销量上升，经销商开始争着建店。

2024 年 5 月，美国政府宣布对中国电动汽车等产品加征关税，从原来的 25% 提高到 100%。不久后，美联社发布了一则新闻，“一款名为‘海鸥’的小型低价电动汽车令美国汽车制造商和政客们汗颜”。新闻的由头是在底特律西部的一间巨大车库中，一家名为 Caresoft Global 的市场研究公司拆解了其驻华办事处从中国购买的一辆比亚迪海鸥。该公司总裁特里·沃乔斯基曾任通用汽车大型皮卡的总工程师，他在拆车现场表示，海鸥对美国汽车行业来说是一个“吹哨人”，“我们不知道该怎么解释为什么比亚迪能以如此之低的成本造出这样的车，‘奇迹’都不能成为理由”。

在特里看来，比亚迪以如此低的成本生产出性能优异的海鸥并非奇迹，而是效率的淬炼。特里直言，美国必须迅速重新学习大量的设计和工艺，以跟进时代步伐，并摆脱一个世纪以来制造汽车的做法。

不过，比亚迪乘用车还没有出海美国的计划。2024 年 5 月 6 日，比亚迪集团执行副总裁、美洲汽车销售事业部总经理李柯在出席米尔肯研究院全球大会发表演讲时表示，由于美国政策存在不确定性，以及许多消费者对电动汽车犹豫不决，比亚迪没有在美国销售汽车的计划。

2024 年，欧盟委员会对原产于中国的电动汽车开征临时反补贴税，这无疑给出海进程增添了不小阻力，但不会阻挡比亚迪出海。

2024 年 7 月 4 日，比亚迪泰国罗勇府工厂全面竣工，第 800 万辆比亚迪新能源汽车在此下线。在庆祝仪式上，比亚迪“中国品牌，有多难就多敢”的口号振奋人心，表达出奔向世界的无畏之心。除了泰国，比亚迪在匈牙利、巴西等地的海外工厂也在建设中。中国汽车以前多采用本地第三方代工的方式出海，以减少投资风险。比亚迪此番大规模的整车和零部件海外投资，显示出对市场和自身竞争力的自信。

比亚迪乘用车首席运营官何志奇在微博中有感而发：“中国人第一次出海是19世纪中期，东南沿海地区的人民为了躲避战乱和谋求生计，大规模迁移到东南亚地区。这些先民大多一无所有，只有从零起步一点点积累，现在已成为当地的精英。他们的成功凭借的是中国人特有的勤奋、聪明、节俭、和善、坚韧，以及重视教育的民族性格。

“中国的第二次出海是产品出海。改革开放让中国经济腾飞，特别是制造业获得飞速发展。2023年中国制造占全球的35%，出口额3万多亿美元，但多数商品是别人的品牌，咱们只是代工，赚的是辛苦钱。成功的基础是中国巨大的人口红利、极低的制造成本和极高的劳动效率。

“现在开始的第三次出海是品牌出海。经过40多年开放和发展，中国诞生了很多优秀企业，像华为、海尔、福耀、比亚迪等，有自己的品牌、自己的核心技术、自己的产品设计、自己的管理体系，到世界各地投资设厂，把我们的好产品让全世界消费者选择。就像70年前的日本企业一样，假以时日，中国一定会诞生丰田、大众、三星等这样的全球巨无霸企业。中国制造一步一个脚印，现在到了脱胎换骨、凤凰涅槃的时候。”

未来，比亚迪将如何在海外突围？如何塑造竞争优势，占据更大市场份额？如何应对本土化挑战？这是一道新的证明题。

打开产业想象

2023年，比亚迪实现营收6023亿元，净利润300.41亿元。在《财富》世界500强2024年榜单中，比亚迪排名第143位，而在2022年榜单上为436位，2023年榜单上为212位，可谓提升“神速”。外界已在议论：比亚迪是否能破万亿元营收？但王传福关注的重点显然不在于此，他最关心的还是产业战略如何布局，如何保持技术领先，因为有了产业，加上技术，才可能打开“万亿”大门。

过去 30 年，从电池、电子、汽车到新能源、轨道交通、半导体，比亚迪的产业选择看似跳跃，却有着深层联系，最终又都与汽车关联。围绕汽车产业生态，比亚迪还在扩展。2023 年，比亚迪取得财险牌照，成立深圳比亚迪财产保险有限公司，加上在 2015 年就成立的比亚迪汽车金融，完成了对金融保险的布局，也让汽车的服务生态更加完整。

颠覆未来的汽车技术

走向世界的比亚迪汽车，底气还是来自过硬的技术。王传福说："我们没有用一些过度销售或者堆砌配置的方式，主要还是用技术来赢得市场，用技术来影响客户对我们品牌的认识。"

在更宽的航道上，比亚迪汽车的黑科技千帆竞发。

2023 年 11 月 17 日，一辆没有转向结构的概念车亮相广州国际车展。很多人评价：这才是未来汽车的样子！基于仰望 U8 的造型，比亚迪打造出了这款易四方概念车，拿掉了转向管柱、刹车盘、刹车卡钳等传统的机械机构，通过四个电机来实现转向与制动，整体外观镂空设计，科幻感、未来感十足。

2024 年 1 月 16 日，比亚迪举办"梦想日"，首次发布整车智能战略。比亚迪致力发展的整车智能将不同系统间的壁垒打破，做到实时捕捉内外部环境的变化，在毫秒之间将信息汇总反馈到一个"大脑"进行思考决策，并迅速调节车辆"身体"状态，大幅提升驾乘安全性和舒适性。活动现场有介绍说："整车智能就好比给四电机独立控制，装上了眼睛、耳朵、神经和更强的大脑，让未来汽车成为'高级智慧的生命体'。"

在整车智能理念下，比亚迪发布了智电融合的电子电气架构——璇玑[①]。常言道，一切妙法尽在"璇玑"之中，比亚迪借此寓意表达自己

---

① 璇玑架构具体为"一脑两端三网四链"：一脑，即中央大脑，它是璇玑架构的计算中心，参与和主导一切感知、决策和执行；两端，即车端人工智能和云端人工智能，两端实时协同部署，让智电融合具备超强迭代和成长速度，实现人车合一，让车辆越用越聪明；三网，即车联网、5G 网、卫星网三网融合，可以极大拓展智能汽车的链接半径，让车辆永不断网，智能始终在线；四链，即传感链、控制链、数据链、机械链，四链深度贯通，实现灵活感知、精准控制和协同执行，让整车可以做到颠覆性的功能突破和体验提升。

对技术的探索无穷无尽。实际上，璇玑架构是一个中央控制器，控制车辆的五大系统——智能座舱、智能驾驶、车身系统、底盘系统和“三电”系统。以前，这五大系统各自独立控制，没有“大脑”来统一操控，无法实现一些更高阶的智驾功能。璇玑架构能统一调动整车各系统协同工作，让电动化与智能化高效融合，创造更多新体验。

以搭载于仰望 U8 上的易四方泊车功能为例。它在整车智能基础上，将易四方技术与智驾泊车技术做了完美融合，能在狭小空间内实现侧方车位绕轮旋转入库和垂直车位绕质心旋转入库。车位小、技术差怎么办？你只需在车机屏幕上点击一下，就能把车辆停到别人停得慢、不敢停、停不进去的地方。

当外界还在火热解读璇玑架构时，比亚迪的另一项黑科技——云辇 –Z 上市。这是行业首个采用悬浮电机的悬架系统，使用高集成的 4 个悬浮电机替代了液压减振器。这一技术突破让云辇 –Z 响应速度快至 10 毫秒，一眨眼的工夫就可以调整接近 50 次，速度是传统主动悬架的 10 倍。乘客坐在上面，就感觉是坐在磁悬浮列车上一样，无论是过减速带、石子路还是坑洼路面，所到之处都如履平地。

在云辇 –Z 的宣传片中有这样一个画面：在振动测试中，车身底盘上放了一杯水，只见四个车轮剧烈震动，却不见水杯里的水洒落半滴。

2024 年 5 月 28 日，比亚迪再次发布颠覆性技术——第五代 DM 技术。全球最高量产发动机热效率 46.06%，全球最低百公里亏电油耗 2.9 升，全球最长综合续驶里程 2100 公里。每一个数字都令人震惊！数字背后是技术创新的叠加，新一代插混专用发动机的压缩比从 15.5 : 1 提升到 16 : 1，新系统所用的刀片电池提升了接近 16% 的能量密度……有网友评论：第五代 DM 技术重新定义了插混技术新标杆，堪称工业奇迹。

发布会上，王传福分享了一个故事：“当（杨）冬生说下一代插混技术要将亏电油耗降低至百公里 3 升以下，我当即拍板，马上开干。要是研发失败，只是几十个‘小目标’打了水漂；要是成功，那将是一个划时代的新能源技术。”经历了 1000 多个日夜的奋斗，比亚迪人再次成功挑战了不可能，开创油耗“2”时代，更完成了新能源汽车从“油电同价”向“电比油低”的转变。在新技术加持下，比亚迪宋L、秦L等多款新车上市。2024年8月30日，比亚迪夏也搭载第五代DM技术正式登场。

比亚迪的新技术仍在迸发，2024年相继发布了智能座舱平台DiLink300、“天神之眼”智能驾驶平台DiPilot 600、易三方、新一代CTB技术、e平台等，更多新技术正在路上。

未来的新能源汽车技术会是怎样的呢？廉玉波认为，动力电池系统的技术方向，一方面是深入研究材料，包括高比能、低成本、高比率等不同特性的材料体系；另一方面是在系统层级的融合研究，包括结构集成、热管理和电池管理等。

在提升动力性方面，未来需要对电机、电控、减速器等零部件进行持续深入的创新。电机从圆线到扁线再到多层级的扁线，电控从IGBT到碳化硅，这些技术层出不穷，技术路线也将呈现多样化态势。

在电驱动技术方面，未来主要朝两个方向发展：一方面是零部件层级的深入研究，包括关键材料和关键部件；另一方面是电驱动系统的融合研究，包括多系统仿真技术、高效热管理技术和车云驾驶数据的融合技术。

未来的整车设计趋势，一方面是进一步拓展电池安全的边界，提升电池包在被动安全中承受力量的比例；另一方面是通过ADAS（高级驾驶辅助系统）等主动安全系统来提高整车的主动预防和避免安全事故发生的能力。基于这些技术加持，未来整车的形态会发生很大变革，成为移动智能的第三空间。

在智能化方面，未来整车的电子电气架构将朝着跨域集中、中央集中的方向发展。智能化操作系统则将变得更统一、更高效、更完整且具有专属性。在2023年度股东大会上，王传福表示，比亚迪在智能驾驶领域的工程师团队已接近5000人，未来公司将在智能驾驶领域投入1000亿元。“人工智能快速发展，我们积极学习、研究。虽然公司在这一领域起步稍晚一些，但我们通过巨大的投入，特别是人员投入，相信会有超越的潜力。”

比亚迪的研发逻辑正在发生一些微妙而深刻的变化。廉玉波说，基于长期的垂直整合基础，比亚迪的工程师正在从过去只关注系统和技术向更关注用户痛点和需求转变，技术创新设计开发的重点任务正从“能用”向“好用”转变。比亚迪研发的基本逻辑不只是“技术、技术、技术”，而是“技术创造产品，产品创造体验”，是技术、产品、用户的三位一体。

例如，在选择车载芯片时，比亚迪从“好用”出发，与高通联合定制芯片，用于智能座舱，负责车辆娱乐功能。比亚迪的 DiLink 系统有自动旋转屏，能兼容所有手机的 App，让客户不用适应就会用，正是因为选择了这一与使用场景匹配度最高的高标准芯片。比亚迪是整车厂里唯一能做芯片的企业，也有 ODM 能力，能做 Tier 1（一级供应商），所以能为用户提供更全面丰富的汽车生态，让产品更好用。

还有一些难度不大的小技术，因为对客户非常友好，比亚迪也在积极推动。汽车上有一种小电池，叫启动电池。行业普遍采用铅酸电池，但客户使用两三年就需要更换，而且容易亏电，导致车辆停放久了无法启动。比亚迪起初也用铅酸电池，后来为了让客户更好用，启动了新电池研发。DM-i 车型上市后，就搭载了比亚迪全球首创的 12V 磷酸铁锂电池。虽然贵几百元，但电池自放电消耗极低，仅为铅酸电池自放电量的 1/5；循环寿命超过 3000 次，基本可以不用更换，客户长期停放，照样能启动；而且磷酸铁锂电池更环保。

工程师还希望在技术研发、车型设计时，就将客户需求进行有效转化。通过调查问卷、电话深访、网络渠道、400 热线等方式收集客户意见后，工程师会筛选出相关问题进行改进。例如有客户提出，秦 PLUS DM-i 的仪表盘太小，上面的字也很小，看不清楚。比亚迪就将 2023 款秦 PLUS DM-i 的仪表盘增加到 8.8 英寸（约 22 厘米）。有客户反馈，海豚车型没有阅读灯，小朋友坐后排不方便，比亚迪就增加了阅读灯。还有客户建议提高汉 DM-i 的纯电续航，最好可以满足一周通勤的需求，比亚迪就增加了 200 公里续航的版本。

未来，比亚迪的原创技术、系统集成技术、客户友好型技术将齐头并进。

竞技半导体赛道

十多年前，收购宁波中纬无疑证明了王传福的决断力。这一决策也让比亚迪在半导体产业的探索与创新中前瞻布局，行稳致远。

自 2003 年国内第一颗自主设计锂电保护 IC 研发成功起，比亚迪就从未停止在半导体领域的探索与创新。2004 年，成功开发国内首款自主研发 30 万像素图像传感器芯片；2005 年，低压 MOSFET 系列面世，解决了锂电池保护芯片应用配套问题；2008 年，ACDC[①] 芯片助力充电器工厂拿下诺基亚大批订单；2008 年，推出国内首个全方位触控芯片解决方案；2009 年，国内首款车规级 IGBT 芯片通过权威鉴定；2013 年，全球首款车规级 PM2.5 传感器批量装车；2015 年，搭载自主算法技术的指纹识别芯片发布；2017 年，国内首款实现量产的车规级共晶 LED 封装灯珠研发成功；2022 年，国内首款车规级 VCSEL（垂直腔表面发射激光器）光源成功推出……产品不断丰富，从功率器件、光电半导体到智能传感器、智能控制 IC，从消费类、工业类逐步跨越到车规级整体方案。

在新能源汽车上半场电动化的这一场比赛中，比亚迪一直思考探索着一个问题：如何提升功率电流密度，以提高电动车的动力性能。

2015 年，IGBT2.5 铸就比亚迪电动汽车的强大心脏；2018 年，IGBT4.0 电流密度提升约 25%；2022 年，IGBT6.0 的电流密度再次提升约 30%。比亚迪 IGBT 技术在产品性能和功率密度上不断突破，跻身国际领先行列。

同时，2015 年比亚迪已经看到，基于硅材料的 IGBT 能被挖掘的潜力越来越有限。要想在效率和功率密度上取得更大突破，必须换一种思路，而新兴的第三代半导体器件碳化硅就是一个很好的选择。从那时起，

---

① AC 是指交流电（alternating current），DC 是指直流电（direct current）。ACDC 芯片是一种电源芯片，负责将交流电转化为直流电。

第六事业部杨钦耀就带领团队专注碳化硅芯片研发和纳米银烧结封装工艺研究，同时张会霞带领团队专注碳化硅降本，以待碳化硅技术能够在整车上得以广泛运用。

机会总是留给有准备的人。2020 年 7 月比亚迪汉上市，动力性能要求百公里加速达到 3.9 秒以内。在封装外形尺寸设计已固化的情况下，IGBT 芯片已无法胜任，第六事业部的碳化硅技术凭借性能和成本的优势成为最优方案。2022 年年底，在经历了长达 8 年的研发投入后，第六事业部自研的碳化硅芯片开始在汉上大批量装车，性能参数媲美进口芯片。

2023 年 10 月起，比亚迪自研的碳化硅芯片已被广泛应用在宋 L、海豹、N7 等越来越多的车型上，比亚迪汽车迈入全面碳化硅的时代，能效和动力性能在行业里持续领航。

在新能源汽车下半场智能化的竞赛中，车载芯片扮演着更为核心的角色——传感芯片如同人的五官感知，功率芯片如同人的神经传导，控制芯片如同人的大脑决策。由于汽车智能化的快速发展，车载芯片越发重要，单车上的半导体价值将超万元，这将为车规级半导体创造出一个万亿规模的市场。

在这个赛道上，比亚迪如何持续领跑？

半导体行业有一个摩尔定律，在汽车领域和物联网领域，摩尔定律有可能实现超越，给汽车智能化带来更多可能。第六事业部总经理陈刚谈道："车上的芯片算力，从现在的 30TOPS①、60TOPS，未来可能会达到 200TOPS，甚至上千 TOPS，才能支持大家期望的高级辅助驾驶。从研究人类的角度来看待汽车智能化，从感知层、决策层和执行层来布局产品，从简单的模块化到集成化走向跨域融合，才能实现更多的创新与突破。"

2008 年，第六事业部杨云带领的嵌入式团队就开始 MCU 的预研工作；2015 年，进入车规级 MCU 领域；2018 年，首款 8 位车规级 MCU 在

① TOPS（tera operations per second），表示每秒执行一万亿次操作的能力。——编者注

比亚迪全新一代唐 DM 贯穿式尾灯上批量装车，实现动态转向灯效果。2020 年 9 月，更高性能的首款 32 位车规级 MCU 批量装车。2021 年 6 月，首款车规级 BMS AFE（模拟前端）芯片研发成功并实现装车，该产品是国内第一款量产装车的车规级动力电池管理芯片，打破了国外芯片在该领域长期垄断的局面。此后，比亚迪车规级芯片产品系列不断完善，8 位车规级 MCU、32 位车规级 MCU 实现系列化，并为“三电”系统、车身域控制系统等提供高集成度专用芯片解决方案，提高了整车竞争力，打开了更多创新可能。

在竞技半导体的赛道上，第六事业部具有天然优势，背靠集团整车应用平台，各产品团队每周甚至每天都能与汽车研发团队讨论技术、规划产品方向，充分了解并参与未来电动化智能化汽车大平台和应用场景的规划，这使得比亚迪设计制造的半导体产品更能满足新能源汽车的需求。

比亚迪半导体产业已站在新的起点，未来将不断探索创新更加高效、更加集成、更加智能的半导体解决方案。

坚定绿色大交通路线

比亚迪全市场电动化的绿色大交通版图一直在扩大。2024 年 5 月 21 日，比亚迪在英国伦敦发布了搭载新一代刀片电池大巴底盘的纯电动双层巴士 BD11。其最大载客量为 90 人，电池容量高达 532 千瓦时，续航 643 公里，支持双枪充电。

此前，伦敦交通管理局曾多次测试本土制造商生产的纯电动大巴，效果不尽如人意。伦敦 Go-Ahead 交通集团最终选择了比亚迪，让比亚迪生产 100 多辆 BD11 双层巴士，并于 2024 年下半年投入运营。在伦敦道路上穿行了近 70 年，和大本钟、塔桥、红色电话亭一样经典的红色双层巴士，正越来越多地变成“中国制造”。未来比亚迪还将推出适应英国不同地区需求的车型。

自 2013 年起，比亚迪已向英国运营商提供了约 1800 辆电动公交车，但大都是与英国合作伙伴共同制造的。而 BD11 将在中国制造，通过海运出口到英国。

比亚迪等于新能源汽车，这样的逻辑正在全球越来越多的地方显现。2022 年，比亚迪做出了一个重大决定：自 2022 年 3 月起，停止燃油汽车的整车生产，比亚迪汽车板块将专注于纯电动和插电式混合动力汽车业务。

在比亚迪乘用车迎来爆发时，比亚迪的商用车、轨道交通产业也进入了新发展阶段。自 2010 年第一辆 K9 下线到 2020 年，商用车在 10 年时间践行了“城市公交电动化”战略，下一个目标是卡车电动化。

有多年商用车业务经验的比亚迪集团副总裁王杰预计，当电动卡车价格只比燃油车贵 30% 时，就有机会打开市场，“我们通过油电差价去弥补高出的购车成本，加上政策引导，卡车电动化的时代就会到来”。

2020 年 7 月 28 日，在比亚迪商用车新品发布盛典上，B10、B12 和双层 B12D 纯电动客车，T5EV、Q3 牵引车，T31 自卸车以及 T18 清扫车轮番登场。一众车型中，艾格团队设计的 T5EV 融合了中国传统的纸鹤元素，轻盈灵动，典雅大方，一改人们对货车呆板笨重的印象。在复杂工况下，车辆续驶里程可超过 260 公里，完全能满足城市短途物流配送需求。

2022 年，比亚迪在江苏省淮安市的卡车工厂正式开工建设，总投资 50 亿元，总规划年产能 10 万辆。主线（冲压、焊装、涂装、车架和总装五大生产环节）自动化率 100%，而且柔性生产能力强，能够兼顾微、轻、重卡全系车型。

2023 年 10 月 18 日，在淮安工厂落成时，比亚迪同步发布了第一款混动轻卡——T5DM。这款车集合了 1.5T 高效插混专用发动机、刀片电池、扁线电机等新技术，按 TCO（总拥有成本）测算，年均可为车主节省 2.7 万元。仅两个多月后，在 2024 年度经销商大会上，T5DM 和新一代 T5EV 正式上市。前者售价基本和传统燃油车持平，比同类车型低约 2 万元；后者也比同类车型价格低。价格一公布，迎来了经销商代表阵阵欢呼。

在其他车型领域，比亚迪也没有停下脚步。比亚迪港口专用牵引车每天都穿梭在深圳妈湾港、斯里兰卡科伦坡国际集装箱码头以及印度恩诺尔港和卡图帕里港等港口，它们作业繁忙，在让这些港口变得更高效、更绿色的同时，也助力其实现可持续发展。

2023 年 6 月，比亚迪集合物流车、牵引车、搅拌车、渣土车、公交车、旅游车和校车等共计 18 款最新研发车型，相继奔赴“火洲”新疆吐鲁番，展开国内商用车最大规模的高温干热试验测试，并全部圆满完成各项测试，为各车型陆续推向全球各市场打下了坚实基础。

比亚迪轨道交通产业也发生了新变化。2020 年 2 月，比亚迪中标巴西圣保罗市轨道交通 17 号线云轨项目，这条路线连接圣保罗重要的商业区、大学和人口密集区，又被称为“黄金线”。2024 年 4 月 27 日，圣保罗地铁 17 号线的云轨车辆首列车成功交付。

比亚迪集团副总裁、轨道交通事业部总经理任林说：“我们已经完成了从 0 到 1 的发展，云巴还会不断演化迭代，将来会和汽车融合。等轨道交通产品成本最低、效果最好的时候，就到了比亚迪汉那样的转折点。我们还要积累大量技术，进一步解决产品问题，协同解决社会问题。轨道交通是解决出行问题的正解，能方便人们生活，提升幸福感，而‘小运量 +100% 自主知识产权 + 创新商业模式’会让云巴走出一条从不被理解到慢慢了解，再到爆发的路径。”

筑梦绿色能源

“2023 年，就是一路狂奔。国内国外，我的全球飞行里程大概是 26.7 万公里，可以绕赤道 6 圈多，不算高铁以及其他短途的出差。我们团队都是这样拼的状态，一起谈客户，一起做方案。我们希望把比亚迪储能打造成一块金字招牌，就像比亚迪汽车一样。我们绝不能拖后腿。”2022 年，出任电池事业群储能及新型电池事业部总经理的尹小强说。他 2000 年加入比亚迪，电池工程师出身。

2024 年年初，一则消息在国际储能市场引起了关注。比亚迪与西班牙可再生能源开发商 Grenergy 签约，将向 Grenergy 供应总计 2136 套魔方 MC Cube 储能系统，用于后者在“世界干极”智利阿塔卡马沙漠的绿洲项目一期和二期安装。建成后，该项目将是世界最大的储能项目。

自 2011 年首次向美国出口集装箱式储能起，比亚迪储能已在海外征战多年，为客户提供定制服务，以及安全可靠的一站式解决方案。从业务广度看，储能出海的脚步甚至走在汽车前面。截至 2023 年，比亚迪储能业务已覆盖 107 个国家和地区，家储、工商储和发电侧、电网侧的大型储能的累计出货量达到 40.4GWh（吉瓦时）。

2023 年堪称比亚迪储能的爆发之年，不仅在国外成绩亮眼，在国内储能市场也从前一年只做了不到 1GWh，一下子冲到了 10GWh。在 2023 年比亚迪股东代表大会上，王传福对储能业务信心满满。比亚迪在电池领域有一万多名工程师，夜以继日地探索动力电池、储能电池等新技术、新方案，不断推出更低成本、更优性能的新型电池，来满足战略需求。

从产品角度看，比亚迪储能的强势爆发，和比亚迪汽车有异曲同工之妙。

首先是成本优势。储能系统的成本结构中，电池占比最高，这是比亚迪的强项。比亚迪有垂直整合能力，在成本控制上极具竞争力。

其次是技术创新实力。比亚迪 2008 年就建立了电力科学研究院，不少储能电站已经运行了十多年，积累了大量 know-how。王传福很早就提出，储能最重要的是安全，汽车一天只工作几个小时，储能电站基本是 24 个小时都在运转。储能电站的投资数以亿元，只要一个电芯出现故障，就会引发一场资产灾难，因此在储能领域内要优选磷酸铁锂。在这种理念下，比亚迪研制的储能产品从未发生过安全问题。

目前，电力科学研究院有 1500 多名工程师，研究涉及大功率的电力电子技术、热管理技术等。弗迪电池旗下还有一个专门的储能电池研究院，有 1000 多名工程师，研究从材料到电池的全过程以及未来的新技术。

比亚迪销往西班牙的魔方 MC Cube 储能系统是 2022 年研发的产品。当时，弗迪电池提出将刀片电池与储能产品相结合的新思路。研发团队就如何同时实现高效率、小体积和低成本的产品进行了深度讨论，确定了创新思路：设计一款类似魔方外观的产品。这种设计不仅能实现产品模块化，还能通过层叠电芯节省空间和占地面积，左右两侧还可进行自由组合。“魔方”概念应运而生。

研发团队在设计中的很多做法都借鉴了刀片电池、CTB 技术的经验。比如，魔方产品将电芯直接集成到系统中，取消模组和 Pack，大幅降低了零部件数量，提升了空间利用率。整个储能系统也做到了模块化、标准化。这样就可以实现自动化生产，排除人的变量，从电芯到柜子一气呵成。模块化还有利于场站的灵活配置，以及后期运输。

2023 年 5 月 24 日，比亚迪推出首款集成刀片电池的魔方储能系统——MC Cube ESS。产品利用 CTS（电芯到系统一体化）技术，减少了约 36% 的零部件数量，提升了约 98% 的空间利用率，加大了约 30% 的结构强度。同时，产品可灵活组合，适用于工商业储能、电站级储能等应用场景。新品上市后，一战成名，仅在 2023 年就交付了 10.9GWh，销售额突破 100 亿元。

2024 年 4 月 11 日，在第十二届储能国际峰会暨展览会上，比亚迪储能重磅推出满足新国标 GB/T 36276，且拥有 6.432MWh 超大容量的全新一代魔方系统 MC Cube-T。此时，距离上一代产品只有 11 个月。这种迭代速度，说明比亚迪储能在定义产品和引领创新方面早已做好了前瞻布局。

钠电池也是比亚迪正在大力研究的新产品。2023 年，比亚迪已具备 150Ah 刀片钠电芯的规模化生产能力，并投资 100 亿元打造了全球最大的微型车钠电系统配套商。钠电池既可以用于储能，也可以用于新能源汽车。目前，车辆启动所用的蓄电池，电动二轮车、三轮车等车辆上的动力电池，应急照明、UPS（不间断电源）等场景使用的蓄电池，以及储能类蓄电池，大多数用的是铅酸材料。但铅酸电池对环境污染严重，能量密度、使用寿命都不及钠电池。比亚迪认为，钠电池的成本优势能够与铅酸电池对抗，如果能突破钠电池技术，解决污染问题，对社会将是一大贡献。而与锂离子动力电池比较，钠资源的储量比锂资源更大，供应链更有保障，也更具成本优势。为此，比亚迪对钠电池的投入十分坚定。

人工智能的加速发展，对新能源提出新要求。在 2024 年 1 月达沃斯论坛期间，OpenAI 的联合创始人山姆·奥特曼表示，未来的两种重要货币是智能计算和能源，“我们需要核聚变，或者更便宜的太阳能加上超大规模的存储或其他技术”。“人工智能的尽头是储能”，虽然有些夸张，但充分说明了储能产业对于人工智能发展的重要性。比亚迪的产业大鱼池中，储能不容小觑。

相较于储能业务，比亚迪的太阳能业务更为坎坷。

受行业波动等各方面影响，太阳能业务长期处于亏损状态，但比亚迪一直没有关停，一直在投入。2020 年 9 月 22 日，国家首次提出“双碳”目标①，为太阳能业务带来了新机遇。政策提出几天后，毕国忠成为比亚迪太阳能事业部（后更名为“第十八事业部”）新任总经理。当时，他的另一个职务是叉车事业部总经理。

上任半个月后，毕国忠向王传福提交了一份 150 多页的材料，对硅料、拉晶切片、电池、组件、电站等环节进行了详细的技术、竞争和客户分析，提出了对太阳能产业的未来发展方案，最后附上了 5.9 亿元的投资计划。

对于这一投资，内部不乏反对之声。王传福一锤定音：“我们再缺也不缺这么一点钱。”虽然只投资了 1GW 的产能，谈不上什么投资回报，但毕国忠认为，先做起来可以边探索边积累经验。2021 年，太阳能事业部改造了在商洛的旧厂房，投入了新设备。

太阳能事业部很快在美国、柬埔寨找到了客户，2023 年实现盈利。同时，比亚迪也在投入更多资金。“太阳能产业还没有定局，”毕国忠说，“比亚迪有团队、有研发、有基础，还有时间，我们一定能做好。”

打造平台型高端制造企业

2024 年 3 月 19 日，北京时间凌晨 4 点，英伟达 GTC 大会②在硅谷中心地带的圣何塞开幕。在现场，一款 AMR（自主移动机器人）吸引了

---

① “双碳”目标是指中国力争在 2030 年前实现碳排放达峰，2060 年前实现碳中和。

② 英伟达 GTC 大会，全称为 GPU Technology Conference，即 GPU 技术大会，是由英伟达主办的年度大会，专注于图形处理单元（GPU）技术及其在各行各业的应用。——编者注

不少极客的目光。它搭载英伟达硬件平台，能准确感知复杂环境，解决迷航、立体地图建立等难题，可以进行自主作业。

这款 AMR 是由比亚迪电子自主研发生产的。

3 月 20 日，王传福和比亚迪集团执行副总裁、比亚迪电子首席执行官王念强现身上海苹果中国总部，与苹果首席执行官库克会面。当晚，库克发布微博表示：“为了制造出最棒的产品，我们需要与我们一样致力于创新和保护地球的合作伙伴。比亚迪、蓝思科技和长盈精密是每天都在突破可能性极限的典范，我们对未来的机遇充满期待。”

作为“果链”龙头企业之一，比亚迪与苹果合作超过 15 年，为苹果多条产品线提供金属、玻璃、陶瓷、蓝宝石等结构件和整机组装服务。双方紧密合作，打造了智慧工厂信息化体系，同时将机器学习加入制造、检测、智能诊断等多个生产环节中，提升了生产和运营效率。

比亚迪电子在 2023 年以 142.9 亿元（等值 20.1 亿美元）收购了全球电子产品制造商捷普电路（Jabil Inc.）旗下公司捷普新加坡位于成都、无锡的产品生产制造业务，① 进一步抓住市场发展机遇，迈入新一轮的高速成长周期。

比亚迪电子的客户名单汇聚了苹果、英伟达、三星等全球科技翘楚，也不乏华为、小米、OPPO、vivo 等国内手机龙头。比亚迪电子给自己的定位是：全球领先的平台型高端制造企业。其业务涵盖智能手机及笔记本电脑、新型智能产品、汽车智能系统、数据中心等领域的产品制造。

如何理解“平台型高端制造企业”的含义？那就是能够凭借全方位的研发能力、超大规模的精密模具和制造能力、行业领先的智能信息系统和自动化解决方案，为全球一流品牌客户提供产品研发、创新材料、精密模具、零组件、EMS 和 ODM、供应链管理、物流及售后等一站式服务。这些客户之间存在竞争关系，但它们都共同选择了比亚迪电子。这就是平台。

---

① 比亚迪电子 142.9 亿元完成收购捷普旗下成都、无锡生产制造业务 [OL].[2023-12-29]. https://baijiahao.baidu.com/s?id=1786615762142635054&wfr=spider&for=pc.

用传统的代工概念完全理解不了比亚迪电子的价值。比亚迪电子有超过8000人的工程工艺团队，超过1500人的产品设计团队，超过1500人的模具开发团队，超过800人的智能制造团队，超过500人的材料开发团队。在全球累计申请专利超过25000项，已被授权专利15000项。上万人的工程师团队，为公司的技术创新提供了保证。从全球引进的优秀人才有着不同的文化背景，他们为公司发展注入了源源不断的动力。

肖锦是比亚迪电子事业群执行副总裁办公室主任，她讲述了比亚迪电子争取一家美国扫地机器人品牌业务的一个故事。

> 我们很早就给它（客户）做结构件、充电座，并想做整机。但因为涉及研发，很难获得设计权。后来，扫地机器人越来越智能化，每一台机器都要通信、联网，而我们一直做手机，在这方面有优势。有一次，他们想做一款新机器人。除了能扫地，当主人走了以后，摄像头还可以升起来，巡视屋内安全。我们就直接开了首模，做出样品，把视频发过去。别人开模成本很高，但我们有自己的模具开发和制造能力，成本相对较低。这就是我们做事的态度。视频发过去后，他们惊呆了，没想到这么快就看到了雏形。后来我们顺理成章地获得了联合设计的机会。

有一次，一个重要客户顾虑自动化产业成本太高，不敢轻易投入。比亚迪电子就自己先投入建线。仅方案设计就花了半年时间，初期设计投入了一两百人，最后在制造、装配、调试的时候，最高峰有800人。最后，这条生产线自动化率达到了97%，不仅大幅提升了效率，而且成本可控，获得了客户认可。

最初，比亚迪电子是在摩托罗拉、诺基亚的订单支持下进入了全球价值链。在全球价值链上，苦修精益，创新工艺，逐步形成了不可替代且日益加深的价值创造能力。在家庭巡视机器人、建自动化生产线这样的案例中，比亚迪电子展现的不仅是服务态度，也是正向设计能力，包括产品设计、工艺设计，甚至设备设计能力。

在生产管理上，比亚迪电子深谙精益生产的精髓。王念强打了个比方:“比亚迪电子的精益就是要做到，即使是 PCB 板上的一粒灰尘，也知道它从哪里来，应该怎么排走。”他要求工厂不讲“良率”，只讲“不良率”。良率 99.5% 和不良率 0.5% 虽然意思一样，但认知不一样。前一种表达会让人自满，后一种表达则会倒逼自己改进，把不良率降到零。

比亚迪在西安的三星结构件厂就经历过极致提升的过程。2014 年，比亚迪电子为了给三星手机做金属结构件，准备在西安建厂。时任第四事业部（LCD 液晶显示屏制造事业部）总经理的何志奇主动请缨，负责新工厂的建设和生产管理。他曾问比亚迪其他结构件厂:“你们的 BOM 占比多少?”对方说不到 10%。何志奇一听就激动了，因为只要把良品率做好，肯定比做 LCD 赚钱。他领下任务，用三四个月组建起 6000 人的队伍，安装了上万台设备，工厂在 2015 年 1 月顺利投产。

一开始，良品率只有 20% 左右，其他结构件厂的良品率也只有 40% 左右。何志奇想了各种办法，比如优化流程、培训工人等，还使出狠招：谁出了问题，谁就承担成本。工厂将中间的检验步骤取消，等产品做完后一并检验。如果被认定是不良品，就分析是哪道工序出了问题，比如是第 10 道工序的问题，那么该工序的员工要把产品拆开重做，并承担从第 10 道工序到最后一道工序的成本。

狠办法果然有效，西安结构件厂的良品率一路提升，从 20% 到 50% 再到 70%，在一年半时间里达到 95%，之后又提升到 98%。他们一直为三星的旗舰手机服务，合作十分稳定。王念强说:“我们给三星的价格，低过他们自己做的成本，而且良品率更高。这是三星和我们一直合作的根本原因。”

比亚迪第七、第九事业部总经理刘晓亮说:“做手机，我们一直在做最优秀的客户，最优秀的客户就是最挑剔的客户。做汽车电子的时候也是这样。我们和大陆（汽车）电子从 2015 年开始合作一个通信模块，产品 2018 年才量产。最初他们的一个品质总监来讲质量目标要做到 7 个‘零’，包括零浪费、零不良、零库存等，就算做 100 万个产品，也都是零。挑战很大，但我们还是要做要求特别高的客户。结果前两年做得不好，到 2017 年客户都快不跟我们合作了。但我们终于在 2018 年实现了量产。2021 年，大陆（汽车）电子在全球有 1000 多家供应商，选了 11 家优秀供应商，我们是其中之一。那一年我们出了 140 万个产品，就两个不良，还是外观不良。”

比亚迪电子的这种极限制造力和比亚迪汽车的垂直整合战略相结合时，会释放出巨大的能量，很多创新会被激发出来。在比亚迪创新链上，比亚迪电子是不可或缺的力量。比亚迪车内使用的 DiLink 车载平板，从一开始就产自比亚迪电子的工厂。比亚迪发布的一系列重磅汽车技术、车载器件，如云辇智能悬架、帝瓦雷车载音响等，都有比亚迪电子的助力。

提起比亚迪电子的产品，王念强形象地说："我们做的阀，就算车坏了，它也不会坏。""我们做的冷媒，'死'都不会漏，因为我们做正向设计，它没可能漏。""我们的材料研究能力很强，所以对活塞的表面处理做得很好，寿命能达到 1 亿次。"在他看来，只要不断研究，把道理搞明白，不断测试，不断做，都能做出来，从最基础的阀到结构件，再集成到总成件，都是这样。

2019 年 4 月，一向低调的比亚迪电子难得向媒体开放了一次。在距离坪山总部 17 公里的惠州大亚湾，有一大片比亚迪电子的制造基地。当时在整个比亚迪电子工厂，有 3 万台高精度的 CNC 数控机台。每个生产单元的设备高度自动化运作，机械手有序平稳地将零部件放到对应位置，零部件由 AGV（自动导引车）运输，通过传输线完成加工处理，如有物料不足或故障，信息会在联网系统内自动通传。

几乎没有在媒体前出现过的王念强在此次活动上说，未来 5~10 年，比亚迪电子的三块业务——手机和笔记本，新型智能产品，汽车智能系统——均有望突破千亿元规模。

跨越未来

用创新技术解决社会问题，比亚迪的初衷从没变过。2023 年，比亚迪的研发费用近400亿元，同比增长112%，这一数字超过了2022年公司净利润。2024年第一季度，研发费用为106.11亿元，同比增长70%，是净利润的两倍多。在比亚迪发展史上，研发投入高于净利润是常事，将来也会如此。

基础科学与人才之海

2023年年初，比亚迪新成立基础科学研究院，致力于在数学、物理、化学、材料等基础学科基础上解决产业相关技术瓶颈背后的科学问题，开展前瞻性基础研究和应用性基础研究。

新能源汽车市场爆发后，更多具有挑战性的课题涌现出来，需要去解决。而许多看似表象的问题，其实都要靠深层机理研究去解决，这考验着企业的学科研究能力。基础科学是科技创新的源头与机理。王传福认为，比亚迪要自己研究基础科学，掌握足够的科学原理，才能解决更多问题，走得更远、更深。如果仅靠大学等科研机构把理论研究明白再进行技术创新，就会慢很多，失去创新优势。而且随着问题的复杂化，创新越来越需要交叉学科的机理研究。

基础科学研究院院长宫清谈道："除了此前的材料研究，基础研究院还扩展到了算法、光学、声学，包括力学制造、金属等各种研究。我们要为比亚迪各个事业部的发展提供更有力的基础层和机理层的支撑，促使企业产品做得更好，更能满足消费者的需求。"

自成立之后，基础科学研究院在安全性、舒适性、长里程、长寿命等方面做了很多的研发布局。比如，新能源汽车安装的电机多，电磁环境复杂，电磁干扰的问题就会凸显出来，解决这一问题，会涉及对材料的基础研究。全国每天有几百万辆比亚迪汽车在行驶，会产生大量数据，基础科学研究院算法团队的任务之一，就是通过大数据分析技术，研究电池寿命和驾驶行为之间的关系。如果能根据驾驶习惯预测电池寿命，就能提早预防安全风险。晕车和汽车底盘振动的关系也是一个课题，除了结合物理学，还要研究人体生理结构、解剖学等，涉及生物学、神经网络等交叉学科理论，因为人的耳朵结构不同，晕车的感受就不同。

但不管课题多么复杂，比亚迪都相信，“只要科学能走通的事情就一定能实现，没有实现一定是我们没找到正确方法”。目前，除了基础科学研究院，比亚迪还有十大研究院，它们分别是：汽车工程研究院、汽车新技术研究院、中央研究院、电子科技研究院、弗迪电池研究院、电力科学研究院、弗迪动力研究院、弗迪科技研究院、商用车研究院和轻轨交通研究院。

为了满足技术发展需求，各研究院的组织架构会进行灵活调整。2023年后，比亚迪汽车工程研究院就将保持了多年的部门制改为中心制，原来的部门变为中心下属的二级组织。在十余个中心里，既有底盘技术开发、车身技术开发等相对传统的中心，也新增了电子电气、数字化相关的中心。这一调整进一步整合了资源，提升了研发效率。

同时，汽车工程研究院成立腾势研究院、仰望研究院等。每个研究院下设总体部、车身部、底盘部、电子电气部等多个部门，各自负责车辆设计与研发。这一调整将推动各品牌的独立运营，及时响应市场，充分满足不同品牌的研发需求。

2024年，比亚迪另一个研发重地——汽车新技术研究院做出调整，将智能网联中心与智能驾驶中心合并，成立智能化技术研究院。这意味着比亚迪的智能座舱业务和智能驾驶业务将在不同层面实现联动，提升智能化技术的研发效率。

比亚迪西安研发中心拥有40多个专业实验室，涵盖整车、系统、零部件、材料等1000多项检测能力，是新能源汽车全产业链核心技术的研发验证平台。2024年春节前，近200米高的标志性建筑研发办公楼封顶。比亚迪西安基地的研发能力将实现新的跨越。

这些研究机构就是一个个鱼池，为技术创新提供空间和养分，助力比亚迪抢占未来技术制高点。

技术即人才。比亚迪过去用“人+夹具=机器人”的策略和“人海战术”打赢了国际巨头，如今，比亚迪的“人海战术”变为“人才战术”。王传福特别提出“把人才厚度做厚”。在总经理会议上，他会挨个询问事业部人才结构、硕博研究生数量、工程师数量等数据，要求总经理重视工程师队伍建设。

2020 年，比亚迪的研发人员有 3 万多人，2022 年有近 7 万人，2023 年超过 10 万人。集团硕士研究生及以上高学历人才显著增加，从 2020 年的 2000 余人增至 2022 年的过万人。2022 年，比亚迪从清华大学和北京大学招收的毕业生就有上千人。

可以再看几组 2023 年的数据：

> 基础科学研究院 70% 是研究生以上学历；
> 汽车工程研究院新招了 400 多名博士生；
> 汽车新技术研究院共 1.2 万人，硕士生、博士生占 41%；
> ……

2023 年，比亚迪招聘了机械、电气、电子信息等 50 个专业领域的 3.18 万名应届毕业生，其中硕士生和博士生占比超过 60%，进入研发部门的超过 80%，清华大学、北京大学和全球同类院校的毕业生超过千人。基于对人的价值的认可，王传福不止一次表示，未来两三年还会坚持增加技术人才，用大量研发人员来保持颠覆性迭代的能力。如果说大部分企业的人事政策都强调精简，“少到不缺”，比亚迪对研发人员的政策则是“多到有余”，即适当维持一定余量——这是对研发进行广泛覆盖、深度布局之必需。比亚迪集团高级副总裁、电池事业群首席执行官何龙说：“只要有 1% 的人做出了一个创新技术，那 100% 的投入就值得。”

在比亚迪人才鱼池中，还有不少海归人才。比亚迪智能驾驶研发中心主任、负责智驾研发的韩冰就是其中之一。韩冰在 2002 年去德国读博士，毕业后在德尔福工作了十余年。2017 年，王传福在央视《开讲啦》节目中谈到了对新能源汽车的理解，以及实现汽车强国的愿望，让韩冰震撼不已，点燃了他助力实现中国汽车技术梦想的激情。2018 年，他果断回国，加入比亚迪。他很快发现，依靠比亚迪的垂直整合能力，工程师的想法很快就能变成产品落地，这在别的企业很难做到。“比亚迪比我想象中的更强大。技术可以立马上车、立马量产，只要你敢想，什么都不缺，一切都可以实现。”韩冰说。他和许多工程师一样，相信在比亚迪能够实现自己的技术抱负。

如今，各产业广度、宽度和深度都在发生变化，只有依靠人才智力，才能更从容地应对变化。廉玉波说：“比亚迪 10 多万研发人员里面，很多人是在研究下一代技术，甚至再下一代产品的技术。2023 年汽车工程研究院招了 400 多名博士，他们的能力会慢慢爆发出来，比亚迪的产品也会有新的突破。”

汽车新技术研究院院长杨冬生认为，技术创新已变得非常复杂，各领域对学科的能力要求很深，只有进行机理级研究，才可能实现高度创新。“我们内部已逐渐从工程化分工走到了学科分工，以后要靠学科来承担技术底座。现在的比亚迪是一个可挖掘的宝藏，在人才上有碾轧式的优势。各个团队的能力都非常强，但需要去调动、激发，给他们指出方向，把能力挖掘出来。”

比亚迪电池事业群从 2019 年开始大量招引博士生。何龙正在深圳宝龙建新研发楼，说那里是“博士楼”，至少能容纳 8000 名博士生。

他对博士生的偏爱主要有几点原因。首先是集中人才优势，支撑技术研发。其次，很多博士生都有自己的价值追求和技术抱负，他们内心沉稳、不浮躁。由于受过专业培训，具备课题研究能力，博士生直接就能做课题项目。

“只需要给他们课题就行了，而比亚迪有很多课题。”何龙说。博士们觉得比亚迪就像一个试验场，研发环境和学校无异，人际关系单纯，很容易适应。在一个个课题中，他们充分发挥才能，不断获得成就感。

何龙对引入博士生人才深有感触，他说：“面对一个问题，哪怕只是一个普通的小问题，如果交给博士去解决，他会按照严谨的逻辑，一层层地解剖‘麻雀’，把全过程的每个细节、流程研究清楚。他可能要花几个月时间，但研究得很细、很透。他拿出的解决方案一定是可靠的，不是蒙出来的。如果结果对了，但过程错了，以后还会出错。一旦出错，我们的规模这么大，就可能引发巨大的麻烦。尤其是在产品品质问题上，一点马虎都不能有。博士能把问题理解透彻，这是最大的价值。”

基于电池事业群目前的规模，何龙认为还可以引入更多博士生，充分发挥规模效应，保持行业领先优势。何龙说：“规模越大，我们越敢招人。”他举例说，博士们一个小小的技术优化，都可能降低上亿元的成本或者带来巨大的发展机会，创造巨大收益。

人们常说“杀鸡焉用牛刀”，但比亚迪就是要“用牛刀杀鸡”。这种方式让技术创新和人才之间形成正向循环，技术创新层出不穷，人才抱负得以实现。

在深圳龙岗区三棵松水库附近，比亚迪全球研发中心正在建设。此地将建设 132 万平方米的研发空间，以及 30 万平方米的人才配套公寓，计划投资 200 亿元。建成后，人们将看到一个中国风格的“星际之环”单体建筑坐落在山水森林之间。作为新的全球研发中心，这里将是比亚迪未来展示企业形象的重要窗口，也将新增 6 万个研发岗位。

从 30 年前的人海战术到今天的人才战术，比亚迪始终因人而兴，因人而盛。

坚持长期投入

比亚迪的技术优势，正在市场上形成一种“报酬递增”的效应：市场应用越多，反馈越多，技术改进就会越多，技术就会越优异，产品就会越普及，市场应用的就会越多。

英语世界有一句话——The best dream wins，比亚迪的故事就是“最好的梦，赢在最后”的故事。在创业之初那个机会遍地的时代，比亚迪的选择不是“什么赚钱就做什么”，也不只是“擅长做什么就做什么”，还包含了“该做什么就做什么”的初心。这份初心在 2008 年升华为三大绿色梦想的目标，然后，比亚迪用了十几年时间去逼近它。在远大且正确的方向上熬得越久，成就就越大，学费与成就越成正比，这似乎是比亚迪的“投入与产出”定律。

“2008 年我们提出了三大梦想：太阳能、储能、电动车，当时还拍了一个愿景片，很多人看不懂。那个时候讲电动车、储能电站，大家都摇头。但那就是比亚迪的愿景，我们一直在坚守。”这是王传福在 2021 年亚布力中国企业家论坛上的一段讲话。实际上，自提出三大梦想后，他几乎每次演讲都会谈到关于绿色环保、石油安全、太阳能的话题，像一个忠实的布道者。而他的三大梦想战略，在十多年后成为国家出口的“新三样”。

财务人员在坚持梦想和“活下去”之间一直辗转腾挪，对他们来说，这有时也是一种心灵的折磨。

“财务的工作就是踩刹车，但踩刹车是非常痛苦的。比亚迪第 500 万辆新能源汽车下线时，王总落泪了。我们做员工的很能理解，这个过程太不容易了。”说这话时，周亚琳流下了热泪。她在比亚迪财务岗位上服务超过了 25 年，经历了财务最为紧张、咬牙煎熬的过程。

她平静了一下心绪，接着说：“比亚迪以技术为驱动，永远都想用技术创新去满足人们对美好生活的向往。至于赚不赚钱，好像不那么重要。王总认为他对技术足够理解，知道行业未来的方向是什么，股东回报是长期的，不是短期的，只要给他时间，一定会赚到钱。但短期利润对股东很重要。在长期和短期的博弈中，在投入和止损之间，财务人员夹在中间，那种滋味真的很难受。”

通常，企业对那些不赢利、不赚钱的业务会选择刹车。但在比亚迪，长期利益放在前面，财务人员刹不了车。对于长期亏损的太阳能业务，财务处曾做过三次专项汇报，提出关掉的建议，但都没被批准。

踩不动刹车的时候，周亚琳也会反思：“这是王总的梦想，怎么能把梦想关了呢？”但基于财务人员的天职，她又必须“唱反调”，不停地提出问题：人工成本高了，材料的设计成本没降下来，产能利用率不达标，等等。

纠结归纠结，责任始终在肩上。如何保证现金流安全去支撑梦想？一方面，比亚迪不断用挣钱的业务去弥补亏损的业务；另一方面，面对银行和资本市场，要不断沟通，寻求支持。“我们很清楚，梦想和战略肯定能实现，但到底需要多少时间，能不能坚持到那里，我们心里也打鼓。这中间的酸甜苦辣，也不能对别人说。”周亚琳说。

王传福显然是最有信心的那个人。关于电动汽车梦想，他始终坚信最简单的逻辑：中国要减少对石油的依赖，就必须做电动汽车。他说："我算出来肯定有这一天，至于过程中的困难，都是能克服的。"2019年，比亚迪净利润下滑到仅有16亿元，当年研发投入却超过了80亿元，研发占营收比例为6.59%。

"如果市场还是起不来，再晚两年才起来，我相信比亚迪也不会死，也就是再多痛苦两年。"王传福对我们说。片刻之后，他补了一句："当然，也可能就死了。"

这一句"也可能就死了"，让我们第一次真正意识到，对企业来说，有一种"死"不等于失败。如果为了内心的梦想，也是社会的梦想，尽了最大努力，探索了最多可能，仍然熬不下去，这无论如何不能被定义为失败。如同海明威所说，"一个人可以被毁灭，但不可以被打败"。

勇敢无畏、坚韧不拔的比亚迪，没有死去，而是跨越山海，生生不息。

2023年年底的一个晚上，比亚迪总部六角大楼内的一间大会议室中灯火通明，汽车销售团队正在进行年内的最后一次会议。一个多小时后，当会议室紧闭的大门打开，所有人脸上都洋溢着抑制不住的喜悦。

就在刚刚，王传福一锤定音：鉴于各经销商在所辖市场的特殊表现和辛勤付出，在正常返点外，给予一次性额外奖励——2023年考核周期总提车任务完成率达到100%的经销商，比亚迪将给予其每辆车666元的奖励；未达100%的，将按照门店任务完成率乘以单车666元的标准给予奖励。

很快，"比亚迪豪掷20亿元为经销商发红包"的消息登上了热搜。这的确是一个难以想象的数字。2019年，比亚迪全年归母公司净利润才16亿元，还赶不上2023年发给经销商的一次性额外奖励。

这是时代红利，也是比亚迪红利。

比亚迪带着美好愿望，在快车道上疾驰，跑进下一个未来。2024年7月，一个夏日的周五傍晚，天空晚霞斑斓。比亚迪坪山基地的操场上传来阵阵歌声。一支年轻的乐队，成员都是汽车工程研究院的工程师，

他们进入公司刚刚一年。他们反复唱着：

对我说
永远永远
再次围绕着我
对我说
永远永远
是不一样的生活……

年轻的激情打破了夜的宁静，歌声在空中盘旋，仿佛在回应过去的坚持，又在迎接高昂的未来。

第十二章

文化制胜

靠文化来经营企业，才是最高境界。

一切梦想的实现，都离不开人。2021年，比亚迪新增员工6万余人，总数超过28万。2022年，员工人数翻番，达到约57万人。2024年，比亚迪的员工人数近百万。增加最多的是生产人员和研发人员，这是随着市场的增长，扩建工厂、扩大产能的必然结果。

短短几年，比亚迪就成为中国就业规模最大的民营制造业企业之一。王传福说："人才是企业最宝贵的财富。比亚迪有近百万名员工，就是近百万个家庭，让他们过得好，是我的责任。"

王传福被称为"技术狂人"，但他说过，比亚迪的研发是靠几万、十几万个脑子在运动；不是他一个人在"养鱼"，是整个研发大军都在"养鱼"。"鱼池代表的是一种让更多聪明的头脑汇聚起来的环境。大家都去创新，爆发出来的动力就无比巨大。工人也很聪明。一个每天都在车间认真工作的工人，对产品的熟悉程度有时大大超过管理人员，他们想到的一些点子管理人员可能都想不到。"

如此规模的队伍，究竟是怎么管理的？这个难题里有着比亚迪鲜为人知的奥秘。

竞争文化：人人都在榜单上

“竞争激发活力，活力促进创新，创新提升效率，效率带来繁荣”“唯有竞争是充满活力、永葆青春的”，这在比亚迪是被普遍认同的文化，也是在生产、经营、管理中都能看到的行为方式。

无处不在的竞争

2017 年，比亚迪将企业文化调整为竞争文化，这与外部环境息息相关。市场经济得以发展的重要手段就是竞争。竞争推动整体市场向更优质、更高效、更创新的方向进步，迸发出无限活力，走向繁荣。

对内来讲，推动一家公司发展的核心是效率，尤其是人的效率。而要持续提升人的效率，就要靠竞争。王传福说：“企业光靠责任、光靠忠诚度是不够的，这些都有‘有效期’，时间久了都会过期。企业必须建立竞争优势，真正做到优者上、劣者下。”在组织管理中，可量化的指标往往仅 20%~30%，余下的 70%~80% 都无法量化。怎么办？以各种竞争机制做无 KPI 管理，充分挖掘组织和人的潜力，增强人的自驱力，让组织的活力不断被激发。

此后，竞争文化逐渐在比亚迪落地生根。2019 年夏天，比亚迪举行了首个“竞争月”活动。2020 年，竞争文化在“百团大战”中大显神通，各部门都拿出了竞争的狠劲，在口罩产量的龙虎榜上拼命向前，谱写了大量可歌可泣的战斗诗篇。

2022 年，竞争文化在各个事业群 / 部继续深入开展。汽车品牌及公关事业部提出“竞争的高级阶段就是品牌的竞争”；王朝销售事业部提出“看市场，看竞品，看自己，多方对标，在对标中进步”；汽车对公销售事业部则提出“竞争要么进、要么退，没有原地踏步和舒适区，学习力成就竞争力，从入门到专业，把不可能变成可能”。

在比亚迪，每一个事业部、每一个职能部门、每一个人都在体验和参与竞争。李柯在2023年巴菲特股东大会中国投资人峰会上演讲时动情地说："竞争文化是从王总开始，到总经理层级，到每个生产线上的员工都要做的。我是公司的执行副总裁，但每个月还要跟其他承担销售工作的岗位负责人去比，比我们的销售额，比我们的利润，比我们的销量，比我们的建店数目。就是设定一个目标以后，每个月要出一个龙虎榜，这个龙虎榜是要贴给大家看的。说穿了，我在公司27年，为了自己的脸面，不能整天在榜底，我也得冲到前面，带着大家往前冲。"

在一次内部关于竞争文化的讨论会上，我们亲耳听到了员工们的声音。有人说："在战场上，大军冲锋向前，不小心踩着自己人的情况也是有的。你也会心疼，但也得快速向前冲。"也有人说："如果公司都不存在了，那是几万、几十万人失去岗位。竞争文化可以让公司不会变成温室，避免最后大家一起被淘汰。"

在"2024中国汽车重庆论坛"上，王传福再谈竞争。他说："市场经济的核心就是竞争，竞争才能产生繁荣。祖国40年繁荣昌盛、经济腾飞的本质就是竞争……过去，手机行业有几百个品牌，通过十几年的优胜劣汰，只剩下了几家，都是世界级的。家电行业也是，不断地优胜劣汰，形成全球为数不多的几家家电企业。工程机械、太阳能更是这样。竞争是自然规律，只有积极拥抱、积极参与才能真正走出来。"

为了激活竞争、提升效率，比亚迪制定了多样化的竞争机制。例如集团会拿出一部分利润与员工分享，并设置立功授奖等各种奖励机制，优秀的员工会分到更多；事业部也会拿出竞争红包，奖励给员工，而且集团要求他们一定要及时奖励，发到员工手上。

"闭环+龙虎榜"是极具比亚迪特色的竞争机制。闭环的意思是说到做到，一定要有结果；龙虎榜则是把人在组织中的行为、活动的结果对标化，排出优先顺序并予以公布。并不是所有部门都能拿出准确的KPI，如人力资源、财务、总裁办公室的很多工作就无法给出量化指标，但相互之间的竞争、比较是可以去做的。无KPI，也可以排榜。

从比较良品率、销售收入，到一些开抖音账户的总经理比赛谁先到达 100 万粉丝，可以说事事皆可排榜，人人都在榜上。工厂之间、事业部之间、销售网络之间，以及职能部门内部各管理单元之间，排榜作为一个评价机制，已经完全日常化了。有的事业部有几千张各种各样的榜。由于个人在榜上的表现会影响到所在团队的排名，因此也把个人和团队的利益紧密关联在了一起。

龙虎榜成了无 KPI 的最佳管理方式，充分挖掘了员工的潜力、自驱力，激发了他们的自尊心、进取心，提升了组织效率。竞争文化是为了让每个人超越自我，补短板，奋起直追。当每个人的潜力都被激发起来，企业就能保持活力。

“比学赶帮胜”

最初，比亚迪以“比学赶帮超”来诠释竞争文化。经过几年的导入和不断深入，竞争文化的内涵更加清晰，2024 年改为“比学赶帮胜”。“胜”是目标，“比学赶帮”是途径和方法（见图 12-1）。

竞争文化的内涵

比	学	赶	帮	胜
全面对标	**谦虚好学**	**奋起直追**	**协同作战**	**优胜劣汰**
竞争无时不在 无处不在 敢打敢拼 跟自己比，跟同行比 跟标杆比，跟时间比	批评与自我批评 知彼知己 博采众长	不进是退 慢进也是退 争分夺秒 持续改进 不甘落后	团队合作 不推诿、不扯皮 心往一处想 劲往一处使	不断超越 奖励优秀 淘汰落后 杜绝躺平

图 12-1　比亚迪竞争文化的内涵

我们发现，比亚迪人对竞争不畏惧，也不排斥，他们对竞争习以为常，谈起竞争时会感到兴奋。为了站到比拼的舞台上，他们练习已久、盼望已久，他们像运动员一样渴望“战斗”，渴望胜利。这种内驱式的竞争为企业注入了不竭的动力，推动企业向上生长。与之相对，没有准备，不想竞争，却不得不被动地参与竞争，则会带来内耗、焦虑与混乱。

任林说，最怕的是把竞争文化理解成简单的淘汰文化，忘了“学”和“帮”。他发现，在工人层面，对焊工的要求比较高。师傅为了保住自己的一些收入和地位，有时不太愿意分享技术。“这时我们就采取了‘师傅帮徒弟’的制度，有五六个师傅都有国际焊接技师证书，那就每人带两个徒弟，把徒弟教会。几队之间互相比，谁的团队出师水平高，说明师傅会教。徒弟和师傅之间的学习体会会做成案例分享，最后还要比，看谁的工作质量好。”

销售一线的“战火”向来最强。比亚迪直营事业部从各维度评价每个店的龙虎榜指标有200多项，每天都会发布销售目标完成率的排名。除了同店、同岗位的龙虎榜，直营事业部还设有门店同岗位的龙虎榜，而且除了内部比，还要跟社会商家比。这便把竞争文化带给了渠道经销商。直营事业部员工的收入、晋升直接与龙虎榜考核结果挂钩。2022年上半年的数据显示，直营事业部各部门绩效考核标准差超过8%，店端一线销售岗位前10%和后10%会有10倍的收入差距。直营事业部以业绩、潜力、培养等多维度进行排名，将排名前30%的纳入人才库并予以公布。在晋升时，只有在人才库内的员工才有资格参与竞聘。浓厚的竞争氛围和多种激励措施，让直营事业部数千名销售顾问斗志昂扬。

技术研发更离不开竞争。2022年，第二事业部“超低阻抗”技术团队仅用两个月就研发出全球第一个攻克了超低阻抗的继电器产品。产品部经理说：“真正推动大家行动的是源自内心的责任感和使命感，同时，还源于技术人员骨子里最原始的欲望，那就是去解决问题的欲望。每个人都把迎接挑战当成一件有趣的事。我们遇到很多困难，但从未想过放弃，因为竞争文化的基因早已渗透在团队成员的骨子里。比，我们勇于和行业鼻祖比肩，敢于挑战行业最高水平；学，我们不断学习前沿理论，用创新的视角指引实验推进；赶，我们与时间赛跑，追赶进度，在规定的时间内完成交付；帮，项目的成功离不开技术团队的协同作战和外围部门的鼎力相助；胜，我们的产品成功通过了继电器领域最严苛的测试，攀登行业‘珠穆朗玛峰’，真正实现了超越。”

在持续的“比学赶帮胜”过程中，“卡脖子”问题解决了，创新路径找到了，技术升级也实现了。竞争文化“润物细无声”地在比亚迪扩散开来。

比亚迪为打造幸福园区，设置了 NPS① 排行榜，激励各园区想方设法提升员工幸福感；人力资源处为推动人才内推工作，鼓励各事业部“比学赶帮胜”，设立人才内推的龙虎榜，分享内推经验，解决了人力紧缺问题，降低了用工成本；采购处则将竞争文化的理念、经验带给供应商，帮助供应商降本提效……当大家体会到竞争给自己、团队、企业、社会带来的好处后，不会谈竞争色变，而是发自内心地参与竞争，创造更大的繁荣。

品质文化：造物先造人

经过 30 年的发展，比亚迪的产品品质已得到多方验证。在与戴姆勒、丰田这样的汽车制造巨头的合作中，比亚迪产品品质得到了高度评价。比亚迪西安基地总经理刘振宇说，有一天他途经比亚迪西安的寒冷试验室，室温是 –30℃。他问里面在做啥，技术人员说，他们发现在温度很低时，开车门会有咯吱咯吱的声音，车里听到的颠簸的声音跟常温下也不一样。为了防止在超低温情况下出现故障，他们必须在 –30℃的环境中仔细听、仔细查，把声音的频率、位置记下来，然后分析、改进，再做实验，确保没有风险才算过关。

好产品来自比亚迪对品质的不懈追求。作为一家制造型企业，产品是立足之基，品质是产品的灵魂。王传福常说：“品质是比亚迪的基石，没有品质，我们什么都没有。因为品质造就了比亚迪，我们不能忘掉，

① NPS（net promoter score），消费者净推荐值指数，是衡量客户忠诚度和满意度的指标。比亚迪用此来评价员工对园区服务的满意度。

这是我们的根。”在2023年的品质月启动会上，他告诉大家：“比亚迪发展到目前阶段，能打败我们的只有我们自己，而能打败自己的只有品质。”在比亚迪的认知里，汽车制造仅做到99.9%就是严重的不合格，因为剩下的0.1%很可能是一个关键零部件缺失或是未被发现的缺陷，对公司的客户和品牌来说，这极可能是致命的伤害。

“人机料法环”，在影响产品实现过程的这五个基本因素中，人是排到第一位的，是品质保障的根本。人的品质包括两个因素，一是个人能力，二是基本的个人素养。前者和其学历、经历（验）、技能有关，后者则主要取决于其个人经历、习惯以及所在的环境，特别是品质文化的影响。

王传福也讲，人的品质决定产品品质，品质是价值和尊严的起点，他要求各部门“造物先造人”。这一理念并不否认品质体系上的一些架构和管理工具，而是更强调品质体系中最根本的因素——人，要把人的品质培养好。

尊重规则是比亚迪对人的品质素养要求之一。一个庞大的组织只有做到训练有素、讲规则，才能做到有序运行。在比亚迪，无处不在的5S[①]活动就是一种基本规则。在王传福看来，遵守5S的员工具备品质素质，在任何岗位都能做到尊重规则。

比亚迪经常有各类5S检查和考核，王传福视察工厂时经常会检查工厂卫生间，如果卫生不合格，他会对厂长问责。他的逻辑是，一个连卫生间5S都做不好的工厂是做不出好产品的。员工的个人5S也会有考核，以培养他们的习惯，使他们形成下意识。

认真也是比亚迪对人的品质素养要求。只有认真的工作作风和工作态度，才能确保工作品质、产品品质和服务品质。王传福曾发出“向认真要未来”的号召，要求全体员工践行品质文化，认认真真。“第一次就要把事情做好”，工作标准“零缺陷”，以减少纠正错误的次数，避免

---

① 5S是指日文Seiri（整理）、Seiton（整顿）、Seiso（清扫）、Seiketsu（清洁）、Shitsuke（素养）五个词的首字母缩写。

浪费时间。比亚迪将“认真度”作为一项长期战略性的文化在全公司推行，并在管理人员的绩效考核中占很大权重。

完善的品质管理体系则是品质文化的制度保障。比亚迪每个车间都有品质文化看板，大体包括：品质文化123、PDCA管理循环[①]、影响质量的六大因素（人机料环法测）、品管七大手法、安全管理十字法、品管圈（QCC）小组活动、一线员工技能提升及星级考核、5S管理方法等。

这些品质管理方法都有执行指南，比如品管七大手法，第一条是收集整理资料，所用工具是“检查表”；第二条是“确定主要因素”，所用工具是“柏拉图”；第三条是“展示变量之间的线性关系”，所用工具是“散布图”；第四条是“寻找引发结果的原因”，所用工具是“鱼骨图”；第五条是“从不同角度、层面发现问题”，所用工具是“分层法”；第六条是“展示过程的分布情况”，所用工具是“直方图”；第七条是“识别波动的来源”，所用工具是“管制图”。图和表都非常直观地画在看板上，便于理解。

再比如白手套作战法，它能更直观、更有效地检验清扫效果和清洁度保持情况，让品质管理一目了然。首先，检查人员戴上干净的白手套，对检查区域进行全面触摸，白手套被弄脏表示清扫、清洁程度不够，区域责任人要进行再次清扫与清洁。其次，每一副白手套完全被弄脏后更换新的白手套，持续触摸直到有一双白手套触摸不到脏污为止。最后，检查人员检查完后将弄脏的白手套数量进行清点，白手套弄得越脏或弄脏的白手套数量越多，表示清扫、清洁程度越差，反之亦然。

工匠精神：精益求精，匠心品质

比品质管理手段更重要的是工匠精神。王传福谈到，同样的生产车

---

① PDCA管理循环是全面质量管理的工作步骤，即按plan（计划）、do（执行）、check（检查）和act（处理）四个阶段循环不止地进行全面质量管理。它又被称为戴明循环。——编者注

间、生产设备、生产流程，德国和日本为什么把汽车做成了“世界品牌”？根本原因在于文化和人。那是一种对待工作兢兢业业、一丝不苟的职业态度，是一种“没有最好，只有更好”的极致追求，是工匠精神、匠心文化长期陶冶的结果。

比亚迪的品质信心正是来自工匠队伍。王传福是工匠家庭出身，对工匠极为尊重和重视。他说：“中国是世界制造业大国，作为制造业的代表，我们要用我们的工匠精神撑起中国制造的脊梁。工匠是支撑工业制造的基础。只有用创新的技术 + 精益求精的工匠精神，才能打造高质量的制造。”

为了弘扬工匠精神，比亚迪每年以十分严苛的标准层层评选“金徽工匠”“银徽工匠”“铜徽工匠”，给予工匠极高的待遇和荣誉。例如，加薪、晋升、评优等工匠优先，工匠每月还享有补贴。工匠不一定是高学历人才，但待遇甚至可超过博士生。真正的工匠，追求的是如何在自己的领域达到极致。

“金徽工匠”是很多技术人员追求的目标。获选者不仅要有一流的技能、精益求精的技术态度，也要有卓越的品格。比亚迪首届“金徽工匠”评选是在 2020 年，一共有 5 人获奖。

中央研究院的韦家亮是“实验狂人”。他经常在实验室待一整天，每个实验都自己跟进。截至 2020 年，他工作了 13 年，已有 54 项发明专利授权，且 90% 以上为第一发明人。

商用车研究院的伍星驰是“专利达人”，在 9 年时间他共计申请专利达 108 项。其中，高频脉冲电池加热技术为国内整车厂首创，荣获了中国汽车工业科学技术进步一等奖。

第二事业部的尚道祥是比亚迪的“模王”。他深耕压铸模具设计与开发，带领团队开发模具近千套，产品种类涉及汽车、手机、医疗器械等领域。产品最薄 0.4mm，最厚达 55mm，几乎突破行业极限。

汽车工程研究院的试车员江稳，测试工况 200 项，测试车辆 5450 辆，测试数据 109000 条，测试里程 1650000 公里。业内人士都知道这串数字的“江湖地位”。他的数据还在增加。江稳的每一公里都是极限工况下的前行，无数次与死神擦肩而过，但他的多项测试几乎可以与机器媲美精准度，是“冠军赛车手”。

比亚迪电子的曹晓燕是“卷绕第一人”。她卷绕电池的速度比别人快两三倍，且合格率始终保持在99%以上，20多年来累计卷绕1800多万支电池。

比亚迪迄今最年轻的“金徽工匠”，是第二十一事业部（后更名为轨道交通事业部）深圳工厂机加工车间的焊接工杨曾，他出生于1998年。他从郑州城轨交通学校车辆运用与检修专业毕业，刚加入比亚迪练习焊接时，无论怎样练习都不行，甚至一度怀疑自己的能力。他立誓：“就算笨，我也不怕。只要努力练习，迟早能赶上他们！”

焊接的秘诀是“手不抖，蹲得稳”。为了使焊接时双手更加稳定，他从2020年开始在手臂上捆绑钢板，锻炼臂力，1块、2块、3块……捆绑的重量达到3千克，手臂越来越稳。在焊接车厢内侧底架与侧墙的结合位置时，由于焊缝距离地板只有15厘米，焊接位置受限，按常规蹲着操作只能焊接0.5米，并且不易观察熔池，焊缝容易形成焊偏、成型不良等缺陷。最终，他以“青蛙蹲”的焊接姿势解决了难题。“青蛙蹲”让焊接距离提升到1.5米，在减少焊接接头的同时，焊接缺陷也得到控制，生产效率大幅提高，焊缝的焊接质量得到保证。

2022年9月，杨曾荣获“金徽工匠”称号，他所在的焊接组也被命名为“杨曾焊接组”。

从“金徽工匠”身上可以看到，工匠是一种职业高度，也是一种精神气质。在比亚迪的工匠中，有的曾在青海 -20℃的严寒天气和高原冬天严重缺氧的环境下，顶着寒风在工地安装几十千克重的循环水管；有的能用叉车撩起地上的硬币装入饮料瓶中；有的可以用肉眼分辨产品的病理，找到设备无法检测的异常……他们都在平凡的岗位上做着不平凡的事。

在比亚迪坪山总部礼宾楼展厅的专利墙上，“技术为王，创新为本”

八个字与数千份专利证书一起熠熠生辉。而在对面的工匠墙上，则写着“精益求精，匠心品质”。专利墙和工匠墙是王传福亲自规划建设的。专利墙上展示的是创新技术，而创新技术要转化为不断满足消费者体验的好产品，需要扎扎实实地制造，需要大量一丝不苟、精益求精的工匠。在礼宾楼建设完成的第一天，他前去检查时，第一时间去看了工匠墙，并让总裁办公室、品质处、人力资源处加大力度，每年培养、选拔更多的工匠，他说：“我们不怕这面墙大，这面墙越大越好！”

满墙的工匠照片，一个个朝气蓬勃，自信阳光。每个参访的人，走在这两面墙中间的路上，一定会真切感受到比亚迪的实力和底气。

工程师文化：比亚迪的底色

在 2024 年的“梦想日”上，比亚迪十大“技术天团”的代表首次公开亮相。迪粉们喜欢将比亚迪比作一艘乘风破浪、成就梦想的巨轮，他们给王传福起了一个雅号“船夫”。这一刻，“船夫”与船上的“渔夫”们手拉手站在了一起。

只要谈到比亚迪的成功之道，王传福经常会把工程师推到台前。他说：“工程师们以推动技术革新为使命，始终坚持用技术去改变世界，没有这样的工程师文化，就不会有今天的比亚迪。”

产品是技术的体现，技术来源于工程师。在比亚迪，各业务总经理都是工程师，晋升管理层的基础条件是专业能力过硬。30 年来无论顺境与逆境，比亚迪对于工程师文化的信念都没有变过。站在“梦想日”舞台上的十位代表，是比亚迪超过 10 万名研发人员群体的缩影。

“梦想日”活动刚刚结束没几天，首届“国家卓越工程师”名单在北京公布，比亚迪的廉玉波当选。在 81 名入选者中，他是唯一一位来自车企的工程师。

创新、竞争和效率

比亚迪人是如何诠释工程师的呢？

廉玉波说，工程师就要真抓实干，不搞虚的。“我给自己的定位，首先是一名汽车工程师。现在我们所推出的每一款车型，我都自己开，亲身试。我觉得不管发展到什么阶段，车的基础性能都是至关重要的，需要工程师去亲身感受。”

李柯说，工程师是超级奋斗者。“中国有一大批非常优秀、勤奋的研发人才，比亚迪的创始人基本是理工科专业的毕业生，他们相信这些研发人员。我们能投入别人十倍的人力资源，加上十倍的勤奋努力，一年的奋斗成果，起码可以等于别人的三年。从电池崛起到手机、汽车崛起，比亚迪就是这样去追赶的。”

任林说：“真正的工程师拥有追求宇宙本原的本能，这是其本性。在比亚迪，工程师还看得很远，他们敢字当头，敢于突破，敢于冒险，甚至异想天开。为了实现梦想，他们愿意长期忍耐。如果说别人喜欢的节奏是水往下流，比亚迪工程师的节奏是山往上拱，满路都是障碍，也要一点点搬走。”

在比亚迪，工程师不只是一种工作岗位，也是一种气质，一种解决问题的态度与方法。有的工程师为了一款车型每两个月出一个方案，8年时间，做了上百个方案，把错路走完了，也没有成功。虽然这款车型最终不是在他手里下线的，但这种百折不挠的精神恰恰是工程师“不信邪”的体现。

很多工程师对我们说，工程师身上具有直接、简单、淳朴、钻研、协作的特点。

在比亚迪总裁办公室关于工程师文化的一项调查中，还有这样一些对工程师的描述：务实，敢于冒险，敢为人先，敢于竞争，永争第一，包容犯错，不迷信权威，不惧怕挑战，高度信仰技术、热爱技术、钻研技术，有为科学献身的奉献精神，迎难而上，坚持不懈，始终充满激情，以解决社会问题为导向，发现问题，创造性地解决问题……

2024年，王传福在内部会议上总结说，工程师是能通过创新、竞争的方法提高效率的群体。创新、竞争和效率是比亚迪工程师的三个特点。工程师不仅要懂机理、懂技术、懂产品，还要把理论知识转化成实践方法去解决问题。

根据他的讲话，总裁办公室将比亚迪的工程师思维大致总结为：事物的本质是什么，因果关系是什么，变量是什么，如何控制变量，找到方法进行训练，按同样的方法做事（标准化），实现工程化、规模化，实现全产业链布局。

稍举两个例子，便可对工程师文化和工程师思维加以说明。

刀片电池生产线迭代涉及 41 道工序，每道工序都有对应的工艺点，需要逐个攻克。这不仅需要广博的知识储备，更需要灵活的思维和创新能力。在电池事业群的项目团队中，仅最为核心的研发部分就投入了 40 名工程师。他们白天泡在生产线上，晚上回到宿舍通过查文献、查专利资料寻找创新突破口。历时 430 天，项目团队完成任务，实现了从 6 秒节拍到 3 秒节拍的飞跃。3 秒之差代表着成本降低 42%、人力减少 45% 和场地面积减少 49%，也代表着每天每条生产线多生产一倍的电池。而在第二代刀片电池生产线研制成功时，第三代生产线的研发又已开始。

在第十五事业部，工程师们在攻破定钳技术时，在最严苛的条件下进行噪声测试，改进低温、低频噪声问题。在半年多时间里，他们解决了噪声、拖滞力矩控制、生产线设计等问题，年产能达到数十万台，解除了定钳产品被国外企业垄断的风险。

这就是比亚迪人的工程师气质，通过追根究底、步步推进、闭环改进，不断创新、提效，循环往复，以至无穷。

对工程师包容

工程师铸造了比亚迪之魂，比亚迪则为工程师提供了成长的沃土。

宫清说："因为王总懂技术，所以他对技术的支持是无条件的，给了底层研发极大的宽容。有的老板不懂技术，就会说'怎么又花了这么多钱'。我们研发一时没成功，或者哪条路没走通，王总能理解。因为确实有很多路，不一定一下子就能走通。我们给王总定期汇报时，他总是给我们极大的信任和宽容，让我们有极强的研发动力，不会举步维艰，更不会左顾右盼。”

李柯说：“重视研发投入是比亚迪的基因。王总自己很节俭，但很舍得投入研发。以前我们年销售额几千万元时，王总花了近400万元买了一台电池研发设备，连卖设备的人都不相信一个民营企业会买这么贵的设备。做汽车也是这样，别人都不看好的时候，王总不但做了汽车，还成立了各个事业部，研究发动机、电控，什么都自己研发。他说做研发就是这样，投入10个部门搞研发，不成功没关系，有助于最终掌握这个技术就行。即使研发投入只有1%实现回报，这1%带来的价值可能会超过所有的投入。”

一位工程师告诉我们，比亚迪很重视成本控制，但不会靠减少研发投入来降成本，而是通过加大研发投入，用技术创新手段来实现降成本。有的总经理说，自己以前做研发时，感觉钱永远花不完，后来搞经营了才发现挣钱太难。这些投入让比亚迪走在别人前面，比别人早犯错、早走弯路，也早一点到达彼岸。

凌和平则讲了一个有趣的故事：“我们刚进公司时是20多岁的小伙子，那时候王总40多岁。我们年轻气盛，又觉得自己学过汽车，王总不是搞汽车出身的，所以我们经常想证明王总是错的。但是做了几次‘证明’后，我们才发现，原来自己之前压根儿就没在王总那个维度去思考。现在反过来了，我们40多岁了，新来的年轻人天天都在证明我们是错的。”

当技术人员和自己有不同意见时，王传福能听得进去，并且吸收消化。在比亚迪，为技术问题争得面红耳赤极为常见，但彼此理解。一位工程师说：“什么是工程师思维呢？就是在发生问题时，不会追究‘是谁搞砸的’‘为什么搞砸’，而是快速合力，一起想办法解决问题。”

数十年如一日，比亚迪的工程师文化就慢慢积累、传承下来，并发扬光大。

打通技术人才发展通道

除了营造工程师文化氛围，比亚迪也建立了相应的工程师保障机制。技术人才是比亚迪的中坚力量，但在职业发展上存在天花板：如果未担任管理岗，晋升空间普遍不乐观。比亚迪人力资源处分析发现，薪资并不是留下工程师的唯一要素，工程师很在意个人发展。相较于晋升管理层，他们更期待在技术道路上晋升。从 2018 年起，比亚迪人力资源处便着手研究设计一条适合技术人才的晋升通道。

由于比亚迪涵盖了多个领域的业务，各业务的发展阶段也不相同，技术专业类别又很广，如何拉齐找平评判标准、搭建技术通道，就非常具有挑战。项目团队通过研究学习国家专业技术人才职称和业内优秀企业的技术人才级别理念，设计出了以职称等级为节点的技术人才晋升通道。

2019 年，比亚迪最终确定了公司学术委员会的组织架构，成立了材料、电子、化工、机械、软件、土木六大学术委员会，王传福亲自指定了六大学术委员会的主任和主任助理。人力资源处联动六大学术委员会，经过多次会议讨论和对各事业部的访谈，逐步搭建出技术人才评价体系，包括各级别职称的门槛条件、评审维度、评委资格、评审流程等，以学术委员会为单位输出各自的评审细则，实现同类人才相同评价标准。所有学术委员会职称申请评估维度相同，即从“奖项、先进性、项目、个人技术水平”四大维度出发，根据该学术领域的评分细则，多视角评估人才的技术实力。每个学术领域的评分细则有 20 多条，以全面保证评分的客观性。

2022 年 1 月，《比亚迪公司技术人员职称管理规定》发布，以明文规定澄清了技术通道、职称及其与原级别之间的关系，为技术人才打造了专属晋升通道。

技术岗位从 G 级到 A 级共有 21 个等级。只要技术实力和成果通过公司的认证，最高可晋升至科学家级别。员工每年可以根据标准申请职称评审，一旦评审通过，其岗位等级也随之提升。比较特别的是，比亚迪员工可以在两个晋升通道间自由切换。例如，按照管理层级，技术研究部门科长的上一级是经理，但如果暂时没有经理位置，他也可以通过职称评级的方式获得晋升。这种做法打破了晋升限制，条条道路可晋升，随时随地可晋升，解决了大家的发展顾虑，让他们更专注于技术研究。

在大家的协同努力下，为期一个多月的2022年首届技术通道职称评审结束，有超过30个事业部的5000余名技术员工申请职称，由公司负责D级及以上人员职称评审，由事业部负责E级及以下人员职称评审。最终，4000余名技术员工通过职称评审获得了晋升。

“技术为王，创新为本”是比亚迪的发展理念。在技术人才评价体系中，技术实力的维度也占有较高的比重。进入晋升竞争池后，先以通用标准进行人才筛选，无技术成果者没有竞争晋升的资格。在晋升评审过程中，技术成果先进性和个人技术水平的评分维度占50%，以员工的技术实力进行评分排名。

比亚迪技术人才通道的诞生与实践，为技术人才打造了一个更广阔、更专业、更透明的舞台，激发了全体技术人才的激情和活力，指引员工聚焦技术水平的提升，用成果说话，用实力赢得竞争。该通道也能助力公司更有效地识别出技术专家型人才，提高技术创新实力。

比亚迪对各类人才都非常重视，以“在公司战略的牵引下，建立公正公开的人才发展平台，打造一支务实进取、敢打敢拼、协同作战的人才队伍，持续激活组织与个体活力，长效保障公司业务的快速发展”为人力资源管理的目的，明确要求各业务单位是人力资源管理的第一责任人，各管理者都有责任和义务为公司培养并输送更多人才。

在人才选拔上，比亚迪坚持“人才是选拔出来的”。比亚迪非常重视应届生培养，目前公司超过50%的高管和骨干工程师都是从应届生培养起来的；社会招聘采取“学历与经验”互补的方式，为候选人提供用经验来弥补学历差距的机会；蓝领招聘则积极探索新型“直播送岗”与“内推＋网招”等创新模式，并始终坚持规范用工，杜绝“黑职介”，维护员工权益。

在人才培养上，比亚迪坚持“训战结合，自主培养”，为员工搭建多元化的培养平台，通过“理论＋案例＋训战结合”的特色方式，“扶上马，送一程”，助其更快成长。同时，关注员工培养后的发展，根据员工所处领域和发展阶段，搭建多通道人才发展路径，打破人才发展天花板。比亚迪全面推行导师制和一线技工师徒制。在销售储备店长的培养上，所有店长上岗前都要经历“销售铁军集训 + 店端岗位实践”。

在考核评价体系上，比亚迪坚持以业绩为导向，以“公开、透明”为原则，明确业绩结果是员工获得回报的主要标准，打造了向绩优者倾斜的差异化激励体系。对于持续业绩表现优良的员工，敢于压责任、放权力，让员工在更大更重要的项目中获得更快的成长；对于业务保障型员工，给予稳定拼搏的机会，通过管理机制促进工作的持续改善、效率的持续提升。比亚迪强调资源向临危受命、担大责、在艰苦地区工作的员工倾斜，强调“及时激励，鼓舞士气”。例如，在“百团大战”中，对表现优秀的项目人员现场发放现金奖励，破格提拔了 120 人。

王传福对人力资源管理非常关注。人力资源处汇报策略想法时，他都会参与讨论，给出建议；具体落地时，则会集思广益。新举措推行之前，人力资源处会做访谈，收集各方意见，形成大体思路，再逐步落实，不断调整完善。通常一个战略举措一两年就能沉淀下来，运行顺畅。

从一个人到无数人

在某种意义上，企业文化是企业家精神的延长，企业家是企业文化的原点。

作为一位技术型企业家、创新型实业家，早在 2002 年就进入《福布斯》中国内地首富排行榜的王传福，毫无富豪之气，他就是一位首席工程师，一位头号劳模，或者如其所言，“如果你把战略也看作一个产品，那我只做了一个产品，就是战略”。可以说，他就是比亚迪战略的产品经理。

王传福还是比亚迪最大的测试员。和王传福早期一起创业的同事都记得他在办公室里测试电池性能时传来的噼里啪啦的极端测试声响。比亚迪的每辆新车他都是第一个试驾员，很多工程师深夜会接到他的电话——要求对某个技术进行改善。测试，改善，再测试，这是王传福对每一位产品经理的基本要求。

如果不出差，每天早上 7 点多，他会从住处自己开车，一刻钟左右到达公司，开始一天高强度的工作，一般晚上11点结束工作回家。他的车上和办公室备着西装，但他平时最习惯的衣着就是和员工一样的工衣。

他不抽烟，不喝酒，不会打高尔夫球，没有娱乐活动，不喜应酬。他的办公室和家里摆放的书刊基本都是技术类的，偶尔有关于奢侈品营销的书籍，也不是因为他有购物欲望，而是在思考比亚迪品牌高端化的过程中，他希望有所借鉴。

工程师，劳模，测试员，王传福的这些角色，奠定了比亚迪的底色。

在早期服务意大利工业和应急系统照明品牌百家丽，与客户聊天时，只要和技术相关，他就充满活力。客户和他聊到世界杯足球赛，他只回了一句“我没看过”。在比亚迪苦战发动机技术的过程中，有一天，他无意中看到一位同事拿着一个名牌包正在兴高采烈地展示，说花了两三万元，他蹦出来一句：“这个包的价格都能买一台发动机了！”

为了实现绿色梦想，他数十年如一日地全情投入工作，如寺庙里的僧侣，过着有规律的极简生活。过去，除了推不开的应酬，他都在食堂里打饭吃。现在，因为会太多，他的中午和晚上基本就在办公室和会议室吃套餐。我们听到很多总经理对总裁办公室的同事说：“你们不要把会议排得那么紧，要给他留出吃饭时间，让他吃慢一点，要给他留出一些时间休息。”李巍表示：“其实给王总再多时间，他吃饭还是那么快，也依然是不愿休息的。而且，如果没有给他安排会议，他常常会不开心，还会打电话叫人过来，自己组会开起来。”

出国参加活动时，他一天要排十几个甚至二十个议程。他是比亚迪最大的销售员。在国内，如果一天不了解一点各方面技术的进展，他会不自在；在国外，如果一天不安排足够多的客户见面，他也会不自在。这不是一天、一年，从1994年创业至今30年，他始终如此。

他尊重科学，信赖好学的年轻工程师，而不膜拜欧美的技术路线。凌和平说：“他愿意听我们这些做研发的人说话，一个技术话题，他能听上2个小时、4个小时，甚至6个小时，也不打断你，还会启发你，跟你讨论。他对各种技术的细节非常熟悉，技术信息的信息源非常多，当这些信息融合在一起，他能提出很多创新的方案、论断、观点。比亚迪'融合创新'文化的形成，他做了非常好的表率。虽然他时间紧张，但只要有机会，他还是愿意和研发人员在一起。”

罗忠良说：“我们很多新产品的技术都是和王总在周末电话聊天聊出来的。”他和王传福的话题通常从某个技术能否实现开始。王传福会不断提问：这项技术的竞争力如何？能不能把成本降低？如何把品质再提高？设计怎么做？需要哪些零部件？采用哪种工艺？事业部是否需要协同作业？在循环提问与讨论中，信息共享，思想碰撞，许多问题就有了解决思路。

比亚迪董事会秘书、投资处总经理李黔在加入比亚迪之前，曾随王传福一起到香港出差见投资者。王传福在观察他，他也在观察王传福。中午一行几人在中环的“大家乐”吃饭，王传福三下五除二吃完，他上前帮助拎包，结果王传福不让。时任比亚迪财务总监的吴经胜拉了他一把，说我们不讲这个，大家各拎各的包。下午，他们来到湾仔一个汽车城。“王总看着看着，就钻到车底下去看了。我感觉这个'老板'不一样，很务实，爱钻研，对产品、技术极其狂热。”当晚，李黔坚定选择加入比亚迪。

很多人谈到，王传福对技术的预判力极强，且善于将复杂的问题简单化、量化技术目标。在总结DM技术时，杨冬生提到了“315”目标。这是王传福在研发第二代DM技术时提出的，具体是指在燃油汽车基础上重量增加150千克，成本仅增加3万元。一直到第四代技术时，这一目标才终于实现。杨冬生说：“王总一开始就看到了DM技术发展的目标，并且带领我们找到最准确的实现路径。”

他喜欢到现场，喜欢动手。每个工艺的改造、项目的设计，他都会亲自去看，一一过问。

让别人做的，他必定自己先做。他抓采购管理，和大家站在一起，带头做廉洁宣誓。有的关键技术他也承担责任，如果没有按时完成，他和项目总经理一起罚站。

他在比亚迪一言九鼎，但待人温和，几乎没有骂过人。对不满意的事情，他会指出来，然后就事论事去解决，不会借题发挥，更不会用侮辱性言辞伤人自尊。他也有非常感性的一面。总裁办公室回忆起他这些年流过的眼泪，发现大部分时候是因为感到一路走来的辛苦、心酸和坚持的不易，比如某个年度业绩不理想，整个奖金比例压缩，员工的收入都低于预期。他觉得作为领头人没有尽到责任，想到这一点，看到一些场景，他会流泪。这是他真实而脆弱的一面，虽然很少流露。

比亚迪监事会主席李永钊与王传福相识 20 多年，对王传福颇为了解。在他的眼里，王传福在技术上很张扬、硬气，做事果断、坚毅，但内心柔软、重情义。李永钊说："王总会一直记着你、想着你，时常为人考虑，让人在不经意间被感动。他有柔情的一面，就像羞答答的玫瑰在静悄悄地开。"

坦率地说，今天在很多大型企业，普通员工要见到总裁并不容易。不过在比亚迪，也有入职仅 8 周的新员工就有机会当面向他汇报。当然，向他做汇报，要求很高。那是轨道交通事业部关于云巴项目的一次汇报。报告在撰写过程中，框架调整了 8 次，每张线路图上都仔细标注了图例和比例尺，每张图表前后图例都要一致。在向他汇报前，轨道交通事业部内部做过 4 次预演。如果粗枝大叶，几乎没有可能逃脱他的"法眼"。

在王传福这些风格的长期影响下，比亚迪的管理没有繁文缛节，都是单刀直入地解决问题，但标准要求很高。管理团队高度自觉，相互之间很少扯皮，交流效率很高。大家真的是为了一个共同的目标走到一起来的。

王传福不用开会、不到市场、不在工厂的时候，主要在阅读，也常常沉思。他有一个自己的世界，一个自己希望创造的世界。和大家在一起的时候，共创这个世界；独处的时候，独创这个世界。他阅读和思考的目的，究其根本，一是如何用更好的技术让消费者更满意，二是如何在激烈的竞争中生存与发展，让比亚迪人过得更好。

2016 年年底，在墨西哥举行的 C40 城市气候领导小组市长峰会上，比亚迪发出“为地球降温1℃”的倡议。王传福在演讲中说：“我知道，在未来的数十年，地球升温的趋势不可避免，我今年50岁，我想，在我有生之年也许不会看到地球降温，但我希望我们的孩子可以看到，我们的后代可以看到。”

这是比亚迪的梦想，是作为企业公民的责任。王传福说：“社会还有很多问题要我们去解决，比亚迪在未来还会展现出想象不到的力量。只要社会有需要解决的问题，我们就不会停下脚步。”

王传福说：“靠文化来经营企业，才是最高境界。”他自己就是一种文化，影响着比亚迪的世界。

文化的影响是巨大的。比亚迪的一位高管说：“巴菲特说他每天很开心地到办公室去工作，他最著名的话是‘每天你要跳着踢踏舞去上班’。比亚迪现在可能还有千千万万个挑战，每天还要处理各种困难、各种问题，但是我们每天都是像打了鸡血一样的跳着踢踏舞去上班。对我们来讲，每天没有什么挑战的东西，每天都是做你非常喜欢做的事。这是用技术给我们带来快乐、带来满足感的公司。”

另一位高管说：“整个比亚迪相当于什么？相当于很多力量，这些力量就像电子一样，只有加了正负极，它才有序；没有正负极，所有的电子信号全是分散的。王总相当于什么？更多是给我们加正负极的。他是最大的正负极。现在的比亚迪，无论是多方向的研发还是产业链，都是非常分散的，需要有更多的人站出来做正负极，需要有更多的引擎共同来驱动。”

如果王传福知道这是他的团队成员的心声，相信他一定会开心。

比亚迪的可敬之处在于，这不是一个人的梦想、责任和选择，而是这个群体的文化在空气中弥漫。比亚迪无比坚强的生命力，就在这里。

以人为本：做有温度的科技企业

在过去四五年，比亚迪员工人数从不足20万扩张到近百万。为了广纳人才，比亚迪对研发岗位设置了毕业院校、学历和专业等要求，对管理、销售、生产等岗位的员工则不“唯学历论”，也不“唯院校论”。为了贴近年轻人的习惯，扩大招聘渠道，比亚迪还采用了直播招聘的形式。2022 年 4 月的一场直播，不到一个小时就有 6000 人填表应聘。

比亚迪人力资源处总经理王珍说，面对“人力大爆发”，确实有些始料未及，但比亚迪一直都是用业务发展和人力建设“两条腿”走路，有着比较牢固的人力资源管理体系，所以能妥善应对，并积极跟上新的要求。在人才体系建设时，人力资源处也有管控，做到“不仅要放，还要收”“调结构，促升级”，例如提出效能指标，用人效、元效等方法科学管理、管控集团的人数增幅。

如何管理如此庞大的队伍？推行竞争机制是方式之一，但不是唯一的方式。2024 年，比亚迪编撰了《比亚迪基本纲要》，将公司的核心价值观、战略发展、企业文化、研发、制造等过去 30 年的方方面面进行了全面总结，建立起面向未来的管理指南针和发展路线图。王传福高度重视这项工作，并要求“要用比亚迪人的语言风格写《比亚迪基本纲要》，实事求是，简明易懂”。工作小组成员说，《比亚迪基本纲要》一看就知道是比亚迪的，我们用的是“迪语”。

以人为本打造“家文化”也是比亚迪的重要管理方式。在发展早期，比亚迪就形成了“家文化”，亚迪村、亚迪学校、家庭开放日、员工生日会等都是这种文化的典型体现。2002 年 7 月 31 日，比亚迪在香港主板上市。在做上市准备时，蔡洪平曾问王传福：你之前说分给核心员工的股份，还给不给？

王传福说：给。

上市后，比亚迪 30 多位核心人员依靠原始股实现了财务自由。

与员工共享发展成果，与“家文化”密不可分。浓浓的“家文化”氛围让员工们缓解了紧张工作的压力。比亚迪的离职率一直都低于制造业平均水平。2021 年，比亚迪被评为“福布斯中国年度最受大学生关注雇主”。

虽然比亚迪现在主推竞争文化，但“家文化”的本色依然存在。王珍认为竞争文化并不是对“家文化”的否定，而是一种新的融合，“我们给予大家良好的保障，但保障也不是绝对的。希望大家良性竞争，而不是相互拆台，是拧成一股绳到市场上体现价值，携手共创美好未来”。

在任林看来，良性的文化应该是平等和竞争的融合，让员工感到自己必须往前跑，懒惰就会受到相应处罚。同时，努力就会带来相应的回报。竞争并不抛弃平等，而是要挖掘人才的潜力，打开新的局面。

在新时期，如何通过对“家文化”的发掘，让员工产生更强的竞争动力，同时对于生活也更加满意，这是后勤处常务副总经理王飞最关注的问题。

后勤管理涵盖衣、食、住、行等各方面，员工的幸福感也不是单点的，而是一种综合感受。通过调研和梳理，后勤处提炼了一系列幸福园区的核心关键词，包括健康饮食、温馨住宿、安心出行、便捷生活等。围绕关键词，又划分出餐厅、宿舍、交通与安保、通勤班车、云巴、环境、生活便利、文体设施及活动、医疗服务、入职服务、办公楼、IT 服务等服务模块，从硬件基础到质量提升列出细目和标准，一步步提升。

随着园区人员增加、车辆增加，通勤交通的通畅性、便捷性变得愈加重要。每天早上 7：30~8：30，坪山园区外的比亚迪路上几乎全是比亚迪车。大家从不同入口入场，井然有序地通过闸口。为此，安保团队每天 6：30 就开始做准备，每个关键路口都安排专人指挥，缓解拥堵，保证安全。比亚迪员工不仅可以免费停车，而且能在园区免费充电。在设计最新的三棵松全球研发中心时，王传福要求每个人都要有停车位。怎么让一万多辆车停进研发中心，这个问题在王飞脑子里经常闪现。

比亚迪有完善的公共交通体系。园区有专门的电动大巴车，每天免费接送员工上下班，并在部分车间、食堂设有停靠站点，部分园区还开通了假日专线、机场专线。此外，深圳坪山、西安草堂、长沙雨花、合肥长丰园区均开通了云巴线，员工可以免费乘坐，往返于宿舍、食堂和办公楼之间。

“要留住员工的心，先要留住员工的胃。”全国各地的比亚迪园区，员工用餐都非常方便，无论你在哪里办公，步行数百米必有食堂。走进比亚迪餐厅，除了或结伴或单人用餐的员工，也经常可以看到员工带着父母、孩子围坐在一起涮着小火锅，或者三五个年轻人聚在一起点上各地特色美食，边吃边聊……画面温馨，给人慰藉。餐厅提供 7 元工作套餐，荤素搭配，米饭管饱。王飞说："让员工在生活上少花钱，节省支出，也是给他们增加收入的一种方式。"

不仅要吃得省，还要吃得好。在比亚迪食堂，不管是粤菜、川菜、湘菜等不同菜系，还是小炒、面条、麻辣烫、鸡腿、煎饼、肉夹馍等不同菜式，都能充分满足个人的味蕾，且丰俭由人。条件成熟的园区还引入了知名连锁或当地口碑品牌餐饮。为了解决排队问题，后勤处提出，员工就餐排队不能超过 10 分钟，出餐务必要快。从建立第一个员工食堂开始，比亚迪就把食材安全放在第一位，保证菜品来源可溯、去向可追、责任可究。

住宿也是提升幸福感的重要因素，特别对新入职的年轻员工而言，宿舍给他们极大的归属感和安全感，同时也能省掉一大笔租房费用。比亚迪工人的普通宿舍是四人间，研发人才能住进两室一厅的公寓。为了让员工住得舒适，有的园区将原来的 6 人间或 4 人间，调整为 3 人间或 2 人间，并统一为集体宿舍安装免费 Wi-Fi（移动热点），在女生宿舍配置穿衣镜、吹风机等，为有家属随同的员工争取配置单人间，这都极大提升了员工的幸福感。

除了硬件设施高标准，比亚迪还在打造数字化园区。员工拿起手机就能查看每日菜单、消费账单，可以进行自助充值。在企业微信公众号上，员工可查看园区指南，获取所在园区的各项生活信息，助力高效工作。通过天眼系统，违规超速、违规停车等行为会被自动抓取，并把信息推送到员工手机上，提示 10 分钟内把车开走，让园区保持井然有序的状态。

员工管理也最大程度地选择数字化方式，让大家在无感的情况下完成管理事务。考勤、请假、查工资等都可以在手机上完成，让数据多跑腿，让员工少跑路。王珍说："一定要让员工感受到信息化的便利。他们需要做的动作越少，就会觉得越舒服、越便捷。"

当每个园区都在努力为员工创造幸福之时，家文化本身也有了与时俱进的新价值。王飞说："大家都在打拼，竞争压力很大，公司在提升员工满意度方面从未吝啬过。而员工的要求真的不多，只要让他挣到钱，睡好、工作好、环境好，得到充分尊重，他们就会喜欢上这里。”

汽车工程研究院副院长凌和平2004年进入公司，他和比亚迪很多管理者有着相同的经历和感受。他说：“我一开始就住在研发公寓。后来我爱人、小孩来了，公司给我们分了夫妻房。家里老人来带孩子，也特别喜欢那里。我们两口子是双职工，下班回去，很近、很方便。再后来，我们就搬到了亚迪村，小孩在亚迪学校上学。公司给了我们很好的干活环境，没什么后顾之忧，就能专心于事业。”

浓浓的“家文化”氛围让员工缓解了紧张工作的压力。王飞说：“很多人都说比亚迪很‘卷’，那是指市场竞争力。我觉得比亚迪是一个有温度的科技企业。”

除了内部员工，比亚迪对其他利益相关方的关系也满是温度。比亚迪采购铁律的三大准则是公平、透明（留痕）、竞争，目的就是为供应商创造良好的合作环境，保证与供应商的良好战略关系。三大准则正是双方互信的基础。在对外合作时，比亚迪一旦做出承诺，就一定会做到，这便消除了上下游合作方的顾虑，大家精诚合作，努力实现多方共赢。

在比亚迪的生态里，强调“七大关系”，即客户、员工、股东、供应商、经销商及合作伙伴、政府及行业协会、媒体及社会公众。从30年前起步时开始，比亚迪就致力于倾听利益相关方的需求，与之密切合作，分享成果，合力共创美好未来。

在市场竞争中，比亚迪人如纪律严明的军队；在市场竞争之外，比亚迪人的所在是一家有温度、追求幸福的科技企业。

“谁都不是一座孤岛，可以自成一体，每个人都是那广袤大陆的一部分。”每一家企业也是如此。

三十而立。三十年风风雨雨，三十年无尽追寻，三十年同心携手，三十年创新不止。

文化是历史的沉淀，更是迈向未来的依托。

在以人为本的工程师文化中，比亚迪迈入了万象恒新的下一个三十年。

总结篇

人生就为做一道证明题

我们始终都在做一道证明题。

他们哭过，但没有怕过

历史会让很多梦想化为泡影，也会见证一些梦想变成现实。从 30 年前创办这家企业开始，比亚迪人就相信：果来自因，因源自科学原理；依靠技术，可以实现从因到果。

这个证明的过程有时只需要几秒钟，比如一次针刺实验；有时需要十年、二十年，那是一个公司的命运。

比亚迪人坚持认为，在因与果的逻辑关系链条中，长期起决定性作用的因素是技术。技术就是比亚迪的基因。从生产到管理，从大战略到小项目，一切都可以技术化，也就是用科学的态度，找出事物之间严密的因果关系，循此而行。

技术可以改变世界。只不过，往往越是重要的改变，越是不合常规。但如果半途而废，梦想和泡影无异。

2002 年，比亚迪就认准了磷酸铁锂的技术路线，但直到 2020 年推出刀片电池，磷酸铁锂电池才重新成为市场主流。2003 年，比亚迪开始研发 DM 插电式混动技术，2008 年在 F3DM 车型上首次搭载，但约二十年后技术发展到第三代，市场的春天还没有来，王传福说："所有可行的技术路线都试了一遍，真的差点就走不下去了！"

最佳的方案往往是在各种排列组合中通过试错呈现出来的。就此而言，公司乃是为了实现一个更好结果的试错工具。

在这漫长的和挫败相伴、和时间对峙的过程中，人看起来很渺小。在业内，比亚迪长期被讥讽为"画的大饼怎么也圆不了"，王传福自己也说过："截至 2019 年年底，比亚迪累计推出 20 个车系、176 款不同的新能源车型。但遗憾的是，从 2010 年到 2019 年，这 10 年间，市场上看不到我们大的进展，（仿佛我们）一直原地踏步，停滞不前。"

然而，比亚迪人的内心从未被击垮。挺住，坚持，就是一切。

"在比亚迪干汽车，没有哭过的人很少。老板就在那儿哭，我们也没少哭。没哭过，就不是一个成功的项目经理。"

他们哭过，但没有怕过。哭了之后，带着相信继续向前。

今天，在每周、每月的中国新能源车型销量榜上，比亚迪的车型在前十名中拿下三四个是常事。

比亚迪的 30 年，始终在做一道证明题，证明技术可以改变世界；证明中国人可以不畏惧任何技术难题，中国的工程师是有创新能力的，他们研发生产的产品可以走向世界并赢得尊重；证明再难的东西都可以学会，没有什么堡垒不能攻破。就算有再多约束条件，也能找到解决方案，没有什么不可能。

从最初的逆向起步（Me-too），到实现更优性价比（Me-better），到在自主选择的路线上成为最佳（Best-in-class），再到在一系列创新方向上成为第一（First-in-class），比亚迪的发展过程，是整个中国制造业演化升级的缩影。而且比亚迪从一开始进入，目标就是领先，就是要有自己的技术。所以，他们投资先进的检测设备，投资实验室，投资工程师。对技术和人的投资，比亚迪从未改变过。

对错过了第一次、第二次工业革命，在以信息技术为标志的第三次工业革命中也一直在跟跑的中国来说，新能源汽车是一场不容再错过，而且有机会领先于世界的新革命，是电动化、数字化、网联化、智能化、共享化、绿色化等潮流对传统汽车工业的重塑。当汽车从机械产品转化为电力电子产品、高科技信息产品、移动终端数字产品时，其边界和内涵都大大拓展了。展望未来，无论是从车能互动、车路协同、车云互联的角度，从智电融合的角度，从新材料的角度，还是从新生活方式的角度，从节能减碳的视角，我们都可以预见，新能源汽车将是中国产业的中坚力量。

中国制造的深广度，为比亚迪的垂直整合奠定了基础；中国人力资本的丰富度，为比亚迪的集成创新提供了资源。比亚迪前进的每一步，也是对国家产业能力、配套能力和人才培育能力的证明。

在对比亚迪的讲述就要告一段落时，我们试图回答读者读完本书必定会问的问题：比亚迪成功的核心究竟是什么？比亚迪究竟证明了什么？这种证明又意味着什么？

为什么成功?

比亚迪的成功究竟为什么？王传福给我们的回答和他历年来的表达本质上没有区别。

“我们有 10 多万名研发人员，有垂直一体化的供应链体系，有艰苦奋斗的文化传承，有务实低调发展的战略，有打拼 30 年的团队。有这些软的东西在，我相信超越国外的汽车巨头只是一个时间问题。

“垂直整合是我们创新战略的一部分。比如 DM 电动车，涉及发动机、驱动、功率半导体、整车设计、整车任务管理、整车风阻等多个领域，是多种技术的结合，是系统性工程，单个 Tier 1 供应商无法完成。如果没有垂直整合的产业链，很多技术就没有来源，那就根本谈不上创新，也就没有高效、供应链安全和低成本优势。比亚迪就是以技术为王，通过‘垂直整合，集成创新’，把中国制造业的优势做到极致。”

工程师喜欢逻辑和公式。如果用一个公式概括比亚迪，我们不妨借用爱因斯坦的质能方程：$E=mc^2$ 。E 代表比亚迪的价值能量；m 代表固定资产投资的厂房和制造设备；c 有三重含义，即核心技术（core technology）、工程师文化（culture）和极致成本效率（cost efficiency）。比亚迪成功的关键在于 c，如王传福所言，如果没有技术、没有人才，固定资产投资就是一堆废铜烂铁。

比亚迪的每一个 c，都和"垂直整合，集成创新"相关。

以极致成本效率论，不少比亚迪电子的客户做过比较，同样一个方案交给比亚迪和单纯的 EMS 企业去做，比亚迪的成本要低 15%~20%，完成的速度要快 1/3。王传福也说，建立高度垂直整合的平台有利于提高效率，"别人可能需要五年做成的事，我们只需要两年甚至一年"。

以核心技术论，比亚迪的很多技术创新都源自在垂直整合中走得深，切到了所有底层机理，再进行有效集成。例如电池与车身结构集成、电源与电控硬件集成、逆变器上的 IGBT、车载充电机的 IGBT、DC-DC[①] 上的 IGBT 集成等等。

过去，电驱动总成只实现单一驱动功能；现在，通过拓扑集成，复用电机的电感和电控的 IGBT，实现了电驱升压充电的功能，解决了高电压车型在低电压充电桩充电难的问题。

以文化论，比亚迪把"技术化""工程化""垂直整合"变成了一种习惯，各个组织、各个岗位都在实践。连比亚迪汽车的广告制作，绝大部分也是在自己搭建的摄影棚中完成的。这刚好匹配了短视频时代的需要。如此多车型的发布和产品营销，如果还是像过去一样委托给 4A 公司，无论从效率还是成本上看，都不是最优解。

把一辆车造出来有很多方法，但像比亚迪这样，"除了玻璃和轮胎，把车里的一切都造出来"的极致探索极为罕见。它的成本竞争力摧枯拉朽，不只是因为规模效应，而且是因为它洞悉汽车里的一切，知道哪里才是持续提升的关键，以及如何做好加减法。

比亚迪内部的工程师向我们生动解释了为什么垂直整合能带来那么

① DC-DC 是电池包高压直流与低压直流相互转换的装置，负责将动力电池的高压电转换成低压电源。——编者注

多的集成创新：

“一般主机厂和零部件厂的关系，更像是你来我用的简单关系，彼此之间没有什么技术上的共振。比亚迪不是。我们是自己掌控，全栈自研。这样在考虑电池安全的时候，可以从电池车身一体化的整个架构去考虑，而不是就电池考虑电池。考虑能量管理架构的时候，可以用同一种介质来调动，比如电池冷却、加热、空调都用冷媒。外部零部件厂的工程师不会想到电机要作为制动、加热、充电来使用，但我们的汽车设计工程师很懂电机，就会想到电机的电感材料可以用在充电上。

“在比亚迪，电机不只是驱动电机，电池也不是纯粹用于能量供给的电池，车身也不是纯粹的车身，我们会把所有东西，从平台、复用、交互的角度考虑。而平台的创新能力和潜力是无法穷举的。

“反过来，如果不是垂直整合，很多事情的难度会更大。比如要开发一个功能，当一段音乐播放到2/3的时候，座椅要配合它的音律抖动起来。如果不是解耦式的全栈自研，当然也可以开发，但要跟做座椅的、和音乐适配的供应商去谈，就会更难。我们会用一些外部的产品，但不是套餐式，而是定制化的。我们始终在主导全栈自研，即使外购也包含着自己的整体考虑。”

汽车新技术研究院院长杨冬生对我们说，“垂直整合，集成创新”的含义是多重的。把几个零部件整合成一个总成是容易的，但整合成一种能力就不容易了。比如说控制器，表面看很简单，但你把所有的控制器（如空调、电机、整车、电喷的控制器）都自己做的时候，远远不是结构件的整合，而是包括硬件、软件在内的控制能力的整合。很多零部件企业的专业能力很强，但专业的分工也让它们没法跨界创新。“我们长期都是垂直整合，基于这个基础做创新，空间会更大。”

新材料事业部总经理宫清讲述了比亚迪的研发和“垂直整合，集成创新”的关系：“我们既要研究材料的基本性能，还要研究材料的制备和成型技术。我们不是卖材料的，是卖产品的，没有配套装备来实现产品的量产不行，所以很多技术我们要自己做装备。比如把3D天线激光打在图案上，成形的图案就是一个技术。之前打标都是二维的，在平面上打。如果在曲面上打，假如激光照的那个地方，幅度不一样，光强不一样，作用面的能量不一样，激发的强度就不一样，有的点能激活，有的激活不了，它就镀不上金属。为此，我们开发了曲面打印的激光打印振镜，这就涉及装备的配置。材料成型技术一定要结合装备开发才能变成产品。这就是为什么很多东西只有比亚迪才能做出来。它是全能力。”

宫清说的是，有设备能力，才能做好产品；反过来，有很多时候，要做好产品，也必须向上追溯到机理层面。比如，比亚迪电子的塑料与金属一体化成型技术，“之所以能解决金属和塑料接合处不能断裂的难题，是因为我们更懂机理。别的企业是在金属上用锌锡加工出来一点沟槽，然后注塑，靠机械咬合，那很容易在接合面上拉断。我们从根上把化学基础原理、know-how 搞清楚，然后用化学的方式去腐蚀金属，彻底解决了问题”。

我们问宫清：“比亚迪的技术发展好像有一个拐点，之前做什么都很难，之后轻松了很多，这是为什么？”

宫清说：“比亚迪走了比别人更远的路。一直在摸索、反馈、再摸索。没有反馈就没有下一次开发。一直到技术原理成熟、技术工艺成熟、技术装备成熟、工程准备成熟、市场需求成熟，就像木桶所有板子都对齐了，这时的水就能盛满。”

比亚迪人理解的垂直整合，含义是多维的：零部件和整车的整合，材料、器件、模块、系统的整合，预研、可研、量产产品的整合，材料、工艺、设备的整合等等。

以梦想为驱动，发现重大需求；以客户为中心，回到科学原理；整合一切资源，不断重构与创造。深度垂直整合，向上垂直整合；全局集成创新，全域集成创新。依靠垂直整合，建立全能力；依靠集成创新，带来长创新。这是我们总结出的比亚迪模式。

通过比亚迪的探索，我们也不难理解，今天的中国制造，早已不是对着别人的图纸、在别人的设备上、用着别人的原材料做组装了。中国制造业的优秀企业，其实是全球范围内少有的产品解决方案供应商，客户只需提出要求，它们解决包括设计、工艺、材料、设备、生产线、工程师和劳动力的组织等在内的一切。这里包含了大量研发活动、专有技术、配套体系和专业化的技能网络，是结合了“研、学、产、供、销”等全社会资源，用知识和数据联结起来的一套能力创新体系。

“把每个问题的解决方法技术化”

如果把比亚迪比作一座城，里面装的是实实在在十万工程师雄兵，四面八方各条道路全部布满。大巧不工，大器晚成。一旦功成，创新就如行云流水，绵绵不绝。比亚迪争一时一地一技，但是，它是站在全局和平台的角度上去争，而且为此做了多年准备。

可以想象，因为要在更多维度、更深层次进行研发和创新，比亚迪工程师的规模将持续扩大。工程师队伍里，科学家的比重也会不断提高。

当然，垂直整合不等于什么都做，也有删繁就简的过程，也有限度和边界。“垂直整合，集成创新”必须有助于“技术为王”，有助于核心技术能力的提升，以及对核心价值链环节的掌控，只有这样才是可持续的。

更深一层看，比亚迪的垂直整合也是一种组织能力，是不同部门协同作战的能力。比如 DM-i，别的企业很难在短时间内干成，因为不只有技术门槛，还有供应链门槛、产能门槛和成本门槛，比亚迪最适合做这种多门槛、必须多学科多兵种协作解决的难题。

和比亚迪的探索相比，关于它的研究总结相当之少。如果和总部同在一城、总体经营规模相当的华为公司比，更是少得可怜。

两家公司都有浓厚的工程师文化，研发人员数量也基本相当，都在 10 万人以上。华为创始人任正非堪称商业世界的思想家，影响巨大，而王传福最甘心情愿的角色还是总工程师，比亚迪的工程师擅长总结的，是设计规范和差错档案。

任正非高度重视管理，华为聘请过很多世界一流的咨询机构。比亚迪除了在质量管理、精益生产等方面有一些合作伙伴，几乎没有请过咨询公司。王传福甚至对管理方面的名词、模式有一种“戒备”。他习惯直截了当，直奔主题，挖掘本源，迅速解决。他觉得一层层地下达指令，等信息传达到接收人时，已经和原来的意思大相径庭。所以管理绝不能太复杂，不能有太多层级。

或许王传福认为，他对比亚迪的管理早已做过总结。在很多公开论坛和新进大学生的见面会上，他常常滔滔不绝。2021 年，他在一次论坛上说了三点：第一要有核心的技术，第二要有精准的战略，第三要有快速决策机制。这三点，他在比亚迪 25 周年高层培训交流会上也说过，当时还有“第四”，就是要有坚忍的意志。

如此简单的总结，听起来很不“性感”，但工程师的表达就是如此简单。

如果只是把工程师文化理解为工程师岗位的文化，那是一种窄化。事实上，工程师的气质弥漫在比亚迪的每个角落。比亚迪的每个事业部、研究院、工厂、职能部门，都习惯于用“工程师式”的、“技术化”的方法去解决问题。

“把管理技术化，把战略技术化，把每个问题的解决方法技术化。一切都可以通过技术化加以解决。”王传福说。

虽然汽车是工业界的“圣杯”，但它再复杂也逃不过质量、性能、成本、材料、工艺、科学原理、循环改进等一般规律。只要有规律，人就可以循着规律，步步为营，种瓜得瓜，种豆得豆。

比亚迪发展的外因

当我们从一个更加宏观的角度观察比亚迪的时候，很容易想到那句朴素的唯物辩证法原理：内因是事物发展的根据，外因是事物变化的条件，外因通过内因起作用。我们把比亚迪发展的内因和外因各做一下总结。

比亚迪发展的外因之一，是改革开放的大时代、相关产业政策和营商环境的正向推动。比亚迪的发展，是沐浴时代惠风，同风而起的结果。

2008年3月29日至30日，时任中国科学技术发展战略研究院研究员金履忠、中国工程院院士郭孔辉、中国汽车工业总公司原董事长李刚等人在比亚迪坪山总部调研。这三名中国汽车界的老前辈撰写了调研报告《一个解放思想走在时代前列的自主创新典型》，称比亚迪“创造了奇迹”，并于7月5日呈报给国务院领导。

赛迪智库发布的《中国新能源汽车科技创新和产业发展路径及思考》专门提到了此事，“2008年3月底，几位中国工程院院士和专家学者呈报了对比亚迪新能源汽车发展的调研报告，开启了强力驱动新能源汽车产业发展的时代”。这主要是指2009年中国发布了《汽车产业调整和振兴规划》（国发〔2009〕5号），明确“启动国家节能和新能源汽车示范工程，由中央财政安排资金给予补贴”，这是新能源汽车历史上的一个新开端。

“吾道不孤”，因为合于国之大道。从中央政府到地方政府的战略性推动，以及社会各界特别是广大消费者的支持，才让中国新能源汽车走到了今天。

我们在比亚迪西安基地采访时听说，2003年入主西安秦川汽车后，比亚迪想在西安高新区征地1500亩，建设轿车、电动汽车研发和生产基地。当时高新区领导担了很大风险，他们要一块地一块地去跟原来的小业主谈腾挪，把1500亩地腾出来，出让给一家民营企业。“万一是个骗子怎么办？”政府顶住压力，让比亚迪迅速建成了西安基地。此类故事，在比亚迪全国各地的投资过程中比比皆是。

比亚迪发展的外因之二，是社会所提供的充沛人力资源。

王传福多次说过：“中国人聪明、勤奋。一个企业家，在中国这样一个国度，有这么一个民族作为你的帮衬，你还有什么事做不成？更何况还有这么大一个市场。我的骨子里就是觉得中国人能干，只要给中国人机会，我们绝对会创造出全球一流的公司。”

中国的人力资源是规模化供给的，从几千万在制造业辛苦劳作的工人，到走出大学校门走进工厂大门的毕业生，在制造业的每个环节都大量分布，覆盖所有专业学科。根据教育部口径，2021年，中国劳动年龄人口平均受教育年限达到10.9年，相当于高中二年级水平，其中受过高等教育的比例为24.9%，全国拥有大学文化程度的人口超过2.18亿。[①] 中国每年有1000多万大学生毕业，以文理分科大致是1∶2的比例，即700万左右是理工科毕业生。这样的人力资源供给，为高质量发展制造业奠定了坚实基础。

多年主掌比亚迪人力资源工作的刘焕明说："事实上，国家通过高考已经给我们筛选好了人才，我们可以源源不断地吸纳。"

但数量还不是最重要的。

2007年，苹果公司开始筹备iPhone手机的量产，将一部分屏幕玻璃的代工交给了一家中国公司。离发售只有几周时间时，苹果对屏幕做了部分重新设计，负责组装的中国工厂半夜收到设计要求，马上叫醒了数千名沉睡中的员工，一人分了一杯茶、一包饼干，开始干活。96个小时后，工厂就能以日产一万部的速度组装出新的iPhone。当2011年奥巴马在硅谷和科技界领导人共进晚餐时，他问乔布斯："要在美国生产iPhone，需要满足什么样的条件？"乔布斯直接回答："这些工作岗位是不会回来的。我们在中国雇用了70万工人，背后需要3万名工程师的支持，如果你能培育出这么多工程师，我们就能把工厂迁回美国。"

和欧美工程师相比，中国工程师有很强的成本竞争力。根据长江商学院甘洁教授的研究，在深圳做新硬件创业，其人力成本相当于首尔的1/5~1/3、硅谷的1/8~1/5、慕尼黑的1/15~1/10；而和新兴经济体相比，中国的人力资源又有更好的素质、集体意识和纪律性。

比亚迪发展的外因之三，是中国的市场规模。

对制造业有所了解的人都明白，很多行业之所以成为一个行业，是因为它在中国。因为中国有市场，只要有一个地方、一条线路、一项工程选择了某种创新方向，所得收入就能支撑一个团队的生存，把研究坚

---

① 教育部：全国拥有大学文化程度的人口超过2.18亿[OL].[2022-09-27].http://www.moe.gov.cn/fbh/live/2022/54875/mtbd/202209/t20220927_665362.html.

持下去。如果没有深圳对公交电动化的先行先试，比亚迪新能源汽车可能还会在隧道里等待更长时间。

比亚迪发展的外因之四，是对现代科技的拥抱。

比亚迪的工程师团队基本是理工科背景，学的大多是物理、化学、材料、机械、电子、信息技术、汽车、交通等。他们读书学习，研究专利，立足于人类最近几百年发展出来的科学知识和技术基础。如同蒂姆·库克所说，编程是唯一一门全世界通用的语言。王传福也说，“非专利技术”是人类赐予我们的财富。相信科学，拥抱科技原理、逻辑和方法，是自主创新的前提。

比亚迪发展的外因之五，是客户。

从早期的摩托罗拉、诺基亚到现在的苹果、三星、华为，比亚迪电池、比亚迪电子很多能力的建立，都离不开世界一流客户提供营养与砥砺。从早期亲自接触 To B（面向企业）的客户，到今天直管 To C（面向个人用户或消费者）的销售，王传福的很多决策都来自对客户的尊重，以及从他们那里得到的启迪。他说：“办企业，你首先要明白，你的市场有多大，你的客户在哪里，你的产品的竞争力是什么。这是一个企业家必须思考的三个问题。”

比亚迪对新能源汽车发展的每个阶段的客户需求，都把握得非常精准。早期，用户的一大关注点是安全，比亚迪就在电池安全上狠下功夫。DM 混动路线则准确把握了首次购车家庭“既能用电，又能用油，消除里程焦虑，降低购车成本”的心理。与其说这是王传福的灵感，不如说是他长期接触一线所获得的认知。在最早推广新能源汽车时，他最拿手的就是给大巴公司和出租车司机算账，比较用油和用电成本。近年来，无论是基于 DM-i 超级混动技术力推“油电同价”，还是进入 2024 年后力推“电比油低”，比亚迪都切实打中了消费者的痛点。

对于最广大消费人群需求的高度洞察力，以及大规模定制的成本优势，是比亚迪汽车销量遥遥领先的关键。人们都知道“技术为王”的比亚迪，实际上另一句话同样重要，就是“以客户为师”。

比亚迪发展的内因

论及比亚迪发展的内因，一言以蔽之，是主体性。

主体性强调主体的独立思考和实践，强调运用自己的理智来构建自身和外部的关系，强调带有能动性、主动性地对客观世界进行改造。

主体性和自主性是一致的，我们之所以选择主体性，是因为自主性往往被误读为闭门造车，排斥开放与合作。比亚迪从一开始就是开放的、现代的、面向市场的，是向世界先进学习的。但是，比亚迪绝不甘于亦步亦趋，而是始终通过自己的思考、选择、锻造，给世界打上自己的印痕，哪怕有时显得稚嫩。

分而论之，比亚迪的主体性可以从五个方面理解。

作为一种信念与决心的主体性。

就是相信自己，凡事靠自己，别人能做的事，我必定也能做好。

王传福还在读研究生时，堂兄王传旭来北京看他。在散步时，他对堂兄说，跟在别人后面干有什么意思，我要自己走出一条路。他最不喜欢的就是受制于人，认为“技术壁垒都是给后来者营造的一种恐惧，是逼你放弃的‘纸老虎’”。他说，我们从不对核心技术感到害怕，你解决不了，不是因为没有能力，而是因为你缺少勇气，“只要是人造的，不是神造的，别人能搞出来，我们也能搞出来”。

“中国人懒吗？中国人笨吗？在全球汽车市场，中国人出不了第一、第二，这是我们的悲哀。”“全力推进中国民族工业领跑世界。”这是王传福多年前就说出的肺腑之言。

在新能源汽车探索中，比亚迪遭遇过许多非议和争议，王传福信念不改，“必须咬牙坚持下去”，甚至说，“即使走错了，我也认了！”。同时，他的信念不是盲信，而是服膺于科学。他相信科学，对神秘主义的东西，比如广东的经销商喜欢在办公室摆些供奉，他尊重，但认为靠不住。这一点他和查理·芒格很相似，芒格曾说：“许多中国人的思维里有一个问题，他们会相信很多运气的元素，比如风水，但这是错的，我们应该相信概率胜过相信运气。”

作为一种想象力的主体性。

王传福是一个充满想象力、像爱迪生一样的人物。他平时不多的浪漫主义几乎都体现在抒发对未来的想象上。他说比亚迪做电动汽车，“就是要让中国三峡大坝的水都变成油，让中国所有城市的天空都像西藏的天空一样蓝”。他说，大自然没有给我们石油，但给了我们沙漠，太阳在沙漠的日照时间每年可以达到三四千个小时，“未来，如果中国沙漠 1% 的面积铺上太阳能电池板，中国的电全够了”。他把电动车看作一个小型的移动储能电站，而终极问题是“使太阳能做到可控、连续，保证太阳能用之不竭”。太阳能的缺点是不连续，晚上没太阳，“那就通过比亚迪的电池技术来克服这一缺点”。他的想象是如此宏大，在微观的技术与产品层面进行创新，更是“没有不可能”。

作为一种战略的主体性。

从提出三大梦想，下注混动技术，发布“治污 + 治堵”的绿色大交通解决方案；从切入公交电动化，到预见“上半场电动化，下半场智能化”；从“垂直整合，集成创新”和打造技术鱼池，到构建“五网四品牌”体系，比亚迪一直坚持走自己的路。而所有这些战略，一是符合中国必须解决石油安全、空气清洁、气候变暖三大问题的战略大方向，二是符合“与世界级巨头在同一赛场比赛，没有差异化将很难生存”的竞争战略。比亚迪的技术驱动，并非“唯技术论”，而是在战略指引下的技术驱动。

作为一种组织文化的主体性。

比亚迪的工程师团队不只数量庞大，而且有足够的自主性、包容性和探索权，还有多重激励。王传福在创办公司之初就说，企业家对技术人员要有耐心，不能今天投入，6 个月就要获得利润；技术人员不会拍马屁，对他们的想法要以支持为主，失败了也没关系，再试一次可能就成功了。他认为：“企业要给研发人员提供创新的机会，绝不要指望产品刚刚研发出来就非常完善，这是错误的。比亚迪就是这样走过来的——产品刚开始很粗糙，但我们给研发人员机会慢慢改进，不能把刚研制完成、还不够完善的产品一棒子打死。”

和分配到合资企业或国企的大学生进厂半年、一年后才开始摸车不同，很多加入比亚迪的大学生工作不久就能接触到项目设计和整车实验。比亚迪的工程师是自主型的工程师，不像合资企业那样，基本是遵循型的工程师。他们注定会走不少弯路，但他们交的学费都会生成为属于自己和企业的知识，至于由此慢慢累积的整体的自主创新意愿、勇气和能力，就更是无价的财富。

在包容和探索之外，比亚迪的组织文化有着高度的竞争性，即“比、学、赶、帮、胜”，自己跟自己比，自己跟本部门的同事比，本部门跟其他部门比，跟同行比，跟标杆比……竞争文化带来的能量激发了组织的活力，持续超越自己，顺境不惰，逆境不馁。

作为一种实践的主体性。

从本书开头讲到的“人 + 夹具 = 机器人”开始就能看到，比亚迪的探索常常不循常法，而是大胆实践。比亚迪人有务实朴素的话语风格，所谓“迪语”；比亚迪在材料、设备、模具、工艺、管理、运营等方面有很多自己的做法，可称为“迪法”，其中不少都是在跌跌撞撞、摸爬滚打中，为自己的懵懂交了足够多的学费后凝聚下来的。好在它不交不长记性的学费。

比亚迪还有很多实践，为常人所不能及。一方面是因为高度贴近市场，决策很灵活。比如，当比亚迪乘用车要大力进军下沉市场时，经销商对于前期销售情况有一定顾虑，王传福当场拍板，“在下面开店的全部租金，比亚迪出大头”。等比亚迪的基层网络已然形成，别的车企再想进入，难度就大了很多。另一方面是因为实践是由想象力引领的。王传福说他最近在思考晕车的问题，大概 10% 的人天然晕车，不愿意坐车，如果能从科学角度找到底层原因，并用技术攻关解决，就能找到很大的市场“增量”。比亚迪的创新实践，源自比亚迪人非一般的创新思维。

压力更大，责任更重

这就是比亚迪，内因和外因相结合的比亚迪，时代的“势”与自身的“能”相结合的比亚迪。

它既有高远且合乎逻辑的梦想，又时时处在市场化压力和消费者的教育之下；它通过自主化、创新型组织体系的构建，既建立了独树一帜的技术派硬汉形象，又始终保持着勇于在市场中修正自我的弹性；它既创意四射，又有强大的工程化实现能力。它在股东价值最大化方面的表现，肯定逊色于在事业价值最大化、社会价值最大化方面的表现，至少到目前是这样的，或者说，以王传福为代表的股东更像是长线耐心资本。

不过在这一点上，它和中国最近这些年特别倡导的产业发展道路有着惊人的一致性。它心无旁骛地专注于先进制造、精益制造与智能制造，先行一步地投身于战略性的新能源产业，它用技术创新的实践与国家产业政策形成了建设性互动。最终，它成了这个国家自主创新、高质量发展、走向世界的代表性企业之一。在它的身上，重仓国运与分享中国红利——无论是人力资源、大市场还是产业政策——都体现得异常鲜明。在某种意义上，比亚迪整合和集成的是中国的资源与力量，它是一种“中国集成”。

比亚迪的车越造越好，它的王朝、海洋、方程豹、腾势、仰望等品牌正在不同的细分市场攻城略地，并朝着“高级智慧生命体”的方向集体进发，但作为一家已经很有历史感的公司，它至今仍然疏于总结。如果不是创立 30 年的特殊机缘，我们也没有可能走进比亚迪，窥豹一斑。

这是一家做得比总结得不知要深刻多少的企业。历经波折，它终于把解决重大社会问题的责任，与完整的产业链布局、强大的技术创新和可持续的商业模式，很好地结合在了一起。这家在中国乃至世界极具自主性的新能源汽车企业，因为是在无边的旷野上找寻道路，曾经的无助与迷茫、矛盾与痛苦都在所难免，它也走过长长的弯路，有着令人沮丧和失望的记忆，但作为一个整体，比亚迪从未迷失。

从比亚迪的 30 年我们看到，一家优秀的企业不只是做事、把事做好，还要有做大事的企图心，并培育系统化的做事能力；一家有雄心和远见的企业，从不图易避难，因为难度就是高度；一家顶天立地的企业，其创始人必须早早超越追逐个人财富的驱动，把自己贡献给在社会看来真正有意义的探索。即使这些努力都付出了，要获得至大成功，也需要一点运气。

从2020年年初的那场3天出图纸、7天出设备、10天口罩下线、24天成为全球最大口罩生产商的战役开始，比亚迪的高光时刻就井喷式地接踵而至，一次次登顶全球新能源汽车之巅，也成为无数国人眼中的创新样板与国民骄傲。不过，为什么是比亚迪在这一时刻脱颖而出？这又要回到超强的响应力、组织力、执行力和设计、设备、工艺、制造等过硬能力。

握有新能源汽车先手之利的比亚迪，正在阳光下全线前进。比亚迪思考的不是第1000万辆新能源汽车何时下线的问题，而是年产1000万辆汽车何时实现，从现在到年产1000万辆还存在哪些挑战。必须承认，残酷的行业淘汰赛已经开始，而且可能会持续很久。出海提供了广阔的空间，但海外各个市场不同的本地化要求，以及复杂多变的地缘政治和国际形势影响，注定了出海也将是一场持久战。作为新能源汽车革命的参与者、见证者和推动者，比亚迪的压力其实更大，责任也更重了。

比亚迪自身也面临着许多超越：从"技术支持"到"品牌支持"的超越，从更多依赖"试错验证"到更加依赖"理论指引和模型验证"的超越，从依靠庞大的产品矩阵参与竞争到打造长盛不衰的明星车型的超越，从一个王传福到一批王传福、新一代王传福的超越。稍不留神，稍有懈怠，也可能马失前蹄，甚至前功尽弃。

无限的机会，持久的拉锯，持续的创新，自身的超越，这一切将伴随这个千辛万苦走到今天的新能源汽车王者，走向下一个30年。

人啊，请相信你自己

在21世纪的前四分之一个世纪，中国产业界有过这样一家企业——在垂直一体化上，它有点像三星，三星也是它的客户；在精工制造方面，它是“果链”上的龙头之一，与苹果合作超过 15 年，有上万名工程师、10 万名员工服务苹果；论行业对标，它推崇丰田“造物先造人”的管理，它的电动汽车技术、电机和电池也用在了丰田的汽车上；论雇员人数，在 2024《财富》世界 500 强上榜中国企业中，它仅次于国家电网、中国石油和中国邮政，倘若单论制造业企业，它已是最大；说到技术，它被公认为全球新能源汽车行业的领军者。它和华为一起改变了“中国企业缺乏自主创新能力”的刻板印象，华为更优于研发与品牌，它更优于研发与制造。

它的创业起点和硅谷的“车库创业”一样质朴，只是没有那么 IT 化、互联网化、T 恤和牛仔裤化，它最初触碰的是还有些气味的正负极片和电解液，听到的是车间里经常发出的轰隆隆的响声。它的气质从第一天起就不是那么高端和时尚，但它有一种梦想，就是可以穿过一件件染着油污、颜色、金属屑的工衣，穿过自制的模具，穿过一分钟内几十个拧来拧去的动作的节拍，穿过实验室和验证室里充满血丝的眼睛，然后寄托在一个个产品里，最终走向挑剔的客户。它就从这里起步。

它的创业过程充满草根气质，但并非一团杂草，而是技术型的草根，有梦想的草根。从一开始，它就是一批学理工的工程师的家园，这里的草根注定要长成工业森林。今天，在它面前，如果要谈制造，它造过也正在造着全世界最棒的那些电子消费品；如果要谈研发，它把新能源汽车的所有关键技术一个个都啃了下来。当它最初想要造车的时候，它的方法是一个个工程师团队去报名，认领一个零件，自己把它造出来。这是它的原力，是所有人原力的集合。因此当疫情来临，它的方法还是如出一辙，每一个事业部和车间去报名，去开线，去竞争。它造出了制造口罩所需的一切。

他们说，他们不仅现在能够制造各种产品，而且未来的任何一天，无论国家需要什么，他们都能够造出来！

也许，在他们眼里，产品是一个工程，产业是一个工程，世界也可以被当成一个工程。

在这部公司史著作就要写完之际，我们还是试图用“主体性”这个概念作为结束。假如这不是公司史的创作，而是要写一篇论文，它的合适题目也许是《比亚迪的 30 年：主体性、发展轨迹与时代精神》。

哲学家康德曾说："要有勇气运用你自己的理智！"[①] 倾听、遵从自己内心的理性声音、科学声音，凡事诉诸自己的观察、判断、思考，使自身成为自我立法的、独立而自律的主体，人类才从愚昧、卑微、盲从等软弱状态中抽离出来，彰显出想象力，最终走向现代的科学、技术和文明。

小到一个人，中到一个组织，大到一个民族，主体性的重要性在于激发自己的思想活力、自由生命力以及实践探索能力。不经独立的思考，主体性思维就无法建构，自由全面发展就无从成就，自然也不能造就现代的人格。

我们从这个有些执拗、朴实无华，又内蓄着巨大能量的产业巨人身上，看到了一个时代的韧性成长与满目芳华。最早它就相信，电池可以联结一切，梦想可以联结一切。走了这么远，它满身依然是梦想的气息和强劲的能量。

这种气息和能量，让我们一次次感慨、感动。时代选择了它，它选择了这个时代，我们都为之骄傲。

莎士比亚说："人们有时可以支配他们自己的命运，若我们受制于人，那错处并不在我们的命运，而在我们自己。"[②]

卡尔·荣格说："我们不仅是时代被动的见证人、时代的承受者，也是时代的创造者。我们创造了自己的时代。"[③]

人啊，请相信你自己，相信你的创造力和承受力。谁最有愿力改变，谁就会带来最大的创新。

比亚迪已经用一道道证明题，证明给你看。

---

① 康德．答复这个问题："什么是启蒙运动?"[M]// 历史理性批判文集．何兆武，译．北京：商务印书馆，1990.

② 威廉·莎士比亚．莎士比亚全集 IX[M]. 朱生豪，译．北京：人民文学出版社，2014.

③ 卡尔·古斯塔夫·荣格．文明的变迁 [M]// 荣格文集：第 6 卷．周朗，石小竹，译．北京：国际文化出版公司，2011.

后记

十六七年前，我在比亚迪深圳坪山基地第一次见到王传福时，他穿着米白色的夹克工衣，刚从一个研发部门的会议室里匆匆出来。每天，他大量时间都用于和各个部门的工程师开会。他不仅有技术上的方向感和想象力，还知道如何将其工程化，变成消费者想要又买得起的产品，赢得市场。

这非常复杂，非一人之功可以完成。创业之初需要几人、几十人，慢慢变得需要几百人、几千人、几万人、几十万人，现在已经是近百万人。

和人数在30年间增长了数万倍相对应，比亚迪的营业额也从1995年的200万元增长到2023年的6023亿元。所有这些收入，都是依靠生产性的创新和创新性的生产实现的。其中的大头当然是新能源汽车。没有比亚迪，整个新能源汽车对传统燃油汽车的挑战绝不会如此有力，新能源汽车时代的到来还需要更长时间。

要领导如此规模的企业顺利运转、迭创新高，管理上有巨大的挑战。但据我多年观察，王传福并没有就管理论管理，他在管理上花的力气远不如对技术的投入。

管理无定法。他推崇简单透明的管理之道，认为技术是垂直的，管理是水平的。技术有深度，相当于解一元三次方程，需要反复计算、验证、实践，特别是在大变革时代，技术方向和技术能力定乾坤。管理则像解三元一次方程，没有那么深。我估计在他内心，如果技术的深度是十层，管理可能是三层。我和他的看法不尽相同，但多年见证比亚迪的成长，我承认他以身作则、简单直接的管理风格非常有效。

因为思想长期沉浸在技术的世界里，王传福和外人交流时偶尔会走神。我和他算是熟悉，也一直有交流，但发现他对讲比亚迪的历史和故事其实不太感兴趣，回答问题也非常简单。有时我能感觉到，他脑子里出现了另外的线索和他更感兴趣的东西，或许是想到一种更好的技术解决方案，或许是突然意识到哪个方案的细节还不够周全。这时，正在答问的他会突然停在那里，没声了。我常常遗憾，因为自己不懂技术，激发不起他的兴趣。

比亚迪的管理团队，和王传福大体是一样的风格，认真，严谨，专业，本分，有内涵，不夸耀，除了销售端的一些成员，普遍不爱讲故事，不议论同行，以至我们采访了上百个人，记忆里竟然没有留下一条段子和玩笑。但他们并非缺少激情的一族。在技术的天幕下，在辽阔的市场上，在浩大而精微的车间里，他们自有苍松劲涛的韧性、血气淋漓的斗志，以及任尔东西南北风的豪情。

王传福的故事就是技术，技术就是他的故事。他告诉我，将来有一天退休了，他会带上一些工程师，安安心心，继续帮比亚迪搞研发。他说这话时，我本有些不忍，觉得他要真正轻松下来，真是遥遥无期。但我也立即明白，在他那里，还有比技术更浪漫、更有趣、更能体现人的创造力的事情吗?

从技术的角度看，我并非本书的合适作者。我们只是从公司成长的角度，尽可能原生态地还原比亚迪 30 年的历程。其实，关于一个伟大企业的作品是不需要“写”的，它就在那里，它是过去差不多 11000 天，从几十人一起创业到近百万人一起奋斗的每一天的点点滴滴的总和。当我们有机会参与对这个过程的还原时，与其说我们在创作，不如说我们在尽力地从头开始学习和记录。我们希望作品体现一种自然的涌现，平凡的涌现，磕磕绊绊终成大器的涌现，这背后是人的主体性、创造性、自由意志和奋斗精神的涌现，是经由“垂直整合，集成创新”所实现的新知识的不断涌现。最早看到最远的未来，吃了最多的苦，受了最多的难，永不言弃，勇敢创新，不断迭代，精益求精，比亚迪不成，谁成?

造车的企业很多，比亚迪的不同之处在于，它几乎能造车里的一切，而且核心技术都是自己发明的。就像园丁，他可以选择从旁边的花园里移植几株现成的苗木，也可以选择在荒芜之地，冒着可能夭折的风险，播下自己相信的种子，一天天浇水施肥，朝思暮盼，看着它最终长成大树。比亚迪是后者，比亚迪人的信心是在千锤百炼中铸就的。用我们采访中一位比亚迪管理人员的话，“我们这样的团队，宫斗剧活不过第一集，奋斗剧活得到大结局”。

丹青难写是精神。在创作中，我们从比亚迪人身上感受到许多异常宝贵的力量。可惜因笔力所限，尤其是技术理解力所限，我们未必能把这种力量很好地呈现出来。上百位受访者在无比繁忙中抽出时间，认真回答每个问题，这对我们固然是一笔宝贵财富，于你们，肯定会在某种程度上有所遗憾。对我们的疏漏和不专业之处，请谅解。我们太知道你们对比亚迪的深情与投入，以及对一本和比亚迪相关作品的期待。

感谢比亚迪公司、王传福先生、中信出版集团对此次创作的支持，感谢比亚迪总裁办公室李巍女士、郑丹凤女士、李莹女士、陈永先生等在具体工作中不厌其烦的帮助。李莹和陈永提供了很多采访线索和大量事实材料。我们还采访了比亚迪之外的很多专业人士、供应商、投资人和研究者，感谢他们。

在具体创作上，我的合作者熊玥伽女士付出了许多心血，张爽女士则在项目统筹和协调推进上出力甚多，我也向她们表示谢意。

“子规夜半犹啼血，不信东风唤不回。”整个创作中接触到的身影，会成为我长久的记忆。即使未来不再有交集，每当想起，或者回听一段录音，我也会有温暖，会有感动，会有力量。这是肯定的。再一次谢谢你们。

一部关于历史的作品并不能把历史拉回，但可以重新体验。如温斯顿·丘吉尔所说，回首看得越远，向前也会看得越远。让我们一起体会从前，也一起带着历史的启发和对中国企业、中国工程师的信心，走向明天。

秦朔

2024 年 10 月 16 日

参考文献

[1] 陈清泰 . 迎接汽车革命 [M]. 北京：中信出版社，2018.

[2] 关云平 . 中国汽车工业发展史论 [M]. 上海：上海人民出版社，2020.

[3] 李安定 . 中国轿车史——四十年亲历 [M]. 北京：世界图书出版公司，2023.

[4] 柳井正 . 一胜九败 [M]. 徐静波，译 . 北京：中信出版社，2018.

[5] 迈克尔・戴维斯 . 像工程师那样思考 [M]. 丛杭青，沈琪，等译 . 杭州：浙江大学出版社，2012.

[6] 欧阳莹之 . 工程学：无尽的前沿 [M]. 李啸虎，吴新忠，闫宏秀，译 . 上海：上海科技教育出版社，2023.

[7] 帅石金，王志 . 汽车动力系统原理 [M]. 北京：清华大学出版社，2021.

[8] 吴启迪 . 中国工程师史 [M]. 上海：同济大学出版社，2017.

[9] 汪波 . 芯片简史 [M]. 杭州：浙江教育出版社，2023.

[10] 沃尔特・艾萨克森 . 埃隆・马斯克传 [M]. 孙思远，刘家琦，译 . 北京：中信出版社，2023.

[11] 堀切俊雄 . 丰田生产方式的进化 [M]. 丁汝峰，龙蔚婷，译 . 北京：东方出版社，2021.

[12] 徐秉金，欧阳敏 . 中国汽车史话 [M]. 北京：机械工业出版社，2017.

[13] 邬建军 . 车坛新人——王传福 [N]. 中国汽车报，2003-02-25（06）.

[14] 肖巍，路云 . 入主汽车业，比亚迪是福是祸？ [N]. 中国高新技术产业导报，2003-02-25（013）.

感恩录

（按入职时间排序）

从 1994 到 2024，比亚迪过去三十年的每一次跨越与突破，都离不开比亚迪人的努力和付出。能够纳入本书的只是其中的一部分。应比亚迪公司要求，本书特列感恩名单，真诚感谢那些为比亚迪发展奉献自我，给予比亚迪帮助、支持的人。你们的付出，比亚迪将永远铭记！

工号	姓　名	服务期限	最高职务
	吕向阳		副董事长
	夏佐全		董事
2	杨龙忠	1994.11.18 — 2012.11.30	高级副总裁
3	王念强	1994.11.18　至今	执行副总裁
4	李永光	1994.11.18 — 2005.12.01	经理
5	张　翼	1994.11.18 — 2005.12.01	经理
6	孙一藻	1994.11.18 — 2017.01.03	副总裁
48	吴巨龙	1995.05.28 — 2000.06.01	经理
56	周冬梅	1995.06.19 — 2001.02.08	主任
60	鲁国芝	1995.06.25 — 2007.01.01	总经理
74	肖平良	1995.07.12 — 2010.11.10	经理
80100	吴昌会	1995.09.01 — 2007.02.10	总经理
111	吴经胜	1995.09.03 — 2019.05.31	高级副总裁
161	严岳清	1995.11.18 — 2006.03.14（退休）	副总经理

工号	姓 名	服务期限	最高职务
9002	刘卫平	1996.07.01 — 2020.07.01（退休）	总工程师
334	侯 雁	1996.07.22 — 2015.08.05	总经理
337	王传方	1996.08.21 至今	副总裁
340	李 柯	1996.09.01 至今	执行副总裁
341	王 杰	1996.09.10 — 2024.10.18（退休）	副总裁
9099	吴成贵	1996.11.11 至今	副总经理
360	毛德和	1996.11.25 — 2014.03.24（退休）	高级副总裁
504	刘焕明	1997.03.07 至今	副总裁
552	伦绪锋	1997.03.15 — 2008.06.17	经理
572	纪晓萍	1997.03.22 至今	主任
611	朱爱云	1997.04.10 — 2020.05.18（退休）	总经理助理
655	方 芳	1997.05.01 — 2020.06.01（退休）	总经理
970	杨海珊	1997.07.29 至今	副总经理
4141	邵 淦	1998.07.01 至今	副总经理
9070	王海涛	1998.07.04 — 2013.04.30	厂长
9071	万秋阳	1998.07.09 — 2009.02.20	总经理
1761162	黄志学	1998.07.11 至今	总经理
4174	王 珍	1998.07.13 至今	总经理
4177	刘伟华	1998.07.13 至今	总经理
10093	何志奇	1998.07.13 至今	执行副总裁
4181	毕国忠	1998.07.14 至今	总经理
9072	夏治冰	1998.07.15 — 2011.08.05	副总裁
9960	陈 刚	1998.07.24 至今	副总裁
4318	董俊卿	1998.10.16 — 2008.03.26（退休）	主任
4334	李竺杭	1998.10.30 — 2013.12.31	总经理
9702	谢 琼	1998.11.02 — 2022.05.30（退休）	总经理
4361	刘会权	1998.11.11 — 2020.07.13	副总经理
4944	周亚琳	1999.03.25 至今	高级副总裁

工号	姓　名	服务期限		最高职务
10165	王　平	1999.07.10	至今	院长
10166	田春龙	1999.07.10	至今	总经理
6126	舒西星	1999.07.12	至今	总经理
6152	江向荣	1999.07.13	至今	总经理
10501	刘斯源	1999.07.13	至今	副总经理
13279	肖　峰	1999.07.16 —	2016.03.25	副总经理
6244	何　龙	1999.07.19	至今	高级副总裁
10188	赵俭平	1999.07.25	至今	副总裁
6488	邓国锐	1999.07.26 —	2006.03.14	董事会秘书
8855	张金涛	2000.02.11 —	2018.05.03	副总裁
34771	严　琛	2000.07.24 —	2019.07.08	主任
34876	沈　晞	2000.07.24 —	2019.07.01	副总经理
35041	赵　杰	2000.07.28	至今	总经理
14914	许教练	2001.02.10	至今	副总经理
41327	孟文君	2001.08.01	至今	主任
54851	王　渤	2001.09.03	至今	总经理
42182	裘　彦	2001.12.18	至今	主任
42191	罗如忠	2002.01.28 —	2017.05.20（退休）	总经理
42194	杨钦耀	2002.01.28 —	至今	副总经理
50257	邹财松	2002.07.15 —	2017.07.15	总经理
100001	刘振宇	2003.01.16	至今	总经理
100002	王克勤	2003.01.16 —	2009.01.05（退休）	总经理
100097	任　林	2003.01.16	至今	副总裁
100118	殷西军	2003.01.16	至今	副院长
57900	邵楚凡	2003.03.19	至今	总经理
59898	董格宁	2003.06.09 —	2020.11.19	总经理
66193	吴　衡	2003.07.14	至今	总经理
150001	杨　迎	2003.07.16 —	2004.03.15	总经理

工号	姓 名	服务期限		最高职务
150002	郝福春	2003.07.16 —	2014.01.10（退休）	总经理
150064	兰世通	2003.07.16	至今	常务副总经理
3502027	艾凤杰	2003.07.17	至今	副院长
80613	宫 清	2003.08.05	至今	院长
81535	路 天	2003.08.21	至今	总经理
82941	罗红斌	2003.10.06	至今	高级副总裁
83077	李高林	2003.10.14	至今	副总经理
83252	黄秀赤	2003.10.22 —	2020.08.06	总工程师
83409	姚 伟	2003.11.06	至今	副总经理
77527	熊甜波	2003.12.22	至今	总经理
84085	廉玉波	2004.01.30	至今	执行副总裁
84086	段 伟	2004.01.30 —	2019.06.14	总经理
91232	高子开	2004.02.16	至今	总经理
91385	李 慧	2004.02.18	至今	总经理
85936	钟益林	2004.02.24	至今	副院长
92512	王俊保	2004.02.28	至今	总经理
92362	冯 卫	2004.03.04	至今	总经理
86998	杨 峰	2004.03.16	至今	副院长
94295	李 铁	2004.04.12	至今	总监
87701	杜魁善	2004.04.13	至今	高级经理
87887	李友勤	2004.04.29 —	2017.12.15（离世）	高级经理
97724	刘学亮	2004.07.01	至今	总经理
98020	王 江	2004.07.12	至今	副总经理
98108	张 卓	2004.07.15	至今	总经理
2582246	李云飞	2004.07.17	至今	总经理
89149	刘长久	2004.07.27	至今	产品总监
89189	李 跃	2004.07.28	至今	副院长
89207	齐文明	2004.07.29	至今	厂长

工号	姓　名	服务期限	最高职务
89216	凌和平	2004.07.30　至今	副院长
201069	杨　云	2004.08.27　至今	副总经理
405273	杨冬生	2005.03.11　至今	高级副总裁
405910	罗忠良	2005.04.08　至今	副总裁
221649	柳相军	2005.06.15 — 2018.05.16	总经理
228911	李　巍	2005.07.13　至今	副总裁
6333134	赵炳根	2005.07.27　至今	副院长
233530	李　黔	2005.08.25　至今	总经理
412345	艾能明	2005.11.22　至今	副总经理
331041	贺　涛	2007.01.24 — 2013.12.31	总经理
3260352	胡晓庆	2007.04.04　至今	总经理
390988	肖　锦	2007.08.14　至今	主任
472661	刘　军	2007.12.24 — 2019.03.15	总经理
1074952	赵长江	2009.12.26　至今	总经理
2114099	王　飞	2014.10.16　至今	常务副总经理
2649643	沃尔夫冈 艾格	2016.11.09　至今	总监
2886885	刘卡丁	2017.11.07 — 2024.09.30（退休）	副总裁
2956811	李全清	2018.01.22　至今	副总经理
3069283	韩　冰	2018.05.03　至今	副院长

在比亚迪发展过程中，还有许多人提供了无私的帮助，他们的姓名无法一一列举，在此一并表示感谢。